英語リーディングの鬼100則

機能文法の考え方を読解に応用

吉祥寺英語教室GRAPHIO 主宰　富士哲也 Tetsuya Fuji

は じ め に

本書の対象

　本書を手にとってくださった方のなかには，文法は一通り学んだ，単語も基本的なものはおおかた覚えた，けれども，**いざリーディングとなると，文法や文構造のことを忘れて意味だけを追っかけてしまう，意味がうまく取れない，うまく訳せない，文と文とのつながりが見えない**，などなど，リーディングに対して何らかの苦手意識を持っていらっしゃる方が多いのではないかと思います．

　本書は，こうした苦手意識を克服したい，と思っておられる方々のために書かれました．「100則」では足りないと思われるかもしれません．実際，さらに100項目くらいは付け加えることができるかもしれません．けれども，英語の講師として日々生徒さんに接しているなかで，実感していることが1つあります．それは，**読みを間違えてしまう・理解が及びにくい箇所は，学習者のレベルとは関係なく，驚くほど似通っている**，ということです．

　本書は，リーディングのこうした**典型的な阻害要因**のうち，**高頻度で出会う**ものをコンパクトなかたちでまとめたものです．本書の項目1つ1つに取り組んでいただければ，多くの人がつまずいてしまう表現やパターンを，今までよりもはっきりと意識し，正確に理解する方法が手に入るはずです．

本書の素材

　本書で素材として取り上げたのは，**主として論文・エッセイ等のフォーマルな書き言葉**です（一部は文学的な文章になっていますが）．リーディングの試験問題として出題される英文は，その多くが，この種の書き言葉だからです．

本書のレベル

　本書のレベルは，**初級の後半～上級の入り口**くらいまで，と言えそうです．例文には，構造が複雑すぎたり，内容が難解すぎるもの，つまりいわゆる「上

級」の英文はほとんど入っておりません.

　英文のなかに馴染みにくい,誤解しやすい,また理解しづらい表現や文構造があったとき,その原因は多くの場合,**日本語との違いが大きすぎる**ことにあります.「100則」を改めて眺め直してみると,取り上げた項目は,次のようなグループに分けることができそうです(他にもいろいろなグループ分けができそうですが).

　①日本語に**対応するものがまったくない**ために意識・理解しづらいもの
　　　→冠詞を含む決定詞,関係詞,可算・不可算の区別など
　②日本語に対応物があるかのようにみえるが,実は日英で**用法が大きく
　　異なる**もの
　　　→代名詞の扱い,所有格の扱い,「ほとんどない」など
　③英語そのものの**構造**の問題で,その処理に慣れていないと難しいもの
　　　→関係節の内部構造,副詞要素の割り込み,V-ing の種類分け,比
　　　　較文の構造,空所化など
　④**節と節との意味的な関係**でとくにしっかり意識すべきもの
　　　→言い換え,等位・従位節,一部の関係節の役割など
　⑤**多様な用法**を持つ語句
　　　→ otherwise・whatever など

　本書ではどのセクションにおいても,**基本的・根本的なこと**から説明を始めています.一見難しく感じられることも,基本・根本が理解できていれば,実はそれほど難しいものではない,ということがよくあるからです.また,基本・根本というものは放置されたままになっていることが意外に多いからです(たとえば,複雑にみえる比較文を理解しようとしているのに,使われている more が何詞であるか意識できていない,といったように).

　本書ではまた,紙面の許すかぎりで,**類例**を挙げるようにしました.量的

には全然足りないかと思いますが, これは, 各セクションの内容を理解するだけではなく, 少しでもそれに**慣れること**を重視していただきたいからです.

　また本書では, **日本語訳の作成の仕方**についても多くの箇所で触れています. ある段階を超えるまでは, 英語を日本語にうまく変換する方法を学ぶ必要があるからです.

　本書の著者のお気に入りは, 機能文法の考え方や分類の仕方です. それゆえ, ところどころで (随所に, ではありません) 機能文法的な考え方や説明の仕方が使われています. とはいえ, それは学習者にとって有益であるかぎりでのことです. そのため, どの部分が機能文法に基づくものなのかは明示しておりません. 本書の目的は, 機能文法を紹介することではないからです.

本書の使用法

　本書は, **どのセクションから読んでいただいてもかまいません**. それぞれのセクションでは, その構成通りに, **サンプル英文→解説本文→チャレンジ問題**の順で進めてください (チャレンジ問題の解答と解説は各章末にまとめました). その際, できれば, サンプル英文も, 解説本文の例文も, **訳を隠して自分で理解する**よう試みてください. その都度, **訳を書いてみる**のも効果的かもしれません. 訳を書くことで, 自分の理解の範囲が明確になるからです.

　なお, 本書には, 単語注を付けておりません. 気になる単語があれば, その都度, **辞書**を使って, 発音・アクセント・訳語・用例などを確認してみてください. リーディングの際の意味調べに単語集を使うのは, いろいろな理由で, あまりお勧めできません.

　本書での学習が終わる頃, リーディングに対する苦手意識が少しでも払拭できていれば, これまで見えていなかったところが見えるようになっていれば, 筆者としてうれしい限りです.

第2章　決定詞の注意点

第3章　形容詞・副詞の注意点

第4章　接続の注意点

第5章　時制の注意点

第6章　助動詞・仮定法の注意点

第7章　動詞と文型の注意点

第1章
第2章
第3章
第4章
第5章
第6章
第7章
第8章
第9章
第10章

第10章 比較の注意点

カバーデザイン：krran　西垂水 敦・市川 さつき
本文イラスト　：末吉 喜美

英語
リーディ
の
鬼100

序章

構造・品詞を正確に
つかむために①文型と品詞

　本書で用いる用語・記号をいくつか確認しておきたいと思います. これらの用語・記号は, 本書を読む際に必要, というよりは, リーディング学習一般において, 知っておいた方がよいものです (もちろん, ごく一部ですが, こうした用語・記号がなくても, 正確に, しかもかなりの速度で読むことができるようになる方がおられますが). 本書を読み終えた後の英語学習に備えるためにも, 以下の用語・記号についての理解を大切にしていただければと思います.

●──主語・補語・目的語

　まずは「主語」「補語」「目的語」です.「**主語**」は英語では **Subject** です.「**補語**」は **Complement**,「**目的語**」は **Object** です. それぞれ頭文字をとって **S・C・O** で表します.

　主語・補語・目的語は, **品詞**を示す用語ではありません. また, いずれにも「語」が付いていますが,「単語」word のことではありません. 主語・補語・目的語は, **文の構造**, いわゆる**文型**を示すときに必要になる用語です.

主語・補語・目的語と品詞との関係

　品詞とは, 名詞・形容詞・副詞・動詞・前置詞・接続詞・助動詞・決定詞などのことです. 主語 **S**・補語 **C**・目的語 **O** と品詞との関係は, 大まかに言って, 次のようになります.

> 主語 **S** と目的語 **O** は，ほとんどの場合，名詞要素である
> 補語 **C** は，ほとんどの場合，名詞要素か形容詞要素である

●──語・句・節

ここで「要素」ということばを使いましたが，これは，**語・句・節**のいずれかである，ということを示すことばです.

「**語**」**word** は，文字通り，**1単語**のことです.「**節**」**clause** は，主語と動詞を含んでいる複数の単語から成る1つのかたまりのことです.「**句**」**phrase** は，複数の単語から成る1つのかたまりですが，主語と動詞を含まないもののことです.

名詞要素

名詞要素は，German「ドイツ語」のように，**語**であることもあれば，the meaning「その意味」のように，**句**であることもあれば，what she is talking about「彼女が話題にしていること」のように，**節**であることもあります.

ある名詞要素が語であるときには，たんに**名詞**と呼びます. ある名詞要素が句であるときには**名詞句**，ある名詞要素が節であるときには**名詞節**と呼びます. よって，「主語**S**と目的語**O**は，ほとんどの場合，名詞要素である」というのは，「主語**S**と目的語**O**は，ほとんどの場合，名詞・名詞句・名詞節のいずれかである」という意味です. 次のそれぞれの太字部分が**目的語**であり，名詞要素です.

He doesn't understand **German**.
「私はドイツ語が分からない」（**O** ＝名詞）

I don't understand **the meaning**.
「私にはその意味が分からない」（**O** ＝名詞句）

I don't understand **what she is talking about**.
「彼女が話題にしていることが分からない」（**O** ＝名詞節）

同様に，次のそれぞれの太字部分が**主語S**であり，名詞要素です.

German is not difficult to pronounce.

「ドイツ語は発音は難しくない」 （**S**＝名詞）

The meaning isn't clear.

「その意味がはっきりしない」 （**S**＝名詞句）

What she is talking about is important to you.

「彼女が話題にしていることは君には大切だ」 （**S**＝名詞節）

同様に, 次のそれぞれの太字部分が**補語C**であり, 名詞要素です.

Her home country is **Germany**.

「彼女の故国はドイツだ」 （**C**＝名詞）

She appears **a perfectly normal person**.

「彼女は完璧に正常な人にみえる」 （**C**＝名詞句）

Your life is not **what it used to be**.

「君の生活はかつての生活ではないんだね」 （**C**＝名詞節）

形容詞要素

　形容詞要素も, 語・句・節に分かれますが, その1つである形容詞節は, **関係節**の別名です. 補語Cが形容詞要素である, というとき, 形容詞節は含まれません.

He seems **interested**.

「彼は興味を抱いているようだ」 （**C**＝形容詞）

Her family was **of some importance**.

「彼女の一家はある程度社会的な地位があった」 （**C**＝形容詞句）

副詞要素

　副詞要素という言い方も, 副詞・副詞句・副詞節の3つのいずれかであることを示します.

I came **here five days ago**.

「私は5日前にここに来ました」 （hereは副詞, five days agoは副詞句）

She left school **when she was ten**.

「彼女は10歳のとき学校をやめた」 （when she was tenは副詞節）

第1章 第2章 第3章 第4章 第5章 第6章 第7章 第8章 第9章 第10章

動詞の種類

補語 **C**・目的語 **O** という用語は,文型を示すための用語である,と言いましたが,文型は動詞の種類の違いを示すものですから,補語 **C**・目的語 **O** は,そのままで,動詞の種類を示す用語になります.

> 補語 **C** を取る動詞を「連結動詞」 **linking verbs** と呼ぶ
> 目的語 **O** を取る動詞を「他動詞」 **transitive verbs** と呼ぶ
> 補語 **C** も目的語 **O** もとらない動詞を「自動詞」 **intransitive verbs** と呼ぶ

以上のことを総合すれば,「自動詞」の後ろに何が置かれていようと,それは「副詞要素」だ,ということになります.

●──文型と要素

最後に,以上の用語と「文型」とは,次のように対応しています.

> 「第1文型」は,自動詞によって成り立っている節(つまり補語 **C** も目的語 **O** もない節)のことを言う
> 「第2文型」は,連結動詞によって成り立っている節(つまり補語 **C** をとる節)のことを言う
> 「第3文型」は,他動詞によって成り立っている節(つまり目的語 **O** をとる節)のことを言う

文型にはさらに「第4文型」と「第5文型」とがありますが,ともに,他動詞の節です.「第4文型」は目的語 **O** が2つある節,つまり **S＋V＋O＋O** のことであり,「第5文型」は,目的語 **O** を1つ,それに対する補語 **C** を1つとる節,つまり **S＋V＋O＋C** のことです.以上のことが理解できていれば,実は「文型」という用語は不要です.

リポート動詞(伝達動詞)

「**伝達**動詞」あるいは「**リポート**動詞」 **reporting verbs** と呼ばれる動詞があります. **say**・**think**・**tell** などです.これらは構造的には,ほとんどの場合,**他動詞**です.文型で言うと,第3文型と第4文型に属する一部の動詞がリポート動詞です.

「リポート動詞」という呼び名があるのは,これらには,他の他動詞にはな

い機能があるからです.それは,ある人の考えや発言を相手に伝える,という機能です.その考えや発言は主として **that S' V'** …として与えられます.

> ── She **says that** she is leaving for Japan soon.
>   「彼女によると,もうすぐ日本に発つそうだ」
> ── Tom **thinks that** this horse is a sure thing.
>   「トムは,この馬が絶対に勝つと考えている」

●──2種類のＳＶＣ

ここでは,補語Ｃについて,基本的なことを確認しておきます.まず補語Ｃの役割は2種類ある,ということが大切なポイントです.

① 補語Ｃが,主語Ｓがあるグループに属していることを示す場合

例文 Tom is **a student.** 　　　「トムは学生です」
　　　　 S　V　　C

この文は,トムが学生 students の集合に属していることを示しています.このとき,トム以外にも学生がいることが思い浮かべられています.つまり,補語Ｃとしての **a student** は「**students の集合の1要素**」であることを示すいわば**分類項目**であり,ヒトを示すものではない,ということです.

この文で,ヒトを示している名詞は Tom の方です.補語Ｃとしての a student は, **A student** failed in history.「ある生徒が歴史の単位を落とした」における a student とは異なるわけです.

この①の **S + is + C** における補語Ｃになるのは,名詞・名詞句か,形容詞・形容詞句のいずれかです(形容詞の場合,たとえば Tom is **sensible.**「トムは賢い」も, Tom が賢い人の集合の1要素であることを示します).

補語Ｃになる形容詞句には,次のような前置詞句も含まれます.

> **of** ＋質・性質を示す不可算名詞　　　**of** value・**of** use など
> **in** ＋状態を示す不可算名詞　　**in** trouble など
> **under** ＋進行中の活動を示す不可算名詞　　　**under** construction など

```
┌─ That is of great importance.        「それはきわめて重要だ」
│  Tom was in good health.             「トムは健康だった」
└─ That's under discussion.            「それは今議論されている」
```

　①の **S** + is + **C** における補語 **C** としてはさらに, 次のようなケースもあります.

```
┌─ The story is about a young woman and her family.
│    「その物語はある若い女性とその家族についてのものである」
└─ The relationship I value most is with the man who first taught me
   courage.
     「私が最も重んじている関係は, 私にはじめて勇気というものを教えてくれた男
     との関係である」
```

　これらは, the **story about** Ａ 「Ａについての物語」, the **relationship with** Ａ 「Ａとの関係」という**名詞句＋それにかかる修飾語句 M1** とのあいだに be 動詞を割り込ませてできた文だと考えてもいいですし, **about**・**with** の前にある **one** が省略されたものと考えてもよいかもしれません. one を補って理解すると, ①の **S** + is + **C** であることがはっきりします.

```
┌─ The story is one about a young woman and her family.
│        └─ = a story
└─ The relationship I value most is one with the man…
                                      └─ = a relationship
```

　いずれにせよ, このような補語 **C** は, 主語との結びつきが強い, という感覚が大切であるように思います.

② 補語Ｃと主語Ｓとが一対一対応の関係にあることを示す場合

　写真を見ていて, **Which** is Tom? 「どれがトムなの？」と聞いたときの答えには, たとえば, 次のような2通りの文が考えられます. この2つの文のどちらも **S** + is + **C** となります.

```
┌─ The tall one is Tom.        「その背の高いのがトムだよ」
│     S      V   C
│
└─ Tom is the tall one.        「トムはその背が高いのだよ」
     S   V    C
```

　いずれにせよ，the tall one「その背が高いの」と Tom とが，**一対一対応**の関係にあることを示します．the tall one は Tom を**同定する**（どれであるかを示す）のに役立っているわけです．

　この②の「一対一対応の関係」の場合には，このように **Tom** と **the tall one** とを逆転させることができるのに対し，「あるグループに属していることを示す」①では逆転はありません．

　　Tom is a student.→　✕ **A student** is Tom.

　この②の **S** + **is** + **C** における補語 **C** が前置詞句になるケースを見ておきましょう．

　次のいずれにおいても，is は「存在している・ある・いる」の意味ではないので，is の後ろの要素が副詞句 **M2** であるにもかかわらず，節の構造は，**S** + **is** + **M2** ではなく，**S** + **is** + **C** です．以下のようなケースでは，副詞句としての前置詞句 **M2** が，**M2** のまま補語 **C** になることができる，ということです．

```
┌─ The last time I saw Tom was in 1992.
│    「最後にトムに会ったのは 1992 年だ」
│
└─ The best way to travel in the Andes is by bus.
     「アンデスを移動する最良の手段はバスだ」
```

　それぞれの主語（the last **time** I saw Tom・the best **way** to travel in the Andes）の概念（つまり**時・方法**）が，補語となっている**前置詞句の概念と一致**している，ということがこのケースの特徴です．

構造・品詞を正確に
つかむために②修飾要素

　本書には「修飾」という用語がよく出てきます．英語では「修飾する」という動詞は**modify**で，「修飾」する要素を**modifiers**と言います．よって，本書では修飾要素を**M**という記号で表すことにします．

　修飾要素**M**は，2つの種類に分かれます．1つは名詞を修飾する場合で，もう1つは名詞以外のものを修飾する場合です．

●──形容詞的修飾語句 M1

　名詞要素を修飾する要素は，形容詞的なものです．そのうち，<u>名詞要素を後ろから修飾する形容詞的要素</u>を**M1**という記号で表すことにします．また，名詞要素以外のものを修飾する要素を**M2**という記号で表します．

　M1には，次のようなものがあります．

```
the vase on the table    「テーブルの上にある花瓶」（M1＝前置詞句）

the fight certain to come    「必ず起こる戦い」    （M1＝形容詞句）

books of greater importance    （M1＝形容詞相当の前置詞句）

　「もっと重要な本」

two young boys the child's age    （M1＝形容詞相当の名詞句）

　「その子と同年齢の2人の幼い男子」

people wanting to buy houses    （M1＝分詞句）

　「家を買いたいと思っている人々」

books to read first    「最初に読むべき本」（M1＝to不定詞句）

the program we watched about Japan    （M1＝関係節）

　「私たちが見た，日本についての番組」
```

このほとんどが, 関係節でも同じ内容を表すことができますが,

> the vase **that is** on the table
> the fight **that is** certain to come
> books **that are** of great importance
> two young boys **who are** the child's age

のように, **関係代名詞＋be動詞**を補うだけで関係節になるものと,

> people **who want** to buy houses
> books **that you should** read first

のように, 関係代名詞＋be動詞を補うだけでは済まないものがあります. いずれにせよ, **M1** は, 多くのケースで関係節に書き換えることができます.

　このうち, 形容詞に相当する意味を持つ前置詞句については Must 23 で, **M1** が分詞句であるケースについては Must 86 で, また **M1** が to 不定詞句であるケース (つまり「**to** 不定詞の形容詞的用法」と呼ばれているもの) については Must 87 で取り上げています.

●──形容詞の種類と用法

　ここで, 形容詞句・形容詞節ではなく, 形容詞の種類と用法をまとめておきます.

　形容詞は, 大雑把に種類分けすると, **質 quality の形容詞・色 color の形容詞・分類 classification の形容詞**, の3つに分かれます.

　質の形容詞とは, 副詞 very によって強調したり, 比較級・最上級を作ったりすることができる形容詞のことを言います.

　分類の形容詞は, こうした強調や相対化ができない形容詞のことです.

　色の形容詞は, この2つの中間に位置するものです.

　次の太字の形容詞が分類の形容詞です. very による強調ができないことがわかると思います.

medical terminology	「医学の用語」
unemployed musicians	「失業中のミュージシャン」
short-term contracts	「短期の契約」
a **married** couple	「既婚のカップル」

　さて，形容詞の用法に目を向けてみると，①**限定用法**，②**叙述用法**の２つがあります．

　①の**限定用法**とは，名詞を<u>前から修飾</u>しているときの呼び名です．名詞が示す<u>意味の範囲を狭める</u>はたらきがあることから，こう呼ばれているのだと思います（限定用法でも，意味の範囲を狭めないこともありますが）．

例文　It's a **beautiful** picture.「それは美しい絵だね」
　　　　　形容詞　　名詞

　これに対して，**叙述用法**とは，S＋V＋C・S＋V＋O＋Cにおける<u>補語Cの位置</u>に置かれているときの呼び名です．

例文　The picture **is beautiful**.　　「その絵は美しいね」
　　　　S　　　　V　C
例文　I **consider** him **honest**.　　「彼は正直だと思うよ」
　　　S　　　　　V　　O　　C

　形容詞の種類と用法の関係は，<u>分類の形容詞が叙述用法で用いられることはめったにない</u>，ということにあります（また質の形容詞が限定用法で用いられると，分類的な意味に傾く，ということもあります）．

　なお，<u>1つの形容詞に，質の意味と分類の意味とがある</u>次のような形容詞は，その意味に要注意です．

academic	質「非実用的な・現実離れした」	分類「学問の・大学の」
effective	質「効果的な」	分類「実際の・事実上の」
religious	質「信心深い」	分類「宗教の」

●──副詞的修飾語句 M2

　さて，**M1**の位置は，名詞要素の直後です．何らかの要素の割り込みがないかぎり，その位置に変化はありません．これに対して，**M2**，つまり名詞以外にかかる修飾要素は，つねに同じ位置に置かれるわけではありません．また，**M2**には，語・句・節の3つのレベルがあります．その位置の問題の前に，**M2**の主な意味を，おおまかに押さえておきましょう．まず，前置詞に始まる副詞句です．

> I met this man **in Tokyo**. 　「私はこの男に東京で会いました」 　場所
>
> That happened **in 1992**. 　　「それは1992年に起きました」 　　時
>
> We'll contact you **by e-mail**. 　「メールで連絡します」 　手段
>
> Discrimination arises **in different ways**. 　「差別は様々なかたちで生じる」 　方法
>
> They arrived late **owing to the heavy rain**.」 　　原因
>
> 　「彼らはその大雨のせいで遅れた」
>
> He gave up smoking **for the sake of his health**. 　目的
>
> 　「彼は健康のために禁煙した」
>
> Dial 119 **in case of fire**. 　「火事の場合には119に電話しなさい」 　条件
>
> He went for a walk **despite the rain**. 　譲歩
>
> 　「その雨にもかかわらず彼は散歩に行った」
>
> She came here **as a friend**. 　「彼女はここに友人として来たのです」 　役割

　太字部分が**M2**ですが，それぞれ，直前の節（S V…），とりわけその動詞を修飾しています．

　また，これらの前置詞の多くに，それに対応する**従位接続詞**があります．　場所　なら **where S' V'**…，　時　は **when S' V'**…など，　方法　なら **as S' V'**…，　原因　なら **because S' V'**…，　目的　なら **so that S' V'**…，　条件　なら **if S' V'**…，　譲歩　なら **though S' V'**…などです．これら従位接続詞に始まる節 **S' V'**…は，**副詞節**と呼ばれます．

　また，対応する1語の副詞があるものもあります．　場所　**here**・**there**など，　時　**then**・**now**など，　手段　**thereby**，　方法　**so**・**thus**など，　条件　**so**，　譲歩　**however**・**still**など，　付随　**together**，といったものがそれです．以上の**M2**は，直前の節で描写されている行為や出来事が置かれている状況を表

24

すものです.

　以上のように, **M2**にはいろいろなものがありますが, さらに, 教科書で「**to 不定詞の副詞的用法**」, および「**分詞構文**」と呼ばれているものも副詞要素であり, よって**M2**です.

法副詞

　M2にはさらに,「法副詞」と呼ばれるものがあります. ここでの「法」とは,「法律」の意味ではなく,「法助動詞」(**may**や**can**や**should**や**will**など)の「法」と同じものです. つまり, 語り手が聞き手に対してとる主観的・主体的態度のことです. 法副詞には, **可能性**の意味(「きっと」「確実に」「おそらく」「たぶん」「もしかしたら」など), **頻度**の意味(「つねに」,「多くの場合」,「時に」など)などがあります. これらは, 法助動詞と似たような意味を持ち, 法助動詞と似たような役割をはたします.

分類の副詞

　本書では取り上げないものですが, **M2**にはさらに,「分類の副詞」と呼ばれるものがあります. 以下に語られることの分野や観点を示す副詞です. これは, 分類の形容詞の副詞形です.

　例文 These phenomena are **statistically** correlated with each other.
　　　「これらの現象は, 統計学的に見て, 互いに相関している」

　この**statistically**「統計学的には」は, **in terms of** statistics「統計学という観点から見て」や, **from a** statistical **point of view (viewpoint)**「統計学的観点から見て」とともに, 述べられることの分野を示す副詞です. 学問名の副詞形は, このように, 分類の副詞・副詞句になることができます.

コメント・評価の副詞

　これも本書では取り上げていないものですが, 副詞**M2**には,「コメントの副詞」や「評価の副詞」と呼ばれるものがあります. 以下に語られることに対する話し手・書き手の**コメントを添えるための副詞**で, 多くの場合, 節の先頭に置かれます. コメントの副詞は次のようなものです.

amazingly「驚いたことに」	**curiously**「不思議なことに」
ironically「皮肉にも」	**fortunately**「幸いにも」
happily「嬉しいことに」	**personally**「私としては」
luckily「幸運にも」	**oddly**「奇妙なことに」
paradoxically「逆説的に」	**regrettably**「残念なことに」
sadly「残念なことに」	**strangely**「奇妙なことに」
frankly「率直に言って」	**importantly**「重要なことだが」
roughly「大雑把に言えば」	**unfortunately**「あいにく」
surprisingly「驚いたことに」	**thankfully**「ありがたいことに」
properly「適切にも・当然」	

例文 **Curiously**, Tom made no response.

「不思議なことに，トムは何の反応も示さなかった」

「コメントの副詞」に近いものに「**評価の副詞**」と呼ばれるものがあります．これも多くの場合，節の先頭に置かれます．評価の副詞は次のようなものです．

foolishly「愚かなことに」	**rudely**「無礼にも」
carefully「慎重にも」	**carelessly**「不注意にも」
discreetly「思慮深いことに」	**wisely**「賢明にも」
cleverly「利口なことに」	**kindly**「親切にも」
rightly「適切にも」	**righteously**「正しいことに」

例文 She **rightly** suspects that he knows the secret.

「彼女は彼がその秘密を知っているのではないかと思っているが，それは当たっている」

構造・品詞を正確に
つかむために③接続詞の種類

接続詞には,等位接続詞と,従位接続詞との2つがあります.

●──等位接続詞

等位接続詞には,**and・or・but・yet・nor・so・for**があります.これらは,基本的には,その接続詞によって**結合されている2つ（以上）のもの**が,**構造的に対等の関係**にあることを示します.

> ▶ **and・or・but・yet・nor**　　語・句・節どうしの等位関係をつくる
> ▶ **for・so**　　　　　　　　　主節どうしの等位関係しかつくらない

┌ It was a small **but** comfortable hotel.　　　→語と語

│　「それは小さい<u>が</u>快適なホテルだった」

│　She is **not** my friend **but** my brother's.　　→句と句

│　「彼女はぼくの友だち<u>ではなくて</u>兄の友だちだ」

└ I'd asked everybody, **but** only two people came.　→ 主節と主節

　　「皆を招待してい<u>たが</u>2人しか来なかった」

●──従位接続詞

他方,従位接続詞には,**if・unless・so long as・when・while・as soon as・because・though・although・so that・as・as far as**…などなどがあります.等位が,対等な要素どうしの関係を示すのに対し,従位とは,**2つの要素が対等ではなく,一方が他方に依存している**,という関係を示すものです.従位接続詞は,直後に**S'＋V'**…を従えて, 1つのかたまり＝

従位節を作ります. 従位接続詞にはじまる従位節は, 副詞節 M2 です. 副詞節 M2 には, 基本的には, ほとんどの場合, 主節が必要です. つまり<u>従位節は, 主節なしにそれだけで用いることはめったにありません</u>. 従位節は, 主節に依存しているのです.

例文 **Although** he had little money, he didn't look poor.
　　　　<u>従位節</u>　　　　　　　<u>主節</u>
　　「金がほぼなかった<u>が</u>, 彼は貧乏にはみえなかった」

この文に対して「けれども, 彼にはほとんどお金がなかった. 彼は貧乏にはみえなかった」といった訳語を与えてしまうケースがみられます (けっこう頻繁に). その原因は, **等位と従位の区別をしないまま although ＝「けれども」と覚えてしまう**ことにあると思われます.

この1文は, 等位接続詞 **but** を用いて書き換えた下記の文とワンセットで記憶しておくと, こうした間違いを防ぐことができます.

> He had little money, **but** he didn't look poor.

同様の間違いがみられるのが, 文頭に従位接続詞 **because** がある場合です.

例文 **Because** she's too busy, she shouldn't come.
　　✕「<u>なぜなら</u>, 彼女は忙しすぎるからだ. 彼女は来ない方がいい」
　　◯「彼女は忙しすぎる<u>ので</u>, 彼女は来ない方がいい」

この誤訳は, because の次のような使い方から生まれてくるのかもしれません.

　　"**Why** shouldn't she come?" — "**Because** she's too busy."
　　◯「<u>なぜ</u>彼女は行かない方がいいの？」「<u>なぜなら</u>, 彼女は忙しすぎるからだ」

この対話文では, **She shouldn't come because** she's too busy.「彼女は忙しすぎるので, 来ない方がいい」という文の主節 She shouldn't come が, すでに相手の言葉のなかに存在しているので, why?「なぜ」に対する答えになる because 節のみで応答しているにすぎません.

他方, 等位接続詞**but**の場合には, 次の例のように, butから始まる節だけで, 文として成立します.

例文 She waited for him to react. **But** he didn't say anything for a few moments.

「彼女は彼の反応を待っていた. しかし, 彼はしばらくの間, 何も言わなかった」

この文では, she waited for him to react も he didn't say anything for a few moments も, ともに主節です.

（とはいえ, although を等位接続詞のように使うこともあるそうです. たとえばウィズダム英和辞典には I like to play golf. Although(,) I'm not very good at it.「ゴルフをするのは好きです. まあ, あまりうまいというわけではありませんが」という例が挙げられています）.

また, 副詞節**M2**は, 主節の前にも後ろにも置くことができます. たとえば,

┌─ She missed the class **because she was ill**.
│　（主節の後ろ）「彼女が欠席したのは病気だったからだ」
└─ **Because she was ill**, she missed the class.
　　（主節の前）「彼女は病気だったので欠席した」

このように, because she was ill の全体が1つのかたまりをなしており, それが副詞要素**M2**として, 主節に従属している, つまり主節she was absentに支えられて存在しているわけです.

従位接続詞と前置詞

ところで, 従位接続詞は前置詞に似ています. 直後に節**S' V'**…を置くのか, 名詞句を置くのかの違いがあるものの, **従位接続詞＋S'＋V'**…も前置詞＋名詞句もともに, **副詞要素M2**です. 次例で, 1つ目のbeforeが前置詞, 2つ目のbeforeが従位接続詞です.

┌─ He completed this novel just **before his death**.
│　　　　　　　　　　　　　　　　前置詞
└─ He completed this novel just **before he died**.
　　　　　　　　　　　　　　　　従位接続詞
　　「彼がこの小説を書き終えたのは死の直前だった」

この**before**や, **until・since**などのように, 前置詞と従位接続詞とが同じ単語であることもあれば, 前置詞**during**と従位接続詞**while**のように, 単

語が異なる場合もあります.

> ┌─ I saw him once **during my stay in Tokyo**. 「東京滞在中に一度彼に会った」
> │　　　　　　　　 前置詞
> └─ I saw him once **while I was staying in Tokyo**.
> 　　　　　　　　 従位接続詞

　従位接続詞と前置詞との共通点は, ①後ろに置く要素に違いはあるものの, ともに**後ろの要素を従えてかたまりをつくる**, ②そのかたまりがともに**副詞要素 M2** となる, という点です.

　上の例で言えば, just before his death も just before he died もともに副詞要素 **M2** であり, このかたまりが動詞 completed を修飾しています. また during my stay in Tokyo も while I was staying in Tokyo も副詞要素 **M2** として, 動詞 saw を修飾しています.

●──接続副詞（接続的副詞・連結副詞）

　副詞要素 **M2** には, **節と節との論理的な関係を示す**ものがあります. 一般的には「接続（的）副詞」「ディスコースマーカー」と呼ばれているものですが, 本書では **Linking Adverbs**「連結副詞」という呼び名を採用しています.

> 例文 Many people believe it. It is not true, **however**.
> 　　「多くの人がそれを信じている. しかしそれは本当のことではない」

　この **however** は, 示す関係は等位接続詞 but と同じであるにもかかわらず, 接続詞ではなく, 副詞です（その位置からも副詞であることが分かります）. but との違いを考えてみましょう.

○ He has a lot of money, **but** he isn't happy. 「彼は金持ちだが, 幸せではない」
× He has a lot of money. **But**, he isn't happy.
× He has a lot of money, **however** he isn't happy.
○ He has a lot of money. **However**, he isn't happy.
○ He has a lot of money. He isn't, **however**, happy.
○ He has a lot of money. He isn't happy, **however**.
× He has a lot of money. He isn't, **but**, happy.
× He has a lot of money. He isn't happy, **but**.

　このように，**but**を使えば，主節と主節とをコンマ〔,〕でつなぐことができますが，**however**にはそれができません．<u>副詞である**however**には，節と節とを構造的につなぐ力はない</u>からです．

　また，**but**の直後に**S V**…を置くときには，**but**の直後にはコンマ〔,〕を打たないのですが，**however**の場合にはコンマを打つことができます．**but**は接続詞で，**however**は副詞だからです．

　さらに，**however**は副詞ですので，<u>文頭・文中・文末のいずれにも置くことができます</u>が，節と節とを結ぶときの**but**は，つねに節の先頭に置かなければなりません．

　連結副詞の実例を挙げておきます．

---

in other words「言い換えれば」 **to put it another way**「別の言葉で言えば」
for example「たとえば」　**for instance**「たとえば」　**indeed**「実際」
in fact「実際；実際には」　**also**「さらに」　**moreover**「さらに」
similarly「同様に」 **likewise**「同様に」　**still**「それでも」
nevertheless「それにもかかわらず」

英語リーディングの鬼100

第1章

名詞・代名詞・名詞化の注意点

可算名詞による総称

computerという単語に着目し，その違いを考えてみよう.

Today computers hold out the promise of a means of instant translation of any code or language into any other code or language. The computer, in short, promises by technology a condition of universal understanding and unity. ※1

　ここでは総称の名詞句について学びます．たとえば**car**「車」という単語で言えば，特定の「車」ではなく，「車」という種類や範疇に共通して含まれるものを表しているとき，それを総称と呼びます．

　可算名詞の場合には，**a(n) ＋可算単数形**（**a** car）と**無冠詞の複数形**（cars），および**the ＋可算単数形**（**the** car）の**3つの総称のかたち**があります．

●──総称のかたちから抽象か具体か読み取る

　a(n) ＋可算単数形（**a** car）および**無冠詞の複数形**（cars）が総称の意味のときには，それは，モノとしての「車」を示します．**a car**の方は，1台1台の車を想定してみよう，というニュアンスです．**cars**の方は，1台の車ではなく，車一般を想定してみよう，というニュアンスになります．

the＋可算単数形（**the** car）は, モノとして
の車ではなく, 車の本質的機能・役割に焦点
を当てるときの言い方になります.

〔サンプル英文〕を見てみましょう.

1文目では**computers** という**無冠詞の複
数形による総称**になっており, 2文目では
the computer という **the＋可算単数形による総称**になっています.

それぞれの文で使われている語彙を比べてみてください.

1文目では, コンピュータは instant translation「瞬時の翻訳」を約束する, と
言っていたのが, 2文目では universal understanding and unity「普遍的な理解
および調和」の条件を約束する, というように, **抽象的**に響く言い方に変わって
います.

また, 2文目には in short（要約すると）があって, この文が前文の要約を提
示するものであることを示しています. 一般的な傾向としてですが, **the＋可
算単数形による総称**は, 無冠詞の複数形による総称よりも**本質的な主張に適
している**ようです. 逆に, **無冠詞の複数形による総称**は, その**主張の具体化あ
るいは具体的な記述に適している**ようです.

全文訳は,「今日では, コンピュータは, いかなるコード, 言語であれ, それを
他のいかなるコード, 言語にも瞬時に翻訳する手段を約束するものである. 要
約すれば, コンピュータは, 普遍的な理解および調和の条件を技術的に約束し
ている」のようになります.

当然ながら, 日本語訳においては, computer**s** と **the** computer との区別が
なくなってしまいます.

●──── the ＋可算単数形による総称は本質的な主張を意図したものか

次の文章で, 以上のことを再確認してみましょう.

例文 Word processing and its products are easier for the world to accept than electronic music because the writing process prior to **computers** was in its external aspects not that different — to the non-writer, pounding away on the keyboard of a typewriter seems much the same as pecking on the keys of **a computer**. But typing on **a computer** seems very different from picking a guitar or whistling into a flute. **The computer**, in these cases of music, collides with our seemingly innate sense of how music should be made. ※2

> 「文書作成（ワードプロセッシング）とその産物が, 電子音楽よりも人々に受け入れられやすいのは, コンピュータ以前の文書作成が, その外的な側面においては, 今のものとそれほど違ったものではなかったからである. 物書きではない人にとって, タイプライターのキーボードをせっせと打ち続けることは, コンピュータのキーを叩くこととほとんど同じように見える. しかし, コンピュータでタイピングすることは, ギターを弾いたり, フルートを吹いたりすることとは大きく違うように見える. 音楽のこうしたケースにおいては, コンピュータは, 音楽をどう作るかについて, どうやら生まれつき持っているように見える我々の感覚と衝突するのである」

「コンピュータ」は, 1文目の前半では**computers**「コンピューター般」になっています. ここでは1台のコンピュータを想定する必要はなく, またコンピュータの本質的役割を述べるものでもない, ということから, computersが選ばれていると考えられます.

　1文目の後半および2文目では**a computer**となっています. a computerは, **1台のコンピュータを想定**しよう, という響きです. a computerが選ばれているのは, キーボードを叩く話をするには, 1台のコンピュータが頭に浮かんでいた方が都合がよいからだと思われます.

　3文目では, **the computer**に変化しています. ここでは, モノとしてのコンピュータではなく, その**本質的役割・機能**に焦点が当てられています. この3文のうち, キー・センテンスはこの文である, ということが, この総称のかたちから見えてくるわけです.

※答えは章末にまとめて

チャレンジ問題 **04**

総称のタイプに注意して，キー・センテンスを抜き出してみよう．

1. ① In the UK, the USA and Western European countries, there is generally a high reliance on cars for the movement of people. ② For example, only 33 per cent of households do not own a car. ③ Out of this, the lowest income group comprises more than 50 per cent of the non-car ownership households. ④ In these countries, the car plays an important role in people's mobility and has a major influence on shopping behavior. ⑤ Bowlby and Rees claim that, if available, a car would tend to be the preferred mode of travel for a shopping trip. ⑥ It is the most important mode of transport for journeys to out-of-town centres, where parking is free, clean, secured and where bulk-purchase at these centres favours the use of cars. ※3

【例文ソース】

※1　Marshall McLuhan (1964) Understanding Media (First MIT Press edition (1994)), p.80 を一部削除して使用

※2　Paul Levinson (1999) Digital McLuhan, p.142 を一部削除して使用

※3　Muhammad Faishal Ibrahim, Peter J. McGoldrick (2017) Shopping Choices with Public Transport Options: An Agenda for the 21st Century を一部削除して使用

既出の名詞を受ける
代名詞one・ones

one・onesに入れるべき名詞あるいは名詞句は何かを，英語で言ってみよう．

① Everybody seems to have a camera. I want **one**, too.

② I have plenty of coffee cups, but I want bigger **ones**.

③ That question is **one** of great importance.

oneは，「1」「1つ」を意味しないことがよくあります．それは，**すでに出てきた名詞の代わりのものとして用いる**ときです．このoneも，意味が取れなくなる原因になることが多いので，しっかり慣れておきたいところです．

まず大事なことから．**ここで学習するone**は，**不可算名詞の代わりのものとしては使えません**.

○ I like red wine better than **white wine**.

✗ I like red wine better than **white one**.　（wine は不可算なので）
「私は白ワインより赤ワインが好きだ」

　　　　（なお，wine は省いて，たんに white としてもかまいません）

●── **one** の中に a(n) はあるか

さて，可算名詞の代わりになる**one**には，次の2種類があります．

❶ **one**のなかに，不定冠詞a(n)が含まれている場合

例文 ❶ I've never had **a dog** since Pochi; I haven't wanted **one**.

「ポチ以来犬を飼ったことがないし，犬を飼いたいと思ったことはないよ」

❷ one のなかに, 不定冠詞a(n)が含まれていない場合

例文 ❷ The world is full of unanswered **secrets**. But **this one** is **the biggest one** of all. ※1

「世界は答えのない神秘に満ちあふれている. しかしこの神秘が最大の神秘である」

❷' Bad **emotions** have more power than **good ones**.
└ = good emotions

「悪い感情には良い感情よりも大きな力がある」

❶の one は修飾語句がつかない one です. one 単独になります. この one は **a dog** の代わりであり, a(n)が含まれています. a(n)が含まれているのですから, ❶の one には ones という複数形はありません. 代わりに, **some** を用います.

例文 They sell good **apples** at that store. I'll buy **some**.
┌ = some apples

「あの店ではおいしいリンゴを売っている. 買うことにしよう」

❷の one は, **biggest** という形容詞がついたり, **this・the** といった a(n)以外の決定詞に導かれたりしています. この場合の one は, たんに **secret** という可算名詞単数形の代わりです. 元になる名詞が, 複数形 secrets で与えられていても, one は「それを単数形 secret にして入れて読みなさい」という印です. ということは, ②の one には, 複数形 ones がある, ということです. 普通の可算名詞と同じように用いればよいわけですから. それが上の❷'の good ones = good **emotions** です.

〔サンプル英文①〕が❶の one です. つまり one = **a camera** です. 訳は「カメラを持っていない人はいないみたいだ. ぼくもカメラがほしいな」です.

②は❷の one, つまり ones = **coffee cups** です. 訳は「私はコーヒーカップをたくさん持っているけど, もっと大きなコーヒーカップが欲しい」です.

●── one of は「…の1つ」ばかりではない

〔サンプル英文③〕の **one of** great importance を「大きな重要性の1つ」とする訳を見かけることがありますが, 違います. この one が「1つ」という意味の数詞であるとすれば, of の後ろには, one of **the books** や one of **many choices** などのように, 可算名詞の複数形があるはずです.

ここで **of** の後ろにあるのは **great importance** という不可算名詞です. of great importance は **very important**「きわめて重要な」という形容詞の代わりになる表現で, 後ろからかかる修飾語句です(Must 23参照).

この **one** は, 修飾語句がついている点では❷と同じ one なのですが, **a(n)** や **the** や **this** などの決定詞がついていません. どういうことでしょうか?

この one は実は, ❷の one であり, 本当なら **a one** というべきものです. 実際, この one には複数形 **ones** があります. けれども, **a one の a は省かれる**わけです. よってこの one は **a question** の代わりです.「その問題は極めて重要な問題である」という意味です.

複数形 **ones** の例を挙げておきます.

例文 The messages are **ones** of great importance.

⌒ = messages

「そのメッセージはきわめて重要なものだ」

one・onesを英語で言い換えてみよう.

1. Like many words which have a popular use in addition to a technical one, the term 'phonetics' means different things to different people. [2]

2. There exist only two kinds of modern mathematics books: ones which you cannot read beyond the first page and ones which you cannot read beyond the first sentence. [3]

3. The relation between form and content is one of universal concomitance; that is, neither of them ever appears without the other. [4]

4. In 'simultaneous translation', where there are no translation pauses, the interpreter keeps rather less than a sentence behind the speaker; this is the most difficult kind of interpreting and one that requires a very high degree of skill. [5]

5. Children who are made too aware of a difference between spoken and written language, by having acceptable spoken forms penalized when used in writing, may come to feel uncertain of the 'correctness' of anything they write, since no general criteria are offered to them. They may feel they are being asked to learn a completely new form of activity, one which bears little relation to language as they know it. [6]

【例文ソース】
※1　Matthew Coleman (2013) The Dinosaur Conspiracy, p.22 の一部を削除して使用
※2　M. A. K. Halliday, Angus McIntosh, Peter Strevens (1964) The linguistic Sciences and Language Teaching, p.56
※3　Simon Flynn (2012) The Science Magpie: A Miscellany of Paradoxes, Explications, Lists, Lives and Ephemera from the Wonderful World of Science
※4　Thomas McEvilley (2016) Capacity: The History, the World, and the Self in Contemporary Art and Criticism
※5　M. A. K. Halliday, Angus McIntosh, Peter Strevens (1964) The linguistic Sciences and Language Teaching, p.131
※6　M. A. K. Halliday, Angus McIntosh, Peter Strevens (1964) The linguistic Sciences and Language Teaching, p.228

既出の名詞句を受ける代名詞 it・they

itに入れるべき名詞句が何であるかを判定しよう.

Samples

Philosophy reacts on the science out of which **it** has grown by giving **it** for the future a new firmness and consistency arising out of the scientist's new consciousness of the principles on which he has been working. ※1

　人称代名詞（I・you・she・he・it・we・they）のうち, リーディングの阻害要因になる可能性が高いのは, **it**と**they**かもしれません. とくにitには, 強調構文で用いるitや「形式主語・目的語」と呼ばれるitがあるため, いっそうややこしいのですが, すでに出てきている名詞句を受けるものとして使われているときに限っても, itとtheyは誤解しやすいようです.

●── it・they には「元になる名詞句」を探し入れて読む

　誤解の原因は, **it**は「それ」, **they**は「彼ら」「それら」という訳語をあてるだけで通り過ぎてしまったり, そのtheyが「それら」であるときにも「彼ら」と読んでしまったりすることにあります.

　it・theyを正しく読むには, it・theyに, その都度, 元になる名詞句を入れて読まなければなりません. 元になる名詞句の探し方は, おおよそ次の通りです.

　it・theyが名詞句を受けるものであるとき, It・Theyが主語Sであるということは, 多くの場合, 「**前のSV…の主語Sを維持**している」ということを示します. またit・themが目的語Oであるときには, 多くの場合, 「**前のS**

V…の目的語Oを維持している」ということを示します.

　英語では，it・they・themが何であるかは，おおよそ，構造的に判定することができる，ということです.

　もちろん，文脈上明らかなときには，前の**S V**…の主語**S**の名詞句を，目的語**O**の位置でit・themとして受けることも，また前の**S V**…の目的語**O**の名詞句を，主語**S**の位置でit・theyとして受けることもあります.

> 例文 Animals do things that, from the point of view of the biologist, seem to
> be labour for a purpose: birds build nests, beavers build dams. But
> they do these things from instinct, because they have an impulse to
> = animals
> do them, and not because they perceive that they are useful. ※2
> 　= these things　　　= animals　　　= these things
>
> 「動物が行っていることは，生物学的観点から見れば，鳥の巣作り，ビーバーのダム造りなど，ある目的のための労働であるようにみえる. しかし，動物がこのようなことをしているのは，本能から，すなわちこのようなことをしたいという衝動があるからであって，動物がこのようなことが有用だと感じているからではない」

　この例では，2文目の最後のtheyを除いて，主語theyは，1文目の主語animalsを入れて読むべきものです. 2文目の目的語themは，同じ文中の目的語these thingsを入れて読むべきものです. 最後の主語theyは，1文目の主語animalsではなく目的語these thingsを入れて読むべきものですが，perceiveの目的語となる節の内部にあること，およびare usefulの意味から，その主語はヒトではないことが明らかであり，誤解は生じないと判断されたために主語化されたものだと思われます.

●──すでに出ている主語・目的語を合わせて機械的に入れてみる

　it・theyのせいで理解が不明瞭にならないようにするために，まずは**機械的に，it・theyが構造上どこに位置しているか（SなのかOなのか）を意識し，同じ位置の名詞句を入れて読む**ことに慣れるよう，日頃から練習しておきましょう.

　〔サンプル英文〕はどうでしょうか?

1つ目の**it**は主語**S'**の位置にあります．それゆえ，直前の節の主語**S**である**philosophy**を入れて読むべきものです．2つ目の**it**は，動名詞 giving となっている動詞 give の目的語**O''**の位置にあります．これは，直前の節の目的語**O**である**the science**を入れて読むべきものです．

Philosophy　reacts on the science out of which it has grown by giving it
　　S　　　　　　　　　　　O　　　　　　　S'　　　　　　　　　O'

　よって訳は「哲学は，哲学が成長する源となった科学に対して，逆に影響を及ぼす（反作用する）．それは，哲学が，将来にわたって科学に対して，新たな堅固さおよび一貫性を与えることによってである．この堅固さおよび一貫性は，（哲学のおかげで）科学者が，自らが研究してきた原理を新たに意識し直すことから生じてくる」のようになります．

チャレンジ問題 **06**　　※答えは章末にまとめて

代名詞を意識しながら読んでみよう．

1. Research on the informal economy invites serious consideration of how it differs from the formal economy and, just as important, how it is linked to it. [3]

2. Some characteristics of capitalism are unique, but many analysts take these characteristics for granted, assuming that they have been present throughout most, if not all, human history. [4]

3. Birds "sing" (i.e., they emit vocalizations that we humans call birdsong) and it is possible that they derive pleasure from it. However, the sounds they make and the manner in which they produce them are, except for a few rare species, primarily the results of genetically programmed instructions. [5]

【例文ソース】
※1　R. G. Collingwood (1960) The Idea of Nature, p.2 の一部を改変して使用
※2　Bertrand Russell (2009) Authority and the Individual, p.40
※3　Paul Godfrey (2015) Management, Society, and the Informal Economy, p.175
※4　Larry Patriquin ed. (2012) The Ellen Meiksins Wood Reader, p.9
※5　Donald A. Hodges (1996) Handbook of Music Psychology, p.470

代名詞のさらなる注意点

代名詞に注意して訳してみよう.

No matter what **his** business, the aim of the capitalist is to make a profit. ※1

「人称代名詞」と呼ばれているもののうち,「三人称」の代名詞（**he**・**she**・**it**・**they**）には,さらに注意しておくべき点があります.

それは,

> **その代名詞が示している内容が代名詞よりも後に出てくるケースがある**

ということです.〔サンプル英文〕のような場合です.

この例では, No matter にはじまる副詞節 **M2** のなかで, 代名詞 **his** が用いられていますが, これは, 後ろにある主節の主語 **the capitalist** を入れて読むべき **his** です. それではなぜ, 下記のようにしないのでしょうか？

 No matter what **the capitalist's** business, **his** aim is to make a profit.

●——主節の背景となる従位節

no matter に始まる節や従位接続詞に始まる節は,「主節に支えられてはじめて節として成立する」という意味で, 従位節をつくります. 日本語のように, 従位節をつくる接続語句がない言語に慣れていると分かりにくいこ

とですが, 文頭に置かれた従位節の内容は, **主節の内容の背景**をなすものです. 前景にあるのはあくまで主節です.

　従位節の代名詞が, 主節の名詞句を示すものになっているときには, 従位節の内容の重要度が低い, ということを示します.

　なお, この〔サンプル英文〕では, his business の後ろに be 動詞 is が省略されています. no matter の後ろに置かれる間接疑問においては, be 動詞の省略が生じることが多い, と覚えておきましょう. またこの the capitalist は「その資本家」という特定的なヒトではなく, 「資本家一般」を示すものです.

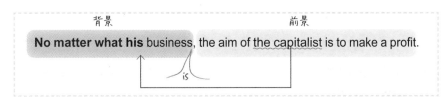

背景　　　　　　　　　　　　　　　　前景
No matter what his business, the aim of the capitalist is to make a profit.
is

　次に日本語訳の問題ですが, 〔サンプル英文〕のような場合に, 不用意に「彼のビジネスが何であれ, 資本家の目的は利潤を得ることにある」と訳してしまうと, この「彼」が資本家以外の何かを指しているかのように響いてしまいます.「彼」は, 「彼ができたよ」のような場合を除いて, 一般に, すでに登場している人物を示すものだからです.

　日本語として自然な訳は, 「資本家の目的は, そのビジネスが何であれ, 利潤を得ることにある」のようになります.

● ──従位節で代名詞でなく言い換えられている場合も

　なお, 次のように, because に始まる従位節において名詞句（cars）, 主節においても名詞句（the automobile）となっていることもあります.

例文 Many people think that because **cars** are so universal in the US **the automobile** was invented there. That is not the case.

> 「アメリカでは自動車が普遍的に普及しているのだから, 自動車はアメリカで発明されたのだと思っている人が多い. しかしそうではない」

cars（無冠詞の複数形）も，**the** automobile（**the＋可算名詞単数形**）も，ともに「自動車**一般**」を示すものです. これを総称と呼びます（Must 04参照）.

このように，2種類の総称が同じ文章のなかで用いられているときには，**the＋可算名詞単数形による総称の方が重々しく響きます**. 単語的にも，automobile よりも car の方が軽い響きになります.

というわけで，because節の cars are so universal よりも，主節の the automobile was invented there の方が重要な内容である, という響きになるわけです.

チャレンジ問題　**07**　※答えは章末にまとめて

代名詞などに注意して訳してみよう.

1. When he was still 6 years old, Mozart was already an international star.

2. When we use the term in ordinary daily conversation, we often think of 'culture' as equivalent to the 'higher things of the mind' — art, literature, music and painting. [2]

【例文ソース】
※1　Arkady Leokum (2000) The Big Book of Tell Me what, p.69
※2　Anthony Giddens (1991) Sociology, p.31

所有格one'sおよびone's＋ownは何を意味するのか？

Samples

our survivalではなく**our own survival**が選択されている理由を考えてみよう.

We do not know the extent to which **our own survival** is tied to that of other species or to the overall health of the ecosystem. [1]

　本セクションの課題**one's own**…の話に入る前に, 所有格について, 大切なことを確認しておきましょう.

　人称代名詞の**所有格**（**my**・**our**など）, および**名詞句＋アポストロフィーS**（Tom's「トムの」・his father's「彼の父親の」・a soldier's「ある兵士の」など）は, **the**を含むものとして**理解**されます.

　たとえば, **My friend** has come. と言えるのは, 話題に上っている「私の友人」がどの友人のことなのか, 聞き手にすでに分かっているときのみです. my friendの厳密な逐語訳は, 「私の<u>その</u>友人」です. **the**「その」と言えない文脈では**my**を使えません. よって, 「そのことについては, 私の友人から聞いたよ」と言いたいとき, その「私の友人」のことを聞き手がはじめて耳にする, という場面では, **my** friendは使えず, **a** friendとしなければなりません. まだ**the** friend「その友人」とは言えないからです. この点で, 英語のmyは日本語の「ぼくの」「私の」とは大きく異なるので要注意です.

　例文 **A friend** told me about it. 　「それについては<u>友人</u>から聞いたよ」
　　　└─ 初出, 聞き手が知らない「友」を出してくるなら'a' friend

my friendが使えない場面では**a friend of mine**を使うこともできます.

例文 I want you to meet **a friend of mine**.「君に会ってもらいたい友人がいるんだ」

相手が知らない「友」だから　✕ my friend

ここでの不定冠詞 **a** は，「**導入**」の役割をはたしています．**of mine** はあってもなくても意味は大きくは変わりません．

とはいえ，my **best friend** なら，いきなり my を使っても OK です．「最も親しい友人」は 1 人しかいない「その友人」だからです．

例文 I had a long talk about this with **my best friend**.
「これについてはぼくの最も親しい友人と長い時間話し合った」

passport「パスポート」・**father**「父」なども同様です．よって **a soldier's father**「ある兵士の父親」も OK です．friend とちがって，father は通常 1 人しかいないので，a soldier「ある兵士」が誰なのか知らなくても，**the** father of a soldier「ある兵士の父親」と言えるからです．

●──アポストロフィー S と，the ＋名詞句＋ of ＋名詞句の使い分け

ここで確認です．**my** friend に相当する名詞句の所有格には，アポストロフィー S をつけるときと，**the ＋名詞句＋ of ＋名詞句**との 2 つのパターンがあります．両者の使い分けはおおよそ次の通りです．

> ① 生物・単数なら，アポストロフィー S
> 　　**the actor's** arrival・**the president's** plane・
> 　　**my friend's** sister・**a soldier's** father
> ② 生物・複数なら，**the ＋名詞句＋ of ＋名詞句**
> 　　**the** arrival **of the actors**
> ③ 無生物なら，**the ＋名詞句＋ of ＋名詞句**
> 　　**the** legs **of the table**・**the** length **of the plane**
> 　　**the** ceiling **of a room**

※なお，無生物であっても，時・場所の名詞句はアポストロフィー S を用いることがあります．ヒトの活動が感じられるものであるときには，アポストロフィー S を用いることができるそうです．**Japan's** ancient history「日本の古代史」，**yesterday's** meeting「昨日の会合」などです．

このセクションのテーマである **one's own** …に移りましょう．たとえば **your own** spoon or fork という表現に出会ったとき「あなた自身のスプーン

あるいはフォーク」と訳すだけで済ませてしまう人が多いようですが, とても
もったいない. この表現には, 文脈形成にかかわる重要な役割があるからです.

例文 **A serving spoon** is put into each dish for everyone to take food for their

plates — it is impolite to use **your own spoon or fork** to take food. ※2

> 「誰もが自分の皿に食べ物を取り分けることができるように, 取り分け用のスプ
> ーンがそれぞれの料理に付いています. 取り分けるときに自分専用のスプーンと
> フォークを使うのは不作法です」

この例からはっきりわかるように, **your own** spoon or fork は, 「あなた
の」スプーンあるいはフォークであることを示すだけのものではありませ
ん. **a serving** spoon「取り分け用のスプーンあるいはフォーク」ではなく
「自分の」スプーンあるいはフォーク, ということを示すものです. つまり B
's own…には, **not** A**'s but** B**'s**「Aのではなく Bの」という関係が含まれ
ているわけです. 〔サンプル英文〕の **our own** survival も, 「他の種や生態系
のではなく我々人間の生存」という意味に響いています. 訳は「我々自身の
生存がどの程度まで他の種の生存あるいは生態系全体の健全性に結びつい
ているかを我々は知らない」のようになりますが, 大切なのは not A but B
の A が何かを意識することです.

なお, not A but B の A に当たるものは, 上の例の「取り分け用のスプー
ン」のように, 具体的に特定できるものである場合もありますが, B 以外の
すべてのものである場合もあります. 次の文の **its own** culture は, 「残るす
べての組織にはみられない文化」という意味です.

例文 Every organization has **its own culture**; that is, it has **its own set of**
values, norms, and attitudes. ※3

> 「すべての組織が, 独自の文化を持っている. すなわち, 独自の価値観, 規範, 精神
> 的傾向を持っている」

ここでついでに, **for one's own sake** という重要表現をとりあげておき
ましょう. **for** B**'s own sake** において, **for**…**sake** は目的を示します.
「…のために (の)」という意味です. B**'s own** は **not** A**'s but** B**'s**「Aのでは
なく Bの」という意味ですから, 合わせて「何か他のモノ・コトを目的とし
ているのではない」→「**それ自体が目的である**」という意味になります.

例文 I love mathematics **for its own sake**. 「ぼくは数学そのものが好きなんだ」

　このitsは直前のmathematics「数学」を受けています. for **its own** sake は,「数学以外のものを目的としているのではなく,数学を目的としている」という意味です.「数学以外のもの」とはたとえば,大学入試で合格することです. この文は,<u>何か他のものに役立てる目的で数学を学んでいるのではない</u>,ということを伝えているわけです. もう1例を.

例文 You should enjoy **practice for its own sake**. And to be successful, your approach has to be very different when you are practicing than when you are performing. ※4

　　「練習<u>そのもの</u>を楽しむべきである. 成功するためには,取り組み方は練習しているときと演奏しているときとではまったく違ったものでなければならない」

　2文目でwhen you are practicing「練習中」と when you are performing「本番中」とが対比されていることからわかるように,ここでの「練習以外のこと」とは「本番での演奏」です. 練習中は,<u>本番のことを一切考えずに</u>,練習そのものを楽しみなさい,というメッセージです.

 チャレンジ問題 **08** ※答えは章末にまとめて

意味を考えてみよう.

1. Literature is language for its own sake: the only use of language, perhaps, where the aim is to use language. ※5

2. Nearly all great technological advances depend upon discoveries so unexpected as to be unplannable. Nature in her own time reveals her secrets to the patient questioner. ※6

【例文ソース】
※1　Edgar Winston Spencer (2003) Earth Science: Understanding Environment Systems, p.xiii
※2　Sheida Hodge (2000)　Global Smarts: The Art of Communicating and Deal Making Anywhere in the World, p.102
※3　O. Jeff Harris, Sandra J. Hartman (2001) Organizational Behavior, p.88
※4　Marilynn Mair (2017) The 100 Techniques & Exercises for Mandolinists, p.7
※5　M. A. K. Halliday, Angus McIntosh, Peter Strevens (1964)　The linguistic Sciences and Language Teaching, p.245
※6　Bulletin of the Atomic Scientists, Vol.23, No.6 (1967), p.31 の一部を削除して使用

後方照応のtheの注意点①
同定節

Samples

2つの太字部分がどのように違うかを考えてみよう.

① **This is the thesis which** I proceed to exemplify. ※1

② **This is a thesis which** I cannot accept.

　たとえば**the** bookが総称の意味（ Must 04参照）ではないときには, **定冠詞the**は, 「あなたにはこの本を同定することができる」ということを聞き手（読み手）に知らせる合図になります.

　ここで, 「同定することができる」とは「どの本のことであるかをあなたは理解できる」「あなたはそれがどの本のことであるかを尋ねる必要はない」「あなたはその本を1つにしぼることができる」ということです.

　同定に役立つ情報は, 下記の3通りに分かれます.

①話し手（書き手）と聞き手（読み手）が共有している状況のなかにある場合
②すでに述べたことのなかにある場合
③直後の修飾語句として与えられる場合

　①を「**状況のthe**」と呼ぶことにします. ②は「**前方照応のthe**」, ③は「**後方照応のthe**」と呼ばれています.

　大切なことは, この3つの区別は同定に役立つ情報のありかの区別でしかなく, **the**そのものの役割はいずれにおいても同じである, ということです.

①「状況のthe」

I'd like to travel around **the world**.　　　＝IとyouとがΓ共有している場としての「世界」
　　　　　　　　　　　　　　　　　　　　　　　「世界を旅して回りたいな」

②「前方照応の the」

＝the seminar に関係している人々

At the seminar, most of **the people** were Americans.

「そのセミナーでは参加者のほとんどが米国人だった」

③「後方照応の the」

The book that I recommended now costs over three pounds.

「私が薦めた本は今は3ポンドを超えている」

①の **the world** は，**I** と **you** とが共有している場としての「世界」（なので，あなたにもどの世界のことか分かりますね），という意味です．②の **the people** は，「**the seminar**（そのセミナー）に関係している人々」です．③の **the book** の the は，that I recommended「私が薦めた」という直後の情報を元にすれば同定可能な本だということを知らせる合図です．「私が薦めた本」がどの本のことか，聞き手に分かるだろうと考えているときの表現です．

　このいずれにおいても，**the は「あなたにはどれのことか分かる」という合図**です．総称の意味ではないときには，**the** ＋可算名詞単数は，「1つにしぼることができるもの」を示します．**the** ＋可算名詞複数なら，その同定の範囲がその名詞句が示すものの「すべて」に及ぶということを，**the** ＋不可算名詞なら，その範囲が「全体」に及ぶということを示します．「あなたにはどれのことか分かる」と言えないような場面では，the を使うことはできず，可算名詞単数の場合には不定冠詞 **a(n)** を，可算名詞複数と不可算名詞の場合には無冠詞あるいは決定詞 some を使うことになります．

例文 We need **an instructor** to teach the children English.

「その子どもたちに英語を教えてくれるインストラクターが必要だ」

例文 I'm looking for (**some**) **books** about unusual animals.

「珍しい動物についての本を探しているんだ」

例文 I would like (**some**) **sugar** in my coffee.　　「コーヒーに砂糖がほしいな」

　さて，これで準備完了です．the について以上の理解があれば，次の違いはすぐに分かると思います．

Our manager **is the man** who is talking now.

「うちの経営者は, 今話をしている人です」

Tom **is a man** who knows a lot about political life.

「トムは政界に通じている人だ」

　どちらも **S is C** の節ですが, 1つ目の the man の the は後方照応の the であり, 直後にある who is talking now「今話をしている」という関係節の内容がa man を同定するのに役立つ情報だということを示しています. つまり「今話をしている人はたった1人しかおらず, うちの経営者はその人だ」というメッセージです. この **S is C** は, **一対一対応の関係**です. この **S is C** は, 主語**S** が「どのようなものであるかについての説明」を与えるものではなく, 主語**S** が「どれであるか」を示す, つまり**主語S を同定するための情報を提供する**ものです.

　このような **S is C** を, **同定節**と呼ぶことにします. **主語S が示すものが, どれであるかを指定する, どれであるかを確認する,** という役割です.

　このような同定節は, **主語S と補語C とを逆転させて, The man** who is talking now **is our manager.**「今話をしている人がうちの経営者です」のようにすることができます.

　2つ目では, 補語**C** が **the** man…ではなく **a** man…となっているので, この **S is C** は同定節ではありません. 直後の関係節は, a man を同定するのに役立つ情報ではない, というメッセージです. 同定節ではない **S is C** は, 主語**S** が「どのようなものであるかを示す」, つまり名詞が示すものの属性を示す (あるいはそれが属している集合を示す) ものです. 役割は, 同定ではなく**説明**です.

　〔サンプル英文〕も同様に理解することができます. ①の **the** thesis **which** I proceed to exemplify は,「以下で私が実例を挙げて説明する論題」が1つにしぼられている, ということを示しています. this は, 直前に提示されているある論題 (主張) を指示するものです.

　この **S is C** は, その直前の内容のみをターゲットとして, 以下でその実例を挙げて説明する, という宣言を行っているわけです. 訳は「これ (こそ) が, 私が以下で例証する論題である」のようになります.

②の補語 **a thesis which** I cannot accept「私が認めることができない論題」は，このような同定節の補語とは異なるものです．この補語 **C** は，主語 **S** が示すものが<u>属している</u>集合を<u>示している</u>にすぎません．「これは，私が認めることができない論題という集合に属する（this「これ」以外にも，私が認めることができない論題はいろいろある）」という意味です．訳は「これは私が認めることができない論題である」のようになります．

ところで，複合関係代名詞の **what** は，Must 81 で学ぶように，**the thing(s) which** に置き換えることができるものです．つまり <u>what節には定冠詞 the が含まれている</u>わけです．そのため，**what節が主語Sか補語C**になっている **S is C** も，相手側の名詞とのあいだに一対一対応の関係が成立すれば，同定節になります．

Education is <u>what</u> will help you get ahead in life.
　　S　　←一対→　　C
「<u>教育</u>こそが人生を切り拓くのに役立つものである」

<u>What</u> will help you get ahead in life **is education**.
　　S　　←一対→　　C
「人生を切り拓くのに役立つ<u>もの</u>は教育である」

以上のように，同じ **S is C** であっても，同定節かどうかによって，そのメッセージは大きく異なっています．「**S is C** における **S** と **C** とはイコールの関係にあります」という説明をよく耳にしますが，**S** と **C** との「イコール」関係には2通りあって，その意味は大きく異なるわけです．

チャレンジ問題 **09** ※答えは章末にまとめて

冠詞を意識しながら読んでみよう．

1. Our understanding of the world is a species of language, and science is the grammar of that language.

2. The growth of intellectual pursuits and government bureaucracy, along with the spread of ideas and the expansion of commerce, is what led to papermaking. [2]

【例文ソース】
※1　Alfred North Whitehead (1926) Science and the Modern World
※2　Mark Kurlansky (2016) Paper: Paging Through History の一部を削除して使用

後方照応のtheの注意点②

構造を意識しながら訳してみよう.

My trip to Florence was disappointing, for the few days I spent there were all cold and wet.

Samples

　後方照応のtheが, 文構造を理解する際に欠かせない情報を与えている場合があります. 次のようなケースです.

例文 Techniques may never be developed that will make possible years of study of aquatic life **in the detail** now customary when studying land animals. ※1

　in detail「詳しく」「詳細に」は, 覚えておくべき表現ですが, その際, **detail は無冠詞の不可算名詞である**, ということも意識して覚える必要があります. そうしておくと, ここでのin **the** detail…のように定冠詞theが付いているときには, たんに「詳しく」「詳細に」と言っているだけではない, ということが感じられるようになるからです.

●──後方照応の the のはたらきに敏感になろう

　ここでのin **the** detail…におけるtheは後方照応のはたらきで, detailの後ろに修飾語句**M1**が置かれるということ, そしてその修飾語句がどのようなdetail「詳しさ」なのかを同定するのに役立つ情報である, ということを伝えるものとなっています.

　その修飾語句が直後の**now customary** when studying land animals「陸上動物を研究する際に現在一般的であるような」という形容詞句です.

　ここでは, nowの直前に**関係代名詞＋be動詞の省略**が生じており（**Must** 24参照）, そこには, that isあるいはwhich isを補うことができます.

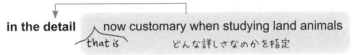

　このように, theの役割, およびcustomaryが形容詞であることを意識すれば, in the detail…以下最後までが, study of aquatic life「水生生物を研究すること」にかかる長い副詞句**M2**だということが分かります.

　文全体の訳は「陸上動物を研究する際に現在一般的であるような詳細さで水生生物を何年にもわたって研究することを可能にする技術は, 決して開発されることはないのかもしれない」のようになります.

〔サンプル英文〕はどうでしょうか.

　ここでも, 定冠詞theに着目できなければ, for the few days「数日のあいだ」だけで副詞句**M2**だと誤認してしまい, その結果, spentは他動詞なのに目的語がない, wereには主語がいるのに主語がない, ということになってしまいかねません.

　theが後方照応の役割であることが感じられていれば, **the** few daysの直後にはa few daysを同定するために必要な情報が来る, と感じられ, 直後の **(that) I spent there**「そこで過ごした」は**the** few daysにかかる関係節**M1**だということが分かるようになります.

　この文において残っている課題は, wereの主語探しです. for the few days I spent there「そこで過ごした数日のあいだ」で1つの副詞句**M2**だとみなすと, wereの主語がないことになります. ここで, **for**の直後で切ることができれば解決です. ここでは**for**は前置詞ではなく, 理由を示す等位接続詞であって, the few days…がwereの主語**S**になっているわけです.

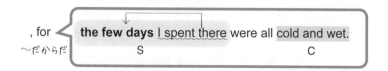

, for
〜だからだ

the few days I spent there were all cold and wet.
S   C

全体の訳は「フィレンツェへの旅はがっかりだった. そこで過ごした数日間はずっと寒く, 雨模様だったからだ」のようになります.

※答えは章末にまとめて

チャレンジ問題 ⑩

theに注意しながら読んでみよう.

1. In essence, word processor application software allows revision, correction, spellchecking, manipulation, and preparation of report forms without the re-insertion of information and with the ease essential in today's fast-moving society.

【例文ソース】

※1　Edward T. Hall (1976) Beyond Culture, p.172

ofのいろいろな注意点①

> of の役割・意味を考えてみよう.
>
> ① Problems **of** this nature are beyond me.
>
> ② We were given an assignment on the problem **of** air pollution.
>
> ③ The problems **of** inflation and unemployment are closely related. [※1]
>
> ④ The rich do not consume great quantities **of** bread. [※2]
>
> ⑤ Children have to learn to eat various kinds **of** food.

ofにはいくつかの使い方があります. そのため, ofは, 英語学習者泣かせのワードの1つとなっています.

● ——「…という」という意味になるかどうか

まず A **of** B が「B という A 」の意味で響く場合とそうでない場合との識別についてです. 「B という A 」は, 「A の内容が B 」という関係を示すものです. それが[サンプル英文]の②と③のofです.

> the problem **of** air pollution 「大気汚染という問題」
> the problem**s** **of** inflation **and** unemployment
> 「インフレおよび失業という問題」

ご覧のように, **of** が「という」の意味になるためには, **problem** が単数なら, ofの後ろの要素の数も1つのみ, **problems** と複数になっているときに

は，ofの後ろの要素の数も2つ以上になっている，つまり**ofの前後で単複がそろっている**必要があります．

　それぞれの訳は②「大気汚染という問題についての宿題が出た」，③「インフレおよび失業という問題は密接に関連している」のようになります．

「関与」のof

　ofが「…という」という意味にならないケースの1つに，**the problems of teaching English**のような場合があります．ofの後ろにはteaching English「英語教育」という動名詞があるだけですが，**problems**は複数形になっています．このように**ofの両側の単複が合わない**，ということは「という」の関係ではない，ということです．このofは**関与**を示すもので，「英語教育にかかわる諸問題」という意味になります．

　ちなみに，〔サンプル英文①〕は，**of** this **nature**「このような性質の」で「このような性質を持っている」という意味です．このofは，Must 12で学ぶ**of＋質・性質を示す不可算名詞**のofと同じものです．「このような性質の（を持つ）問題は，私の理解を超えている（私の手には負えない）」といった訳になります．

「後方照応」に注意すべきof

　次に注意すべきofは，**kind・sort**「種類」，**number**「数」，**amount・quantity**「量」，**level**「レベル」，**form**「かたち」，**type**「型」などの**抽象語の後ろにつくof**です．これらの名詞は，<u>the</u>に導かれているかどうかによって，意味も，訳す順番も変わってきます．

　numberを例にとってみましょう．**a number of** Ⓐ なら「**ある数の**Ⓐ」「いくつかのⒶ」のように，前から訳し下ろすことになりますが，**the number of** Ⓐ は後ろから前に戻る訳，つまり「**Ⓐの数**」となります．このtheは**後方照応**のはたらきだからです．例を挙げておきましょう．

┌─**A number of legal difficulties** <u>remain</u> to be solved.
│　「いくつかの法的問題が未解決のままである」
└─**The number of club members** <u>has</u> decreased to three hundred.
　　「クラブのメンバーの数が300人に減少した」

　前者の中心語は a number ではなく **of の後ろの名詞句 legal difficulties** であり，よって複数扱いになりますが，後者の中心語は **the number** で，よって後者は単数扱いとなります（動詞のかたちに注意してください）．

〔サンプル英文④・⑤〕はどうでしょうか？

　great quantities of・various kinds of のどちらにも the は含まれていません．したがって，どちらも a number of Ａ と同じグループになります．**a quantity of** Ａ「**ある量の** Ａ」を複数にした **quantities of** Ａ は「**大量の** Ａ」という意味になります．この複数形は，**for years** で「**何年間も**」の意味になるのと同様，**強調のための複数形**です．さらに **great** という強調語をプラスすることで「大量の」という意味を強調しているわけです（large や substantial「かなりの」で強調することもよくあります）．

中心語は bread

The rich do not consume **great quantities of** bread.

大量のパン

　④の訳は「お金持ちは大量のパンを消費（摂取）してはいない」のようになります．なお，the rich の the は **the+形容詞**で「**～な人々**」という意味になるものです．

　⑤においても，various「様々な」という形容詞が付いているだけで，the は付いていません．よって **a** number of Ａ と同じグループです．

to eat **various kinds of** food

中心語は food

　訳は「食物の様々な種類」ではなく「様々な種類の食物」となります．全体の訳は「子どもは，様々な種類の食物を食べることにできるようにならなければならない」のようになります．

訳してみよう.

1. It takes years of practice to be able to perform this piece.

2. He got a foretaste of the problems of old age when he broke his leg.

3. He is the sort of person who will do anything to get what he wants.

4. The kind of information we collect depends on the purpose for which it is collected.

5. The aim of this inquiry was to provide guidance to governments on how to treat the problems of air pollution and noise caused by motor vehicles. ※3

【例文ソース】
　※1　Thorkil Kristensen (1981) Inflation and Unemployment: In the Modern Society, p.43
　※2　John D. Buenker (2018) The Income Tax and the Progressive Era
　※3　European Conference of Ministers of Transport. Council of Ministers (1972) Annual Report and Resolutions of the Council of Ministers, p.106

ofのいろいろな注意点②

太字に注意して訳を考えてみよう.

① Since violence **is characteristic of** wild beasts, while rational dialogue **is characteristic of** humans, Cicero argues that war should always be the last choice. [1]

② Trump's language **is indicative of** the transformation of corporate strategies into U.S. national policies; his language, which, as all agree, is absolutely idiosyncratic, **is** also **indicative of** a personalizing and privatizing of politics. [2]

ofという前置詞には, 他の前置詞にない重要な役割があります.

ある種の**形容詞**の直後の**of**は, **be＋形容詞**が示すプロセスの**主語S**や**目的語O**を示します. ここでは, be＋形容詞＋ofの後ろの要素が, このプロセスの主語ではなく**目的語**になるケースを取り上げます.

このofは, 他動詞の名詞化において, 元々の目的語を示す際に用いるofと同じものです (Must 15参照). 名詞であれ, 形容詞であれ, それが示すプロセスの「目的語」を示すときに, ofが用いられるわけです.

このような**be＋形容詞＋of**…は**他動詞に相当**します. 教科書にも出てくるような実例は, 以下のようなものです.

例文 I'm very **fond of** dogs. = I **like** dogs very much. 「犬が<u>大好きです</u>」

例文 Most smokers **are aware of** the health consequences of smoking. [3]

= Most smokers **know** the health consequences of smoking.
「ほとんどの喫煙者は, 喫煙が及ぼす健康への影響を<u>知っている</u>」

be fond ofは他動詞**like**に，**be aware of**は他動詞**know**に相当するわけです．このような形容詞にはさまざまなものがあります．

be critical of	= **criticize**	「批判的である」
be desirous of	= **desire**	「望んでいる」
be envious of	= **envy**	「羨ましい」
be respectful of	= **respect**	「尊敬している」
be frightened of	= **fear**	「恐れている」
be aware of	= **know**	「意識している」
be expressive of	= **express**	「表現している」

対応する他動詞を示すと，たとえば次のようになります．

I'm **suspicious of** his intentions.＝I **suspect** his intentions.
「私は，彼の意図を疑っている」

He **was envious of** my success.＝He **envied** (me) my success.
「彼は私の成功をうらやんだ」

〔サンプル英文〕の太字部分も，それぞれ，次のように書き換えることができます．

violence **characterizes** wild beasts　「暴力は野獣の特徴である」
rational dialogue **characterizes** humans「合理的な対話は人間の特徴である」

Trump's language **indicates** the transformation of corporate strategies into U.S. national policies
「トランプの言葉は，企業戦略が米国の国策へと転換したことを示している」
his language…**indicates** a personalizing and privatizing of politics
「彼の言葉は，政治のある種の人格化および私物化を示している」

全体の訳はそれぞれ①「暴力は野獣の特徴であり，他方，合理的な対話は人間の特徴であることから，キケロは，戦争はつねに最後の選択肢であるべきだと主張している」，②「トランプの言葉は企業戦略が米国の国策へと転換したことを示しており，誰もが同意するように，絶対的に特異なトランプの言葉はまた，ある意味で政治の人格化および私物化を示すものでもある」のようになります．

なお，**of**には，名詞化における主語を示す役割もあります（**Must** 15参照）．同様に，一部の **be** ＋**形容詞** ＋ **of** においても，**of**が形容詞の主語を示すことがあります．

> **kind**「親切な」　　**brave**「勇敢な」　　**honest**「正直な」　**smart**「賢い」
> **polite**「礼儀正しい」**rude**「無礼な」　**foolish**「愚かな」

などの「ヒトの性質を示す形容詞」として教わる形容詞の場合です．

例文 It **was** very **kind of you** to help me.

＝ **You were very kind** to help me.
「私を手伝ってくれるとはあなたはとても親切でした」
→「手伝ってくれてありがとう」

チャレンジ問題 ⑫　　※答えは章末にまとめて

構造を考えながら訳してみよう．

1. I remember a painting expressive of the charm and beauty of a moon-light night.[※4]

2. The concentration of crime and delinquency in a zone of transition was viewed as indicative of processes of social disorganization. [※5]

3. Some toys such as dolls and teddy-bears have had a particular appeal for adults, and have long been collected by institutions and individuals. So too have model villages, electric train models and automobile sets, all illustrative of how technological and social changes in the wider world are evident in children's material and play cultures. [※6]

【例文ソース】

※1　W. Julian Korab-Karpowicz (2015) On the History of Political Philosophy: Great Political Thinkers from Thucydides to Locke, p.65

※2　Margaret Tudeau-Clayton, Martin Hilpert (2018) The Challenge of Change, p.191

※3　Rick Harrington (2012) Stress, Health and Well-being: Thriving in the 21st Century, p.385 の一部を削除して使用

※4　John W. Beatty (2022) The Relation of Art to Nature の一部を削除して使用

※5　John Muncie (2009) Youth and Crime, p.104

※6　Kate Darian-Smith, Carla Pascoe, Carla Pascoe Leahy (2013) Children, Childhood and Cultural Heritage, p.7

形式主語Itと「強調構文」の Itの見分け方

Samples

2文の構造上の違いを説明してみよう.

① **It is** the grammatical and lexical features of the individual writer's language, together with a few features of punctuation, **that** constitute his 'style.' [1]

② **It is** my hypothesis **that** the fundamental source of conflict in this new world will not be primarily ideological or primarily economic. [2]

　主語Itが**既出の名詞句を受けない**ものであるとき，It is…that…には，**形式主語It**のケースと「**強調構文**」のケースの2通りの可能性があります. それぞれの形式的・構造的な特徴は以下の通りです.

> ▶ It is…that…における **It** が形式主語であるときには，**that** は接続詞であり，**that** 以下の節は名詞節であり，それが It の内容である.

> ▶ It is…that…が「強調構文」であるときには，**that** は関係詞であり，**that** 以下の節は関係節であり，It は形式主語ではなく，たんなる非人称代名詞（It's going to rain. の It と同じもの）である. **It is** の後ろには副詞要素か名詞要素を置く. It is の後ろが名詞要素である場合には，that は関係代名詞である.

●──手っ取り早い「形式主語 It の文」識別法

　リーディングにおいては，**It is**…**that**…が「強調構文」であるかどうかを見極める力はきわめて重要です. 形式的・構造的に識別する方法について

は多くの参考書で説明されている通りですが，その方法では，意味について考えるのを中断しなければならないため，読みの速度が鈍ってしまう可能性があります．

　そこで，意味的に識別するより効率的な方法も知っておきましょう．この方法はとても簡単です．that **S' V'** …が名詞節であるときの，次の意味的特徴を知っているだけでよいのです．

> 名詞節の that **S' V'** …は「…ということ」と訳すことができる節である．この that **S' V'** …は，an idea「ある考え」・a fact「ある事実」のいずれかを示す．よって，**It is** ＋名詞・形容詞の部分が an idea・a fact のどちらかだと解釈できるものであるときには「強調構文」ではない可能性が高い．

　　　　　　　　　＝ an idea　→強調構文ではない！

例文 **It is** <u>my firm belief</u> **that** knowledge, no matter how sophisticated the methods used to obtain it, should be accessible to everyone. ※3

　　「知識は，それを得るための方法がいかに洗練されていても，誰もがアクセスできるものであるべきだ<u>というのが私の確固たる信念だ</u>」

　　　　　　　　　＝ a fact　→強調構文ではない！

例文 **It is** <u>great news</u> **that** research has expanded our understanding of Parkinson disease in the last decade. ※4

　　「研究によってこの10年間でパーキンソン病に対する理解が広がった<u>ことは，とても良い知らせである</u>」

▶ my firm **belief**「私の確固たる信念」は an **idea**「ある考え」である．great **news**「とても良い知らせ」の内容は a **fact**「ある事実」である．よってどちらも It は形式主語である．

〔サンプル英文②〕の my **hypothesis**「私の仮説」も，an idea「考え」ですから，It は形式主語です．全体の訳は「この新しい世界における紛争の根本原因は，主としてイデオロギー的なものでも主として経済的なものでもない，というのが私の仮説である」のようになります．

　この識別法からすると，**It is** の後ろが次のような**副詞**要素のときには「強調構文」であるのは当然のことになります．副詞要素（次の only now・in Paris など）は，an idea でも a fact でもないからです．

例文 *It was* <u>only then</u> **that** he realized his fears had been groundless. ※5

＝an idea でも a fact でもない　→強調構文！

　「自分の心配が杞憂であったことに彼が気づいたのは, ようやく<u>その時になって</u><u>からのことだった</u>」

例文 *It was* <u>in Paris</u> **that** she began to write; and French writers were her models. ※6

＝an idea でも a fact でもない　→強調構文！

　「彼女が書き始めたのは<u>パリ</u>であった. フランスの作家たちが彼女の模範だった」

It isの後ろが次のような**形容詞**であるときにも,「強調構文」ではないとすぐにわかります (もちろん, この場合には構造的にすぐにわかりますが). 次例の clear「明らかである」は, **a fact**「事実」であることを示し, probable「高い可能性がある」の方は, **an idea**「考え」であることを示す形容詞です.

例文 **It is** <u>clear</u> **that** the evolution of the engine significantly decreases the emissions. ※7

＝a fact　→強調構文ではない！

　「エンジンの進化により, 排出ガスが大幅に減少している<u>ことは明らかだ</u>」

例文 **It is** <u>probable</u> **that** most people think of the environment only in the physical sense. ※8

＝an idea　→強調構文ではない！

　「環境というと, ほとんどの人が自然環境という意味でしか考えていない<u>可能性が</u><u>高い</u>」

さて, この識別法が大きな力を発揮するのは, **It is**の**直後**が**名詞**要素のときです. この識別法を使えば, **It is**の直後の名詞要素が, **an idea**「ある考え」・**a fact**「ある事実」を示さないものだと感じ取るだけで,「強調構文」である可能性が高いと感じられるわけです.

例文 **It was** <u>biologists</u> **who** solved this beautiful chemical problem. ※9

＝an idea でも a fact でもない　→強調構文！

　「化学のこの美しい問題を解決したのは<u>生物学者</u>だった」

▶ biologists「生物学者」というヒトを示す名詞要素は, **an idea**「ある考え」・a fact「ある事実」のどちらでもないので,「強調構文」である.

例文 **It is** <u>critical thinking</u> **that** helps you decide what to do or not to do, what is right or wrong, what works or does not work. ※10

＝an idea でも a fact でもない　→強調構文！

「何をすべきか，またすべきでないか，何が正しいのか，また間違っているのか，何が有効で何が有効でないかを判断するのに役立つのが，批判的思考である」

▶ critical thinking 「批判的に思考すること」という活動を示す名詞要素は，an **idea**「ある考え」・a fact「ある事実」どちらでもないので，「強調構文」である．

ヒトやモノだけではなく，たとえばthis **country**「この国」＝**場所**, disappointment「失望」＝**感情**なども，an ideaでもa factでもないので**強調構文**です．〔サンプル英文①〕のthe grammatical and lexical **features** of the individual writer's language「個々の作家の言語の文法的および語彙的特徴」も，同様に判断することによって，瞬時に，**「強調構文」である可能性がきわめて高い**ことが分かるわけです．全体の訳は「個々の作家の『文体』を構成しているのは，その句読法のいくつかの特徴とともに，言語の文法的および語彙的特徴である」のようになります．

●──強調構文の役割

最後に，「強調構文」と呼ばれているものの文章中での役割を確認しておきましょう．

「強調構文」の役割は，主として，**語り手がそれまではっきり言えていなかったことを確認すること**にあります．

たとえば， It's **Tom** who is to blame. は，「悪い」のが「トム」だと確認するもの，つまり両者を一対一に対応させるためのものです．よってIt isの直後の要素は，確認に役立つものでなければなりません．

そのため，「強調構文」には「…は他ならぬ…である」という響きがあります．さらに，「他ならぬ…」とは「他の何かではなく…」ということですから，**「強調構文」には not A but B「AではなくBである」の関係が潜んでいる**，と言うことができます．

これは， It isの後ろの要素は，副詞要素**M2**であれ名詞要素であれ，**not A but B「AではなくBである」**や**only B「Bのみ」**とともに用いることができるものに限られる，ということを示しています（only B「Bのみ」は，「B以外のすべてのものではなくB」という意味ですからonlyにはnot A but Bが含まれているわけです）．**that**との対比を担う**this**がよく現れるのもこのためです．

「強調構文」に潜んでいるnot A but Bを顕在化させたのが，たとえば，下記のような文です．

例文 **It's** Italy **that** they're going to, **not** France.

「彼らが向かうのはイタリアであって, フランスではない」

この文は, 文脈によって, 次のようになることがあります.

> **It's not** France **but** Italy **that** they're going to.
>
> **It's not** France **that** they're going to **but** Italy.

「強調構文」であるかどうかを判定してみよう.

1. It is carelessness that causes damage.

2. It is production that defines the market or circulation. [11]

3. It is economic instability that makes democracy fragile.

4. It is not how many dollars you have that matters but what you do with them.

5. The anti-abortionist is wrong to hold that it is a basic moral principle that human beings have a right to life. [12]

【例文ソース】

[1] M. A. K. Halliday, Angus McIntosh, Peter Strevens (1964) The linguistic Sciences and Language Teaching, p.97の一部を削除して使用

[2] Samuel P. Huntington (1993) The Clash of Civilizations?

[3] Cherry L. Weill (2008) Nature's Choice: What Science Reveals About the Biological Origins of Sexual Orientation, p.xvi

[4] Sotirios A. Parashos, Rose Wichmann (2020) Navigating Life with Parkinson's Disease, p.xix

[5] Jasper Kent (2013) The People's Will

[6] Bill Schwarz (2003) West Indian Intellectuals in Britain, p.105

[7] Gabriela Ionescu (2017) Transportation and the Environment: Assessment and Sustainability, p.8の一部を変更して使用

[8] John Gneisenau Neihardt, Lori Utecht (2002) Knowledge and Opinion: Essays and Literary Criticism of John G. Neihardt, p.214の一部を変更して使用

[9] C. Chatgilialoglu, V. Snieckus (2012) Chemical Synthesis: Gnosis to Prognosis, p.232の一部を削除して使用

[10] Edward A. Dorman, Charles W. Dawe (2001) The Brief English Handbook: A Guide to Writing, Thinking, Grammar and Research, p.2

[11] Arash Abazari (2020) Hegel's Ontology of Power: The Structure of Social Domination in Capitalism, p.127の一部を削除して使用

[12] Laura M. Purdy (2018) Reproducing Persons: Issues in Feminist Bioethics, p.121の一部を削除して使用

判断しづらい強調構文

Samples

それぞれの文の構造・意味を考えてみよう.

① It was less the absolute level of unemployment which created political upheaval, than the rapidity of its onset. ※1

② Very often it is the criticism that hurts a bit which is right. ※2

●——強調構文には「…でなく B だからね！」の思いが潜んでいる

前のセクションで,「強調構文」の基本について学びました. ここではさらに,「強調構文」が読みにくくなる 2 つのケースを取り上げます.

その 1 つは, 前のセクションですでに触れておいたもので, **It is not A but B that**… 「…なのは A ではなく B だ」というように, 強調構文 It is…that…に, **not A but B** が絡んだケースです.

くり返しになりますが, 強調構文には,「…なのは他ならぬ…である」という響きがあります.「他ならぬ…」とは「他の何かではなく…」ということですから, **強調構文には, not A but B 「A ではなく B」という関係が潜んでいる**と言うことができます.

ということは, It is の後ろの要素は, それが副詞要素 **M2** であれ名詞要素であれ, **not A but B 「A ではなく B」**や, **only A 「A のみ」**とともに使うことができるものにかぎられる, ということです (only A 「A のみ」は,「A 以外の何ものでもなく A」という意味だからです).

指示詞 this・these がこの位置に現れることが多いのも, **that・those** が対

比**相手**として頭に浮かんでいて，not **that** but **this**「あれ（あの）ではなくこれ（この）」，not **all the others** but **this**「これ以外のすべてではなく，これ」などのように響くものだからです．さて，

> 例文 It's **not** Germany **but** France that they're going to.
> 「彼らが向かうのは，ドイツではなくフランスだ」

という文の，**but** France は，この文のなかで最も重要な要素なので，**文末に移動**させることができます．

> 例文 It's **not** Germany that they're going to **but** France.

こっちを強調したい

●──**強調構文で現れやすい「特定することば」を押さえておく**

not Ⓐ but Ⓑ「Ⓐではなく Ⓑ」という関係は，婉曲的に表現すると「Ⓐというよりむしろ Ⓑ」となります（ Must 32参照）．この意味の表現のうち，強調構文とともに現れやすいのは，**not so much** Ⓐ **as** Ⓑ・**not so much** Ⓐ **as** Ⓑ・**not** Ⓐ **so much as** Ⓑ・**less** Ⓐ **than** Ⓑなどです．

〔サンプル英文①〕がそれです．**than** 以下は，直前にある created political upheaval「政変を引き起こした」の部分とは無関係で，**less** the absolute level of unemployment「絶対的な失業率というより」に続く要素が，文末に移動したものです．**less** Ⓐ **than** Ⓑ「Ⓐというよりむしろ Ⓑ」という関係が成立しているわけです．

> It was **less** the absolute level of unemployment which created political upheaval, **than** the rapidity of its onset.

全体の訳は，「政変を引き起こしたのは，絶対的な失業率というよりは，むしろ失業が襲ってくる速さであった」となります．
もちろん，Ⓐ・Ⓑの順序を逆にした，Ⓑ, **(and) not** Ⓐ「Ⓑであって Ⓐ ではない」，Ⓑ **rather than** Ⓐ・**rather** Ⓑ **than** Ⓐ・**more** Ⓑ **than** Ⓐ なども，強調構

文とともに用いることがあります.

●――**関係代名詞が 2 つなら，だいたい後の関係代名詞が強調構文**

もう 1 つ, 処理に困ることが多いかもしれないケースがあります.

強調構文は, **ヒトを示さない名詞句**が It is の後ろにあるときには, その後ろには, **that**…か, **which**…が続きます. 〔サンプル英文②〕のように 1 文の中に **2 つの関係代名詞**が入っているならば, <u>どちらが強調構文をつくる関係代名詞で, どちらが単なる関係代名詞なのかを判断する必要があります</u>.

〔サンプル英文②〕では, it is…**which**…が強調構文です. **that** hurts a bit （少々心に突き刺さる）は, the criticism「批判」にかかる関係節にすぎません. the criticism that hurts a bit 全体が, it is…which is right （正しいのは…である）という強調構文の焦点になっているわけです.

全体の訳は「正しいのは, 少々心に突き刺さる批判であることがきわめて多い」のようになります.

一般に, このようなケースでは, <u>2 つあるうちの 2 つ目の関係代名詞が強調構文をなしている</u>ものです. ただし, 2 つ目の関係代名詞の直前にコンマ〔,〕があるときには, これとは異なるパターンだと考えてください.

構造を考えながら訳してみよう.

1. It is the conviction which the biographer gives his reader of having a vital comprehension of the mind he is dealing with that determines whether his book is really a biography or not. [3]

2. Twitter, like many other forms of social media, becomes a part of the daily ritual of users, where it is not so much the quality or even the quantity of output that matters most, so much as the reassurance that there will be constant updates, and that followers will be kept "in the loop" about any new developments. [4]

3. It is believed that when the newly formed planet Earth cooled sufficiently, rain began to fall continuously. This rainfall filled the first oceans with fresh water. It was the constant evaporation of water from the ocean that then condensed to cause rainfall on the land, which in turn, caused the ocean to become salty over several billion years. [5]

【例文ソース】
※1　John Stevenson, Chris Cook (2013) The Slump: Britain in the Great Depression, p.285 を一部削除して使用
※2　Cicely Berry (2011) Your Voice and How to Use it, p.52 を一部削除して使用
※3　James Lowry Clifford (1962) Biography as an Art: Selected Criticism, 1560-1960, p.138
※4　Alice Bell, Astrid Ensslin, Hans Rustad (2013) Analyzing Digital Fiction, p.105
※5　東北大

名詞化の基本

Samples

太字部分を節（S V…）のかたちにほどいてみよう.

① Most teachers are very familiar with **the complexity of thinking and learning** and the need for multiple and varied assessments. [1]

② Verralt's demeanour changed utterly **at the appearance of the duke**. [2]

③ **Björn Borg's** 1980 **defeat of** McEnroe, to win his fifth Wimbledon title, is arguably the greatest tennis match in the history of the game. [3]

④ In the days before the fight, Bowe had confessed to the impact of **his defeat by Lewis.** [4]

フォーマルな書き言葉では,動詞や形容詞を使って表現することができる内容を,あえて名詞に変換する,ということがよく起こります.この変換を「**名詞化**」と呼びます.ここではその基本をおさらいします.

●──① S V C（形容詞）の名詞化

たとえば, He is honest.「彼は正直である」という **S V C**（形容詞）の節は,名詞化すると **his honesty**「彼の正直さ」になります.名詞化された節は,名詞句として,次のように,他の節の一部として組み込むことができます.

例文 I can assure you of **his honesty**.　　「彼が正直なことは請けあいます」

同じ内容を, I can assure you that **he is honest**. というように,節のかたちで表すこともできます.

名詞化されたものをこのように節に戻すことを，「**節にほどく**」と言います．節にほどけば，honestyのような形容詞の名詞化は補語 **C** になり，所有格 **his** はその主語 **S** になります．

　〔サンプル英文①〕も同様です．complex**ity** は形容詞 complex の名詞化であり，**the**…**of** thinking and learning「思考と学習の…」は所有格の代わりです．よって，太字部分を節にほどくと，下記のような **S V C** の節になります．

> thinking and learning **are complex**　　　「思考と学習は複雑である」
> 　　　　　S　　　　　　　　　C

　文全体の意味は，「ほとんどの教師が，思考と学習とは複雑であること，また多数の多様な評価が必要であることを，とてもよく理解しています」のようになります．

●──② S V（自動詞）の名詞化

　たとえば，she arrived「彼女は到着した」という自動詞の節を名詞化すると，**her arrival**「彼女の到着」となります．ここでも所有格 **her** は元の節の主語 **S** です．たとえば，**on her arrival** は when she arrived という節にほどくことができます．

例文 **On her arrival,** she met her daughter alone in the house. [5]
　「到着すると，彼女はその家で 2 人だけで娘と会った」

　〔サンプル英文②〕でも，appear**ance** は自動詞 appear「現れる」の名詞化であり，**the**…**of** the duke が所有格 the duke**'s** の代わりで，やはり元の節の主語 **S** を示します．節にほどくと，**the duke appeared**「その公爵が現れた」となります．これを使って文全体を書き換えると，下記のようになります．

> Verralt's demeanour changed utterly **when the duke appeared**.
> 　「ヴェラルトの態度は，その公爵が現れると一変した」

●──③ＳＶＯ（他動詞）の名詞化

以上のように，形容詞・自動詞の名詞化のとき，節にほどくのはそれほど難しくないと思います．問題となるのは，他動詞の名詞化です．**discover**「…を発見する」とその名詞化**discovery**で考えてみましょう．

例文 **Her discovery of radium and its uses** changed the way we think of matter and energy. ※6

> 「ラジウムおよびその利用法を彼女が発見したことによって，物質とエネルギーについての考え方が変わった」

所有格**her**と**of**…の両方があるときには，所有格が元の節の主語**S**を，of…が元の節の目的語**O**を示します．節にほどけば，**she** discovered **radium**「彼女はラジウムを発見した」となります．

しかし，他動詞の名詞化には次のようなかたちもあります．

例文 Since **the discovery of radium by Marie and Pierre Curie** in 1898, brachytherapy has evolved to become a valuable component of radiotherapy. ※7

> 「1898年にマリー・キュリーとピエール・キュリーがラジウムを発見したとき以来，ブラキセラピー（小線源治療）は進化して放射線治療の貴重な構成要素になった」

この場合，**by**…からわかるとおり，元の節は radium was discovered **by Marie Curie and Pierre Curie**「ラジウムがマリー・キュリーとピエール・キュリーによって発見された」という受動態です．of radium は，この受動態における主語**S**です．Marie Curie and Pierre Curie discovered radium という能動態に戻せば，**of** radium は**目的語O**に，**by** Marie Curie and Pierre Curie は主語**S**になるものです．

残る［サンプル英文］を見てみましょう．

S defeats Oは「**S**は**O**を打ち負かす・**O**に勝つ」という意味の他動詞です．③の Björn Borg's **defeat of** McEnroe では，Björn Borg's が元の節の主語**S**，of McEnroe が元の節の目的語**O**です．Björn Borg defeated McEnroe「ビョルン・ボルグはマッケンローに勝った」が元の節です．

④の his defeat **by** Lewis では，by…があるので，he was defeated **by** Lewis「彼はルイスに打ち負かされた（破れた）」という受動態の節が元々の姿です．これを能動にすれば Lewis defeated him「ルイスは彼に勝った」となりますから，**by**…とともに用いられる所有格 **his** は，of…とともに用いられるときとはちがって，元の節の**目的語 O** に相当するわけです．

それぞれの全体の訳は，③「ビョルン・ボルグが1980年にマッケンローを破り，5度目のウィンブルドンのタイトルを獲得したことは，テニス史上最高の試合であると言ってよい」，④「そのファイトまでの数日間，ボウはルイスに敗れたことの衝撃を告白していた」のようになります．

以上の説明からお分かりの通り，他動詞の名詞化の中に所有格のみがあるときには，その都度，その所有格が元の節の主語 **S** なのか目的語 **O** なのかを考える必要があります．

例文 Failure to do so will result in **your dismissal**. ※8

この your dismissal は「君が（だれかを）解雇すること」なのか，「君を解雇すること」つまり「君が解雇されること」なのか？

もちろん「それができなければ，あなたは解雇となります」という意味です．

名詞化を節にほどいてみよう.

1. She came to his assistance.

2. In spite of my objections, my husband got his Harley. [9]

3. The replacement of English by Japanese as the world's chief international language is almost unimaginable despite Japan's great economic power today. [10]

【例文ソース】
※1　Paul Shaker, Elizabeth E. Heilman (2010) Reclaiming Education for Democracy: Thinking Beyond No Child Left Behind, p.94 の一部を削除して使用
※2　K. M. McKinley (2016) The City of Ice
※3　David Baggett (2021) Tennis and Philosophy: What the Racket is All About の一部を変更して使用
※4　James Lawton (2017) A Ringside Affair: Boxing's Last Golden Age
※5　Joseph Sebuava (1979) The Inevitable Hour: A Novel, p.54
※6　Elizabeth Cregan (2007) Marie Curie: Pioneering Physicist, p.24
※7　Paul Bolton, Katia Parodi, Jörg Schreiber (2018) Applications of Laser-Driven Particle Acceleration, p.166
※8　Pamela J. Farris, Marilyn K. Moore (2014) To and Fro the Ivory Tower: Life in Academia, p.4
※9　Jasmine Bluecreek Clark (2006) Women In The Wind ― Fearless Women of the 20th and 21st Centuries, p.35 の一部を削除して使用
※10　Edwin Reischauer (2011) The Meaning of Internationalization: Practical Advice for a Connected Planet

名詞化と可算・不可算

modificationの意味の違いを考えてみよう.

① Substantial **modification** of this point is required.

② Modern philosophy is a **modification** of ancient philosophy but stands in essential continuity with it. ※1

●──名詞になると「コト」化し, 可算名詞になると「モノ」化する

〔サンプル英文〕の名詞 **modification** は, 他動詞 **modify**「…を修正する・変更する」の名詞化です.

　動詞の名詞化は, それ自体としては,「修正すること」という意味の**不可算名詞**になります. 動詞は<u>活動や状態を示します</u>. よって動詞のたんなる名詞化も, 活動や状態を示すわけです. それゆえ不可算名詞です.

　①の文は, we を主語として書き換えれば, 次のようになります. この modification には, modify という動詞が示す活動が感じられます.

> We need to **modify** this point substantially.
> 「この部分をかなり修正する必要がある」

　しかし,〔サンプル英文②〕では, 同じ modification という名詞化が, A is a **modification** of B と, **可算名詞**になっています.

　活動を示す不可算名詞を可算化すると，その名詞は，<u>活動の結果・産物や，</u><u>活動の対象などを示すもの</u>に変化します．つまり **a thing**「モノ」を示す名詞になるわけです．

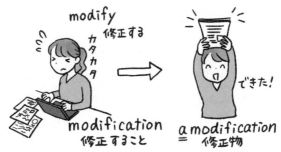

　Ⓐis **a modification** of Ⓑの訳は「ⒶはⒷを修正したものである」となります．文全体の訳は「現代哲学は古代哲学を修正したものであるが，古代哲学と本質的な点で連続している」のようになります．

● ──活動や状態を示す不可算名詞，活動の産物や対象を示す可算名詞

　動詞が名詞化した類例を見てみましょう．

┌─ In 1920s, The Chrysler Corporation and many other companies started
│　 **production** of automobiles. ※2
│　　　　└ 不可算名詞→「生産する」活動そのもの
│　　 「1920年代になると，クライスラー社など多くの企業が，自動車生産を開始した」
│
└─ Some **productions** have been innovative and intelligent, while many
　　 others have failed. ※3 ──可算名詞→「生産する」活動の産物
　　 「革新的で知的な作品もあったが，他方，失敗に終わった作品も多い」

┌─ She acted with **assurance**.　　「彼女は自信を持って行動した」
│　　　　　　└ 不可算名詞→「自信をもった」状態そのもの
│
└─ I want **an assurance** from her that she won't betray us or betray this
　　 place. ※4　└ 可算名詞→「保証する」モノ
　　 「私は，彼女が我々を裏切らない，この場所を裏切らない，ということを保証するものがほしいのです」

不可算名詞のproductionには動詞produce「…を生産する」という活動の意味が消えずに残っていますが，productionsのように可算化されると，活動の意味が消え，モノ化され，**things** produced「生産されたモノ」→「産物」「(映画などの)作品」といった意味に変化します．

　assuranceの元の動詞assureには「…に…を確信させる」・「…に…を保証する」の意味があります．その不可算名詞形assuranceには，「確信・自信」というヒトの内面を示す場合と，「保証すること」という活動を示す場合があります．これが可算化され**an** assuranceとなると，「保証するモノ」に変化します．

●──感情を示す動詞の名詞化

　他に注意すべきは，感情を示す動詞の名詞化です．
　fear「…を恐れる」(likeと同じく<u>生物を主語にする</u>感情動詞)・disappoint「…を失望させる」(surpriseと同じく<u>ヒトを目的語にする</u>感情動詞)のいずれにおいても，そのたんなる**不可算名詞形fear・disappointmentは，感情そのものを示す不可算名詞となります．**

　これらが可算化され**fears・disappointments**となると，**モノ化が生じ，**「恐怖の原因(対象)・恐怖を与えるモノ」「失望の原因(対象)・失望を与えるモノ」という意味に変化します．

　例文 The film was **a disappointment**.
　　「その映画は失望を与えるものだった」→「その映画にはがっかりした」

82

可算・不可算を意識しつつ訳してみよう.

1. The obesity research field is filled with examples of impressive successes but also many disappointments. [5]

2. The second half of the essay, in particular, contains observations about the national atmosphere in the immediate aftermath of 9/11. [6]

3. Concept maps are representations of students' views of conceptual relationships, some of the connections conceptually close and some distant. [7]

【例文ソース】

[1]　Catherine H. Zuckert, Michael P. Zuckert (2008) The Truth about Leo Strauss: Political Philosophy and American Democracy, p.59 の一部を削除して使用

[2]　Cengiz Kahraman, Elif Haktanir (2022) Intelligent Systems in Digital Transformation: Theory and Applications, p.98

[3]　David George (2011) The Modern Brazilian Stage, p.19

[4]　Amy Bean (2018) The Huntress

[5]　Kathleen Y. Wolin, Jennifer M. Petrelli (2009) Obesity, p.127

[6]　Timothy W. Burns, Peter Augustine Lawler (2016) The Future of Liberal Education

[7]　Chantal Cherifi, Hocine Cherifi, Márton Karsai (2017) Complex Networks & Their Applications VI: Proceedings of Complex Networks 2017

名詞化のいくつかの問題

Samples

名詞化に注意しながら読んでみよう.

① Users should have some familiarity with statistics and programming.※1

② What does this formulation of modernity imply for our understanding of premodern eras? ※2

③ There is general recognition of the importance of the wider social and economic structures of society and the ways in which these can oppress both men and women. ※3

④ The 19th century saw the birth of the modern factory. ※4

⑤ Using market-based instruments to address environmental degradation is subject to widespread criticism. ※5

⑥ Foucault was highly critical of the idea of history as a single, measured unfolding of events. ※6

　前のセクションで, 名詞化の基本を学びました. ここでは, 名詞化にかかわる, 知っておいた方がよいことをいくつかランダムに取り上げます.

　❶ 名詞化が, 定冠詞 the 以外の決定詞（たとえば some や this など）に導かれているケースでは, 名詞化を節にほどいたとき, その決定詞は,（i）in ＋決定詞 ＋ way「…な方法で」,（ii）to ＋決定詞＋ degree [extent]「…な程度で」のいずれかに相当することが多い.

　〔サンプル英文〕の①と②がその実例です.

①の have **some familiarity** with…は，このままで訳そうとすると「…に対する何らかの親密性を持つ」などとなってしまいます．そこで，名詞化familiarity with…を元の形容詞familiar with…に戻し，**have** も合わせて節にほどくと，**be familiar with**…**to some degree**「…をある程度は知っている」となります．決定詞**some** は **to some degree**「ある程度」に相当するわけです．

Users should have **some familiarity** with….
Users should be **familiar** with … to **some** degree.
　　　　　…に詳しい・…をよく知っている

文全体の訳は，「ユーザーは，統計学およびプログラミングについて，ある程度は知っておくべきである」のようになります．

②の**this formulation** of…は，他動詞formulate「…を定式化する」の名詞化です．よってofの後ろは目的語だったものです．節にほどくと**formulate**…**in this way**「…をこのように定式化する」となります．決定詞this が in this way「このようにして」に相当するわけです．全体の訳は，「近代をこのように定式化することは，近代以前の諸時代の理解にとってどういう意味があるのか」のようになります．

❷ ヒトを主語にとる動詞・形容詞が名詞化されているとき，その名詞化に付いている general・widespread・universal・popular などの形容詞は，元の節のヒト主語に相当する．

〔サンプル英文③〕の There is **general recognition** of…がそれです．節に戻すと **People (generally) recognize**…などとなります．general「一般的な」という形容詞が，people や people in general「人々一般」という主語に相当するわけです．

There is **general recognition** of the importance …
People (generally) recognize the importance …
　　　　　人々は…を認めている

全体の訳は，「社会のより広い社会構造および経済構造が重要であることまたこれらの構造によって男女両性がどのように抑圧されうるのかが，広

く認識されている」のようになります.

❸ 期間・年代・場所を主語 S にして，**see・witness・find・know** などを用いると，「その時・そこで，ある出来事があった」という意味になる.

〔サンプル英文④〕をそのまま訳すと「19世紀は，近代の工場の誕生を見た」という不自然な日本語になります. これは，The modern factory **was born in** the nineteenth century.「近代の工場は 19世紀に誕生した」と解すればよいものです.

❹ **S is subject to** ＋他動詞の名詞化は，受動態をフォーマルに表現したものである. be subject to Ａ の「…の影響を被っている」の意味が，受動態の意味につながる.

〔サンプル英文⑤〕では，その影響を与えるものが criticism「批判」，つまり criticize「批判する」ことなので，**be subject to criticism** は，**be criticized**「批判される」という受動態に等しいものとなるわけです. widespread「広範な」は by many people「多くの人々によって」と解することができる（❸）ので，全体は「市場ベースの手段を用いて環境の悪化に対処するという方法は，多くの人々によって批判されている」のように訳すことができます.

Using … **is subject to** widespread **criticism**.
Ⅱ
Using … **is criticized** by many people

❺ the **idea** of O as C・the **thought** of O as C・the **conception** of O as C・the **notion** of O as C・the **view** of O as C など，see O as C や think of O as C など，「O を C とみなす」意味の動詞表現の名詞化とみなすことができる.

〔サンプル英文⑥〕がそれです.

the **idea** of history as a single, measured unfolding of events
Ⅱ
think of history as a single, measured unfolding of events

全体の訳は「フーコーは，歴史を，諸事象の単一の，計測された展開過程とみなすことを，強く批判していた」のようになります.

チャレンジ問題 **17** ※答えは章末にまとめて

自然な日本語に変換してみよう.

1. Today there is a universal recognition that a strong science and technology base is fundamental to the strength of an industrial economy. [7]

2. Credit rating agencies such as Moody's and S&P (Standard and Poor's) have been subject to close examination by policymakers since the Enron bankruptcy of 2001. [8]

3. The last decade has witnessed a remarkable increase in advertisements containing environmental claims, as companies have become eager to appeal to the growing number of environmentally conscious consumers. [9]

4. The durability of the materials used, and the soundness of the construction employed are chosen to fit the time that the object is expected to be used. It is made to be replaced. This possibility of quick replacement, so typical of the industrial product, creates an entirely new relation between man and this product. [10]

【例文ソース】
※1 Francisco Juretig (2019) R Statistics Cookbook: Over 100 recipes for performing complex statistical operations with R 3.5, p.5
※2 Louise Fradenburg, Carla Freccero (2013) Premodern Sexualities, p.xv の一部を削除して使用
※3 Frances Cleaver, Michael Kimmel (2002) Masculinities Matter!: Men, Gender and Development, p.8
※4 Pierre Marage, Grégoire Wallenborn (2013) The Solvay Councils and the Birth of Modern Physics, p.1 一部を削除して使用
※5 Jill Wakefield (2016) Reforming the Common Fisheries Policy, p.249 の一部を削除して使用
※6 Andrew Dewdney, Peter Ride (2013) The Digital Media Handbook, p.304
※7 United States. Congress. House. Committee on Science, Space and Technology (1992) Science and Technology Cooperation with the Russian Federation — videoconference with Moscow, p.2
※8 Ron Martin, Jane Pollard (2017) Handbook on the Geographies of Money and Finance, p.478
※9 Tiberio Daddi, Fabio Iraldo, Francesco Testa (2015) Environmental Certification for Organisations and and Products: Management Approaches and Operational Tools
※10 Stephen H. Kendall, John R. Dale (2023) The Short Works of Jon Habraken: Ways of Seeing/Ways of Doing

Answers

1.「①英国，米国，西欧諸国においては，一般に，移動は**車**に大いに依存している．②たとえば，**車**を持っていない家庭は 33％にすぎない．③このうち，所得が最も低い階層が，車を持っていない家庭の 50％超を占めている．④このような国々においては，**車**は人々の移動性に重要な役割をはたしており，買い物行動に大きく影響している．⑤ Bowlby の主張，および Rees の主張によれば，**車**が使える場合には，買い物に行くときには車が好まれる傾向があるだろうとのことである．⑥車は，郊外のショッピングセンターに移動する際の最も重要な移動手段である．そこでは駐車場が無料できれいで確保されており，またこのようなセンターにおける大量購入には**車**の使用が都合がよいからである」

> ▶ ①は，**generally**「一般に」が示すように，一般論を提示する文です．それに合わせて，**cars**（車一般）が選ばれています．②は **for example**「たとえば」が示すように，①の内容の実例を提示する文で，その例示が③まで続いています．**own a car**（車 1 台を所有している）は，1 家族に 1 台，を表しています．例示が終わった④で，**the car** に変化しています．車の role「役割」，influence「影響」が語られているからです．⑤・⑥において **a car・cars** に戻っていますが，それはこの⑤・⑥が，④の具体化の文にすぎないからです．以上から，キー・センテンスは④であると言うことができます．

いずれの **one(s)** も，後ろから修飾語句がかかっているものです．

1.「専門用語としての**使い方**に加えて一般的な使い方を持つ多くの語と同様に，「音声学」という用語も，人によってその意味が異なる」

> ▶ a popular use と a technical one とが **in addition to** で結ばれていることから，**one = use** です．この one には a は含まれません．可算名詞単数形の代わりになる one です．

2.「現代数学の書物には，次の 2 種類しかない．1 頁目以降を読むことができない**書物**と，1 文目以降を読むことができない**書物**とである」

> ▶ コロン〔:〕の前の two kinds of modern mathematics books が，コロンの後ろで言い換えられているので，**ones = modern mathematics books** です．このケースでは，2 つの ones はともに，**the** ones でもかまいません．

3.「形式と内容との関係は，普遍的に付随しあう**関係**である．すなわち，そのどちらも，相手なしに現れることは決してない」

> ▶ **one = a relation** です．

4.「『**同時通訳**』では，通訳の際に休止がなく，通訳者は，話者より 1 文以上遅れることなくついて行く．これが最も難しい種類の通訳であり，またこの種の通訳ではきわめて高度な技能が要求される」

> ▶ one の直前の and に着目して，何と何とが and で結ばれているかを考えると，

one = **a kind of interpreting** であることが分かります．one は可算名詞の代わりですから，interpreting という動名詞＝不可算名詞の代わりにはなりません．

5.「子どもは，話し言葉なら受け入れられるものが，作文で使うと罰せられることで，話し言葉と書き言葉の違いを過剰に意識させられると，自分が書いたものが何であれ，それが『正しいかどうか』確信が持てなくなる可能性がある．というのも，一般的な基準が何一つ子どもには提示されないからである．子どもは，まったく新しい，すなわち自分が知っているような言語とほとんど関係のない**種類の言語活動**を身につけるよう要求されている，と感じるかもしれない」

▶ one の直前のコンマ〔,〕に着目して，言い換えの関係を意識すれば，one 以下は a completely new form of activity の言い換えである，つまり which 以下の関係節は completely new の言い換えであることが分かります．よって **one = a form of activity** です．one は可算名詞の代わりですから，activity という不可算名詞の代わりにはなりません．

〔まとめ〕
後ろから修飾語句がかかっている one(s) は，① **S is C** の補語 **C** の位置に，また② **A and B** という列挙の2つ目の項目として，③ 直前の名詞句の言い換えのために，その先頭の名詞として，言い換えのコンマ〔,〕やコロン〔:〕の直後に現れやすい，ということを記憶しておくと，さらに読みやすくなるはずです．

Must 06 既出の名詞句を受ける代名詞 it・they

1.「**インフォーマル経済**に関する研究から，**インフォーマル経済**がフォーマル経済とどのように異なるのか，また同様に重要なことだが，**インフォーマル経済**が**フォーマル経済**とどのように関連し合っているかについて真剣に検討する必要がでてくる」

▶ 主節の主語 **S** が research on the informal economy であることを頭に入れて読み進めます．それを忘れていなければ，関係節の主語 **S′** である **it** に出会ったとき，すぐにその it に research on the informal economy あるいはその一部である the informal economy のどちらかを代入することができます．そして，differs from the formal economy の部分から，この it は，the informal economy だとわかります．文末の how 節には2つの it がありますが，主語の **it** は相変わらず the informal economy だろうと判断し，よって，末尾の **it** は the formal economy だと判断します．

2.「資本主義の特徴の中には，資本主義独自のものがあるが，**これらの特徴**を当然視しているアナリストも多い．すなわち彼らは，人類史全体ではないとしても，人類史のほとんどの期間，**これらの特徴**が存在してきたと想定している」

▶ 最初の主語 some **characteristics** of capitalism が，他動詞 take **O** for granted の目的語 **O** の位置で **these** characteristics として受け止められています．take **O** for granted の類義語が assume であり，その目的語をなす that 節の中にあることから，**they** は these characteristics のことだと判断することができます．

Answers

3.「**鳥**は sing する（つまり**鳥**は我々人間が birdsong と呼んでいる音声を発する），そして**鳥**はその行為から喜びを得ている可能性がある．しかし**鳥**が発する音声，および**鳥**が音声を発する方法は，少数のまれな種を除いて，主として遺伝的にプログラムされた命令の結果である」

> ▶ 括弧内の **they** は，最初の主語 **birds** が主語の位置で受けられたものです．以下，they はすべて birds が主語であり続けていることを示しています．**it** is possible の it は形式主語ですから，後ろの that 以下の内容を受けているだけです．they derive pleasure from **it** の it は，**sing** することを受けています．目的格 **them** は，一番近い複数形の名詞，つまり **sounds** を受けています．

Must 07　代名詞のさらなる注意点

1.「モーツァルトは，まだ 6 歳だったときに，すでに国際的なスターであった」

> ▶ 文頭の **when** 節の中の **he** は後ろの主節の Mozart を入れて読むべきものです．訳出の際には，Mozart から訳し始めるべきです．

2.「通常の日常会話のなかで『文化』という言葉を用いる際には，それは，多くの場合，芸術，文学，音楽，絵画など，いわゆる『精神的な高尚なもの』に等しいものとみなされている」

> ▶ **the term**「その語」とは，後ろの主節の中にある **'culture'**「『文化』という語」のことです．代名詞だけではなく，定冠詞 **the** にも，後ろに出てくるものと関連づけるべき **the** がある，ということです．日本語では，「通常の日常会話のなかでその語を用いる際には」とすると不自然になります．the term の方を **'culture'**「『文化』という語」と訳しておく方が自然です．

Must 08 所有格 one's および one's ＋ own は何を意味するのか？

1.「文学（の言語）は言語**そのものが目的である**ような言語である．すなわち，その目的が言語を使用することであるような，唯一の言語使用であるかもしれない」

> ▶ **its** は language「言語」を受けており，language **for its own sake** は，「言語以外の何かが目的なのではなく，言語が目的である」ような言語，という意味です．コロン〔:〕は，language for its own sake の言い換えが来ることを示しています．

2.「ほぼすべての大きな技術進歩が，計画不可能なほど思いがけない発見によるものである．自然は自らの秘密を我慢強い探求者に告げるのだが，**それがいつなのかは，**探求者には**わからない**」

> ▶ her は nature「自然」を受けているので，「彼女の」ではありません．in **her own** time は，この文脈では，**not** the patient questioner**'s but** nature**'s**「我慢強い探求者（人間）の，ではなく自然の」時間のなかで，という意味です．自然が自らの秘密を我慢強い探求者に対して明らかにするとして，それがいつなのかを決めるのは，探求者ではなく自然の方だ，ということです．辞書には，in one's own time の訳語として「自分に都合のよいときに・用意ができたら・自分のペースで」などが載っていますが，her own にひそむ対比的な意味を伝える訳であれば，どう訳しても正解です．

Must 09 後方照応の the の注意点①同定節

1.「世界についての私たちの理解は一種の言語であり，科学（こそ）がその言語の文法である」

▶ the grammar of that language「その言語の文法」の the は後方照応の役割で，of that language という修飾語句がその grammar を同定するのに役立つ情報であるということを示しています．そして，科学が他ならぬその文法だ，という含意があります．and 以下の節は同定節であって，したがって確認であって，説明ではありません．

2.「思想の普及および商業の拡大とならんで，知的探求および官僚制の発展こそが，紙の製造につながった原因である」

▶ 主語 **S** が長いですが，**the growth** が中心語です．**S is what** 節となっているので，これも同定節です．**lead to** は因果関係を示す動詞ですから，**the growth of**…が紙の製造につながった（唯一の）原因，という関係です．

Must 10 後方照応の the の注意点②

1.「本質的には，ワープロソフトは，修正，訂正，スペルチェック，操作，レポートフォームの作成などを，情報の再入力をすることなく，また高速で動く現代社会に不可欠な容易さで行うことを可能にするものです」

▶ without the re-insertion of information「情報の再入力なしに」という副詞句 **M2** と，with the ease essential in today's fast-moving society「高速で動く現代社会に不可欠な容易さで」という副詞句 **M2** とが and で結ばれています．**with ease = easily**「容易に」ですが，ここでは ease の前に後方照応の **the** があって，essential 以下の形容詞句の情報によって，その **ease** さ「容易さ」が同定されています．ここでも，essential の直前に，**that (which) is** を補うことができます．

Must 11 of のいろいろな注意点①

1.「この曲を演奏できるようになるためには，**何年にも及ぶ練習**が必要である」

▶ **years** は強調の複数形で「何年も」の意味です．**years of** A「**何年もの** A」にも the がないので，a number of A「ある数の A」と同じ順序で訳します．他に，**an abundance of** A で「**豊富な** A」，**a wealth of** A「**豊富な** A」・**a flood of** A「**洪水のような** A」・**an avalanche** of A「**なだれのような** A」といった表現もあります．

2.「足を折ったときに，彼は**老化に関わる問題**を前もって味わった」

▶ the problems が複数で，of の後ろに要素が **1** つしかないので，of は「という」ではありません．ここでは「**に関わる**」の意味です．

3.「彼は欲しいものを手に入れるためには何でもする**種類の人**である」

▶ **the sort of** ＋名詞＋関係節，というかたちは要注意．**a sort of** A「**ある種の** A」の a が後方照応の **the** になって，その the の内容が関係節で示されている場合には，訳す順番は，①関係節→② the kind of →③名詞となります．つまり「（関係節）の種類の（名詞）」となります．類義表現で言い換えると **such** a person **as** will do

Answers

anything…「どんなことでも**する**よう**な人**」となります.

4.「集める情報**の種類**は,それを集める際の目的によって決まる」

▶ **the kind of** + 名詞 + **関係節**,というケースの2つ目です.今度は,関係節は the の内容を与えるものではなく,直前の名詞にかかります.the の内容は,関係節以下ではなく,of 以下になります.このケースでは,訳す順番は,①関係節→② of 名詞→ the kind,つまり「(関係節)の(名詞)**の種類**」となります.類義表現で言い換えると **what kind of information** we collect「どのような種類の情報を集めるか」となります.

5.「この調査の目的は,自動車による大気汚染および騒音**という問題**にどのように対処すべきかについて,各国政府に指針を与えることであった」

▶ the…problems が**複数**で,of の後ろに**要素が2つ**あるので,of は「という」の関係を示すものです.

Must 12 of のいろいろな注意点②

1.「月夜の魅力と美しさ**を表現した**絵があったのを覚えています」

▶ a painting の直後に,関係代名詞 **that** + be 動詞 **was** を補って a painting **that was** expressive of…とすると **be expressive of** が見えるかたちになります.**be expressive of** = **express**「…を表現する」です.このセクションで紹介した **be** + 形容詞 + **of**…はすべて,このように be を省いて,直前の名詞を修飾する要素として用いることができます.

2.「犯罪や非行が過渡期に集中することは,社会の秩序が失われていくプロセス**を示している**と見なされた」

▶ **view O as C**「**O を C とみなす**」の受動態 **S is viewed as C** の補語 **C** として,**be** + 形容詞 + **of**…の be を省いた部分が置かれたかたちです.**be indicative of** = **indicate**「…を示す」です.補語 **C** は名詞か形容詞か分詞なので,be を省いた部分を as の後ろに置くことができます.

3.「人形やテディベアなど,大人にとって特別な魅力を持っており,組織や個人によって長きにわたって収集されてきた玩具もある.村の模型や電車の模型,自動車のセットも同様である.このすべてが,広い世界の技術の変化,社会の変化が子ども用の素材や遊びの文化においてはっきりと見て取れること**を示す実例**である」

▶ **all** は **all of them** であり,model villages, electric train models and automobile sets のすべてを示しています.**all** の直後には **being** が省略されており,being を補えば,all 以下は主語つきの分詞構文であることが明確になるとともに,**be illustrative of** = **illustrate**「…の実例となる」が見えるようになります

Must 13 形式主語 It と「強調構文」の It の見分け方

I. **It is carelessness that** causes damage.「損害をもたらすのは不注意さである」

▶ carelessness「不注意さ」は「性質」であり，an idea とも a fact ともイコールで結べない名詞です．よって**「強調構文」です**（that が関係代名詞であることからもそれが分かります）．

2. **It is production that** defines the market or circulation.「市場や流通を定義するのは生産である」

▶ production「生産」は，an idea でも a fact でもない「活動」です．よって**「強調構文」です**（that が関係代名詞であることからもそれが分かります）．

3. **It is economic instability that** makes democracy fragile.「民主主義を脆弱にするのは，経済的な不安定さである」

▶ economic instability「経済的不安定さ」は，an idea でも a fact でもない「状態」です．よって**「強調構文」です**．

4. **It is not** how many dollars you have **that** matters **but** what you do with them.「重要なのは，何ドル持っているかではなく，それをどう活かすかである」

▶ **not** A **but** B が It is…that…とともに用いられていることから，**「強調構文」である**ことが分かります（that が関係代名詞であることからもそれが分かります）．

5. The anti-abortionist is wrong to hold that **it is a basic moral principle that** human beings have a right to life.「中絶反対派が，人間が生きる権利を持つことが基本的な道徳原理であると考えているのは間違いである」

▶ principle「原理」「原則」とは，idea「考え」の 1 つであり，an idea とイコールで結ぶことができます．よって**「強調構文」ではない**（that が関係代名詞ではないことからもそれが分かります）．

Must 14 判断しづらい強調構文

I.「伝記作家の書く本が，本当の意味で伝記であるかどうかを決定する**のは**，書こうとしている人物を決定的なかたちで理解している，という確信をその作家が読者に与えているかどうか**である**」

▶ which から reader までが the conviction にかかる関係節で，さらに of having から with までが the conviction にかかっています．**give** ＋ヒト＋ **a conviction of** ＋コト「コトについての確信をヒトに与える」の conviction が先行詞になって前に出て，残る要素が関係節に入ったケースです．that は，強調構文を構成する that です．

2.「ツイッターは，他の多くのソーシャル・メディアと同様に，ユーザーの日常的な習慣的行為の一部となっている．そこでは，最も重要な**のは**，アウトプットの質，さらにはその量**というよりは**，**むしろ**たえずアップデートされており，またフォロワーはいかなる新しい展開についても「その中心にいる」状態が保たれている，という安心感**である**」

▶ 後ろで so much を繰り返しているので，1 つ目の so much は置かなくてもよ

Answers

いものです．いずれにせよ，**not** A **so much as** B「A というよりむしろ B」の **so much as** B が，that matters…の直前の位置から，文末に移動したかたちになっています．**It is not** A **that** matters most, **so much as** B が骨格です．

3.「形成されたばかりの地球が十分に冷えたころ，雨が降り続くようになった，と信じられている．この降雨によって最初の海が真水で満たされた．次いで，凝縮して陸地に降雨をもたらした**のは**海からたえず蒸発する水**であった**．その結果，今度は数十億年にわたって海の塩分濃度が上昇していった」

    ▶ 3文目が問題の1文．**that** も **which** も関係代名詞ですが，**which** の直前にはコンマ〔,〕があって，which 節が非制限関係節になっているので，この which は強調構文の一部ではありません．the ocean の直後の**that**が，強調構文をなすものです．which 以下は，rainfall on the land を先行詞とする非制限関係節にすぎません．なお，この強調構文は，**then**「次いで」があるために，that then condensed…の方から訳し上げることが難しくなっています．

Must 15 名詞化の基本

I.「彼女は**彼を助ける**ためにやってきた」

    ▶ assist には自動詞も他動詞もあります．**His assistance** is required.「彼の助けが必要だ」では，名詞化の元の節は **he** assists「彼は助ける」であり，所有格 his は主語 S です．She came to **his assistance.** の場合には，節にほどけば，she assists **him**「彼女が彼を助ける」となります．所有格 his は目的語 O です．

2.「半年後，私が**何度も反対した**にもかかわらず，夫はハーレーを手に入れた」

    ▶ in spite of も含めて節にほどけば，**Although I objected,** my husband got his Harley. となります．in spite of は前置詞で although は従位接続詞だからであり，object は自動詞だからです．

3.「世界における主たる国際語として，日本語が英語**に取って代わる**ことなど，今日の日本の大きな経済力にもかかわらず，ほとんどあり得ないことである」

    ▶ 他動詞 replace には，A **replaces** B「A が B に取って代わる」と **replace** A **with** B「A を B に取り替える」とがあります．後者が名詞化されるときには，the replacement **of** A **with** B となります．上の文では，the replacement **of** B **by** A なので，A replaces B の受動態が名詞化されたものです．節にほどけば，English **will be replaced by** Japanese となり，これを能動に戻せば Japanese **will replace** English となります．

Must 16 名詞化と可算・不可算

I.「肥満研究の分野は，印象に残る成功例だけでなく，**期待外れに終わったもの**も多い」

    ▶ disappointments が可算名詞であることに注意．「失望」という感情そのものではなく，「失望を与えた原因・モノ」を示しています．

2.「本エッセイの後半には，とりわけ 9.11 直後の国全体の雰囲気についてのさまざまな**所見**が含まれている」

▶ observations の複数語尾，つまり可算であることに注意．「観察」する活動ではなく，「観察の対象・観察された結果」を示しています．ここでは「結果」の意味です．

3.「概念地図とは，概念どうしの関連性についての生徒の考えを**表すもの**であり，その関係性には概念的に近いものもあれば，遠いものもある」

▶ representation が不可算なら，「表現」する，あるいは「代表」する活動を示します．ここでは，可算になっているので，「（…を）表すモノ・表現するモノ」の意味です．

Must 17 名詞化のいくつかの問題

1.「今日では，科学技術の強力な基盤が産業経済の強さにとって根本的であることが，**すべての人々（国々）によって**認識されている」

▶ **general** や **popular** が名詞化において主語を示す際，**people (in general)** や many people などに対応するように，**universal**「普遍的な」が同じ役割をはたすときには **all** people や **all** countries などに対応します．

2.「2001 年のエンロン破綻以降，ムーディーズや S ＆ P（スタンダード・アンド・プアーズ）などの信用格付け会社は，政策当局によって**厳しく審査されてきた**」

▶ have **been subject** to close **examination by**…を見たときに，examination がここでは不可算で，よって「試験」の意味ではなく，他動詞 examine の名詞化であると感じることができれば，have **be**en closely **examined by**…「…によって厳しく審査されてきた」という受動態のフォーマル化であると判断することができます．

3.「企業が，増えつつある環境意識の高い消費者にアピールすることに熱心になったため，この 10 年で，環境に関係する主張を含む広告が著しく増加した」

▶ 期間が主語 S で，**witness**「…を目撃する」の目的語 O が出来事になっているケースです．「この 10 年で…があった」と処理します．

4.「使用される素材の耐久性，および用いられる構造の堅固さは，その製品が使われると予想される期間に合わせて選択される．それは取り替えるために作られる．**このように**すぐに取り替えられる**可能性がある**ということは工業製品に特有のことであるが，これによって，人間と工業製品とのまったく新しい関係が生み出される」

▶ **this possibility of** quick replacement は，quick replacement **is possible in this way** のようにほどくことができます．

第 1 章
第 2 章
第 3 章
第 4 章
第 5 章
第 6 章
第 7 章
第 8 章
第 9 章
第 10 章

英語

リーディ

の

鬼100

第 2 章

決定詞の注意点

決定詞の代名詞用法①
既出の名詞句を受ける場合

次の文の**none**を英語で言い換えてみよう.

Though some of these languages may sound strange to non-native speakers, **none** are meaningless.

many books・**some** pens・**a few** pencils・**all** lakes…などにおける太字の単語を**決定詞**(**限定詞**)と呼びます.

決定詞は,名詞句の先頭に置くものです.たとえば,

⦿ **many** complicated phenomena 「多くの複雑な現象」

において,many が決定詞,complicated「複雑な」が形容詞,phenomena「現象」が名詞です.many は直後の形容詞 complicated とは関係はありません.many は,名詞句 complicated phenomena「複雑な現象」が特定のものではない・複数であっても少なくない,ということを伝える,という役割をはたしています.このように,**決定詞は,名詞句が示すものを,文脈や状況にふさわしいかたちで文章中に位置づける役割**をはたすものです.

これらが**単独で**,つまり**代名詞**として使われているとき,理解が及ばないことが多いようです.

no と **every** 以外の決定詞は,そのままで代名詞としても使うことができます.**no** の代名詞は **none** であり,**every** の代名詞は **every one** です.たとえば,**many** には次の4つの用い方があります.

ⓐ 決定詞＋名詞　　　　　　　　　　　　　　　　many books
ⓑ 単独の代名詞＝ⓐの books が省略されたもの　　many
ⓒ 代名詞＋ of the 名詞　　　　　　　　　　　　　many of the books
ⓓ 単独の代名詞＝ⓒの of the books が省略されたもの　many

　厳密な意味で「決定詞」と呼ぶことができるのは，many booksという使い方をしているとき，つまりⓐのmanyのみです．**「決定詞」は，直後に名詞があるときの名前**だからです．

　ⓑ・ⓒ・ⓓのmanyは，manyだけで名詞要素になっているので，**代名詞**です．

　この4つのうち，ⓒ many of the books（その複数の本のうちの多く）は，< **部分of全体** > という関係を示すものです．

　ofの後ろに置く名詞句はどの「全体」のことなのかをはっきり示すものでなければなりません．その「**全体**」がどの「**全体**」なのかを**定める**ために必要なのが，**the・these・those・his・her**などです（これらはまとめて「特定決定詞」と呼ばれることがあります）．

　つまり，　many of books（本一般のうちの多く）とは言わないということです．たんなる複数の**books**は「本一般」であり，どれのことかが定まっている「全体」を示すものではないからです．some **of books**・each **of books**・a few **of books**などについても同様です．

●──単独の代名詞に出会ったら，何が省略されているか考える

さて，ⓑ・ⓓの**単独**の**代名詞many**が問題です．単独のmanyに出会ったら，その都度，ⓐ many **books**・ⓒ many **of the books**のどちらの**many**であるのかを考えてみる必要があります（もちろん，ラフな言い方では，ⓒの意味でⓐのように言うこともありますが）．

例文 There are a certain number of obstacles that human beings cannot overcome, but there aren't many.

　「人間が克服することができない障害がいくつかあるにせよ，<u>多くはない</u>」

例文 The exhausted adults and children are wearing all the clothes they possess, and <u>many</u> are shoeless. ※1

　「その疲れ切った大人たち，子どもたちは，なけなしの衣服を身につけており，裸足の者<u>も多い</u>」

この例で，1つ目のmanyはⓑ many **obstacles**であり，ⓓのmanyは many **of the adults and children**です．

以上のことはall・most・some・any・(a) few・(a) little・more・less・fewer・several…など多くの決定詞・代名詞に当てはまることです（few・littleについては Must 22参照）．

なお，**all of the** books・**both of the** booksは，ofなしで**all the** books・**both the** booksとすることもできます（bothはさらに，**both** booksとしても意味は同じです）．

もう1例挙げておきます．

例文 Depending on the context and the way in which these sentences are uttered, <u>any of them</u> might be appropriate and <u>any</u> might be inappropriate. ※2

　「これらの文がいかなる文脈で，またどのように発話されるかによって，<u>その文のいずれも</u>，適切なこともあれば，不適切になることもある」

ここで，any of them = any of **these sentences**であり，anyだけの方も，any of **these sentences**です．

〔サンプル英文〕では，**none** は none of these languages 「これらの言語のどれ1つとして…ない」を意味しています．

Though <u>some of these languages</u> may sound strange to non-native speakers, **none** are meaningless.
= none of these languages
対比されている

訳は「これらの言語の中には，その話者ではない人々にとって奇妙に響くものもあるかもしれないが，そのどれ1つとして，無意味なものはない」のようになります．

チャレンジ問題 **18**　※答えは章末にまとめて

太字の代名詞の直後に補うべき語句を指摘しよう．

1. Give me advice if you have **any**.

2. A few miners found gold, but **most** were not so lucky.

3. The author acknowledges that it is not possible to generalise from the responses of 15 journalists. **Most** currently write, or have written for mainstream publications, while **a few** are specialist journalists. [3]

4. This is one of the best uses of it though the implement has **many more** as well.

5. Nearly all of these children were born in Japan, and **all but a few** attended Japanese preschool or kindergarten prior to starting elementary school. [4]

【例文ソース】
[1]　William Kornblum (2011) Sociology in a Changing World, p.300
[2]　Gerd Antos, Eija Ventola (2009) Handbook of Interpersonal Communication, p.521
[3]　Laura Basu, Steve Schifferes, Sophie Knowles (2018) The Media and Austerity: Comparative Perspectives, p.194
[4]　Nanette Gottlieb (2012) Language and Citizenship in Japan, p.102

決定詞の代名詞用法②
既出の名詞句を受けない場合

太字部分の意味を考えてみよう.

① **Few** doubt that this is a fundamentally good thing. ※1

② **As much** can be said about the film.

　　Must 18で, **決定詞（限定詞）**と呼ばれる **some** や **many** などが, **代名詞**として**単独で使われる**ことを学びました. そこでは, some や many などに**既出の名詞句が含まれている**ケースを取り上げました.

　このセクションでは, some や many などに**既出の名詞句が含まれていない**ケースを取り上げます.

　その１つ目は, some や many が何を示すかが**文脈から明らかな場合**です.

●——① 文脈から some や many などが何を示すかを探す

例文 I always seem to eat <u>more</u> than my meal plan. ※2

　　　　　　　　　　　=more food

　　「ぼくはいつも, 食事のプランよりも<u>多く</u>を食べてしまっているようだ」

例文 Those who put profit before <u>all</u> else may not have the luck of gaining a profit. ※3

　　「利潤をそれ以外の<u>すべてのもの</u>より優先させる人々は, 利潤を得るという幸運を手にしていないのかもしれない」

　　1つ目のmoreは, 直前の動詞 **eat** の意味から, more = more **food** であるこ

とはすぐに理解できます．2つ目のall も，**else**「それ以外の」＝「利潤以外の」という意味から，**all** else「利潤以外の**すべてのもの**」＝ **all** other **things** であることがわかります．

●──② people「人々」を意味するかどうか考える

例文 It is a basic skill, useful to all.

> 「それはすべての人にとって有用な基本的技能である」

例文 Most will agree that science is mainly concerned with finding functional relations. [※4]

> 「ほとんどの人が，科学は主として機能的な関係を発見することにかかわっていると認めるであろう」

1つ目のall は，直前のa basic skill, useful to…（…にとって有用な基本的技能）という表現から，all ＝ all **people** であることは明らかです．また2つ目も，直後のwill agree（同意するであろう）という動詞の意味から，most ＝ most **people** であることは明らかです．

〔サンプル英文①〕の **Few** doubt…も，この②のケースです．

このdoubt は名詞ではなく動詞です．doubt が名詞だとすれば，**few** の後ろには**可算名詞の複数形**しか置けないので，few doubt**s** となるはずだからです．doubt「疑う」のはヒトですから，**Few** doubt… ＝ **Few people** doubt…（…を疑う人はほとんどいない）であることは明らかです．

→ Few doubt が主語?

✕ **Few** doubt_ that this is a fundamentally good thing.

◯ ＝ Few people

訳は，「これが根本的に良いものである，ということを疑う人はほとんどいない」のようになります．

可算名詞の複数形とともに使う決定詞 ＝ 代名詞，つまり **all**・**most**・**many**・**some**・**(a) few**・**more**・**fewer** などはpeople を補って読むと理解しやすいことがよくあります．

●——③文脈からも補う名詞句がわからなければ

2つ目は，**little**・**a little**・**much**・**a lot**・**less**・**more**が，代名詞として用いられているけれども，**すでに出てきた名詞句を補うことができず**，**文脈からも補うべき名詞句が決まらない**ケースです．

例文 <u>Little</u> remains to be said.　　「言い残していることはもうほとんどない」

ここでは little = almost **none** ではなく little = almost **nothing** です．
nothing とはちがって，none は，すでに出てきた名詞句を受けます．

例文 <u>A little</u> can be said about how such identification comes about. ※5
　　「そのような同一視がいかにして生じるのかについて，言える<u>こと</u>が少しある」

例文 <u>Much</u> has been said about the negative effects of mask-wearing on children's ability to understand facial expression.
　　「マスク着用が子どもの表情理解力に及ぼすマイナスの影響については，<u>多くのこと</u>が語られてきた」

さらに，きわめて誤訳しやすい表現に，**as much** があります．これが**代名詞**であるときには，**as** を「同じ」と読み，**much** を「程度のこと」と読むのが基本，と覚えておきましょう．

例文 I guessed <u>as much</u>. = I guessed <u>so</u>.
　　「そんなことかなと思っていた」
→すでに述べたことと as「同じ」much「程度のこと」を guessed「推量していた」ということ．

例文 Lorrie thought that all photographers liked darkroom work, but when she said **as much**, Molly laughed. ※6
　　「ロリーは，すべての写真家が暗室での仕事が好きなのだと考えていたが，ロリーが<u>そう</u>言ったとき，モリーは笑った」
→考えていることと as「同じ」much「程度のこと」を言った，ということ．

〔サンプル英文②〕も同様です．

（すでに述べたことと）同じ程度のことが

As much 　　　　　can be said about the film

その映画についても言える

と読めばよく，**The same** can be said about the film. と言い換えることが
できます．なお，as の代わりに指示詞 that・this を使うこともあります．

チャレンジ問題 **19** ※答えは章末にまとめて

それぞれを訳してみよう．

1. There is **more** to her success than that.

2. **Much less** has been said about pollution problems in Africa. [7]

3. You cannot expect **so much** for **so little**.

4. I know only **that much**.

【例文ソース】
※1　David Roodman (2012) Due Diligence: An Impertinent Inquiry Into Microfinance, p.173
※2　Chelsea Smith, Beverly Runyon (1998) Diary of an Eating Disorder: A Mother and Daughter Share Their Health Journey, p.91 を一部削除して使用
※3　James Griffiths (2021) The Great Firewall of China: How to Build and Control an Alternative Version of the Internet
※4　Neil J. Salkind (2010) SAGE Directions in Educational Psychology, p.359
※5　John Shelton Reed (1982) One South: An Ethnic Approach to Regional Culture, p.16
※6　Susan Glick (2003) One Shot: A Novel
※7　Colin Walker (2014) Ecotoxicology: Effects of Pollutants on the Natural Environment, p.166

注意の必要な決定詞

Samples

太字部分に注意しながら意味を考えてみよう.

① **No amount of money** can change another person's heart.

② I remember **the one time** I took the kids to the zoo. ※1

③ From there you can see **a lot of the city.**

　このセクションでは,基本的なことですが,**決定詞**にかかわることで誤解が多いと思われるものをいくつか取り上げておきたいと思います.

● —— no は not…any に分解して読む

　まずは**決定詞**の no です.この no は,副詞 not とはまったく異なるものですが,日本語ではこの2つを区別することはできません.そのためか,とくに主語に含まれる no をどう扱ってよいかわからないことが多いようです.
　〔サンプル英文①〕がそれです. a small amount of water(少量の水)や an enormous amount of help(非常に多くの支援)などであれば誤解なく理解できると思いますが, **no amount of**…となると,「ない量の…」と読んで困惑してしまうかもしれません.
　これは,この**決定詞 no** のように,主語という名詞句のなかではたらく否定語が日本語にはないために起こる混乱です.
　このような否定語を日本語に変換するには,以下のような作業が必要になります.

> ①決定詞 no を副詞 not と決定詞 any とに分ける
> ②決定詞 any だけを主語の位置にあるものとみなし，副詞 not は述部にかかるものとみなす

No amount of money can change another person's heart

→**any** amount of money can **not** change another person's heart

どんな量のお金でも　　　　　　　　他人の心を変えることはできない
→どれだけお金があっても

となります（日本語にするときにはこのような変換が必要になりますが，英語では，**Any** amount of money can **not** change…とは言いません．noの言い換えとしての**not**…anyは，any…notという順序にはならないからです）．

※なお，肯定文においてany number of…を使うことがあります．英英辞典によればany number of times は a lot of times に近く，「何度も何度も」という意味になるとのことです．

●── the one…・my one…は唯一であることの強調

〔サンプル英文②〕はどうでしょうか？　ここでは**one**に要注意です．

　定冠詞theや，**所有格my**，**指示詞this**などの直後に**可算単数形**の**名詞**があるとき，つまり**the pen**（総称でない場合）・**my pen**・**this pen**などは，そもそも同定できる，１つにしぼることができるものを指します．

　これにさらにoneを加えてthe **one** pen・my **one** pen・this **one** penとすることにより，唯一のものであることが**強調された表現**になります．

the one time I took the kids to the zoo

唯一だと強調

　したがって，〔サンプル英文②〕は「その子たちを動物園に一度だけ連れて行ったときのことを覚えています」という意味になります．

●── a lot of the books は「たくさんの本」ではない

〔サンプル英文③〕も，注意が必要な表現です．ほとんどの人が，a lot of books「たくさんの本」という表現には慣れています．plenty of books・a great number of **books**「たくさんの本」などにも慣れていると思います．

しかし，a lot of **the books** となると，慣れている人がかなり減るようです．両者の意味の違いはこうです．

> a lot of **books**「たくさんの本」
> 　　同定されていないたくさんの本・たくさんの本一般
> a lot of **the books**「その複数の本のうちのたくさん」
> 　　同定されている本のうちのたくさん

a lot of books の a lot of は，several books（いくつかの本）における決定詞 several に対応するもので，**a lot of で1つの決定詞**とみなすことができます．

他方，a lot of the books の場合には区切り方が違います．several of the books（その本のうちのいくつか）で言えば，代名詞 several が部分を示し，of の後ろの the books が全体を示しています．これと同じように，a lot of the books では，of の直前で切れており，**代名詞 a lot が部分を，the books が全体を示している**のです．

a lot of the books

さらに言えば，a lot of **books** では，of の後ろが可算名詞なら必ず複数形になりますが，a lot of **the books** のケースでは，of の後ろには，**the＋可算名詞単数形を置くこともできます**．of の後ろに置く要素は，どの全体のことなのかが分かればよいものだからです．a lot of the book（その（1冊の）本のうちのたくさんの箇所），a lot of the city（その（1つの）都市のうちのたくさんの場所）などです．

a lot of の後ろに **the＋可算名詞単数形**を置くことができる，ということは，of の後ろには，**固有名詞やwhat節**も置くことができる，ということです．いず

れも the ＋可算名詞単数形に相当するものとみなすことができるものだからです（a lot of Japan「日本のうちのたくさんの場所」, a lot of what they learn「彼らが学んだもののうちのたくさんのもの」など）.

〔サンプル英文③〕は,「そこから, この都市の多くの場所を見渡すことができます」となります.

───────────────────────
チ ャ レ ン ジ 問 題 ⑳　　※答えは章末にまとめて
───────────────────────

文の先頭の決定詞に注意しながら訳してみよう.

1. No sensible athlete would say, "I skipped practice all week, so I'll do a 10-hour workout on Saturday." [2]

2. My one worry was that I had lost my place, that I would no longer be one of the best in class. [3]

3. A lot of the book revolves around my relationship with my mom and this one incident that happened. [4]

【例文ソース】
※1　John N. Kotre, Elizabeth Hall (1997) Seasons of Life: The Dramatic Journey from Birth to Death, p.231

※2　John E. Tropman (2020) Supervision, Management, and Leadership: An Introduction to Community Benefit Organizations, p.6

※3　Janet Sassoon (2013) Reverence, p.22

※4　Sarah Lightman (2016) Graphic Details: Jewish Women's Confessional Comics in Essays and Interviews, p.188

not···any · not···ever

anyの役割を考えながら訳してみよう.

① I turned to bookshops and libraries seeking information but didn't find **any**.[※1]

② The distinction between play and serious business does not mean that the former is **any** less important than the latter. [※2]

③ Chances were that they'd be too busy to notice **any**thing but what they were doing. [※3]

④ He picked up the phone without **any** prompting from me. [※4]

⑤ Most people denied **any** knowledge of what had happened.[※5]

●—— not any は no か none に置き換える

皆さんは, **not**の後ろで**any**と出会ったら, どうしていますか?

実行するべきことは, **決定詞のときにはnot···any＝no**, また**代名詞のとき には, not···any＝none** というように, not···anyに出会ったら, 一度はそれ を**no**あるいは**none**に置き換えてみる, ということです. そうすることで, 筆 者の言いたいことがより明確になることが多いからです.

〔サンプル英文①〕では, not···any＝**none** です. but **didn't find any** は, but **found none** となります. このany, noneは**代名詞**で（ Must 22参照）, それぞれ any **information**, no **information** の代わりです.

---

but did**n't** find **any**.　　＝　　but find **none**
　　＝ any information　　　　　＝ no information

　全体の訳は，「私は書店や図書館で情報を得ようとしたが，情報は<mark>何一つみ</mark>つからなかった</mark>」となります．

〔サンプル英文②〕も，**not**をthat節の内部にある**any**と一体化させて**no less…than…**「…と同じ程度で」として読むと，主張がすぐに見えるかたちになります（no less…thanについては Must 96参照）．

> the former is **no less** important **than** the latter
> → the former is **as** important **as** the latter 「前者も後者と同じ程度で重要だ」

　訳を書きなさいと言われているときには，この理解を元に，もう一度not…anyに分けて，「遊びと真剣な仕事とが区別される<mark>からと言って</mark>，前者が後者より重要度が劣る，</mark>という<mark>ことにはならない</mark>」などとすればよいわけです．

●──隠れた **not** はあぶり出す

　以上のような読みは，**not**が意味的に隠れている場合にも有効です．〔サンプル英文〕の③〜⑤がその実例です．
　〔サンプル英文③〕では**too** busy **to** notice…に**cannot** notice…「…に注意を向けることができない」が隠れています．隠れた**not**と**any**thing but…から，**no**thing but… = **only** を作れば意味が鮮明になります．

be **too** busy **to** notice **anything but** what …
└ cannot notice が隠れている
≒notice **nothing but** what…

　訳は，「おそらく，彼らは忙しすぎるあまり，自分がしていることに<mark>しか</mark>注意を向けることが<mark>できなかった</mark>のだろう」のようになります．

　〔サンプル英文④〕では**without**の中にnotが隠れています．**without** = with **not**です．よって，下のように読めばいいわけです．

> He picked up the phone **with no** prompting from me.
> 「彼は私が何も言わ<u>なくても</u>電話を取った」

　〔サンプル英文⑤〕では，**S denies O** の中に **not** が含まれていて，次のように変換してゆくことができます．

> Most people **denied any knowledge** of what had happened.
> → Most people <u>said that</u> they <u>didn't have any knowledge</u> of what had happened…
> → Most people <u>said that</u> they <u>had no knowledge</u> of what had happened…
> → Most people **said that** they **didn't know** what had happened…

　訳は「ほとんどの人が，何が起こったのか知らないと言った」のようになります．

　以上のことは，副詞 **ever** にも当てはまります． ever ＝ at any time であり，ever には **any** が含まれているからです．次の例文では，**S denies V'-ing** … ＝ **S says that S' did not V'** …なので，次のように変換されます．

例文 She <u>denied ever</u> having met me. ＝ She <u>said that</u> she had <u>never</u> met me.
　　「彼女は，私に<u>一度も</u>会<u>ったことがないと言った</u>」

チャレンジ問題 **㉑** ※答えは章末にまとめて

any・everに気をつけながら意味を考えてみよう.

1. The data suggests that such a flood would be most unlikely ever to occur. [6]

2. Both of us have established relationships and done business with clients without ever meeting them in person. [7]

3. NYC's schools resigned Jewish and African American students to the most overcrowded, underfunded, and crumbling schools staffed with racist teachers and administrators who treated children like animals and failed to provide them with anything but the most basic academic knowledge. [8]

4. Essentially human activities and attributes such as ideas, customs, mores, beliefs, that are investigated in the study of human beings and their societies and cultures cannot be pinned down and measured in any exact way. This does not mean that these kinds of data are any less valuable than quantitative data; in fact their richness and subtlety lead to great insights into human society. [9]

【例文ソース】
[1] Vivienne Welburn (1980) Postnatal Depression, p.11 を一部変更して使用
[2] Arindam Chakrabarti (2016) Introduction: On Playing Roles and Acting Exemplary, in Philosophy East and West 66 (1), p.1-4 を一部削除して使用
[3] Charlaine Harris (2010) Wolfsbane and Mistletoe
[4] Gen. Hugh Shelton, Ronald Levinson, Malcolm McConnell (2010) Without Hesitation: The Odyssey of an American Warrior, p.154
[5] Simone Remijnse (2002) Memories of Violence: Civil Patrols and the Legacy of Conflict in Joyabaj, Guatemala, p.38
[6] G. E. Hollis (1990) The Senegal River Basin Monitoring Activity: Hydrological Issues. p.118 を一部削除して使用
[7] Bob Nelson, Peter Economy (2011) Consulting For Dummies. p.219
[8] Melissa Weiner (2010) Power, Protest, and the Public Schools: Jewish and African American Struggles in New York City
[9] Nicholas Walliman (2021) Research Methods: The Basics を一部削除・変更して使用

Answers

1.「**助言が**あるのなら，助言をください」
   ▶ **any** = any **advice**

2.「金塊を見つけた鉱夫がわずかにいたが，**ほとんどの鉱夫が**，これほど幸運ではなかった」
   ▶ **most** = most **miners**（「金塊を見つけた少数の鉱夫たち」以外の，金鉱山ではたらく鉱夫**一般**のうちの「ほとんど」）

3.「著者は，15人のジャーナリストの反応から一般化を行うことはできないことを認めている．**そのほとんどが**，主流派の出版物に現在寄稿しているか，寄稿してきたジャーナリストであり，他方，プロのジャーナリストが**少しいる**」
   ▶ **most** = most **of the journalists** · **a few** = a few **of the journalists**

4.「これが，その道具の最も良い使い方の1つである．**その使い方はまだまだたくさんある**が」
   ▶ **many more** = many more **uses**

5.「**この子たちのほぼすべてが**日本生まれだった．また**少数を除くすべて**（＝そのほぼすべて）が，小学校に入る前に保育園や幼稚園に通っていた」
   ▶ **all but a few** = all but a few **of the children**

1.「彼女の成功にはそれ**以上のもの**がある」→「彼女の成功はそれ**だけでも**たらされたの**ではない**」
   ▶ There is の直後の名詞要素の位置に more があるので，この more は**代名詞**です．**more…than** A が代名詞のときには「A 以上のもの」＝「A だけではない」と理解すること．

2.「アフリカの汚染問題について語られてきたことは**はるかに少ない**」
   ▶ much は less を「はるかに」の意味で強める副詞で，**less** は**主語**なので**代名詞**です．すでに述べたこと「より少ないこと」の意味です．

3.「**そんなにわずかなこと**に対して**そんなに多くのこと**を期待するなんて無理な話だ」
   ▶ so much は他動詞 expect の**目的語**なので**代名詞**，so little は**前置詞 for** の後ろにあるので**代名詞**です．

4.「**それくらいしか**知らないのです」
   ▶ **that much** は他動詞 know の**目的語**であるから**代名詞**です．「その程度のこと」が逐語訳です．当然，this much という言い方もあります．

1.「賢明な**いかなる**アスリート**も**，『1週間練習を休んだので，土曜日に10時間練習

するよ』などとは言わ**ない**はずだ」

> ▶ **no** は**決定詞**なので，athlete という**名詞**と結びついています．あいだにある **sensible** は**形容詞**なので，決定詞 no とは無関係であることに注意しましょう．日本語訳の際には，no を**副詞 not** と**決定詞 any** に分け，主語を **any** sensible athlete とし，副詞 **not** は would の**直後に移動**させて処理します．

2.「私が**唯一**心配していたのは，自分の居場所を失ったのではないか，自分はもはやクラスの上位層ではなくなるのではないか，ということだった」

> ▶ **my one** worry には **the only**…「唯一の…」が含まれています．

3.「**本書の多くの部分**が，私と母との関係性，および起こった**この唯一の**出来事をめぐる話となっている」

> ▶ a lot of **the book** は，a lot of **books**「たくさんの本」とは違って，「**同定済みの1冊の本のうちのたくさんの箇所**」という意味です．**this one** incident には，**the only**…「唯一の…」が含まれています．

Must 21 not…any・not…ever

1.「そのデータが示唆するところでは，このような洪水は**まず**起こら**ないであろう**」

> ▶ **unlikely**「可能性が低い」のなかに含まれている **not** から **not** ever = **never** を作ると，be **likely** to V'…「…する**可能性が高い**」が残ります．この2つを足せば「**まず**…**ないであろう**」のようになります．

2.「私たちは2人とも，取引先とは**一度も**直接会**うことなく**，取引先との関係を築き，ビジネスをしてきました」

> ▶ **without** に含まれている **not** と ever とで **never** を作ればおしまいです．

3.「ニューヨーク市の学校は，ユダヤ系およびアフリカ系アメリカ人の生徒を，最も過密状態にあり，資金が不足し，崩壊しつつある学校にゆだねていた．そうした学校の教師および理事は人種差別主義者であり，子どもを動物のように扱い，子どもに最も基礎的な知識だけ**しか**与えて**いなかった**」

> ▶ **fail to** V'…「…しない」のなかに含まれている **not** と **any**thing but とで，**no**thing but = **only** のように響いています．

4.「人間，その社会，文化の研究において対象となる思想，慣習，風俗，信条などの，本質的に人間的な活動や属性は，厳密に定義した上で計測する，といったことができない．だからと言って，この種のデータが，定量的なデータよりも価値**が劣る**，ということにはならない．実際，その豊かさや繊細さが，人間社会への深い洞察につながっている」

> ▶ 筆者の主張をつかむだけでよいときには，**not** を that 節の内部にある **any** と一体化させて **no less**…**than**…「…と同じ程度で」を作り，「この種のデータは定量的なデータと**同じ程度で価値がある**」という主張をつかめば OK です．訳を書きなさいと言われているときには，この理解を元に，もう一度 not…any に分けて，上のようにすればよいわけです．

英語

リーディ

の

鬼100

第 3 章

形容詞・副詞の注意点

「ほとんどない」のいろいろ

Samples

太字部分に気をつけて訳してみよう.

① There is **hardly any** other country where I have encountered so many different species in such a relatively limited area. ※1

② We have **hardly ever** seen such a remarkable demonstration of courage and commitment and cooperation and basic human strength. ※2

●──「ない」がたくさんある世界

日本語には**否定**は「**ない**」しかないのに対し, 英語の否定にはnot・no・none・nothing・no one・nobody・never…などがあり,「**ほとんどない**」となると almost not・hardly・few・little・hardly any・almost no・almost none・almost nothing・hardly anything・almost no one・almost nobody・hardly anybody・hardly anyone・almost never・hardly ever…など, その表現は倍増どころではありません.

リーディングの際, 多くの人が苦手とするのは, これらのうち, **none** および **hardly** がからんでいる表現であるようです.

これらの表現に出会ったときに混乱しないようにするためには, まず **hardly** は **almost not**「**ほとんどない**」だということを頭にしっかり刻み込むことです. **not** が**副詞**であることも頭に入れておきましょう.

副詞の **not** は, 決定詞 no, 代名詞 none・nothing・no one・nobody, 時・

頻度の副詞**never**とは異なる否定語です．そして**hardly**は，<u>否定文を作るときの**not**を，ほんの少しだけ弱めたもの</u>です．hardlyのフォーマルな同義語は**scarcely**です．

> ┌ Poetry can **hardly** be translated.
> │ = Poetry **almost** can**not** be translated.
> └ = Poetry can **scarcely** be translated.
> 　「詩は**ほとんど**翻訳することなどできない**もの**だ」

noneは**決定詞no**の**代名詞**形です．none = **no** + **名詞**か，none = **none of the** + **名詞**のどちらかです（ Must 18参照）．no・noneともに，**not any**で置き換えることができます．また，**時・頻度の副詞never**は**not ever**で置き換えることができます．

　最後に**almost no (none)** は，aのつかない**few・little**に近く，**almost never**は，**rarely・seldom**に近い，ということも大切です．

●—— **hardly any の読み解き方**

以上で準備ができました．次の文を訳してみましょう．

> They had **hardly any** experience.

hardly = almost notなので，**hardly** any = **almost not** anyであり，またnot any = noなので，almost **not any** = **almost no**です．

　つまり，日本語訳は「彼らにはほとんど経験がなかった」のようになります．

> ※なお，almost not anyというかたちは，There is構文でないかぎり，使うことは少ないようです．notとanyとは連続しないようにするのが一般的だからです．

　こうして，hardly any・almost no(ne) が同じ意味であり，決定詞・代名詞のfew・littleがその類義語になります（few・littleの方が意味的に少し弱いそうです．「ジーニアス英和大辞典」にThere was **little**, in fact, **hardly any** time left.「残り時間はわずかしか，いや実際のところ，ほとんどなかった」という例文が載っています）．なお，hardly any・almost no(ne) が口語，fewが文語です．

次の文は any が**代名詞**の例ですが，変換の仕方は同じです．

例文 Why do young children ask many intelligent questions at home, but **hardly any** at school? ※3

「なぜ幼い子どもは家では多くの知的な質問をするのに，学校では（知的な質問を）ほとんどしないのか？」

この例では，any は**代名詞**ですので，**hardly any** の部分だけを言い換えると次のようになります．

> hardly any → **almost not any** → **almost none** → few・little

当然，hardly any・little の後ろには questions が省略されているだけであり，none = no **questions** です．

● ── **hardly ever** の読み解き方

次に，hardly = almost not であり，not ever = never なので，

> She **hardly ever** goes out.

における hardly ever も，容易に下記のように分かりやすい表現に書き換えることができます．

- She **hardly ever** goes out.
  - → She **almost not ever** goes out.
  - → She **almost never** goes out.
  - → She **rarely (seldom)** goes out.　　→ *seldom* はフォーマルです

まとめましょう．同じ「ほとんどない」でも，**hardly** は**副詞** almost を含んだ **not** であり，たんなる **not の少しだけ弱いもの**です．次に，**hardly any** は**決定詞・代名詞**であり，almost **no**・almost **none** に相当します．また **hardly ever** は**頻度副詞**であり almost **never** に相当します．

〔サンプル英文〕もこれで簡単に理解できると思います．①の **hardly any**

other country = **almost no** other country ですから,「このような比較的限られた地域でこれほど多くの異なった生物種と出会った国は他にはほとんどない」となります.

There is **hardly any** other country where I have encountered
= almost no other country ＝他の国はほとんどない

---

②の **hardly ever** = almost never ですから,

We have **hardly ever** seen such a remarkable demonstration
= almost never seen ＝ほとんど見たことがない

「勇気および献身および協力および人間の基本的な強さをこんなにもすばらしいかたちで表しているものを目にしたことは, これまでにほとんどない(めったにない)」となります.

チャレンジ問題 ㉒　※答えは章末にまとめて

太字部分に注意して訳してみよう.

1. The parents have little if any educational experience of their own and are frequently illiterate. [4]

2. The demographic differences between the two communities are rarely if ever mentioned as one possible cause of all the conflict. [5]

3. The highest and brightest ideas, the most profound and important thoughts of any age or people, have scarcely any influence upon the world. [6]

【例文ソース】
※1　Nepal Research Center (1981) Journal of the Nepal Research Center: JNRC, vol.5-6, p.63
※2　(1997) Weekly Compilation of Presidential Documents, p.572
※3　Eric Sotto (2007) When Teaching Becomes Learning: A Theory and Practice of Teaching, p.213
※4　Digumarti Bhaskara Rao (2002) World Conference on Education for All, p.280
※5　John F. Barker (2000) England in the New Millennium: Are We Prepared to Save Our Countryside?
※6　Samir Dasgupta, Robyn Driskell (2007) Discourse on Applied Sociology: Volume 1: Theoretical Perspectives, p.186

形容詞句になる前置詞句

不可算名詞に気をつけながら訳してみよう.

① The school atmosphere was one of extreme cruelty, as was typical of elite English schools at that time. ※1

② When all this is allowed for, the period from eleven or twelve to eighteen or twenty is seen as one of crucial importance in the formation of the adult personality. ※2

of の後ろに, **質・性質を示す不可算名詞**を置くと, 「…**な質・性質を持つ**」という意味になります. たとえば, of importance で「重要性を持つ」です. これは **形容詞に相当する**表現で, **of** importance 「重要性を持つ」は important 「重要な」に相当します.

of importance は**形容詞句**ですから, **補語 C** として用いたり, **直前の名詞句にかかる修飾語句 M1** として用いたりすることができます. なお, important よりも <u>of importance の方がフォーマルな表現</u>です. 例を挙げておきます.

important = of importance 「重要な」	helpful = of help 「役立つ」
useful = of use 「役立つ」	able = of ability 「有能な」
significant = of significance 「重要な」	valuable = of value 「貴重な」
interesting = of interest 「興味深い」	notable = of note 「注目に値する」
consequential = of consequence 「重大な」	
momentous = of moment 「重要な」	

●── of+ 質・性質を示す不可算名詞は形容詞に変換して読む

この of importance「**重要性を持つ**」には，修飾語句を追加できます．

---

very important「きわめて重要な　　＝ of great importance「大きな重要性を持つ」

more important「より重要な　＝ of greater importance「より大きな重要性を持つ」

not important「重要ではない」　　　＝ of no importance「重要性を持たない」

hardly important **at all**「ほぼ重要ではない」

　　　　　　　　　　　　　　＝ of little importance「ほとんど重要性を持たない」

　左側の表現では太字部分は**副詞**ですが，右側では，いずれも**名詞につくもの**が選ばれます．great「大きな」は，質を強調する副詞veryの形容詞形として頭に入れておきましょう．この of **great** importance の great を **greater・the greatest** とするだけで**比較級・最上級**を作ることができます．

　以上の表現については，右側の表現に出会ったとき，左側の表現に変換できるように準備しておきましょう．

例文 Money received immediately is of greater value than an equivalent sum to be received at some future date. [※3] 　＝ more valuable

　　「すぐに受け取る貨幣は，将来のある時点で受け取ることになる同等の金額よりも価値が高い」

　ここで，of greater value は，**more valuable** に相当します．このような変換力を身につけておくことで，訳出が楽になるだけではなく，構造分析を誤る可能性も低くなります．

　さて〔サンプル英文①〕は，**of ＋質を示す不可算名詞**が，**直前の名詞句にかかるM1**になる場合です．one **of extreme cruelty** の one は数詞ではなく**代名詞**で，one＝an atmosphere「雰囲気」です（oneが数詞であれば，one ofの後ろは複数形の名詞になるはずだからです（ Must 5参照））．よって，one of extreme cruelty は an extremely cruel one「きわめて残酷な雰囲気」に相当します．全体の訳は「英国の当時のエリート校らしく，その学校の雰囲気はきわめて残酷なものであった」のようになります．

〔サンプル英文②〕でも，one は数詞ではなく，a period「期間」の代用です．of crucial importance は，crucially important「決定的に重要な」とパラフレーズすることができる形容詞句です．

　全体の訳は「以上のことすべてを考慮すれば，11歳あるいは12歳から18歳あるいは20歳までの期間は，成人になってからの人格を形成してゆく上で，決定的に重要な期間であると考えられる」のようになります．

●── in+ 状態を示す不可算名詞も形容詞として読む

　ここでついでに，形容詞に相当する前置詞句をもう1つ取り上げておきます．それは**in + 状態を示す不可算名詞**となる場合です．

in evidence	= **evident**「明らかな」		
in good health	= **healthy**「健康な」	**in need** = **needy**「困窮している」	
in trouble	「困っている」	**in progress**	「進行中の」
in good shape	「好調である」	**in use**	「使われている」
in flux	「変化しつつある」	**in demand**	「需要がある」

　これらも，形容詞として，補語**C**や，名詞句にかかる修飾語句**M1**として用いることができます．

例文 The deterioration of American society is **in evidence** everywhere. [※4]
　　「アメリカ社会の劣化は，いたるところで明らかになっている」

例文 Countries are always **in flux**; they are works **in progress**. [※5]
　　「国家は常に流動的なものであり，進行中の(未完の)作品である」

チャレンジ問題 **23** ※答えは章末にまとめて

ofやinに注意して意味をとってみよう.

1. Some states are more influential and powerful than others and their activities should be regarded as of greater significance. [6]

2. Nature, once a harsh and feared master, now lies in subjection, and needs protection against man's powers. [7]

3. Anhydrous ammonia is a high grade N-fertilizer with 82% N. This high concentration is of considerable advantage in terms of transport costs. [8]

4. Of particular consequence is the growing polarization of the parties and inability to find common ground. [9]

【例文ソース】
※1　George Kouloukis (2022) Success in Life: What Famous People's Lives Reveal
※2　W. D. Wall (2022) The Adolescent Child
※3　Bhabatosh Banerjee (2015) Fundamentals of Financial Management, p.33
※4　Leonie Sandercock, Giovanni Attili (2010) Multimedia Explorations in Urban Policy and Planning, p.276
※5　Forrest D. Colburn, Arturo Cruz S. (2009) Varieties of Liberalism in Central America: Nation-States as Works in Progress, p.105
※6　Malcolm N. Shaw (2021) International Law, p.67の一部を削除して使用
※7　Jonathan Schell (2000) The Fate of the Earth and The Abolition: And, The Abolition, p.110
※8　Konrad Mengel, Ernest Kirkby (2012) Principles of Plant Nutrition, p.362
※9　Raymond J. La Raja (2013) New Direction in American Politics, p.282

形容詞・形容詞句の後置

Samples

形容詞に気をつけて訳してみよう.

① We must remind ourselves that the measures now available to relieve the burden of malaria from tropical peoples are woefully imperfect and inadequate. ※1

② We need strong and forward-looking management conscious of its responsibility and of its obligations to consumers.

●──形容詞の後置は形容詞の叙述用法

ご存じのように, **形容詞1語を名詞句の後ろに置く**ことがよくあります.

例 the people <u>concerned</u> ← the people **who are [were/will be]** <u>concerned</u>
「関係者全員」

これは, 右のように, **関係代名詞 + be動詞**を補うことができるものです. それを補えば, concerned が be動詞 are の補語 **C'** であること, つまり<u>形容詞の後置とは, 形容詞の叙述用法にすぎない</u>ことがはっきりします.

名詞を後ろから修飾する形容詞・形容詞句は, **be動詞の後ろに置くのにふさわしい形容詞**です. 類例を挙げておきます. 関係代名詞と be動詞の存在を感じながら読むようにしましょう。

```
┌─ the people involved    ← the people who are [were/will be] involved
│     「関係者」
│  those present          ← those who are [were/will be] present
│     「出席者」
└─ the person responsible ← the person who is [was/will be] responsible
      「責任者」
```

● ── **that is [was/will be]** を補って修飾を読む

　また，**be** ＋形容詞＋**前置詞句**，あるいは **be** ＋形容詞＋ **that S' V'...**，あるいは **be** ＋形容詞＋ **to V'...** というかたちで用いているとき，その形容詞は**叙述用法**です. ということは，これらも be を省いた残りの部分を名詞の後ろに修飾語句 **M1** として追加することができます.

> **例文** Encouraging a patient who will never leave a wheelchair into believing a mirage — some day, one day — of running across green fields can sometimes worsen depression in a patient aware that those green fields are no more than dreams. ※2
>
> 「車いすからどうしても離れようとしない患者を元気づけようとして，いつかは，いつかは，緑の野原を駆け回ることができるんだよ，という幻想を抱かせようとすることで，そのような緑の野原など夢にすぎないということを知っている患者の鬱状態が悪化することがある」

　これも，aware の直前に関係代名詞＋ be 動詞を補えば，a patient who is **aware that** those green fields are no more than dreams というふつうの関係節になります.

　be aware of Ａ（Ａを意識している）や，**be certain to V'** … （必ず…する）などの形容詞表現を覚えるときには，be 動詞を省いた **aware of** Ａ・**certain to V'** …だけを，関係節 **who is aware of** Ａ・**that is certain to V'** …の代わりに用いることができる，ということを意識しながら覚えるようにしましょう.

　〔サンプル英文②〕も，management that is [who are] conscious of…と補うことができ，conscious of…以下が management を修飾していると読めます.

management **that is** conscious of its responsibility and of its obligations…

be conscious of で「気付いている, 自覚している」

　訳は,「私たちには, 強力で先見の明があり, 消費者に対する自らの責任および義務を自覚した経営陣が必要だ」のようになります.

●──二次的な修飾も含めた「形容詞句のかたまり」として読む

　さて, 名詞句に後置されている**形容詞**にたいして, さらに副詞句・節がかかっているケースがあります. 名詞句を修飾している形容詞要素が**一次修飾**だとすれば, それにかかっている副詞要素は, 名詞句から見ると**二次的な修飾**となります.

例文 Some other nations are taking approaches very different from ours. ※3
　「他国にも, 我が国とはまったく異なったアプローチをとっているところがある」

　これも approaches **that are** very different from ours と補って読みましょう. 細かく言えば, approaches を修飾する形容詞 different が, 副詞 very および副詞句 from…によって二次修飾されている, という構造です. つまり very different from ours というかたまりの根底にある 1 語は, 形容詞 different です.

　このことをしっかり意識し, very different from our own**全体が 1 つの形容詞句**だと感じられるようになれば, that are を補わなくても, very 以下が ideas にくっついていることが楽に理解できるはずです.

　〔サンプル英文①〕も同様です.

　まず, the measures **that are** now available… と補って読みましょう. now 以下では, the measures (手段) を修飾する形容詞 available (用いることができる) が, **副詞 now** および**副詞句 to** relieve…**によって二次修飾**されています. 根底にある 1 語は形容詞 available であり, よって now…peoples のかたまりで **1 つの形容詞句**です.

the measures that are now available to relieve the burden of malaria
　　　　　　　　　取り除くために用いることができる　　　　マラリアの重荷を
from tropical peoples
熱帯の人々から

　全体の訳は「熱帯の国々の人々からマラリアという重荷を取り除くために現在用いることができる手段は痛ましいほど不完全で不十分であることを思い起こさなければならない」のようになります.

チャレンジ問題 **24** ※答えは章末にまとめて

構造を考え, 訳してみよう.

1. Many whites found it hard to believe that another white would marry a black person and willingly enter a relationship certain to bring hardship and downward mobility. [4]

2. The average human pupil exposed to language-teaching procedures exists in a situation much more complex than that enjoyed by the psychologist's experimental animals. [5]

【例文ソース】
※1　Robert S. Desowitz (1993) The Malaria Capers: Tales of Parasites and People, p.257
※2　Sibyl Buisson Eckert (2009) Big Sisters, p.58
※3　Diane Smith, Alice Wighton, Stephen Cornell, eds. (2021) Developing Governance and Governing Development: International Case Studies of Indigenous Futures, p.161 を一部削除して使用
※4　Renee Christine Romano (2009) Race Mixing: Black-White Marriage in Postwar America, p.132
※5　M. A. K. Halliday, Angus McIntosh, Peter Strevens (1964) The linguistic Sciences and Language Teaching, p.177 を一部削除して使用

第1章
第2章
第3章
第4章
第5章
第6章
第7章
第8章
第9章
第10章

タフ構文かどうかの見分け方

太字部分の違いを考えてみよう.

① **It is hard to achieve** what cannot be envisioned. ※1

② This strategy is rational even though **it is hard to achieve.** ※2

「タフ構文」という名前をご存じない人は，まず，以下の説明の途中までを読んでください．その上で〔サンプル英文〕の課題に取り組んでみてください．

● ——タフ構文は，主語のヒトやモノについて変わらない性質を語る

次の文の太字が「**Tough**構文（**タフ構文**）」と呼ばれているものです．

例文 He **is difficult to please**. 「（彼は喜ばせにくい→）彼は気むずかし屋だ」

please「…を喜ばせる」が**他動詞**であることに注意しましょう．その目的語 O' に相当するものは，主語 He です．difficult 単独ではなく，**difficult to please** 全体で1つの形容詞句「喜ばせにくい」であり，補語 C です.

大切なのは，please の後ろにはその**目的語 him を置かない**，ということです．補語 C は主語 S に対する説明です．その補語 C（説明する側）の中に主語 S（説明される側）を受けるものがあるのはおかしいからです．もう1例を.

例文 The president **is easy to talk to**. 「その社長は話しかけやすいよ」

この文でも **easy to talk to** 全体で1つの形容詞句「話しかけやすい」であり，補語 C です．また末尾の前置詞 to の目的語 O'' に相当するのは主語 the president

ですから，toの後ろに**目的語him or herを置くことはない**わけです．

タフ構文において使われる主な形容詞は次のようなものです．

> **easy**「易しい」　　　　**hard**「難しい」　　　　**difficult**「難しい」
> **impossible**「不可能な」　**pleasant**「楽しい」　　**unpleasant**「楽しくない」
> **dangerous**「危険な」

●──It is ＋ 形容詞 +to 動詞は，行為について語る

タフ構文で使う形容詞は，**形式主語It is ＋形容詞 ＋ to V'**…というかたちで使うこともできます．上の2つの文を，形式主語Itを使ったかたちに変換すればこうなります．

> **It is** difficult **to please him**. 「彼を喜ばせることは難しい」
> **It is** easy **to talk to the president**.「社長に話しかけることは容易だ」

これらのメッセージとタフ構文のメッセージとは同じではありません．

タフ構文では，**主語＝テーマ**は「**彼**」「**社長**」という**ヒト**であるのに対し，形式主語のケースでは，**主語＝テーマ**は「**彼を喜ばせること**」「**社長に話しかけること**」という**行為**です．テーマがまったく違うわけです．

さて，タフ構文は，ある**モノやヒトの永続性のある性質**を示すためのものです．よってimpossibleはタフ構文になりますが，**possibleはタフ構文にはならない**ことに注意しましょう．

impossible「…できない」ことは永続的な性質になりえますが，possible「…できる」・「…ありうる」ことはそうではないからです．

例文 Some goals **are impossible to achieve**. 「達成不可能な目標もある」

タフ構文においても，**for ＋名詞句**をプラスして，**to V'**…の**主語S'**を示すことがあります．通常のto不定詞と同様に，for ＋名詞句は，to V'…の直前に置きます．

例文 As some of the participants explained, suburban placements **were difficult** for them **to** reach because they relied on public transportation.

> 「研究参加者の一部が説明していたように, 公共交通機関に頼っているため, 郊外の配置場所は, 彼らが行くには難しい場所だった」

　ここまでの例文で, タフ構文の主語がいずれも It でないことを確認してください.

　要注意なのは, **It is** +タフ構文というケースです. このケースでは, 主語 it は形式主語ではなく, 既出の名詞を受けるものです.

　ここまでを理解したら, 〔サンプル英文〕にチャレンジしてみてください.

　①②どちらも **it is hard to** achieve を含んでいますが, ②では, 他動詞 achieve の目的語 **O'** に相当するものがないことから, hard to achieve がタフ構文であり, よって主語の **it** が achieve の目的語 **O'** であることがわかります. it は形式主語ではなく, this strategy を受ける通常の代名詞です.

This strategy is rational even though **it is hard to** achieve.
→this strategy is hard to achieve

　訳は「この戦略は, 達成しがたいが, 合理的である」のようになります.

　他方, ①では, achieve の目的語 **O'** となる what cannot be envisioned があり, to **V'** …の内部に目的語 **O'** の不足はありません. よってタフ構文ではなく, **it** は形式主語であり, to **V'** …が it の内容です. 訳は「思い描くことができないことを達成することは難しい」のようになります.

チャレンジ問題 **25**　※答えは章末にまとめて

タフ構文かどうかを判定してみよう.

1. A different world order is impossible for them to imagine, as they have known nothing else. [3]

2. Tacit knowledge is unspoken and implicit, which makes it hard to understand. [4]

3. Those of us present were given information and facts which we found it hard to believe. [5]

4. Some students recognize a conflict in the information presented, which they find difficult to resolve. [6]

【例文ソース】
※1 （　Daniel L. Duke (2010) The Challenges of School District Leadership
※2 Robert N. Talisse, Maureen Eckert (2021) A Teacher's Life: Essays for Steven M. Cahn, p.8
※3 Elissa P. Benedek, Catherine F. Brown (1998) How to Help Your Child Overcome Your Divorce, p.10
※4 Vanessa Ratten (2021) Innovation and Entrepreneurship in Sport Management, p.16
※5 Duncan Rooke (2015) My Dad's Army: An Unconventional Memoir by Rookie Edited by Duncan Rooke, p.61
※6 Jane M. Watson (2013) Statistical Literacy at School: Growth and Goals, p.46

otherwiseのいろいろな役割

otherwiseの役割・意味を指摘しよう.

① As we cannot find out what a word means **otherwise** than by learning how it is used, meaning cannot but consist in some aspects of use. [※1]

② The bath drained slowly, but **otherwise** the house was very good.

③ It was obvious that war was about to break out, but I tried to convince myself **otherwise**.

④ All photographs are by the author unless **otherwise** stated. [※2]

●──別の方法で・それ以外の点で

ここでは, otherwise を取り上げます.

otherwise の元々の意味は, in another way・in other ways「別のやり方で」「それ以外の方法で」です. つまり otherwise は根本的には「**other の意味を含む way**（方法）**の副詞**」です.

この意味がよく表れているのが〔サンプル英文①〕です.

この文では, **otherwise** と **by learning...**「…を知ることによって」とが対比されています. 両者のコンセプトは同じだということです. **by V'-ing** …が方法・手段を示すので, otherwise も, **in** other **ways**・**by** other **means**「…を知ること以外の手段・方法によって」を意味することになります.

逐語訳は「ある語がどのように使われているかを<u>知る</u>という<u>手段以外の手段</u>でその語の意味を明らかにすることはできないので, 意味は, 使用にかかわ

る側面に宿っているということにならざるを得ない」となります（つまり「ある語の意味を明らかにするためには，その語がどのように使われているかを知る以外にはないので，意味は，使用にかかわる側面に宿っているということにならざるを得ない」ということです）．

〔サンプル英文②〕の otherwise は，①の otherwise に近いものです．

たとえば **in this way** には「このようにして」「この方法で」以外に，「この点で」**in this respect** という意味があります．other**wise** つまり **in** other **ways** も，**in** other **respects** 「それ以外の**点で**」の意味になることがあるわけです．②の訳は「バスの水抜きが遅かったが，その家は，それ以外の点では申し分のないものだった」となります．

●──リポート動詞とセットなら「そうではないと」

〔サンプル英文③〕は，少々難しいかもしれません．簡単な例を見てみましょう．

例文 I know you have told the class that the use of clichés shows a lack of originality, but I **think otherwise**. ※3

「あなたはこのクラスの生徒に，決まり文句の使用は独創性の欠如の表れだと言われましたが，私は**そうではないと思います**」

この otherwise は，「考える方法・手段が異なる」という本来の意味ではなく，考えている「**内容**」にかかわるものになります．

I think **otherwise**. = I don't think **so**. 「私はそうは思わない」であり，**so** は **that** the use of clichés shows a lack of originality という **that S' V'**…に相当するものです．つまり，直前の節 **S V**…の内容を受ける **so** を，**not** で否定したものです．**that S' V'**…を後ろに置いて用いる動詞（**リポート動詞・伝達動詞**などと呼ばれる動詞（ Must 01 参照））のうち，believe・suppose…などの直後に otherwise があったら，この役割です．

〔サンプル英文③〕の convince myself <u>otherwise</u> 「そうではないと確信している」の convince も that **S' V'**…を導くリポート動詞の1つであり，このケースに当てはまります．otherwise は，war was about to break out の全体を受けて，そ

れを否定する役割です.

> It was obvious that war was about to break out, but I tried to convince myself **otherwise**.　↑そんなことはない！

訳は「戦争が勃発しようとしていることは明らかだったが, 私はそんなことはないと信じようとしていた」のようになります.

〔サンプル英文④〕は, ③の延長線上にあります. state「…と述べる」もリポート動詞の１つですが, この場合のotherwiseは, たんに直前の節の内容を否定するものではなく, **直前の節の内容とは違った内容であることを示す**役割です.

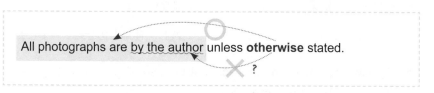

All photographs are by the author unless **otherwise** stated.

このときの書き換えは, unless **otherwise** stated = unless **something else** is stated「それ以外のことが述べられていないかぎり」となります. 文全体の訳は「特に他のことが明記されていない (特に断りのない) 限り, すべての写真が著者によるものである」のようになります.

● ──何を否定しているのかを読み解く

さて, 以上のotherwiseの共通点がみえるでしょうか？

①のotherwiseは, **not** by learning…「…を知ることによってではなく」です. ③のotherwiseは**not** so「そうではない」です. 共通点は, **すでに述べられている何らかの内容をnotで否定したものである,** ということです.

otherwiseの難しさは, この「すでに述べられているある内容」が, 方法・手段にとどまらず, 次の例が示すように, 直前にある**名詞・形容詞・副詞・動詞**などいろいろな品詞に及ぶだけではなく, **節全体の内容**に相当することさえある, という点にあります. 対比相手が何であるかに応じて何詞にもなるし,

節の代わりにさえなる，この性質が，otherwise の紛らわしさの原因です．

　次の **or otherwise**・**and otherwise** という表現も，otherwise のこのような自由さ・奔放さを如実に示すものです．

例文 One can argue about the **validity or otherwise** of the evidence, and I am sure that we will continue to do so. ※4

　「そのエビデンスの妥当性の有無について議論することができるし，我々は今後も必ずそうしてゆく」

例文 Genes don't think, nor do they have conscious intentionality, **selfish or otherwise**, and Dawkins does not suggest that they have. ※5

　「遺伝子は思考することはないし，利己的であろうとなかろうと，意識的な意図も持っていない．ドーキンスは遺伝子に意識的な意図があるなどと示唆してはいない」

例文 People are more accessible, **culturally and otherwise**. The social universe is shrinking. ※6

　「文化的にもその他の面でも，人々は互いにより近づきやすい存在になっている．社会空間は縮小しつつある」

　皆さんにお馴染みの otherwise の「**もしそうでなければ**」という意味は，in other ways「それ以外の方法・手段で」という方法の副詞句が，たとえば**仮定法**の節などのなかで，**if** 節のように響いたものです．

例文 "Have you got a picture of your baby girl?" "It's on my phone but my phone's dead, **otherwise** I would show you!" ※7

　「あなたの娘の写真はありますか」「携帯にあるんだけど電池切れなんだ．そうでなければ見せてあげるのに」

otherwiseの意味・役割を考えてみよう.

1. All the translations of quotations from German publications are by the author unless otherwise stated. ※8

2. All but 5 of the 79 students said they couldn't see mathematics as otherwise than useless and painful."

3. Through working together they can obtain goals which they would otherwise not be able to reach. ※9

4. The primary cause of AIDS is the human immunodeficiency virus (HIV). There is no credible evidence to suggest otherwise. ※10

【例文ソース】
※1　Jaroslav Peregrin (2012) Linguistics and Philosophy. Ruth Kempson, Tim Fernando, Nicholas Asher, eds., p.15 の一部を削除して使用
※2　Laurence Mitchell (2002) Suffolk Coast and Health Walks: 3 long-distance routes in the AONB
※3　Deborah K. Frontera, Mikel Classen (2021) U.P. Reader Box Set of Volumes 1-5: Bringing Upper Michigan Literature to the World
※4　Great Britain. Parliament. House of Lords (2005) The Parliamentary Debates (Hansard).: House of Lords Official Report, p.935
※5　Brian McNair (2006) Cultural Chaos: Journalism and Power in a Globalised World, p.213
※6　Donald Black (2014) The Social Structure of Right and Wrong, p.155
※7　Tamsen Courtenay (2018) Four Feet Under: Untold Stories of Homelessness in London
※8　Doris Bachmann-Medick (2014) The Trans/National Study of Culture: A Translational Perspective, p.23
※9　Inge Brinkman (1996) Kikuyu Gender Norms and Narratives, p.58
※10　United States. Congress. (1989) Departments of Labor, Health and Human Services, Education, and Related Agencies Appropriations for 1990, p.168

リポート形容詞・副詞

> 太字部分に注意して意味を考えてみよう.
>
> **Samples**
>
> ① The **imagined** impossibility of the chess-playing machine was based on a lack of vision in the technical area. ※1
>
> ② Empirical science is **supposedly** based on the facts of experience — upon scientific observations. ※2

●──リポート形容詞は名詞化を節にほどいて第三者の考えの印として読む

例文 **People** <u>say</u> that he is going to resign. 「彼は辞職するそうだ」

　このように用いる say などの動詞を「**リポート動詞**」と呼ぶことがあります. リポート動詞のうち, imagine「…と想像する」, suppose「…だと思う」, assume「…だと思い込む」, allege「(真偽は分からないが)…だと主張する」, report「…だと報告する」, purport「…だと主張する」などの動詞は, しばしばその**過去分詞形 V'-ed** が**形容詞**として使われています.

　[サンプル英文①]の imagined「…と想像された」がそれです.
　the impossibility of the chess-playing machine という名詞化を節にほどけば, the chess-playing machine **was impossible**「チェスをする機械などあり得ない」となります. これに imagined を足せば, machine までの長い名詞句を, 次のように節にほどくことができます.

> the chess-playing machine <u>was imagined to</u> be impossible
> 「チェスをする機械などあり得ない<u>と想像されていた</u>」

　全体の訳は「チェスをする機械などあり得ないと想像されていたが,それは技術の領域における先見の明が欠けていたからであった」のようになります.

　このように使う形容詞を「**リポート形容詞**」と呼ぶことにします.

　その役割は,**その名詞句に含まれている判断**(impossible「不可能だ」などの判断)**が語り手・筆者のものではなく,第三者 (一般の人々や一部の人々)のものである,ということを伝える**ことにあります.

　上の例では,チェスをする機械などimpossible「あり得ない」と想像していたのはおそらく当時の人々一般です.

●──リポート副詞も話し手の考えとは違う暗示として読む

　リポート形容詞には副詞形,つまり「**リポート副詞**」があります.その例を見てみましょう.

例文 Eleven patients who underwent the risky marrow transplants have **reportedly** died. ※3

　この**reportedly**は,副詞として動詞を修飾していますが,役割も処理の仕方も形容詞の場合と同様です. reportedlyを **be reported to** に置き換えて,下記のようにすればよいわけです.

> →Eleven patients who underwent the risky marrow transplants <u>are reported to</u> have died.
> 「リスクの高い骨髄移植を受けた患者11人が死亡した<u>と報告されている</u>」

　reportedlyは,移植の結果の死亡患者11名というデータは,筆者ではない研究者による報告だということを伝えています.

　〔サンプル英文②〕の**supposedly**も同様です.

> Empirical science is **supposedly** based on the facts of experience…
> →Empirical science **is supposed to** be based on the facts of experience…

　このように書き換え，「経験（実証）科学は，経験的な事実，すなわち科学的な観察結果に基づくものである<u>とされている</u>」と処理します．

　supposedlyは，「実証科学の基礎に経験的事実がある」という考えが筆者のものではなく，おそらく一般の人々の考えであり，**筆者からみればそれは何らかの意味で間違っている**，ということを暗に伝えるものとなっています．

チャレンジ問題 **27**　　※答えは章末にまとめて

リポート形容詞・副詞に気をつけながら訳してみよう．

1. Covid-19 allegedly originated in Wuhan, China. [4]

2. The Book of Genesis — which for a long time formed the only legitimate narrative of origin for Christians — was (and, in point of fact, at times still is) drawn upon to justify men's alleged superiority over women. [5]

3. The categories established for Greek were in most cases also valid for Latin, and their assumed universality did not need to be called into question. It could still be supposed, for example, that the subject-predicate relation was a constant property of all languages, and that 'tense' and 'case', 'subjunctive' and 'passive', 'preposition' and 'subordinate clause' were indispensable to human speech. [6]

【例文ソース】
※1　早稲田大
※2　K. Rogers (2006) Modern Science and the Capriciousness of Nature, p.34
※3　Briton Hadden, Henry R. Luce (1986) Time, vol.127, p.46
※4　Debahuti Mishra, Rajkumar Buyya, Prasant Mohapatra (2022) Intelligence and Cloud Computing: Proceedings of ICICC 2021, p.295
※5　Joanna Rostek (2011) Seaing through the Past: Postmodern Histories and the Maritime Metaphor in Contemporary Anglophone Fiction, p.176 を一部削除して使用
※6　M. A. K. Halliday, Angus McIntosh, Peter Strevens (1964) The linguistic Sciences and Language Teaching, p.142 を一部削除して使用

not・even・only・largelyなどの副詞の注意点

太字の副詞（**even・only・not**）がどこにかかっているかを考えてみよう.

① She's rude to everybody. She's **even** rude to me.

② She **only** cooked when she absolutely had to. She hated it.

③ Most artists do **not** create because it makes them rich — they create because they love what they do. ※1

not・even・only などの副詞は, **後ろの語句を修飾**するときには, たとえば次の文のように, **修飾される語句の直前に置く**のが普通です.

例文 Scientific knowledge can be obtained **only** by studying the phenomena directly. ※2

「科学的知識はその現象を直接的に研究することによってのみ得ることができる」

この文では**限定の副詞only**「…のみ」は, **直後のby…以下の副詞句M2**の意味を強く限定するものです.

けれども, **onlyとその被修飾語句とが離れる**場合も多々あります. その例が〔サンプル英文②〕です.

onlyがcookedを修飾していると考えれば,「どうあっても料理しなければならないときに**料理するだけだ**」という, どこか焦点がぼやけた訳になります. She hated it.「彼女は料理がきらいだった」に自然につながるように訳せば「彼女は, どうしても料理しなければならない**ときにしか料理をしなかった**. 料理が

きらいだったのである」のようになります．onlyは直後の動詞cookedではなく，離れたところにある **when** she absolutely had toという<u>副詞節を修飾・限定</u>しているわけです．

She **only** cooked **when** she absolutely had to.
彼女がどうしてもしなければならない時

この only は，**only when** she absolutely had to というように，when節の**直前**に移動させることができます．

このことは〔サンプル英文①〕の even にも当てはまります．**even**「…でさえ」が直後のrudeを修飾するものだとすれば，「彼女は私に無礼でさえある」となり，前半の内容と合いません．全体の訳は「彼女はみんなに対して無礼だ．私に対してさえ無礼だ」であるべきです．even は，rude ではなく <u>to me</u> という<u>副詞句</u>を修飾しており，**even to me** と連続させることもできるものです．

She's **even** rude <u>to me</u>.　　=　She's rude **even** <u>to me</u>.

〔サンプル英文③〕も同様です．do not が create を修飾しているのだとすれば，「ほとんどのアーティストが**創造しない**」という意味不明の文になるだけではなく，後半の内容とフィットしません．

全体の訳は「ほとんどのアーティストが創造活動をするのは，それによってお金持ちになるからではない．アーティストが創造活動をするのは自分がしていることを愛しているからである」であるべきです．**not** は直後の動詞 create ではなく，その後ろの<u>副詞節である because 節</u>を修飾しているわけです．do not を消し，because の**直前**に not を置いても意味は同じです．

Most artists do **not** create <u>because it makes them rich</u>…
Most artists create **not** <u>because it makes them rich</u>…

●──焦点化の副詞が，中心的な情報のありかを教えてくれる

さて，このように用いる **even** や **only** のことを，**焦点化の副詞**と呼びます．焦点化とは，1つの節のどこに中心的な情報があるかを知らせる役割のことです．焦点化に役立つ副詞は，主に次のようなものです．

only 「…のみ」	**exclusively** 「…のみ」	**entirely** 「…のみ」
purely 「…のみ」	**simply** 「…のみ」	**solely** 「…のみ」
wholly 「…のみ」	**totally** 「…のみ」	

chiefly 「主として」	**largely** 「主として」
mainly 「主として」	**primarily** 「主として」

especially 「特に」	**particularly** 「特に」
specially 「特に」	**specifically** 「特に」

このうち，「**…のみ**」という意味になる副詞の多さに注目してください．**only・solely** など，本来「**…のみ**」の意味になる副詞に加えて，**simply・wholly・totally・entirely・purely**「**完全に**」という **100%の程度**を示す副詞も「**…のみ**」という意味で用いることができます．

さらに，**exclusively**「排他的に」という副詞も，「**他のモノを排する**」=「**そのモノに限る**」という意味的変化によって「**…のみ**」の意味になります．これらには十分に慣れておきたいところです．

例文 In the media, the term "cutting" seems to be used **almost exclusively when** discussing self-injury among teens. [3]

> 「メディアでは，cutting という語が用いられるのは，10代の若者の自傷行為について議論するときにほぼ限られるようである」

例文 All linguistics is structural, in the sense that a description must account for the internal patterns of language, and this can **only** be achieved **if** the criteria are drawn from within and not from outside language. [4]

> 「すべての言語学が，記述によって言語の内部パターンを説明しなければならないという意味で，構造的なものである．この目的を達成することができるのは，記述の基準を，言語の外部からではなく，その内部から引き出す場合のみである」

チャレンジ問題 28

※答えは章末にまとめて

焦点化の副詞に注意しながら訳してみよう.

1. Many of the most addicting and dangerous drugs do not even produce very severe physical symptoms upon withdrawal. [5]

2. Saussure stressed that language can only be understood through the set of systematic relations that make up its internal structure. [6]

3. Applied linguistics starts when a description is specifically made, or an existing description used, for a further purpose which lies outside the linguistic sciences. [7]

【例文ソース】
※1　Keli Lenfield (2015) Everyone Is A Supermodel: Secrets For Any Career Based On My Modelling Experiences
※2　Atlan Löker (2005) Film and Suspense, p.121 の一部を削除して使用
※3　Sony Khemlani-Patel, Merry McVey-Noble, Fugen Neziroglu (2006) When Your Child is Cutting: A Parent's Guide to Helping Children Overcome Self-Injury, p.2
※4　M. A. K. Halliday, Angus McIntosh, Peter Strevens (1964) The linguistic Sciences and Language Teaching, p.151
※5　Nick Heather, Matt Field, Antony C. Moss (2022) Evaluating the Brain Disease Model of Addiction の一部削除して使用
※6　M. A. K. Halliday, Angus McIntosh, Peter Strevens (1964), The Linguistic Sciences and Language Teaching, p.148
※7　M. A. K. Halliday, Angus McIntosh, Peter Strevens (1964), The Linguistic Sciences and Language Teaching, p.138

Answers

1.「親たちは親たちで，教育を受けた経験が**あるとしてもほとんどなく**，また多くの場合，読み書きができない」

> ▶ little = almost no = hardly any です．このように書き換えれば，if の両側に hardly any と any があって，品詞と概念がそろっていることがはっきりします．両側の品詞と概念をそろえて用いる if は，difficult if not impossible「不可能ではないとしても困難な」のように用いる if です．if 節の中の any のメッセージは「あるかどうかわからない」ですから，if any は「たとえあるかどうかわからないとしても」を意味します．こうして，little if any で「たとえあるとしてもほとんどない」という意味になります．

2.「この 2 つの社会のあいだの人口統計学上のさまざまな相違点が，この紛争全体のありうる 1 つの原因として取り上げられることは，**たとえあるとしてもほとんどない（めったにない）**」

> ▶ rarely = almost never = hardly ever です．つまり hardly ever と ever があって，やはり if の両側の品詞も概念もそろっています．ever = at any time ですから，if 節のなかの ever のメッセージは「そういう時があるかどうか分からない」となります．よって rarely if ever は「たとえそういう時があるかどうか分からないとしてもめったにない」を意味します．

3.「いかなる時代あるいはいかなる民族においても，どれだけ高尚で聡明な思想も，またどれだけ深淵で重要な思想も，世界には**ほとんどいかなる**影響も及ぼしてこ**なかった**」

> ▶ **scarcely** は hardly のフォーマルな同義語なので，scarcely any = hardly any であり，よって almost no です．

1.「他の国家よりも影響力があり，強大である国家もある．またそうした国家の活動は，**より大きな意義がある**とみなすべきである」

> ▶ **regard O as C**「O を C とみなす」の as の後ろは**補語 C** なので，名詞でも形容詞でもかまいません．**of greater significance** は **more significant** という**形容詞に等しい**ので，as の後ろに置くことができます．

2.「自然は，かつては過酷で恐れられた主人であったが，今では，（人間に）**服従させられている状態に**あり，人間の影響から保護される必要がある」

> ▶ **lie in subjection** における in subjection は「**服従している（状態にある）**」という意味で，lie の補語 C となっています．

3.「無水アンモニアは，窒素 82 ％という高品質の窒素肥料である．この高濃度は，輸送コストという観点から見ても**かなりのメリットがある**」

> ▶ **of considerable advantage** は **considerably advantageous**「**かなり有利な**」という**形容詞句**にパラフレーズすることができます．なお，ここでの concentration は「集中」ではなく「濃度」です．

4.「**とりわけ重要なのは**，政党の二極化が進展し，共通の土台を見いだすことができ

ないということである」

> ▶ consequence は**不可算**名詞のときには，ほとんどの場合，importance「**重要性**」の同義語（他に不可算の **account・moment** も同義語）なので，of particular consequence = particularly important「**とりわけ重要な**」です．文頭に形容詞句があるので，**C + V + S** の語順です．of ＋質を示す不可算名詞が文頭にあるときには，この語順になります．

Must 24 形容詞・形容詞句の後置

1.「多くの白人にとって，白人が黒人と結婚し，苦難や凋落をもたらす**ことが確実であるような人間関係**のなかに入ってゆくことを厭わない，ということは信じがたいことであった」

> ▶ a relationship **certain to** bring… = a relationship **that was certain to** bring…「…をもたらす**ことが確実である**人間関係」．

2.「言語指導を受けている平均的な児童は，心理学者の実験動物が**享受している状況**よりも**はるかに複雑な状況**に置かれている」

> ▶ the average human pupil **exposed** to… = the average human pupil **who is** exposed to… であり，また a situation much more **complex** than that **enjoyed** by… = a situation **which is** much more **complex** than that **which is enjoyed** by…です．計3箇所で関係代名詞 + be 動詞を補うことができます．1箇所目と3箇所目とは **be** exposed to…・**be** enjoyed…という受動態の be 動詞が省かれた過去分詞句になっています．2箇所目では，形容詞 complex が a situation を修飾するとともに，副詞 much more が形容詞 complex を二次修飾し，than 以下の副詞句が more を三次修飾しています．土台は complex という形容詞です．

Must 25 タフ構文かどうかの見分け方

1.「異なった世界秩序は，**彼らには想像できない**ものである．彼らは他に何も知らないからである」

> ▶ タフ構文です．**主語 S が It 以外**であり，**imagine** という**他動詞**の**目的語 O'** がないからです．for them「彼らには」は to imagine…の主語です．

2.「暗黙知は，明確な言葉になっておらず，間接的に伝えられるものであるため，暗黙知は**理解するのが難しい**ものである」

> ▶ これがタフ構文であるかどうかを判定するときには，**関係代名詞 which** を，たとえば代名詞 this に置き換えて，それを**本来の位置に戻してやる**，という作業が有効です．ここでは **This** が **S**，**makes** が **V** で **it hard to understand** が問題です．hard と to understand とが切れていれば it は形式目的語，hard to understand で1つのかたまりであればタフ構文です．**make O C** の **O C** の部分には **S becomes C** という関係が潜んでいる（Must 65）ので，It **becomes** hard to understand. を想定しましょう．**他動詞 understand の目的語 O'** が後ろにないので，It がその目的語 **O'** に当たるものです．よって it は形式主語ではなく，**既出の名詞を受ける**ものです．ここでは It

Answers

= **tacit knowledge**「暗黙知」です．よってタフ構文です．

3.「その場にいた私たちは，**信じられないような**情報や事実を聞かされました」

▶ タフ構文ではありません．which をたとえば this として，which 以下を独立させると，We が **S**，found が **V** です．this も名詞要素ですので，believe の目的語でなければならない，つまり to believe this となることが分かります．to believe this にはこれ以上目的語は不要ですから，hard to believe this で１つのかたまりなのではなく，hard と to believe this とは切れています．to believe this が it の内容です．it は**形式目的語**です．

4.「提示された情報には不一致があることを認識し，その不一致は**解消しがたいもの**だと考えている生徒もいる」

▶ which をたとえば this として，which 以下を独立させると，They [**S**] find [**V**] **this** [**O**] となります．**difficult to resolve** が問題です．find **O C** の **O C** の部分には，**S is C** という関係が潜んでいるので，This **is** difficult to resolve. を想定することができます．主語 **S** が It 以外のものであること，また**他動詞 resolve の目的語 O'が後ろにない**ことから，タフ構文だと分かるはずです．

Must 26 otherwise のいろいろな役割

1.「ドイツ語の出版物からの引用の翻訳は，**特に断りのない限り**，すべて著者によるものである」

▶〔**サンプル英文**〕の④の otherwise です．

2.「その 79 人の生徒のうち 5 人を除く全員が，数学を，**役に立たない苦しいものとは違ったもの**だとみなすことなどできない，と言った」→「その 79 人の生徒のうち 5 人を除く全員が，数学を，**役に立たない苦しいものとみなすことしかできない**，と言った」

▶ **形容詞**の otherwise で，ここでは，**see O as C**「**O を C とみなす**」における補語 **C** として機能しています．

3.「協力しあえば，彼らは，**協力しなければ**達成できないはずの目標を達成することができる」

▶ 解説の最後で取り上げた「もしそうでなければ」の意味の otherwise ですが，この otherwise が**関係節**のなかに入ったとき，意味が取りにくくなるようです．関係節は**仮定法過去**なので，主節が現実を示し，関係節がその現実のなかにある何かが存在しないとしたらどうなるのか，を示しています．この文では，otherwise = **not** through working together「協力を通じてでなければ」です．

4.「AIDS の主たる原因はヒト免疫不全ウィルス（HIV）である．**そうではないことを示唆する**信頼に足るエビデンスは存在しない」

▶〔サンプル英文③〕の otherwise です．**otherwise** = **that** the primary cause of AIDS is **not** the human immunodeficiency virus (HIV) です．

Must 27 リポート形容詞・副詞

1.「Covid-19 は，中国の武漢で発生した**とされている**」

　▶ **alleged** あるいは **allegedly** は，「そうだと言われているが，まだ立証されていない」ということを示すもので，殺人の容疑者のことを a murder suspect あるいは an **alleged** murderer と言います．訳すときには Covid-19 **is alleged to** have originated in Wuhan, China と置き換えれば訳しやすくなります．

2.「『創世記』は，長きにわたってキリスト教徒にとって起源を示す唯一の正当な物語であったが，女性よりもすぐれている**とされる**男性のあり方を正当化するために利用された（また実際，今でも利用されることがある）」

　▶ men's **alleged** superiority over women は，men **are alleged to** be superior to women として理解されます．この文の筆者は，男性より女性の方がすぐれている，という考えの持ち主ではない，ということがわかります．

3.「ギリシャ語のために確立されていたカテゴリーは，ほとんどの場合，ラテン語においても妥当するものであったため，**そうしたカテゴリーが普遍的なものであるという想定**を問題にする必要はなかった．たとえば，主部述語関係はすべての言語の恒常的な特性であり，「時制」と「格」，「接続法」と「受動」，「前置詞」と「従属節」は人間の言語には不可欠なものである，と，依然として考えることができた」

　▶ their **assumed** universality は，they (= the categories established for Greek) were **assumed to** be universal 「それら（＝ギリシャ語のために確立されていたカテゴリー）は普遍的なもの**だと想定されていた**（普遍的なものだと（**当時の人々は**）**思い込んでいた**）として理解されます．この文章の筆者は，ギリシャ語の文法的カテゴリーが普遍的なものだとは考えていない，ということがこの assumed から分かります．

Must 28 not・even・only・largely などの副詞の注意点

1.「最も中毒性の高い，最も危険な薬物の中には，**あまり重度ではない身体的禁断症状をさえ**，生み出さないものも多い」

　▶ **even** は動詞 produce ではなく，その**目的語** very severe physical symptoms upon withdrawal を焦点化しています．even「…でさえ」は，この目的語の直前に置いて理解すべきものです．

2.「ソシュールは，言語を理解することは，言語の内的構造をなしている一群の体系的関係**を通じてのみ**可能である，ということを強調した」

　▶ S can **only** be understood through X は，「**S は X を通じて理解できるだけである**」ではなく，「**S は X を通じてのみ理解できる**」です．only は，be understood ではなく，**through** X という副詞句 **M2** を限定しています．

3.「応用言語学が始まるのは，**とりわけ**言語科学の外部にあるさらなる目的のために，記述（＝ある言語についての説明）が行われる，あるいは既存の記述が用いられるときである」

　▶ **specifically**（ここでは「とりわけ…」の意味）は，動詞 made を限定しているのではなく，後ろの **for a further purpose**…「…さらなる目的のために」という副詞句 **M2** を限定しています．なお，used の直前には空所化（ Must 41）が生じており，is specifically を補うことができます．

149

英語
リーディの
鬼100

第 4 章

接続の注意点

節と節との言い換えの関係

Samples

節と節との関係という観点から読んでみよう.

① Any fresh evidence that may appear either discredits or helps to confirm existing theories: if evidence builds up against a theory it is discarded and a better one sought in its place. [※1]

② Metaphor, it has been said, is one of the few uses of language in which it is okay to say one thing and mean another. It is, in other words, a way of communicating things via association and implication rather than direct statement. [※2]

　英文を読むときには,新しい節や文に移ると,別の話題に移った,と勘違いしてしまうことが多いようです.けれども新しい節は必ずしも新しい話題であるとは限りません.その1つが,**新しい節が,それまでの節の言い換えにすぎないケース**です.

　言い換えには,大きく分けて下記の3種類があります.

❶語義的な言い換え　❷例示　❸明確化

●——❶抽象的な言葉にするか,具体的な言葉に変えるか

　まず,❶の語義的な言い換えを示す副詞には,次のようなものがあります(これら節と節とを意味的に関係づける副詞を「接続(的)副詞」あるいは「連結副詞」などと呼びます.本書では後者を採用しています).この語義的言い換えにおいては,**抽象→具体**,あるいは**具体→抽象**,のいずれかの流れになります.

「言い換えれば」	in other words	put another way	to put it another way
「すなわち」	that is	that is to say	

例文 English makes a grammatical contrast between the progressive and the non-progressive. **That is to say**, there is an obligatory choice between viewing the situation as in the process of happening and viewing it as a complete whole. ※3

> 「英語では, 進行と非進行とが文法的な対比関係に置かれる. <u>すなわち</u>, 状況を生じつつあるものとして見るのか, 完結した1つの全体として見るのかを選択しなければならない」

that is to say「すなわち」を用いて the progressive, the non-progressive を語義的に, より具体的に言い換えていることがわかると思います. なお, to say を省いて **that is** だけで用いてもかまいません.

　〔サンプル英文②〕は, この語義的言い換えの実例です. 1文目の to say one thing and mean another という抽象的な表現が, 2文目においては, communicating things via association and implication rather than direct statement と具体化されています. 抽象→具体の流れです. **in other words** は, このような関係にあることをはっきりと伝える連結副詞です.

> 「発する言葉とその意味とが違っている」　　　　　　　言い換えれば
> it is okay to <u>say one thing and mean another</u>. It is, **in other words**, a way of <u>communicating things via association and implication rather than direct statement</u>.
> 「直接的な言明ではなく, むしろ連想や暗示を通じて物事を伝達する」

　全体の訳は「隠喩とは, 発する言葉とその意味とが違っていることが許されるいくつかの言語使用の1つである, と言われてきた. <u>言い換えれば</u>, 隠喩は, 直接的な言明ではなく, むしろ連想や暗示を通じて物事を伝達する方法である」のようになります.

　以上の2つの例のいずれにおいても, **元の節と言い換えの節とで1つの内**

容であり, 述べられている事柄の数は2つではなく, 1つだということを意識しておくことが大切です.

なお, **具体→抽象**の言い換えでは, 次のような「要するに」「手短に言えば」の意味の連結副詞も用いられます.

| 「要するに」 | in short | in brief | in a word |

語義的言い換えでは, こうした連結副詞以外に, **セミコロン〔;〕**が用いられることもあります.

〔サンプル英文①〕がそれですが, セミコロンの代わりに**コロン〔:〕**が用いられています. コロン〔:〕の前後が言い換えになっていることを意識しつつ読んでみてください. 訳は「現れてくるかもしれないいかなる新しい証拠も, 既存の理論の信用を失墜させるか, 既存の理論を確証するのに役立つかのどちらかである. すなわちある理論に対する反証が積み重なってくると, その理論は破棄され, 代わりにより良い理論が求められる」のようになります.

また次のように, 節のかたちで, 言い換えであることをはっきり表現することもあります (Must 33参照).

| 「これは…ということを意味する」 | This means that **S' V'** …
, which means that **S' V'** … |
| 「それは…ということである」 | That is to say that **S' V'** …
, which is to say that **S' V'** … |

例文 America is a very-left-brained country. **That is to say that** it has a bias for deductive reasoning skills. This is why math plays the major role in US intelligence scoring. ※4

「アメリカは, きわめて左脳的な国である. すなわち, アメリカは, 演繹的な推論能力を好む傾向がある. まさにこのような理由で, アメリカの知能テストでは, 数学が主たる役割をはたしている」,

●──❷例示する連結副詞

　次に❷の**例示**ですが，「たとえば」で結ばれた2つの節の，**抽象→その実例**という関係は見えやすいようですから，以下に例示に役立つ連結副詞を提示するだけにしておきます．

「たとえば」 for example　for instance　　thus　　　to illustrate
to name but a few　　　　to name only a few
, say,　　　　　　　　　, let's say,
*to name but a few・to name only a fewは「少しだけ実例を挙げれば」の意味.

●──❸明確に語る連結副詞

　最後に，❸の明確化です．以下のような連結副詞は，語義的な言い換えではなく，**より正確な・より明確なイメージを持つ表現での言い換え**だということを示すものです．この言い換え関係を**明確化**と呼ぶことにします．

「実際」 indeed
　　　in fact　in actual fact　　in point of fact　　as a matter of fact

例文 Wikipedia is likely to contribute little to a scholarly research project. **In fact**, it could detract from an assertion of authority. In short, use Wikipedia entries judiciously. [※5]

　　「ウィキペディアは，学術的な研究プロジェクトにほとんど貢献しない可能性が高い．実際，権威ある主張を損なうことになりかねない．要するに，ウィキペディアの項目は分別を持って使用しなければならない」

　1文目のcontribute little to a scholarly research project「学術的な研究プロジェクトにほとんど貢献しない」という弱い消極的な表現が，2文目では，detract from an assertion of authority「確立された権威を損なう」という，より強い積極的な表現に置き換わっています．このような関係を明示するときに用いるのがin factです．

　なお，indeedを除く in fact・in actual fact・in point of fact・as a matter of factには，but in fact「だが実際（に）は」というように，**対比**をはっきり示す用法もあります．このときには言い換えの関係ではなく，but・however「しかし」を伴うことがほとんどです．**but や however を伴っていないとき**には「実際」，**伴っているとき**には「実際には」というように，訳し分けることができます（ただし，but・however がなくても対比的に響くこともあるので要注意ですが）．

例文 If metaphors were to be found only in poems, as some people assume, then interpreting them would be a specialized skill with narrow application. **But, in fact,** metaphors are deeply engrained in the language we use every day, which becomes evident as soon as we take the time to notice them. [6]

> 「一部の人がそう考えているように，隠喩が詩の中にしか存在しないのだとすれば，隠喩の解釈は専門的で応用範囲が狭いものであろう．しかし実際には，隠喩は，私たちが日々使っている言葉に深く刻み込まれている．このことは，時間をかけて注視してみればただちに明らかになる」

以上の2種類のin factの同義表現として，節形式をとる **The fact is that S'V'**…があります．さらにこれは，

The fact is that S V… → **The fact is S V**…

→ **The fact is, S V**… → **In fact, S V**…

のように，徐々に節から副詞に近づけてゆくことができます（つまりどのかたちでも in fact として読めばよいということです）．

以上のいずれにも，「実際」と訳す場合と「（しかし）実際には」と訳す場合があります．またいずれにおいても，factを **truth・reality** に置き換えることができます．

節と節との関係という観点から分析的に読んでみよう.

1. No one is more susceptible to an expert's fear-mongering than a parent. Fear is, in fact, a major component of the act of parenting. [7]

2. There is a substantial amount of evidence indicating that the quantity of speech addressed to little children correlates positively with their development. Specifically, the more they are talked to, the more rapidly they learn language. [8]

3. Our central preoccupation is with the process of teaching — the strategies and tactics involved in helping others learn — rather than with teaching the content of any particular discipline. Put another way, our primary concern is how to teach, rather than what to teach. [9]

【例文ソース】
[1] Alan Isaacs (1972) Introducing Science, p.240
[2] David Rosenwasser, Jill Stephen (2009) Writing Analytically, 7th edition, p.126
[3] Angela Downing, Philip Locke (2006) English Grammar: A University Course, p.373
[4] Jerry Carrier (2010) The Making of the Slave Class, p.167
[5] David Rosenwasser, Jill Stephen (2011) Writing Analytically, 5th edition, p.249 の一部を削除して使用
[6] David Rosenwasser, Jill Stephen (2011) Writing Analytically, 5th edition, p.126
[7] Steven D. Levitt, Stephen J. Dubner (2006) Freakonomics: A Rogue Economist Explores the Hidden Side of Everything
[8] 早稲田大. 一部を削除して使用
[9] Jane Westberg, PhD, Hilliard Jason, MD, EdD (1992) Collaborative Clinical Education: The Foundation of Effective Health Care, p.xv の一部を削除して使用

等位関係のいろいろ

構造を意識しながら，和訳してみよう．

① The patients are sometimes, or perhaps always, depressed.

② Her dress and shoes were cheap, not just inexpensive, but in bad taste. ※1

ここでのテーマは，等位接続詞 **and**・**but**・**or** などが何と何とを結んでいるか，ということです．これがなかなか難しいのですが，それは，品詞の理解，文構造の理解がからんでくるからです．

例文 Parenthood is a challenging **but** rewarding task. ※2

たとえば上の文を読んだときに，but が切れ目に見えるせいか a challenging で切って，a challenging と rewarding task とが but で結ばれているように感じてしまうケースがよくみられます．しかし，❶同じ品詞のものどうしを結ぶ，という等位接続詞の役割を考えると，a（冠詞）＋ challenging（形容詞）と，rewarding（形容詞）＋ task（名詞）とを等位することはできません．この文において対等なのは，challenging（形容詞）と rewarding（形容詞）のみです．つまり，challenging **but** rewarding「大変だが報われる」全体が形容詞のかたまりとして，task という名詞にかかっているわけです．

全体の訳は，「親であることは，骨が折れるが報われる仕事だ」のようになります．

〔サンプル英文①〕では，さらに条件が厳しくなります．等位接続詞 **or** は，

この文では, たんに副詞どうしを結んでいるだけではなく, sometimes という頻度副詞と, always という頻度副詞とを結んでいます.

are <u>sometimes</u>, **or** perhaps <u>always</u>, depressed
時折(低頻度)　　　　　常に(高頻度)

品詞が同じであるだけではなく, 概念も同じものどうしを結んでいるわけです. **perhaps**「もしかしたら」という可能性の副詞は, 同じ副詞であっても概念が違うので, sometimes と対等の要素ではなく, always にかかる修飾語にすぎません. 全体の訳は「その患者たちは時折, いや, もしかしたらつねに, 気分が落ち込んでいる」のようになります.

また, 次のセンテンスのようなケースでは, **or** より前に of… が3つあるために, **of** groups within a society が3つのうちのどの of… と対等なのかを, しっかりと判断する必要があります.

例文 Culture refers to the ways **of** life **of** the members of a society, or of groups within a society. ※3

括りは上のとおりで, **of** a society と **of** groups… とが等位関係にあるわけです. 全体の訳は, 「文化とは, ある社会の成員, あるいはある社会内部の諸集団の成員の生活様式のことである」のようになります.

次の例文は, 等位接続詞の第2の役割を示すものです. それは, **❷同じ品詞ではないが構造上同じ役割のものどうしを結ぶ**, という役割です.

例文 We walked <u>slowly</u> **and** <u>with great care</u>.

この文では, slowly という**副詞**と, <u>with</u> great care という**前置詞＋名詞**とが**and で結ばれています**. つまり品詞は異なっています. しかし, 構造的にはどちらも walked にかかる**副詞要素M2**であり, この点で対等です. よって等位接続できるわけです. 全体の訳は「ぼくたちはゆっくりと, 慎重に歩いたんだ」のようになります.

〔サンプル英文②〕も同様です. **but**の後ろには<u>in</u> bad tasteという前置詞＋名詞がありますが, butより前に同じ品詞のものはありません. 代わりに, <u>inexpensive</u>という形容詞があって, この文の補語**C**となっています. この**not just** Ⓐ **but (also)** Ⓑという相関接続詞によって, inexpensiveとin bad tasteとが結ばれているわけです. ということは, in bad tasteも補語**C**である, ということです (このinは状態を示すもので, 後ろには不可算名詞を置きます. 多くの場合, 状態のin＋名詞は, 形容詞的に響きます **Must** 23参照)).

全体の訳は「彼女のドレスと靴は安物で, 安いだけではなく, 趣味が悪かった」となります.

等位接続には, さらに❸**品詞も構造上の役割も異なるものどうしを結ぶ**, というケースがあります. 次のようなケースです.

例文 My father is <u>in love</u> **and** <u>acting like a teenager</u> with his new girlfriend.※4
　　「父は新しい恋人と恋愛中であり, まるで10代のように振る舞っている」

この文では, isは, in loveに対しては補語**C**をとるbe動詞として, acting…に対してはis acting…という現在進行の一部としてはたらいています. in loveもacting…ともにisの後ろの要素だという点では対等ですが, isの役割は両者でまったく異なるわけです (このようなケースでは誤解することは少ないようですので, ここでは詳細は省きます).

最後になりますが, 等位接続詞ではないけれども, 2つの対等の要素を結ぶ役割を果たすⒶ **if** B 「BであるとしてもⒶ」, Ⓐ **if not** Ⓑ 「BではないとしてもⒶ」, Ⓐ **though** Ⓑ 「BだがⒶ」, Ⓐ **as well as** Ⓑ 「BはもちろんのことⒶも」, Ⓐ **rather than** Ⓑ 「BというよりむしろⒶ」 (およびこれに類する表現 (**Must** 32参照)) などにも, 以上のような注意が必要です.

接続語句に気をつけながら，訳してみよう.

1. Its purpose was to provide the children with a homely and caring setting — beyond and distinct from their school environment — in which to adjust to everyday living. ※5

2. The majority of infections in both countries occur in people over the age of 65, or who are on immunosuppressive medications. ※6

3. To draw the line which separates the right and wrong of other people's actions, is always a difficult, if not an impossible thing, and yet it is what almost everybody attempts. ※7

4. If we trace the history of opinion from the dawn of science in Greece through all succeeding epochs, we shall observe many constantly-reappearing indications of what may be called an intuitive feeling rather than a distinct vision of the truth that all the varied manifestations of life are but the flowers from a common root — that all the complex forms have been evolved from pre-existing simpler forms. ※8

【例文ソース】
※1　S. P. Hozy (2009) A Cold Season In Shanghai, p.106
※2　June R. Oberlander (2002) Slow and Steady, Get Me Ready: A Parents'Handbook For Children from Birth to Age 5, p.331
※3　Anthony Giddens (2004) Sociology (4th ed.), p.22
※4　Lori Weber (2005) Tatto Heaven, p.67
※5　Kirsty Horsey, Erika Rackley (2013) Tort Law, p.335
※6　Yasmine Motarjemi, Gerald Moy, Ewen Todd (2013) Encyclopedia of Food Safety, p.298
※7　Eva Hope (2020) Grace Darling, p.3
※8　京都大

ド・モルガンの法則

Samples

orに気をつけながら訳してみよう.

① We do not read books if we are already thoroughly familiar with the material **or** if it is so completely unfamiliar that it is likely to remain so. [※1]

② Any error in English can be described with complete accuracy by reference solely to the description of English, without taking any account of the student's native language **or** even knowing what it is. [※2]

　ここでは，訳を誤りやすい表現の1つ，❶ not…[A] or [B]を取り上げます. この表現に似たものに，

　　❷ not either [A] or [B]　　　　❸ neither [A] nor [B]

があります. いずれも，[A]と[B]の両方が否定されることを示す表現です. 数学の集合論におけるド・モルガンの法則，つまり

> 「《[A]または[B]》の否定は《[A]の否定かつ[B]の否定》」

と同じような論理を示すものです. たとえば，

> ❶ He doesn't smoke or drink.
> ❷ He doesn't either smoke or drink.
> ❸ He neither smokes nor drinks.

はいずれも似たような意味で，訳は「彼は喫煙したり飲酒したりすることはない」ではなく，「彼は喫煙，あるいは飲酒をしない」でもなく，「彼は

喫煙や飲酒をしない」でもありません．「**彼は喫煙も飲酒もしない**」です．
これらの表現に出会ったら，可能なかぎり，この「…も…も…ない」とい
う訳語をあてるようにしましょう．そうすることができない場合には，
「…および…は…ない」で切り抜けましょう．

（なお，❶の **not**…A or Bのケースでは，文脈によっては，否定**not**が**or**に
及ばないことがあるそうです．その場合にはド・モルガンの関係にはなり
ません．また❶は口語的で，❷・❸のかたちはA・Bがともに否定されるこ
とを強調したものであり，❸は文語的である，とのことです．）

　ところで，ド・モルガンの関係に気づきにくいケースの1つが，〔サンプ
ル英文①〕，つまり **not**…A or Bが2つの **if** S' V'…を結んでいるようなケー
スです．

> We do **not** read books if we are already thoroughly ... **or** if it is so...
> 　　　　　　　　　　　　　　　　A の場合でもB の場合でも読まない

　訳は「私たちは，その内容にすでに完全に精通している場合にも，その内
容が完全に馴染みのないものであるために今後もそうである可能性が高い
場合にも，本は読まない」のようになります．「…場合には，あるいは…場合
には…ない」とすると，誤訳になります．

　〔サンプル英文②〕は，**without** の中に含まれている **not** とともに，**not**…
A or B が成り立っているケースです．

> **without** taking any account of the student's native language
> 　└ **not** を含む　　　　　　　　　　　　　A
> **or** even knowing what it is
> 　　　　　　B

　全体の訳は「英語のいかなる誤りも，英語の記述のみを参照することによ
って，すなわち，生徒の母語を考慮に入れることも，その母語が何であるか
を知ることすらもなく，完全に正確に記述することができる」のようになり
ます．

●── not A and B は何を否定する？

not…[A] or [B]がこのような意味になるとすれば，not…[A] and [B]はどういう意味になるのでしょうか？

例文 Don't drink **and** drive.　　「飲酒運転はしてはいけません」

例文 Unlike social scientists, most historians do **not** go out **and** generate their own data, but rely on already existing data. ※3

　　「社会科学者とは違って，ほとんどの歴史家が，自ら出向いていって自分の力でデータを生み出す，ということはせず，すでに存在しているデータに頼っている」

1つ目では，**and**は，drink「飲酒する」ことと drive「運転する」こととが**同時に行われる**ことを示すもので，飲酒と運転とが同時になされてはならない，飲んだら乗るな，乗るなら飲むな，という意味になります．2つ目では，**and**は，go out「出向く」ことと generate their own data「自らのデータを生み出す」こととが2つの独立した行為ではなく，一連の1つの行為をなしている，ということを示すものです．

not…[A] and [B]が使われるのは，このように，[A] and [B]の[A]・[B]が**2つのものではなく，1つの全体をなしている**ようなケースです．

notはその全体を否定しているわけです．

ただし，andで結ばれている要素が動詞を含んでいないとき，たとえば，

例文 She does**n't** like his mother **and** father.

のような場合には，「彼女は彼の両親が（ともに）好きではない」という意味になります（「両親ともに好きだというわけではない」という部分否定の意味になることもあるそうですが）．

チャレンジ問題 **31**

or・andに注意しながら，訳してみよう．

1. Science is not here conceived to be the one true path to knowledge, or the natural outcome of the sophistication of common-sense knowledge. [4]

2. No historian starts with a blank mind as a jury is supposed to do. He does not go to documents or archives with a childlike innocence of mind and wait patently until they dictate conclusions to him. [5]

3. No form of technology is ever going to get rid of the value of face-to-face contacts in government, education or business, or of the tendency of people of a certain kind to gather where the options are richest; and as long as this is the case cities of some form will continue. [6]

4. It is common for students of English to be told that 'of course' what they learn at the university will not be suitable for direct application to the task of teaching their subject; in consequence many of them arrive in the classroom well educated in terms of academic standards, well trained in terms of educational theory, but largely unprepared for teaching English in ways or for purposes that are relevant to the average schoolchild. [7]

【例文ソース】
[1] 東京大および Burrhus Frederic Skinner (2002) Beyond Freedom and Dignity, p.86
[2] M. A. K. Halliday, Angus McIntosh, Peter Strevens (1964) The linguistic Sciences and Language Teaching, p.119
[3] Bert Klandermans, Conny Roggeband (2009) Handbook of Social Movements Across Disciplines, p.268
[4] Craig Dilworth (2013) The Metaphysics of Science: An Account of Modern Science in terms of Principles, Laws and Theories, p.72 を一部削除して使用
[5] 東京大および Alan John Percivale Tayloer, Chris Wrigley (1994) From Napoleon to the Second International: Essays on the 19th Century, p.37
[6] N. Low, B. Gleeson (2002) Making Urban Transport Sustainable, p.34
[7] M. A. K. Halliday, Angus McIntosh, Peter Strevens (1964) The linguistic Sciences and Language Teaching, p.274

not A but Bのバリエーション ①

Samples

論理関係を考えながら訳してみよう.

① Recent European court decisions hardly prove that the law has the constant ability to prohibit wisely; rather they point to a new kind of intolerance. ※1

② The issue was not talent so much as temperament and attitudes toward others. ※2

●──言いたいことをクッキリさせるために対立項を否定する

not Ａ **but** Ｂ 「Ａではなく Ｂ である」自体は,皆さんよくご存じの表現だと思います.これは Ａ を否定し,代わりに Ｂ を肯定する,つまり Ａ を Ｂ で置き換える,という関係を示すものです(この関係を短く**置換** replacement と呼ぶことにします).

英文を読んでいると,この not Ａ but Ｂ に頻繁に出会います.なぜでしょうか? 「Ａ ではなく Ｂ である」というかたちで Ｂ **の対立項** Ａ **を否定する**ことによって,Ｂ **の輪郭をはっきりさせる**ことができるからです.

例文 People have come here **no**t for wealth **but** for a better "way of life." ※3

Ａ　　　　Ｂ

「人々がここに来たのは,富を求めて<u>ではなく</u>,より良い「生き方」を求めてのことである」

たとえば,この文において, not for wealth but がなければ, a better "way of life" が,生活の物質的な面のことなのか,精神的な面のことなのかがぼや

けてしまいます．wealth「富」という物質的なものとの対比によって，a better "way of life" が精神的なものであることがはっきりするわけです．

　not A but B の関係においては，**つねにB が重要事項であり，主張はそこにあります**．A は，あくまで B の輪郭をはっきりさせるために役立つ参照事項にすぎません．

　リーディングの際には，このことを忘れないようにしましょう．

instead

　置換「A ではなく B である」の関係には，B, **not** A, あるいは B, **and not** A, あるいは B **instead of** A など，B から始める言い方があります．

例文 Economic life, said the institutionalists, is regulated by economic institutions, **not** by economic laws. ※4

　「制度派経済学者によれば，経済生活を規制しているのは経済諸制度<u>であって</u>，経済法則<u>ではない</u>」

例文 They raised prices and cut production, **instead of** cutting costs. ※5

　「その会社は，コストを削減するのではなく，価格を上げ，生産量を下げた」

　このように使う **instead of** は**前置詞**ですが，**instead 単独**では**副詞**「その代わりに」になります．**not** A **but instead** B のように，but の直後にこの副詞の instead が現れる例が多く見られます．

例文 The rights set forth in these articles are **not** civil and political rights **but, instead,** economic and social rights. ※6

　「これらの論文で説明する権利は，市民権および政治的権利<u>ではなく</u>，経済的，社会的権利<u>である</u>」

rather

　また副詞 **rather**「むしろ」を使って，**not** A **but rather** B とすることもよくあります．**rather** B **than** A・B **rather than** A「A というよりむしろ B である」は，**not** A **but** B「A ではなく B である」の婉曲表現であり，**rather 単独**では**副詞**です．

not Ａ but Ｂ「Ａではなく Ｂ である」の婉曲表現には，他に次のものがあり
ます．

not so much Ａ **as** Ｂ	**not so much** Ａ **but** Ｂ
not Ａ **so much as** Ｂ	**less** Ａ **than** Ｂ
rather Ｂ **than** Ａ	Ｂ **rather than** Ａ
more Ｂ **than** Ａ	

このうち not **so much** Ａ as Ｂ・not Ａ **so much** as Ｂ については，so
much は副詞句なので移動する，と覚えておきましょう．

not so much Ａ **but** Ｂ は，not so much Ａ as Ｂ と not Ａ but Ｂ との混合
物です．またこれらの as・but の直後に **instead**・**rather** が現れることもあ
ります．

〔サンプル英文②〕が，3つ目の **not** Ａ **so much as** Ｂ の実例です．強さの
違いを無視すれば，これは以下のように表すこともできます．

The issue was **not so much** talent **as** temperament and attitudes
toward others.
　　　　　　　　　　　　　　　　Ａ　　　　　　　　　　　Ｂ

「問題は，才能<u>というよりは</u>，気質および他人に対する<u>態度にあった</u>」

The issue was **not** talent **but** temperament and attitudes toward others.
　　　　　　　　　　　　Ａ　　　　　　　　　　　Ｂ

「問題は，才能<u>ではなく</u>，気質および他人に対する<u>態度にあった</u>」

さらに，Ｂ **as distinct from** Ａ・Ｂ **as opposed to** Ａ なども，Ｂ, not Ａ
「Ａではなく Ｂ」のフォーマルな強調形とみなすことができます．

例文 Academics traditionally justify higher education in terms of 'liberal' **as
opposed to** 'vocational' education. [※7]

「学者は従来，「職業的な」教育<u>ではなく</u>「一般教養」教育という観点から高等教育
を弁護している」

置換の関係は，**2文にまたがって設定**されることもあります．1文目に
は **not** が含まれ，2文目では**副詞 instead**「**その代わりに**」，**rather**「むし
ろ」，**on the contrary**「**それどころか**」のいずれかを用います．訳語はずい
ぶん違いますが，示される関係はすべて not Ａ but Ｂ の関係です．

例文 He did**n't** reply. **Instead**, he turned to walk away.

「彼は返事をすること<u>なく</u>,踵を返して部屋を歩いて出て行った」

〔サンプル英文①〕が,**rather**の例です.**hardly** = almost **not** と **rather** とで,**not** [A] **but** [B] の関係が成立しています.

> Recent European court decisions **hardly** prove that the law has the constant ability to prohibit wisely; **rather** they point to a new kind of intolerance.

訳は「欧州の近年の判決においては,法によって賢明なかたちで禁止することがつねに可能である,ということはほとんど示されていない.むしろ,判決に表れているのは新たなかたちの不寛容さである」のようになります.

 チャレンジ問題 ※答えは章末にまとめて

どのような関係で結ばれているかを意識しよう.

1. Forbidding hate speech in this view does not mean giving up liberal principles; on the contrary, it gives reality to liberalism's emphasis on personal dignity and social equality. ※8

2. The emphasis on being social has helped to clarify many important aspects of human life, but it does not go to the heart of what makes human beings distinctively different from other beings. Rather, culture is what is special about human beings. ※9

【例文ソース】
※1　早稲田大
※2　Ryotaro Shiba, Phyllis Birnbaum (2013) Clouds Above the Hill: A Historical Novel of the Russo-Japanese War, vol.1, p.127
※3　Daniel J. Boorstin (2011) Cleopatra's Nose: Essays on the Unexpected, p.197
※4　Stanley Brue, R. G. Grant (2012) The Evolution of Economic Thought, p.397
※5　(2016) Collins Cobuild Advanced Dictionary of English, p.689
※6　Aryeh Neier (2020) The International Human Rights Movement: A History, p.60
※7　(1997) Legal Education Digest, vol.6, p.11
※8　早稲田大,一部を削除して使用
※9　東京理科大

not A but Bのバリエーション ②

論理を考えながら訳してみよう.

When a teacher grades a student's paper what he does is essentially an arbitrary act. **That is not to say that** it has no rationale **but rather that** it is subjective. ※1

　前のセクションで, **not Ⓐ but Ⓑ** 「 Ⓐ ではなくⒷ」という**置換**の関係について学びました. ここでは, この関係を用いて, 主張を**より正確に伝える**技法を取り上げます.

●──言い換えて正確に伝えたい

　まず, あるセンテンスで述べたことを, 次のセンテンスで言い換えたいときに用いる**節のかたち**があります.

> **S V**…. **This means that S' V'**…
> 　「…である. これは…ということを意味する」
> **S V**…. **That is to say that S' V'**…
> 　「…である. すなわち…ということである」

　この**指示詞this・that**の代わりに, **非制限関係節**をつくる**which**を使って, 次のように用いることもあります.

> **S V…, which means that S' V'** …
> 　「…であり，これは…ということを意味する」
> **S V…, which is to say that S' V'** …
> 　「…であり，すなわち…ということである」

これらはたとえば，次のように用います.

例文 The education systems also have the objective of preserving the social system. **This means that** education has been and still is a most influential power in establishing social structures. [※2]

> 「教育制度の目的は，社会制度を保存することでもある. <u>これは</u>，教育というのものが，社会構造を確立する上できわめて大きな影響力を持つものであったし，今でもそうであるという<u>ことを意味する</u>」

●──誤解されそうだから言っておくけど

　さて，すでに述べた内容を**さらに精緻なかたちで**言い換える**方法**があります．これらの表現に，**not Ａ but Ｂ** の関係をプラスしたかたちでの言い換えです．〔サンプル英文〕がその実例です.

> **S V…. That is not to say that S' V'…, but rather that S' V'**…
> 　「…である. これは…ということではない. …ということである」

　これらの表現において，**That is not to say that S' V'**…は，最初に述べた**S V**…の内容に対する**ありうる誤解を否定する役割**です．**but** 以下は，最初に述べた**S V**…を，より正確に述べるとどのようになるかを提示する役割です.

　mean を用いた次のような表現もあります.

> **S V…. This does not mean that S' V'…. It means that S' V'**…
> **S V…. This does not mean that S' V'…, but it does mean that S' V'**….

〔サンプル英文〕の訳は，「ある学生の論文を採点するとき，教師が行っている

のは, 本質的には, 恣意的な行為である. これは, その採点に合理的根拠がないということではなく, その採点が主観的なものだ, ということである」のようになります.

「採点は「恣意的な」ものだと言ったが, ここでの「恣意的な」は通常の「合理的根拠がない」という意味ではない. ここではたんに「主観的な」という意味である」というようにして, arbitrary という語の意味を, より精緻に, より輪郭がはっきりするかたちで言い換えているわけです.

以上の表現に関連する表現として, 次のようなものがあります.

S V…. It is not that S' V'…, but it is (just・simply) that S' V'…
S V…. Not that S' V'…, but (rather) that S' V'…

前半の It is not that **S' V'**… は This does not mean that **S' V'**… と同様に, ありうる誤解を否定する役割をはたすものです. けれども, but 以下は, その役割が少し違う, とのことです. **It is not that S' V'**…で始めるケースでは, **but 以下は**, 最初に述べた **S V**…の内容をより正確に言い換えるという役割ではなく, それに関する**筆者の解釈を読み手に伝える**, という役割になるそうです.

太字部分の前後の関係を考えてみよう.

1. There is a lot to be learned from the social sciences, and particularly the field of social psychology. And yet we have no clear idea, quite simply, why we do things, why we should be motivated to do things the way we are and what it is that drives us forward as individuals, as members of families, small and large social groups. **It is not that** any or all previous approaches have got it wrong, **nor is it the case that** these approaches have nothing to tell us. **It is simply that** there have not been satisfactory attempts made to select the most compelling ideas from these different fields to create a coherent theory with the capacity to illuminate each of the constituent pools of our knowledge. [3]

2. Today we are exposed to twenty-four-hour breaking news and an exponential rise in the amount of produced and consumed information. As the number of different issues that form our collective public discourse continues to increase, the amount of time and attention we are able to devote to each one inevitably gets compressed. **It isn't that** our total engagement with all this information is any less, **but rather that** as the information competing for our attention becomes denser our attention gets spread more thinly, with the result that public debate becomes increasingly fragmented and superficial. [4]

【例文ソース】
※1　Z. Bankowski (2013) Living Lawfully: Love in Law and Law in Love, p.25
※2　Andreas Walther (2013) Misleading Trajectories: Integration Policies for Young Adults in Europe? p.79の一部を修正して使用
※3　Craig MacKay (2008) Supergenes: What Really Makes Us Human, p.65の一部を修正して使用
※4　京都大およびJim Al-Khalili (2022) The Joy of Science, p.94

not only A but also Bの変形

論理関係を意識しながら読んでみよう.

Samples

① We are more than mere consumers; and consumption is not merely a passive action. ※1

② An inventor thus cannot create an invention simply by recognizing that some people have a need for it. The successful inventor must also possess three important factors: (1) the knowledge, (2) the technical capacity, and (3) the creative insight to produce the invention. ※2

●──筆者が力を入れたいのは「B」

　英文を読んでいると, **not only** A **but also** B「Aだけではなく Bも」あるいは「Aにすぎないのではなく Bでもある」という表現に頻繁に出会います. この関係においては, Aが旧情報, すなわち, すでに述べたことや常識など, 重要度の低い要素であり, 他方, Bは新情報, 重要度の高い要素です(なので, この表現を軽視すると, 筆者が何に力点を置いているのかがわからなくなります).

　ところで, この関係は, 必ずしも not only A but also B という基本形のままで出てくるとは限りません. 様々に姿を変えて登場するので, それらにも慣れておく必要があります.

　基本的なことですが, not only A における **only** が, **just・simply・merely** となることがあります. また B **as well as** A あるいは A **as well as** B も類似の関係を示すことは, よく知られていると思います.

例文 Fishing is **not merely** a job, **but** a way of life. ※3
　　　　　　　　　　　　Ⓐ　　　　　　Ⓑ

「漁は仕事であるだけではない（仕事にすぎないのではない）．それは生き方でもある」

また**alone**を使った次のような表現もあります．

例文 The students are **not alone** in saying so.
　　　Ⓐだけじゃない →Ⓑが見当たらないので次を探す

「そう言っているのはその学生たちだけではない」

さらに言うと，**more than just**Ⓐ・**more than mere(ly)** Ⓐ・**more than simply**Ⓐ・**rather than simply**Ⓐなども「Ⓐであるだけではなく」という意味になる表現です．〔サンプル英文①〕がそれです．more than mereの部分がnot onlyのように見えていたら正解です．

We are **more than mere** consumers; and consumption is **not merely**
　　└ = not only　　　　　Ⓐ　　　　　　　　　　　　　　　　┌ = not only
　　　　　　　　　　　　　a passive action.
　　　　　　　　　　　　　　　Ⓐ'

セミコロン〔;〕までの訳は「我々はたんなる消費者以上のものである」→「個々人は消費者であるだけではない（にすぎないのではない）」となります．andの後ろにもnot merelyがありますから，この文の**次の文に but also**Ⓑ**を期待する**ことになります．訳は「我々は消費者であるだけではない．消費は受動的な行為にすぎないのではない」のようになります．

● ──隠れた also B を探せ

また，alsoの代わりに，その同義表現が使われることもよくあります．次の**as well**などがそうです．

例文 We believe that regardless of one's academic interests, learning
　　　 chemistry can **not only** be interesting and enjoyable, **but** rewarding
　　　　　　　　　　　　　　　　　　　　Ⓐ　　　　　　　　　　　Ⓑ
　　　 as well. ※4

「学問的な興味がどうであろうと，化学を学ぶことは興味深く楽しいだけでなく，ためになるものでもあると信じている」

not only Ⓐ but also Ⓑ のバリエーションとして，**not only Ⓐ がなく，but also Ⓑ だけがある**ケースや，**but の代わりに副詞の yet・however やセミコロン〔;〕が使われる**ケースもあります．

例文 The experience appeals to us enormously. It is seductive and attractive. **However**, it **also** frightens us. ※5

　「この経験には大いに魅了される．この経験は誘惑的で魅惑的である．しかしまた恐ろしいものでもある」

また，**not と only・just・simply などとが離れている**こともあります．〔サンプル英文②〕で not は，create something ではなく simply by…を否定しています．

> An inventor thus can**not** create an invention **simply** by recognizing that some people have a need for it.
>
> = not only → **simply**
> Ⓐ

not と simply のつながりが明確になるように訳すと，「発明家が何かを創造するためには，人々にそれが必要であることを認識するだけでは足りない」となります．②全体の訳は「発明家が何かを創造するためには，人々にそれが必要であることを認識するだけでは足りない．発明に成功するためには，さらに次の３つの重要な要素を持っていなければならない．(1)知識，(2)技術力，(3)創造的洞察力である」のようになります．

さらに，**動詞を使って not only Ⓐ の関係を示す**ことがあります．
S is not limited [confined・restricted] to Ⓐ.「S は Ⓐ に限られるものではない」→「S なのは Ⓐ だけではない」という表現です．
次のような文に出会ったら，**次の文に also Ⓑ を期待しましょう**．

例文 The problem **is not confined to** Germany.
S 　　　　　　　　　　　　　　　　A → also B（なら，どこの国？）を探す

「その問題はドイツに限られるものではない」

→「その問題を抱えているのはドイツだけではない」

　形容詞を使ったものとして，**S is not specific [unique] to** A.「SはA特有のものではない」などもあります．次例ではセミコロン〔;〕がbutの代わりです．

例文 The comparative method **is not unique to** biology; it is **also** used, for example, in geology and astronomy. ※6 　　A 　　　　　　　B

「比較研究法は生物学に特有のものではない．例えば，地質学や天文学などでも使用されている」

　さらに，節のかたちで**but also** B の関係を示す表現として，以下のような表現があります．

The same is true of B	The same can be said about [of] B
The same applies to B	As much is true of B
As much can be said about [of] B	As much applies to B

　これらを見たら，**新しいテーマがプラスされたということを意識しましょう**．

例文 Every journalist constructs news stories that are firmly rooted in a particular time, place, culture, and set of political circumstances. **The same can be said about** internet users. ※7

「すべてのジャーナリストが，特定の時間，場所，文化，政治状況にしっかり根ざしているニュースストーリーを構築している．インターネットユーザーについても同じことが言える」

not only A but also Bの関係がどこにあるかを確認しよう

1. Much of the current literature addresses the growing awareness of children as actors and agents rather than being simply objects of adult concern. ※8

2. The digital divide is not limited to the difference seen between developed and developing countries. It is also a problem within developed nations. ※9

3. We do not engage in sociological examination of scientific or medical knowledge simply in order to endorse official knowledge and explain away lay knowledge. ※10

4. Biology is not alone in facing the challenge of exponentially growing volumes of data to interpret: almost all scientific disciplines are facing a similar situation, including physics, the environmental sciences, psychology and the broader social sciences. ※11

【例文ソース】
※1 Peter J. Larkham, Michael P. Conzen (2014) Shapers of Urban Form: Explorations in Morphological Agency, p.4
※2 (2000) Creativity Plus: A Newsletter-journal of the Policy Studies Organization, p.37
※3 Kevern L. Cochrane, Serge M. Garcia (2009) A Fishery Manager's Guidebook, p.61
※4 Douglas P. Heller, Carl H. Snyder (2015) Visualizing Everyday Chemistry, p.21
※5 (1990) American Catholic Philosophical Quarterly: Journal of the American Catholic Philosophical Association, p.288
※6 David Grimaldi, Michael S. Engel (2005) Evolution of the Insects, p.119
※7 Gadi Wolfsfeld (2011) Making Sense of Media and Politics: Five Principles in Political Communication
※8 Bob Lonne, Nigel Parton, Jane Thomson (2008) Reforming Child Protection, p.11
※9 慶應義塾大
※10 Katie Featherstone, Paul Atkinson, Aditya Bharadwaj (2020) Risky Relations: Family, Kinship and the New Genetics, p.19
※11 Janna Hastings (2023) AI for Scientific Discoveryの一部を削除して使用

慣れておきたいいくつかのif節

ifに気をつけて訳してみよう.

① A will is valid only **if** it is handwritten and signed by the testator. ※1

② Under such circumstances the child must learn to fight, **if** only to defend himself. ※2

③ **If** his children suffered, his wife also found life with McLuhan hard to take, especially in the early years of their marriage. ※3

●—— only if で「限定＝否定」する, if …only で「…しさえすれば」

まずきわめて基本的なことから. if節に **only** が加わるケースです. only がif節につくケースには, 次の2通りがあります.

例文 Like most snakes, crotalines keep to themselves and will strike **only if** cornered or threatened. ※4

「ほとんどのヘビと同様に, クロタリヌス(ガラガラヘビの一種)も一匹で過ごしており, 追い詰められたり脅威を感じたりした場合にのみ襲ってくる」

例文 I replied that **if** she would **only** stop and listen to me for a moment, I would explain. ※5

「私は彼女にこう返答した. 話すのをやめて少し私の話に耳を傾けてくれさえすれば説明しますよ, と」

この1つ目では, 限定の副詞 **only** 「…のみ」が, **if**節全体を外側から限定

しています. **only if S' V'**…で「…である場合にのみ」という訳語になります. **限定は否定**, ですから, 「追い詰められたり脅威を感じたりした場合にしか襲ってこない」と訳すこともできます.

〔サンプル英文①〕も同様です. 「遺言が有効であるのは, 遺言者が手書きで書き, 署名した 場合のみである」となります.

only if it is handwritten and signed by the testator
場合のみ　　　　　　遺言者が手書きで書き, 署名した

なお, **only if S' V'**…は, 「…するためには…でなければならない」という, **目的と義務とを同時に示す**表現としても用いることができます. 実際, 〔サンプル英文①〕は, 次のように言い換えることもできます.

For a will **to** be valid, it **must** be handwritten and signed by the testator.

「遺言書が有効であるためには, 遺言者が手書きで書き, 署名したものでなければならない」

他方, **if節の内部にonly**があるときには, 「…しさえすれば」という意味になります. onlyは, if節の内部で機能しているわけです. only if…とif only…とのこの区別はしっかり頭に入れておきましょう.

●── if only ＋副詞要素で「たとえ…であるとしても」

次に, **if only ＋副詞要素M2'**というケースでは, ifは**even if**「たとえ…であるとしても」の意味に響きます. **only**は, ifとは関係ありません. <u>onlyは, 後ろの副詞要素**M2'**を限定する役割を果たしています</u>.

例文 A one-to-one meeting with the US President was necessary, **if only for** a deeper exchange of views **and for** better understanding of each other's positions. ※6

「意見交換を深めるため, また互いの立場をより良く理解する<u>ためでしかないとしても</u>, 米国大統領との一対一の会談は必要であった」

つまり，**for**…「…のため」**only**「でしかない」**if**「としても」と読めるもので
す．〔サンプル英文②〕も同様です．

, if   only   to defend himself
としても でしかない 自分を守るため

「自分を守るためでしかない
　としても」

と読むわけです．文全体の訳は，「そのような状況では，子どもは，自分
の身を守るためでしかないとしても，戦うことができるようにならなけれ
ばならない」のようになります．

●──新しい話題に移ることを知らせる if 節

もう1つ，英文を読む上で知っておきたいif節の使い方があります．〔サ
ンプル英文③〕のif節がそれです．

> **If** his children suffered, his wife also found life with McLuhan hard to
> take**,** especially in the early years of their marriage.
>
> 「なるほどMcLuhanの子どもたちは苦しんでいたが，彼の妻にとってもまた，彼
> との結婚生活は耐え難いものであった．とりわけ結婚当初の数年間は」

ふつうのif節とは違って，このif節は条件を設定するという役割を果たし
ていないことが分かると思います．このif節の役割は，**それまでの内容を要
約し，同時に新しい内容に移行することを示す**，という役割です．if節の中
で直前までに述べたことを短く再確認し，主節において新しい話題に移る，
という流れをつくります．論理的には，**not only（if節の内容＝旧情報）
but also（主節の内容＝新情報）**という関係になるわけです．

このように使うif節は，多くの場合，**パラグラフ先頭の1文に現れます**．
実際，〔サンプル英文③〕も，ある伝記のあるパラグラフの1文目から採っ
たものです．この1文の直前には彼の子どもたちが彼に苦しめられたこと
が描写されており，この1文の直後からは，彼の妻の苦しみが描写されてい
ます．
また，このif節は，物語や伝記だけではなく，説明・論説文においてもよ

く用いられているものです．新しい話題へ移る結節点に現れるものですから，このif節が見えないと，文脈が見えなくなる可能性が高まります．慣れておくべき要注意のif節です．このif節には，英和辞典では「（条件の意味が薄れて）…だと言うなら」「なるほど（確かに）…だが」といった訳語が与えられています．

「…ならば」「…場合」といった訳語で処理することができないif節に出会ったら（特にパラグラフ先頭で），「なるほど…だが」のif節である可能性を考えてみましょう．

チャレンジ問題 ㉟ ※答えは章末にまとめて

if・unlessに気をつけながら訳してみよう．

1. Mental events are sure to have physical effects if only because bodily motions can have physical effects. [7]

2. The body as a whole cannot survive unless each of these parts does its job. [8]

3. If cooking is as central to human identity, biology, and culture as Wrangham suggests, it stands to reason that the decline of cooking in our time would have serious consequences for modern life, and so it has. [9]

【例文ソース】
[1] Diana L. Anderson (2015) Wills, Trusts, and Estates for Paralegals の一部を削除して使用
[2] Eugene Litwak, Henry Joseph Meyer (1974) School, Family, and Neighborhood: The Theory and Practice of School-community Relations, p.138
[3] Philip Marchand (1998) Marshall McLuhan: The Medium and the Messenger: a Biography, p.70
[4] Nicolae Sfetcu (2014) Reptiles: Crocodiles, Alligators, Lizards, Snakes, Turtles, p.217
[5] Christian de baron Massy, Charles Higham (1986) Palace: My Life in the Royal Family of Monaco, p.183
[6] Edward St. John (1997) Judgment at Hiroshima: The Peoples of the Earth Versus the President of the United States, p.487 の一部を削除して使用
[7] Paul M. Pietroski (2000) Causing Actions, p.243
[8] Earl R. Babbie (2016) The Basics of Social Research, p.37 の一部を削除して使用
[9] Michael Pollan (2013) Cooked: A Natural History of Transformation および東京工業大

従位節（関係節・that節）で少し読みにくいケース

Samples

that以下の構造を考えてみよう.

① The transnational corporations and banks **that** once rejected any role for the state are now begging it to rescue them from their own excesses. ※1

② Should water be treated any differently? Some argue that it should, as it is a fundamental resource **that** once lost cannot be replaced. ※2

　ここで学ぶことは,非常に基本的な事柄かもしれませんが,間違えてしまう人が少なくない構造ですので,念のため取り上げておきたいと思います.

●──その副詞はどこにかかるのか

　2つの〔サンプル英文〕の構造的な違いは理解できたでしょうか？

　①では, The transnational corporations and banks「多国籍企業および多国籍の銀行」が主語**S**, are が主動詞**V**です. **that** once rejected any role for the state「かつて国家のために役割をはたすことを拒絶した」は関係節で,主語**S**にかかっている部分です. その内部構造は,関係代名詞thatが主語**S'**, **once**「かって」だけで副詞**M2'**, rejected が動詞**V'**, any role が目的語**O'**です.

The transnational corporations and banks **that** once rejected any role
for the state
S   S'   M2' V'   O'

　　　　　　are now begging it to rescue them from their own excesses.
　　　　　　V

全体の訳は,「かつて国家のために役割をはたすことを拒絶した多国籍の企業や銀行が今や,国家に,自らの度を超した行為から救済してくれるように求めている」のようになります.

　これに対して,〔サンプル英文②〕では,関係代名詞 that 以下の once を,それだけで副詞「かつて」だとみなしてしまうと,lost が動詞 **V'** となり,さらに直後に cannot be replaced という動詞 **V'** が続いている,というように,構造が成り立たなくなってしまいます.

　ここで,**once には副詞の他に,従位接続詞「いったん…すれば」としての役割があったことを思い出せるかどうか**,また**時・条件・譲歩の副詞節においては,主節の主語と一致する S'+be 動詞は省かれる**ということ,つまり once lost は, once **it is** lost における it is(主語＋be 動詞)の省略だということに気づくかどうか,が鍵となります.

　以上のことに気がつけば,関係代名詞 that が主語 **S'**, **once lost**「いったん失われれば」が副詞節 **M2'**, cannot be replaced が動詞 **V'**, という構造だとわかるわけです.

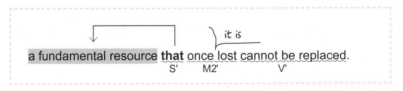

　サンプル英文②全体の訳は,「水の扱い方はこれとは違ったものであるべきか？　そうであるべきだ,と論じている人もいる.水は,根本的な,すなわちいったん失われれば何か別のものに取り換えることなどできない資源だからだ,と」のようになります.

　この2つ目のように,主格の関係代名詞 **S'**(**that・who・which**)の直後に,副詞要素,とりわけ副詞節 **M2'** が割り込んでくるとき,読みにくさが増すわけです.

　同じことが, **that S' V'**…(いわゆる **that** 節)のなかにおいても頻繁に生じます.

副詞節を
やり過ごす

例文 A young child feels **that** when she experiences anger, everyone else
　　　　　　　　　　　　　　　　　　　S'
in the room is angry; or **that** because she feels angry, everyone else
　　　　　　　V'　C'　　　　　　　　　　　　　　　　　　　　　　S'
gets angry.
　V'　　C'

「幼い子どもは, 自分が怒りを経験しているときにはその部屋にいる他の誰もが
怒っている, と感じている. あるいは, 自分が怒っているから, 他のみんなも怒る
のだと感じている」

　こうした文を読み間違えない人は, おそらく, 2つある that 節において,
that の直後に従位接続詞（when・because）が見えた時点で, そこからが副
詞節 **M2'** だと感じ, **when・because** が支配する **S" V"** …という節が終わ
った後に, **that** 節における主節 **S' V'** …が来るだろう, という構造的予感が
あるのだと思います.

チャレンジ問題 **36**　　　　　　※答えは章末にまとめて

構造を意識しながら訳してみよう.

1. It is certainly true that of all the countries that went to war in 1914 it was in
   Germany that the support for a strong army and military values most deeply
   affected the whole of society. ※3

2. The originality of mathematics consists in the fact that in mathematical
   science connections between things are exhibited which, apart from the
   agency of human reason, are extremely unobvious. ※4

【例文ソース】
※1　Fazal Rizvi, Bob Lingard (2009) Globalizing Education Policy, p.196
※2　Stephen Hodgson (2006) Modern Water Rights: Theory and Practice, p.82
※3　Greg Cashman, Leonard C. Robinson (2007) An Introduction to the Causes of War:
　　　Patterns of Interstate Conflict from World War I to Iraq, p.29
※4　A. N. Whitehead (1925) 'Mathematics as an Element in the History of Thought'. In:
　　　Science and the Modern

目的「…するために」を示す表現のいろいろ

Samples

論理関係を意識しつつ訳してみよう.

① Contestation must be in play for politics to become democratic. ※1

② If politics is to become scientific, it is imperative that our political thinking should penetrate more deeply into the springs of human action. ※2

③ If we want to acquire the virtue of courage, we need to practice doing courageous things. ※3

④ Each and every stage needs to be clearly elucidated so everyone can understand it. ※4

⑤ Immigrants might enter the country with a view to staying temporarily but eventually returning to their homelands. ※5

⑥ One cannot appreciate art without the quality of an artist nor can any one enjoy music without the sensitivity of a musician. ※6

　英語には,目的「…するために」を示す表現がたくさんあります.最も単純なのが,to不定詞 (の副詞的用法) で,たんなる to V'… に加えて, **in order to V'**… · **so as to V'**… があります.

　〔サンプル英文①〕は,主語付きのto不定詞が目的を示しているケースです.訳は「政治が民主的なものになるためには,議論が行われていなければならない」のようになります.

> must be in play for politics　　to become democratic
> 　　　　　　　政治が（主語）　　民主的になるために

〔サンプル英文〕の②は，to不定詞「…するために」の意味にif「であるとすれば」の意味を足して，**目的を丁寧に伝えるために用いるif S' is to V'**…という表現です．

　この表現は，主節に義務表現を伴うことがほとんどです．助動詞の**must・have to・need to**や，**it is necessary to V'…・it is necessary that S' V'**…などがその義務表現です．ここでは，**it is imperative that S' should V'**…が，**must**の代わりに使われています．**if S' is to V'**…の日本語訳は，たんに「…するために」でかまいません．

> **If** politics **is to** become scientific,
> 　　政治学が　　　科学的なものになるために

　②の訳は，「政治学が科学的なものになるためには（政治学を科学的なものにするためには），我々の政治的思考は，もっと深く，人間の行動の動機にまで踏み込んだものでなければならない」のようになります．

　ifの中の節が**S' is to V'**…ではなく，下記のような意欲・欲求を伝える表現になっているときも，主節に義務表現があれば，**目的**の意味に響きます．

> | 意欲 | **S' tries to V'**…・**attempts to V'**…・**seeks to V'**… |
> 「…しようとする」
> | 欲求 | **S' wants to V'**…・**wishes to V'**… 「…したい」 |
> 　　　**S' is going to V'**…「…するつもりである」

　〔サンプル英文③〕がそれです．全体の訳は「勇気という長所を獲得したいならば，勇気あることをする練習を積む必要がある」のようになります．

〔サンプル英文④〕は,教科書では**so that S' can [will] V'**…と学ぶもので
すが,最近の英語では,この that が省略されて**so S' can V'**…になることが
多いようです.

> **so** everyone **can** understand it = **so that** everyone **can** understand it
> 誰もが理解できるように

so S' can V'…は,「それゆえ…できる」という結果の意味でも使われるも
のなので,出会う度に,目的か結果かを考える必要があります.サンプル英
文④の訳は「だれもが理解することができるように,1つ1つの段階すべて
を,明確に説明する必要がある」となります.

〔サンプル英文⑤〕は,**目的**を示すための前置詞表現です. **with a view to
V'-ing**…の他に,下記の表現などを覚えておきたいものです.

for the purpose of V'-ing…　　**with the intention of V'-ing**…
for the sake of V'-ing…　　　　**in the interest(s) of V'-ing**…
in an attempt to V'…

⑤の訳は「移民は,一時的に滞在するが,最終的には帰国するために,入国
してくるかもしれない」のようになります.

〔サンプル英文⑥〕は, **cannot** と **without** との「二重否定」によって目的お
よび義務を表現したものです.文字通りの訳は「芸術家の資質なしには芸術
を正しく理解することはできないし,音楽家の感受性なしには音楽を享受
することはできない」となりますが,ここには「芸術を鑑賞するためには,芸
術家の資質がなければならないし,音楽を享受するためには,音楽家の感受
性がなければならない」という関係が含まれています. **cannot** の直後が**目
的**であり, **without** 以下が**義務**,という関係です.

チャレンジ問題 37

※答えは章末にまとめて

目的表現に注意して訳してみよう.

1. The addiction must be treated first before any other problem can be successfully managed. [※7]

2. The body as a whole cannot survive unless each of these parts does its job. [※8]

3. Learning should not be tied to particular contexts if what is learned is to be used in a variety of contexts. [※9]

4. Chomsky claims that there must be a "language acquisition device" in infants so they can decipher the complex, disorganized, and deviant language of the adults around them. [※10]

5. In order for the system to work, with workers getting to the factory floor at the appropriate time, so that the factories could be productive throughout the year, sleep had to be subjected to increasing levels of control. [※11]

【例文ソース】

※1　Nicholas Bamforth (2017) Sexual Orientation and Rights
※2　Bertrand Russell (2009) The Basic Writings of Bertrand Russell, p.446の一部を削除して使用
※3　Jeffrey Moriarty (2021) Business Ethics: A Contemporary Introduction
※4　Phil Driver (2019) From Woe to Flow: Validating and Implementing Strategies
※5　Chandran Kukathas (2021) Immigration and Freedom, p.31
※6　Ram Nath Sharma, Rajendra K. Sharma (1997) Anthropology, p.144
※7　Bruce Carruth, Deborah G. Wright, Robert K. White (2014) Addiction Intervention: Strategies to Motivate Treatment-Seeking Behavior
※8　Earl R. Babbie (2016) The Basics of Social Research, p.37
※9　Robert Morris William Travers (1982) Essentials of Learning: The New Cognitive Learning for Students of Education, p.158
※10　Dr. Sally Ward (2009) Baby Talk: Strengthen Your Child's Ability to Listen, Understand, and Communicateの一部を変更して使用
※11　Benjamin Reiss (2017) Wild Nights: How Taming Sleep Created Our Restless World

否定文のなかに
様態のas節があるケース

Samples

正確に訳してみよう.

Those classified as "poor" are **not** starving or barefoot, **as** they were in former times. ※1

asが従位接続詞のときには, ❶同時「…すると同時に」, ❷比例「…するにつれて」, ❸理由「…なので」, ❹譲歩「…だが」, ❺様態 (方法)「…であるように」「…であるのと同様に」などの意味があります.

❺の様態のasとは, たとえば次のようなasです.

例文 I'll behave toward them <u>as I would like to be treated</u>. ※2
「私は, <u>自分がしてもらいたいように</u>, 彼らに接しようと思う」

このお馴染みのasが, 次のような文では誤解の元になります.

例文 Many intelligent people have thought themselves slow and dull because they could not produce witty remarks in rapid succession <u>as their companions seemed able to do</u>. ※3

この文のbecause節が, 問題の箇所です. まず, **as** their companions seemed able to doのasそれ自体は従位接続詞で,「…であるように」「…であるのと同様に」(様態)の意味です. けれども, この**様態のasが, 否定文の中で用いられているとき**には, **訳語には注意**しなければなりません.

文末のdoは, 主節のproduce witty remarks in rapid succession「矢継ぎ早

に気の利いた発言をする」の代用です．よって，主節は，

> they could **not** produce witty remarks in rapid succession
>
> 「彼らは矢継ぎ早に気の利いた発言をすることができなかった」

という否定文であるのに対して，**as** 節の中は，下記のような肯定文です．

> their companions seemed able to <u>produce witty remarks in rapid succession</u>
> = do
> 「彼らの仲間たちは矢継ぎ早に気の利いた発言をすることができるようにみえた」

　つまり主節は否定，as節の中は肯定，というように，内容が正反対になっているわけです．このケースでは，asを「…であるのと同様に」と訳すことはできません．asの両側で下記の括りのように反対の内容になっているからです．

> they **could not** [produce witty remarks in rapid succession
>
> 〈 **as** their companions seemed able to produce witty remarks in rapid
>
> succession 〉]
>
> 「彼らは，〔彼らの仲間たちが矢継ぎ早に気の利いた発言をすることができるようにみえたのと同じように彼らが矢継ぎ早に気の利いた発言をすることができる〕ということはなかった」

　短く訳す際に，この意味を維持した訳文にするには，

> ✕　「彼らは，彼らの仲間たちがそうみえたのと<u>同様に</u>，矢継ぎ早に気の利いた発言をすることができなかった」

ではアウトです．この訳だと，仲間たちもできなかったことになってしまうからです．「仲間たちはできたが彼らはできなかった」という内容にするためには，下記のようにしなければなりません．

> ◯　「彼らは，彼らの仲間たちがそうみえたの<u>とは違って</u>，矢継ぎ早に気の利いた発言をすることができなかった」

　否定文の主節に「様態」のas節が続いているときには，asは「…とは違って」という訳語になる，と記憶しておきましょう．

　さらに工夫して文全体を訳すと，「聡明であるのに，自分は頭の回転が鈍く，頭が悪いと思っている人が多い．周りにいる人は矢継ぎ早に気の利いた

発言をしているようにみえたのに，自分にはそれができなかったからである」のように処理することもできます．

〔サンプル英文〕も同様の訳になります．「「貧しい」と分類されている人々は，かつてとは違って，餓死しそうでもなく，裸足でもない」あるいは「「貧しい」と分類されている人々は，かつては餓死しそうであり，裸足だったが，今ではそうではない」のようになります．

are **not** starving or barefoot, **as** they were in former times.

starving or barefoot

チャレンジ問題 ㊳ ※答えは章末にまとめて

asおよびその類似表現に注意して訳してみよう．

1. The problem lay in that we ordinarily do not put prices on garbage in the way we put prices on the goods that generate the garbage. [4]

2. Language does not exist: it happens. It is neither an organism, as many nineteenth-century linguists saw it, nor an edifice, as it was regarded in the early modern 'structuralist' period of linguistics. [5]

3. The sentence is in any case somewhat distinct from the smaller units, in the sense that, in general, if the order of sentences in a text is changed the text loses its meaning, whereas the re-ordering of units below the sentence either yields impossible structures or results in change rather than loss of meaning. The sequence of sentences, that is, is not determined by structure, as is the sequence of the lower units. [6]

【例文ソース】
※1 慶應大
※2 Naomi Glasser, William Glasser (1989) Control Theory in the Practice of Reality Therapy: Case Studies, p.55の一部を使用。
※3 東京大
※4 Roger LeRoy Miller, Daniel K. Benjamin, Douglass Cecil North (2001) The Economics of Public Issues, p.150の一部を削除して使用
※5 M. A. K. Halliday, Angus McIntosh, Peter Strevens (1964) The Linguistic Sciences and Language Teaching, p.9
※6 M. A. K. Halliday, Angus McIntosh, Peter Strevens (1964) The Linguistic Sciences and Language Teaching, p.26

名詞句にかかる副詞節

when節の役割を考え，訳してみよう．

① The smell in question was my uncle's cologne. I always loved **the smell when** I was a child but never knew what brand of cologne my uncle used. ※1

② I love **the smell when** you are making grape juice. ※2

ある名詞句を修飾することができるwhen節と言えば，すぐに，次のようなものが浮かぶと思います．

例文There was **a time when** humans did not cook their food.

「人類は食物を調理しないで食べた時代があった」

このとき，whenは**関係副詞**であり，when節は，a time「時代」にかかる関係節**M1**であり，そのa timeがどのような時代であったかを述べています．この関係副詞の**when**は，**前置詞＋which**に置き換えることができます．また日本語訳では，このようなwhenに対応する言葉はありません．

さて，〔サンプル英文〕の2つのwhen節は，その役割がまったく違いますが，どう違うのでしょうか？

①の文で，**the** smellとは，my uncle's cologne「叔父のオーデコロン」のにおいのことです．つまりtheは前方照応（ Must 09参照）のはたらきです．そしてwhen節は，動詞lovedにかかる副詞節**M2**です．**when**は従位接続詞「…

193

ときに」だということです（ Must 03参照）.

= my uncle's cologne のにおい
I always **loved** the smell **when** I was a child but never ...

　訳は,「問題のにおいは, 叔父のオーデコロンだった. 子どもの頃, そのに
おいがずっと大好きだったが, どんなブランドのオーデコロンを叔父が使
っているかは, まったく知らなかった」のようになります.

　〔サンプル英文②〕はどうでしょうか？

I love **the smell** when you are making grape juice.

　この文において, when節が動詞loveにかかる副詞節 **M2** であるとすれ
ば, その訳は「グレープジュースを作っているときに, そのにおいが大好き
だ」となりますが, これでは意味が通りません.

　では, when節は関係節なのでしょうか？　関係副詞whenの先行詞は,
a time「時代」やthe day「日」など, 時間的な意味を持っているものでなけれ
ばなりません. smell「におい」は, 関係副詞whenの先行詞になる資格はあ
りません. よってwhen節は関係節でもありません.

　実は, **when節は, 副詞節M2であるにもかかわらず, 直前の名詞句にか
かることがあります**. つまりこのwhenは関係副詞ではなく従位接続詞「…
するときに」なのですが, にもかかわらず, このwhen節はthe smell「にお
い」にかかるわけです. このwhenの訳は「…するときの」となります. theは
後方照応の役割です.

I love **the smell** when you are making grape juice.

　全体の訳は,「君がグレープジュースを作っているときのにおいが大好き
だ」のようになります.

●──時・場所・条件に関係ない名詞に，形容詞的にはたらく副詞

一般に，時・場所・条件の意味の**従位接続詞＋S' V'**…すなわち副詞節**M2**は，直前の名詞句にかかる**M1**の役割をはたすことがあります．

これは，前置詞＋名詞句，すなわち副詞句**M2**において，また1語の副詞においては，頻繁に生じることです．このセクションで取りあげたものは次例の太字部分のような情報が，副詞節として与えられたものです（副詞節**M2**としての時・場所・条件の節を，このように名詞句に対する修飾語句として用いることは，文法的に正しくない，と考えるネイティブ・スピーカーも多いそうですが，英文を読んでいると時々出会う現象ですので，こうした使い方がある，ということは知っておいた方がいいでしょう）．

時	people **in the past**「過去の人々」　people **today**「今日の人々」
場所	people **around the world**「世界中の人々」
	people **here**「ここの人々」
条件	attitudes **in case of the latter**「後者の場合の態度」

チャレンジ問題　**39**　※答えは章末にまとめて

when節・where節・if節に注意して訳してみよう．

1. Proper preparation and adjustments in driving tactics can eliminate much of the danger when driving in winter weather. [3]

2. She rubbed the scar where the bullet fragments had entered and exited her body. It was barely noticeable now. [4]

3. You can't launch spaceships from inhabited areas: apart from the danger if anything goes wrong, the unbelievable noise of an ascending ship would deafen everyone for miles around. [5]

【例文ソース】
※1　Josh Heard (2013) When Ghost Hunting Goes Wrong: A Brush with Evil
※2　Lovina Eicher, Kevin Williams (2008) The Amish Cook at Home: Simple Pleasures of Food, Family, and Faith
※3　The Mobility Forum: The Journal of the Air Mobility Command (1994), p.23
※4　Cole Steele (2016) The Harvest Scar, p.23
※5　Arthur C. Clarke (1952) Islands in the Sky

等位接続詞の直後の挿入

Samples

構造を分析し，訳してみよう．

① The paper had the virtues of brevity and clarity, **and, this is more important**, it went to the heart of the matter. [※1]

② Many of those interested more in the theoretical side of the linguistic sciences have had, **and reasonably so,** little or no direct concern with the teaching of particular languages. [※2]

　Must 30では，等位接続詞 **and**・**but**・**or**は慎重に扱う必要があることを確認しました．ここではさらに，and・but・orの直後に，副詞要素M2の割り込みが生じたり，コメントの挿入句が置かれたりするケースを取り上げます．

　まず，次の文を **and** とその直後の **if** を気にしながら構造分析してみてください．

It is important for the team leader to assemble and review the necessary data for the study **and if** necessary to re-organize the material for use by the team or to call for additional data. [※3]

　andの直後にはifが見えます．仮に，このandがif節どうしを結ぶものだとすると，andよりも前に，もう1つif節がほしいところです．けれども，if節は1つしか存在しません．それでは，

> **S V……　and if S' V'……　S V……**
> 「S V…する. またS' V'…するならば, S V…する」

のように, if節の後に, さらに主節 **S V**… があって, and が主節どうしを結んでいるケースなのかというと, そのような主節 **S V**…も存在しません.

　等位接続詞は, **基本的には, 同じ品詞・同じ構造的役割のもの**を結ぶものです. この文のなかで**and**の両側にある共通のものはと言えば, **to** assemble…および**to** re-organize…という to不定詞句しかありません. この and は2つの to **V'**…を結んでいるわけです. **for** the team leaderは, **to** assemble and review…および**to** re-organize…or **to** call…の主語**S'**を与えている部分です. つまり, **if necessary**「必要ならば」と to re-organize…とのあいだには切れ目がある, ということです. if necessaryはそれだけで副詞句**M2'**であり, to re-organize…以下にかかっているわけです. 全体の訳は, 「チームリーダーがその研究のために必要なデータを集め再検討すること, また必要ならそのチームが用いるための素材を再編成し, あるいはさらなるデータを要求することが大切である」のようになります.

　〔サンプル英文①〕は, このような副詞要素**M2**の割り込みとは異なるタイプです. 一般に, **等位接続詞 (and・but・orなど) の直後にコンマ〔,〕がある**とき, それは**挿入のコンマ**です. 英語の等位接続詞の後ろにコンマを置くのは, 挿入句を差し挟む場合だけであり, それ以外のケースでは, コンマは置きません. 〔サンプル英文①〕でも, **and**の直後にあってコンマに挟まれている this is more important は挿入句です.

　つまり, this is more important の直前の**and**は, The paper had…という主節 **S V**…と, it went…という主節 **S V**…とを結んでいるものであり, **this is more important**は, 節 **S V**…のかたちをしていますが, andの前の主節と結ばれている要素ではありません. 2つ目の主節の内容に対して, 「こちらの方が重要なのだが」という筆者のコメントを節 **S V**…のかたちで割り込ませたものにすぎません.

> 「こっちが重要なんだけど…」というコメント（話の本筋ではない）
> **, and,** this is more important, it went to the heart of the matter.
>
> 挿入を教える「,」

全体の訳は,「その論文は簡潔さと明晰さという長所を備えていた. さらに, こちらの方が重要な点なのだが, その問題の核心をとらえていた」のようになります.

　なお, このような, 節のかたちをしたコメントの挿入句が, which節になるケースがあります. 実際, **this** is more important は, **which** is more important に置き換えることができます. いずれのケースでも注意しなければならないのは, **this・which** は, andの前の内容を指し示しているのではなく, 挿入句の後ろの内容を指し示している, ということです.

　さらに, 次の例文のように, **and**の直後にコンマ〔,〕がないケースがあります. このケースでは, **and**を含めた**and we believe him**の全体が挿入句になります. claimsの目的語がthat以下の節ですが, believeの目的語はthat節ではなくhimなので, andの両側のhe claimsとwe believe himとは等位接続されているとみなすことはできません.

例文 He claims, **and we believe him,** that he knows nothing about it.
> 「彼の主張によれば, また私たちも彼の主張を信じているのですが, 彼はこの件について何も知らないそうです」

　〔サンプル英文②〕がこれに相当するケースです. and reasonably soのsoは, 文全体からand reasonably soを取り除いた節全体を受けるもので, その節全体を肯定する態度を示す副詞が**reasonably**です. and reasonably soという, andを含めた全体が挿入句になっているわけです.

, and reasonably so, little or no direct concern with the teaching of particular languages

→and reasonably so の全体が挿入句

　訳は「言語科学の理論的な側面の方に興味を持っている人々の多くが, 無理のないことではあるが, 特定言語の教育にはほとんどまったく直接的に関与してこなかった」のようになります.

等位接続詞の直後の要素に気をつけながら訳してみよう.

1. The Net will open up opportunities to exploit tax differences and — which makes it even more of a headache than globalization — it will make it possible to dodge taxes altogether. ※4

2. Modernists continuously sought to bring together opposites, at a minimum to juxtapose them (as seen, for example, in the film technique known as montage), or to join them in a dynamic tension, or if possible to fuse them, at least partially. ※5

3. Traditional methods of approach are notoriously difficult to eradicate or seriously modify. Apart from anything else it is frequently argued, and often with some justification, that the alleged antiquated approaches at least produce positive results, and that there is no guarantee that anything more 'modern' or 'scientific' would produce anything better. ※6

4. What is ethics? It is the sum total of those things that an individual imposes on himself or denies himself, not primarily to further his own welfare or happiness — that would be nothing more than egotism — but in consideration of the interests or the rights of others, in order to avoid being a villain, in order to stay true to a certain conception of humanity and of himself. ※7

【例文ソース】
※1　Herbert Feigl, Michael Scriven (1956) The Foundations of Science and the Concepts of Psychology and Psychoanalysis, p.239
※2　M. A. K. Halliday, A. McIntosh, and P. D. Strevens (1965) The Linguistic Sciences and Language Teaching, p.vii の一部を削除して使用
※3　Frank Crawley, Malcolm Preston, Brian Tyler (2008) HAZOP: Guide to Best Practice: Guidelines to Best Practice, p.34
※4　Guglielmo Cinque (2004) Typological Studies: Word Order and Relative Clauses, p.196
※5　Joan Shelley Rubin, Scott E. Casper (2013) The Oxford Encyclopedia of American Cultural and Intellectual History, p.735
※6　M. A. K. Halliday, A. McIntosh, and P. D. Strevens (1965) The Linguistic Sciences and Language Teaching, p.ix の一部を削除して使用
※7　Andre Comte-Sponville (2011) The Little Book of Philosophy, p.5

空所化gappingと呼ばれる省略

太字部分の構造を考えてみよう.

① In one hand he had a lily and **in the other a rose**.

② The two main branches of linguistics are known as 'Descriptive Linguistics' and 'Historical Linguistics'. The first is the study of how language works, **the second the study of how it persists and changes.** [1]

このセクションでは, **空所化gapping**と呼ばれている省略を取り上げます. 英語の参考書では,「共通関係による省略」と呼ばれているものです.

空所化は, **2つの節 S V…が連続するとき, 共通する要素を2つ目の節において省略する**, という操作です.

頻繁に目にするのが,

例文 His face was flushed **and** his voice **was** weak.
　　　 S　　V　　C　　　　　　　S　　　V　　C
「彼は赤面し, 声は弱々しかった」

のように, **and** の両側に **S was C** があるときに, 2つ目の節のbe動詞 was が省略され, **S C**, つまり his voice weak となるケースです. **S is C and S is C → S is C and S C** という変化が生じるわけです (and も省略されることもあります).

〔サンプル英文②〕がこの種の空所化の実例です. the second より後ろの節では, 主語the second の後ろに名詞句**the study of how it persists and**

changes しかありません．the second の直後に必要な **is** が，The first で始まる節との共通部分だということで省略されているわけです（is を補い，the second の直前に **and** を置けば完全なかたちになります）．

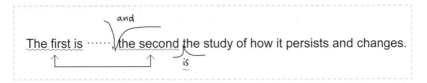

The first is ……，the second the study of how it persists and changes.

全体の訳は「言語学の2つの主要な部門は「記述言語学」および「歴史言語学」と呼ばれている．前者は言語がどのように機能しているかについての研究であり，後者は言語がどのように存続し変化するかについての研究である」のようになります．

●──消された空所を埋めて読む

空所化は，**one : the other**「一方 : 他方」，**the former : the latter**「前者 : 後者」，**this : that**「こちら : あちら」などの，**対比を明確に示す語句とともに生じる**ことがよくあります．

〔サンプル英文②〕では the first : the second「前者 : 後者」でしたが，①では，**one : the other**「一方 : 他方」が対比をなしています．the other の直後には，動詞 had だけではなく，名詞 hand も省略されています．空所をすべて埋めると，次のようになります．

In **one hand** **he** **had** a lily and in **the other** [**hand**] [**he** **had**] a rose.
　M2　　　　　S　V　　O　　　　　　　　M2　　　　　　S　V　　　O

「彼は一方の手のひらに一輪の百合を，もう片方（の手）には一輪のバラ（を持っていた）」

もう1例，見ておきましょう．

例文 In **most families** the adults **make** **such decisions**, but in **his** the kids.
　　　　M2　　　　　　S　　　V　　　　O　　　　　　M2　　S

まず in most families と in his という2つの場所の副詞句 **M2** が節の先頭

にあって対比をなしています．in **his** = in **his family** です．また，the **kids** は the **adults** と対比的な主語 S です．つまり the kids の後ろには，**make such decisions** という V O が省略されているわけです．訳は「ほとんどの家庭では大人がそのような決断を下しているが，彼の家庭では（そのような決断をするのは）子どもである」のようになります．

チ ャ レ ン ジ 問 題 **41** ※答えは章末にまとめて

空所化を発見し，補ってみよう．

1. As theories develop so must applications thereof be re-expounded, and books continually re-evaluated. ※2

2. Time is a queer thing and memory a queerer; the tricks that time plays with memory and memory with time are queerest of all. ※3

3. England could not have served as the model for Germany nor America for England if there were no important similarities in the evolutionary experience of the diverse nations. ※4

4. There is a remarkable range of variety in the language-learning aptitude displayed by different people: some seem to learn almost entirely by eye, others almost exclusively by ear; while perhaps the most fortunate are those with a fairly even balance between the two channels. ※5

【例文ソース】
  ※1　M. A. K. Halliday, Angus McIntosh, Peter Strevens (1964) The linguistic Sciences and Language Teaching, p.15
  ※2　M. A. K. Halliday, Angus McIntosh, Peter Strevens (1964) The linguistic Sciences and Language Teaching, p.xiii
  ※3　Helen Hooven Santmyer (2017) Ohio Town: A Portrait of Xenia
  ※4　David Reisman (2013) Alfred Marshall: Progress and Politics (Routledge Revivals), p.347
  ※5　M. A. K. Halliday, Angus McIntosh, Peter Strevens (1964) The linguistic Sciences and Language Teaching, p.131

再叙否定

notの役割に気をつけて訳してみよう.

① It's the quality of one's life that matters, **not** its length.

② A daughter is never considered settled if she is not married, **not** even if she has a well-paid high status job. ※1

〔サンプル英文〕の2文におけるnotの役割の違い, すぐにわかったでしょうか？　いずれも, **not…がコンマ〔,〕で区切られて文末に置かれています**が, その役割はまったく違います.

まず, 〔サンプル英文①〕ですが, このnotは, すでに Must 32 で学習した

not A **but** B 「AではなくB」＝B, **not** A 「BであってAではない」

の not です. **It's…that** matters. 「重要なのは…である」は, Must 13 で学習した「強調構文」です. 文末の not…を, It's と that とのあいだに戻すと, 次のように, B が the quality of one's life であり, A が its length であることが見えやすいかたちになります.

It's the quality of one's life, **not** its length, that matters.
　　　　B　　　　　　　　　　　A

さらに, B, not A を, not A but B に書き換えると, 次のようになります.

It's not the length of one's life **but** its quality **that** matters.
　　　　　　　　　A　　　　　　　　　　　　B

「重要なのは, 人生の長さではなく, その質である」

以上のように, コンマ〔,〕+ **not**…の1つ目の役割は, B, not A「B であって A ではない」という置き換えの関係を表すことです.

● ──否定してもし足りない気持ちを何度もぶつける

〔サンプル英文②〕の not は, これとはまったく異なるもので, 「再叙否定」と呼ばれているものです. 再叙否定とは, たとえば次のように用いる not です.

例文 He did **not** leave her side, **not** even for a moment. ※2
　　　　　 └── = he did not leave her side

「彼は彼女のそばを離れなかった. ほんの一瞬でさえ離れはしなかった」

ここでは, not の前後において, not A but B の関係は成り立ちません. この not は, 主節の he did not leave her side の代わりです. つまり, **not even for a moment** だけで, **he did not leave her side** even for a moment を意味するわけです.

サンプル英文でも同様です.

, **not** even if she has a well-paid high status job.

= a daughter is never considered settled

204

　全体の訳は,「娘は,結婚していなければ「落ち着いた」とみなされること
は決してない.たとえ仕事で高給を得て高い地位に就いているとしても,
「落ち着いた」とはみなされない」のようになります.

　これら再叙否定は,**主節の否定文だけでは言い足りなかったことを補い,**
修正する役割をはたすものです.主節と再叙否定とのあいだには,たとえ書
いていなくても,**in fact**「実際…である」,**at least**「少なくとも…である」,な
どの意味が響くことになります.

チャレンジ問題　**42**　※答えは章末にまとめて

notに気をつけて訳してみよう.

1. There is no peace process that is an easy one, clearly not in an area with a history as it exists in the Middle East. ※3

2. The term 'word' tends to be used in three different ways: orthographically, grammatically and lexically; as if the items identified at these three levels were always the same. But they are not necessarily so. The orthographic word, in English, is what is written between two spaces. This is not bound to be coextensive with the grammatical word; obviously not in languages whose scripts are of certain types different from English, but not necessarily even in English, where for example 'teatime', 'tea-break' and 'tea interval' can all be regarded grammatically as single words. ※4

【例文ソース】
※1　Madhu Purnima Kishwar (2008) Zealous Reformers, Deadly Laws, p.161
※2　Mansa Mohini Dasghara (2023) Pony — Biography of a dog, p.330
※3　United States. Congress. House. Committee on International Relations (1996) Middle East Peace Process: Hearing Before the Committee on International Relations, House of Representatives, One Hundred Fourth Congress, First Session, September 20, 1995
※4　M. A. K. Halliday, A. McIntosh, and P. D. Strevens (1965) The Linguistic Sciences and Language Teaching, p.36 の一部を変更して使用。

第1章
第2章
第3章
第4章
第5章
第6章
第7章
第8章
第9章
第10章

as S' is…の役割

次の太字部分の訳を考えてみよう.

Samples

① In the past two centuries conservatism, rather than aiming at restoration, has usually aimed at keeping things **as they are.** ※1

② My techniques are designed to help you get to know the man **as he really is.** ※2

このセクションでは，**as＋主語S'＋be動詞**という表現の役割を学びます.

● ──副詞節としてはたらく as S' is

まず，**as＋主語S'＋be動詞**が**副詞節M2**としてはたらく場合です.

as it is・as it was・as they are・as they were などが副詞節 **M2** になっているときには，「あるがままに」「そのままに」「元通りに」「そのままで」「今のままで」「昔のままで」などの意味になります. 文脈に応じて訳し分けてください.

例文 Arnold's desire to see the object **as it really is**, using his own faculties rather than falling in with others' prejudices, is empiricist in spirit. ※3

「ありのままに, すなわち他人の偏見にとらわれることなく, 自らの能力を用いて対象を見たいというアーノルドの願望は, 経験主義的な精神に基づくものである」

● ──補語としての **as S' is**

それでは〔サンプル英文①〕はどうでしょうか?

この as they are は,副詞節として keep にかかっている,というよりむしろ,keep **O C**(OをCの状態に保つ)における**補語C**になっていると見る方がよさそうです. 副詞節の場合と訳し方には差はありませんが,**as＋主語S'＋be動詞**という表現は,**補語Cとしても使うことができる**ことを頭に入れておきましょう.

> **keep**ing things **as they are**.　　「事態をそのままにしておく」
> 　　　　 O　　　 C

訳は「過去2世紀にわたって,保守主義は,復古を目指すというより,通常は,事態をそのままにしておく(＝現状を維持する)ことを目指してきた」のようになります.

例文を挙げておきます.

例文 Leave it **as it is**.　　「それを,そのままにしておきなさい」
　　 leave **O C** の補語C

例文 Is there any change?" "No, things are still **as they were**."
　　 「変わったことはある?」「いいえ,かつてのままですよ」

● ──名詞にかかる **M1** としてはたらく **as S' is**

3つ目の役割は,**as＋主語S'＋be動詞**が,**直前の名詞句にかかる修飾語M1**になるケースです.

例文 It is essential for us to work to remake our present world into **the world as it should be**. ※4
　　 「我々が,現在の世界をあるべき世界(理想の世界)へと造りかえる努力をすることが必要不可欠である」

〔サンプル英文②〕がこのケースです. the man as he really is「実際にあるがままのその男性」→「その男性の実際の姿」では,as he really is は直前の名詞句 the man にかかる **M1** になっています.

```
┌─────────────────────────────────────────────────────────────┐
│                                                               │
│   the man **as he really is**        「その男性の実際の姿」    │
│            ↑_____↑                                      │
│                                                               │
└─────────────────────────────────────────────────────────────┘
```

　　全体の訳は「私のテクニックは, その男性の実際の姿を知っていただく手助けをするためのものです」のようになります.

　　この **as ＋主語** S' **＋ be 動詞**には, 次例の in my time as principal・today などのように, **時情報**が入ることもよくあります. また, **主語** S' **＋ be 動詞**の代わりに **we know it・we know them・we have it・we have them・it stands・they stand** などになることもあります. いずれの表現も, 「**存在**」しているということを示しているだけです.

例文　The school **as it was in my time as principal** no longer existed. ※5
　　「私が校長をしていた頃のこの学校は, もはや存在していなかった」

例文　The European state system **as we know it today** has developed over
　　the past 2,000 years. ※6
　　「今日存在しているようなヨーロッパの国家制度は, 過去2000年にわたって発達してきたものだ」

as節が，副詞節**M2**・名詞句にかかる**M1**・補語**C**のどれかを判定し，訳してみよう.

1. Why couldn't everyone just stay where they were and things remain **as they used to be**? ※7

2. An underlying problem with social media **as it stands now** stems from its individualist nature. ※8

3. All things are already **as they are meant to be**, so efforts should not be made to create something new. ※9

【例文ソース】
※1　Mark Coeckelbergh (2015) Environmental Skill: Motivation, Knowledge, and the Possibility of a Non-romantic Environmental Ethics
※2　Margaret Kent (2007) How to Marry the Man of Your Choice
※3　John Scholar (2020) Henry James and the Art of Impressions, p.159
※4　Andrew Bard Schmookler (1993) The Illusion of Choice: How the Market Economy Shapes Our Destiny, p.289 の一部を削除して使用
※5　Linda Cliatt-Wayman (2017) Lead Fearlessly, Love Hard: Finding Your Purpose and Putting It to Work, p.69
※6　Fred M. Shelley (2013) The Story Behind the World's Borders, p.1
※7　National Academy of Engineering, Committee on the Offshoring of Engineering (2008) The Offshoring of Engineering: Facts, Unknowns, and Potential Implications
※8　Owen Kelly (2022) Cultural Democracy Now: What It Means and Why We Need it
※9　Seock Jae Yim (2005) Floral Lattices, Columns and Pavilions: A Study of Korean Architecture, p.43

as V-ed＋…という形容詞句の役割

Samples

as found in…という表現の役割を考えてみよう.

Stories of the dutiful daughter, **as found in** King Lear, or the clever thief, like Nezumi Kozo, appeal to humanity in general, and we are usually satisfied that we have grasped the meaning fairly well.[※1]

●──コレ以外にもいろいろあるけど, とりあえずコレで説明するね

英文を読んでいると, **as**＋**過去分詞V-ed**＋…という表現に出会うことがよくあります.

asの直後に過去分詞**V-ed**があることから, **as**は関係代名詞でもなく, 接続詞でもなく, また前置詞でもないようです. このasは何詞なのかはっきりしません. また, asを置かなくても, 構造的には成り立ちます.

asを置かない**V-ed**＋…のかたまりは, 分詞構文でなければ, まず直前の名詞にかかる形容詞句**M1**であり, そのときには Must 24 で学んだ, 関係代名詞＋be動詞の省略になります. つまり関係節に相当する修飾語句となります.

asの有無でどう違ってくるのか？ そのヒントとなるのが, 〔サンプル英文〕です.

〔サンプル英文〕では, the dutiful daughter「従順な娘」という名詞句にかかる修飾語句として, つまり**形容詞要素**として, **as found** in King Lear「リア王にみられるような」が置かれています.

そして,

> — the dutiful daughter, **as found** in King Lear
> 　「リア王にみられるような従順な娘」
>
> — the clever thief, like Nezumi Kozo
> 　「ネズミ小僧などの利口な泥棒」

の２つが，**等位接続詞 or** で結ばれています．つまり両者は**対等**です．

　ということは，**as found in**…「…にみられるような」は **like**…「…などの」に似た面があると考えてよい，ということです．

　ここでの **like**…は，直前の名詞句が示すものの**実例を挙げるための前置詞**で，**such as**…・**including**…に置き換えることができるものです．ネズミ小僧「以外にもいろいろ実例があるけれども一例として」ネズミ小僧を考えてください，というメッセージです．

　as found in…，すなわち **as ＋ 過去分詞 V-ed ＋**…という表現も，直前の名詞句が示すものに**関係する実例を挙げる**ために用いられる，ということです．

　とはいえ，**like**…と **as ＋ 過去分詞 V-ed ＋**…とは同じものではありません．like の後ろには，the clever thief の**実例そのもの**を置きます．Nezumi Kozo は，the clever thief の実例です．

　ところが，King Lear「リア王」は，the dutiful daughter「従順な娘」の実例ではありません．King Lear は，the dutiful daughter が**出てくる物語**であって，the dutiful daughter **like** King Lear とは言えません．このようなときに，**as ＋ 過去分詞 V-ed ＋**…の出番になるわけです．

　the dutiful daughter, **as found** in King Lear「リア王にみられるような従順な娘」は，「従順な娘」が**登場する物語**は「リア王」以外にもいろいろあるが，とりあえずここでは「リア王」の話を思い浮かべてください，というメッセージになります．

全体の訳は「リア王にみられるような従順な娘の物語, あるいは, ねずみ小僧などの利口な盗人の物語は人間性一般に訴えかけてくるものであり, 我々は通常, その意味をかなりよく理解できたと納得している」のようになります.

　なお, **as + 過去分詞V-ed + …**は, **as + is + 過去分詞V-ed + …**あるいは**as + it is + 過去分詞V-ed + …**のようになることもあるようです.

　これらの表現と相性の良い副詞は, **especially**や**particularly**など「とりわけ」の意味を持つ副詞です. これらも「**他にもいろいろあるけれども**」というメッセージが入っているからです.

例文 The new economy, **as it is used by** economists and sociologists **especially**, refers to the emergence of computer-based production technology, largely in the service, finance and communication sectors.[※2]

> 「「新しい経済 (という概念)」, とりわけ経済学者および社会学者が用いている意味での「新しい経済」というのは, 主としてサービス部門・金融部門・通信部門における, コンピュータに基づいた生産技術の出現のことを指している」

　ここで使われている especially「とりわけ」という副詞は, 「新しい経済」という言い方をしている人が, 経済学者や社会学者**以外にもいろいろいる**けれども, ここでは**特に**, 経済学者や社会学者の言う「新しい経済」のことを説明しますよ, というメッセージになるわけです.

　as + 過去分詞V-ed + …は, 直前の名詞が示すものに関連のある実例を挙げるためのものですから, そのなかの特筆すべき実例を挙げるよ, という場合にはespeciallyなどでそれを強調することがある, ということです.

　まとめましょう. **as + 過去分詞V-ed + …**という表現の役割は, 「直前に置いた名詞が示すもの**に関連のある事柄は他にもいろいろあるけれども**, そうした事柄の実例あるいは特別な実例を挙げましょう」というメッセージを伝えることです. この表現は, for exampleやespeciallyがなくても, 「**たとえば**」か「**とりわけ**」のどちらかを補って**読む**ことができます.

太字の部分の役割を考えながら訳してみよう.

1. Because photography has never been entirely unbiased, some critics may dismiss its objective qualities altogether. But despite its subjective aspects and its history of occasional manipulation, most people have considered misleading or distorted photos to be the exceptions, **as evidenced by** their use of common qualifiers such as "special effects," "staged," "doctored," or "trick" photography. ※3

2. The most common conception of deserts and arid lands, **as embodied by** the 1994 UN Convention to Combat Desertification (UNCCD), innumerable national development agencies, and many nongovernmental organizations (NGOs), is that they are barren, deforested, overgrazed lands — wastelands with little value, aberrations that need to be repaired and improved. ※4

3. Chemical synthesis, **as practiced by** so many other scientists of the 19th century, has of course produced enormous benefits for people in the areas of medicine, hygiene and sanitation, and cheap materials of all kinds. However, the impact of Perkin's mauveine dye on the world was perhaps just as intense as more obviously socially useful inventions. Cheap clothing, **as worn by** the vast majority of people, was no longer drab and colourless; instead, brightness, variety, and distinctiveness became part of common life. ※5

【例文ソース】
※1　早稲田大. 削除・変更して使用
※2　東京工業大. 削除・変更して使用
※3　Thomas H. Wheeler (2005) Phototruth Or Photofiction?: Ethics and Media Imagery in the Digital Age
※4　Diana K. Davis (2016) The Arid Lands: History, Power, Knowledge, p.1
※5　早稲田大

as節における省略と代用

次のそれぞれのas節を完全な節に変換してみよう.

① Look after your spouse's health as carefully as you would your own.

② To appreciate an invention takes a special kind of cultural background, just as it does to appreciate music. ※1

比較節としての **as S' V'** … （ Must 94参照）, および様態 （方法）を示す副詞節としての **as S' V'** …の中では, 代用および省略が頻繁に生じます. これも日本語にはないことですので, その扱いには慣れておく必要があります.

代用というのは, 名詞の場合には, それを代名詞 （**he** や **she** や **one** や **that** など）で置き換えることを言います. 動詞の場合には, その動詞を含む述部の一部あるいは全部を, 代用の動詞 **do** （**does**・**did**…）で置き換えることです.

省略というのは, 助動詞の場合には, その直後に置かれる動詞句を省くことです. **be**動詞の場合には, その直後に置かれる補語 **C** や分詞 **V'** -ing・**V'** -ed を省くことです.

●── as 節で何が省略されているか, 不足を読み解く

実例として, まず〔サンプル英文〕を見てみましょう.

〔サンプル英文①〕は比較文です. **as**…**as S' V'** …で「（少なくとも）…するのと同じ程度で…」という意味になります. そして, as節の内部は, you [S'], **would** （助動詞）, **your own** （名詞句）となっていて, 助動詞 <u>would の直後にあるべき動詞がない不完全な節</u>になっています. 省略が生じてい

るわけです.

　比較文においては, 主節と **as** 節とに, 共通する要素および異なる要素の両方が入っている必要があります. そうでなければ「(少なくとも)同じ程度で」ある, という関係にならないからです. <u>as 節の中では, 主節と共通する要素は, 代用語に置き換えられるか, あるいは省略されるか, のどちらかになります.</u>

　〔サンプル英文〕のように省略の結果が主語**S** + 助動詞 + 名詞句になっている, ということは, as 節の中で省略されている要素, つまり主節と共通する要素は動詞であり, 残っている名詞句が主節とは異なる要素である, ということです. your own (health)「自分自身の健康」という名詞句とは異なる名詞句は your spouse's health「配偶者の健康」ですから, would の直後で省略されている共通の要素は, **look after**…**carefully**「注意深く…に気を配る」だということになります.

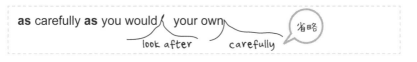

　訳は「自分自身の健康と同じくらい(あるいはそれ以上に)注意深く, 配偶者の健康にも気を配りなさい」のようになります.

●──代用された部分を元の姿に改める

　〔サンプル英文②〕は, 比較文ではありませんが, 同様に考えることができます. it does to appreciate music において, 代名詞 it は, ここでは形式主語であり, 後ろの to appreciate music を入れて読むべきものですから, it はそのままで構いません. 問題は代用の **does** の理解です. as 節の要素と異なる要素を主節から除いた部分, それが does に入れて読むべき要素です. つまり **does** = takes a special kind of cultural background「特別な種類の文化的背景が必要である」です.

```
just as it does to appreciate music          代用
    = takes a special kind of cultural background
```

さて，この文を訳す際，英語と同じ順番で訳すとすれば，「発明品を評価するためには，特別な種類の文化的背景が必要である．ちょうど，音楽を鑑賞するためにそうであるように」となりますが，書き言葉の日本語にするには，どうしても as 節の方から訳し始めなければなりません．そして，as 節から訳し始めるためには，代用を元の表現に改めて as 節を完全な節 it **takes a special kind of cultural background** to appreciate music に変換しておかなければなりません．

　訳は「音楽を鑑賞するためには，特別な種類の文化的背景知識が必要であるが，発明品を評価するときにもそうである」のようにすればよいわけです．

　代用の do を含む as 節は，次のように，if 節や分詞構文などの副詞節 **M2** のなかによく現れます．次例は，付帯状況の with がつくる副詞句 **M2** のなかに，代用・省略を含む as 節が置かれているケースです．

例文 With emissions of greenhouse gas increasing **as they are now** we can expect average temperatures to rise by 4 percent this century.

　ここで，as 節は主節の一部ではなく with に始まる副詞句 **M2** の一部です．we からが主節です．as they are now における代名詞 **they** は emissions of greenhouse gas「温室効果ガス排出」の**代用**であり，**are** は **are increasing** における increasing の**省略**です．

　このような as 節を含む副詞句を訳すときにも，英語と同じ順番で訳すとすれば，「温室効果ガス排出が増えればね，今そうなっているようにね…」といった処理も許されますが，書き言葉の訳語にするときには，as 節を先に訳さなければなりません．そのためには，as 節を完全な節に置き換えて訳す必要があります．同時に，With emissions of greenhouse gas increasing の方を代用表現であるかのように扱うわけです．

　訳文は「現在温室効果ガスの排出が増えているが，このペースでいけば，今世紀の平均気温は4％上昇すると予想することができる」のようになります．

※答えは章末にまとめて

チャレンジ問題 **45**

as節に注意しながら，訳してみよう．

1. Good health is essential in this office, just as it is in any other workplace.

2. Some authorities have suggested that once there was much greater diversity in American speech than now. As evidence, they point out that in Huckleberry Finn, Mark Twain needed seven separate dialects to reflect the speech of various characters, even though they all came from much the same area. Clearly that would not be necessary, or even possible, today. On the other hand, it may be that thousands of regional accents exist out there and that we're simply not as alert to them as we might be. [※2]

【例文ソース】
　※1　American Patent Law Association (1977) APLA Bulletin, p.113 の一部を削除して使用
　※2　東京大

such that S' V' …の意味

太字部分に着目して，文の意味を考えてみよう．

The natures of grammar and lexis **are such that** any statement made in grammar can account for a larger number of events than a statement made in lexis. [※1]

●——「目的」と「結果」の so that S' V'

S V…so that S' V' …には，❶目的「**S' V'** …するために **S V**…する」という意味になる場合と，❷結果「**S V**…し，その結果 **S' V'** …する」という意味になる場合があることは，皆さんよくご存じだと思います．

例文 When you don't have time to complete an e-mail message you've started writing, save it as a draft **so that** you **can** finish it later. [※2]
V S' V'

「書きかけのメールを完成させる時間がないときには，あとで仕上げるために下書きとして保存しておきなさい」 目的

例文 They painstakingly saved their money, investing and reinvesting it, **so** S **that** eventually many of them were able to send their children to the S' V' best universities in Britain. [※3]

「彼らは苦労してお金を貯め，投資し，再投資した．その結果，最終的に，彼らの多くがイギリスの最高の大学に子どもを入れることができた」 結果

この2つの so that の意味の違いは，多くの場合，**so that** 節内部に助動詞

can・will・mayがあるかどうかによって判定することができます. 助動詞ありなら目的であることが多く, 助動詞なしなら多くの場合, 結果です.

● ──「というような」と説明する such that S' V'

このセクションで学ぶのは, よく知られたこの **S V…so that S' V'**…ではなく, **S V…such that S' V'**…という表現です. この表現は, フォーマルな英文でよく目にするものです.

例文 Her character **is such that** she only seems to notice those who are
    　　　　S　　　　V　　　　　　　　　　S'　　　　　V'
    useful to her interests. ※4

　「彼女は, 自分の利益に役立つ人にしか気を留めない, というような性格です」

基本的な使い方は, **S is such that S' V'**…というかたちで用いるケースです. このとき, **such that**…以下がbe動詞の**補語C**になっており, **such that**…以下は, 1つの長い形容詞句として働いています. このときの**such that**…は, 「…という種類の」「…というような」といった意味になります. 〔サンプル英文〕がこのケースに当たります.

The natures of grammar and lexisが主語**S**, areが**V**, **such that**…以下全体が補語**C**です.

The natures of grammar and lexis **are such that** S' V'…
　　　　S　　　　　　　　　　　　　　V　　　　　C

「文法および語彙の本性は, 文法において述べられるいかなることも, 語彙において述べられることより多くの事象を説明することができる, というような点にある」となります.

なお, 形容詞句としてのsuch that…は, 直前にある名詞句にかかる**M1**になることもあります. その場合, suchの直前に**関係代名詞which＋be動詞**を補えば, such that…以下は, **which is** such that…という関係節になり, こうするとやはりsuch that…が補語**C**であることがはっきりします.

例文 If there is **a four-sided figure** ~~which is~~ **such that** three of its angles are 90°, the remaining angle will also be 90°. ※5

> 「3つの角がそれぞれ90度である, <u>というような</u>四辺形があるなら, 残りの1つの角も90度である」

このような基本的な用い方に加えて, 次のような派生的な用い方があります.

例文 It may happen that the language community is as it were broken up into dialect regions **such that** there are many pairs of regions whose speakers cannot understand one another. ※6

> 「話者がお互いを理解できないような地域の組み合わせがいくつも存在する<u>といった具合に</u>, 言語共同体がいわば複数の方言地域に分かれている, ということもあるかもしれない」

the language communityが主語**S**, is…broken up into dialect regionsが他動詞の受動態ですから, この文においては, **such that**…以下の全体は, **副詞要素M2**です. このsuch that…は, **in such a way that**…「…という方法で」「…という仕方で」「…というように」の意味で響きます.

なお, 以上のsuch that…は, 次の文におけるsuch that…とはまったく異なるものです.

例文 Her anger was **such that** she lost control of herself.

> 「彼女は怒り<u>のあまり</u>自制心を失った」

このsuchは**so great**に置き換え可能なものであり, したがって, she「彼女」を主語にすれば, 次のように書き換えることができるものです.

> She was **so angry that** she lost control of herself.

220

第1章

第2章

第3章

第4章

第5章

第6章

第7章

第8章

第9章

第10章

チ ャ レ ン ジ 問 題　**46**　※答えは章末にまとめて

such that…の意味を考えてみよう.

1. In short, the relationship between law and morality is **such that** law should enable people to be moral. ※7

2. The teacher must obviously have a command of the language under instruction **such that** his pupils can use him as a suitable model to be emulated and copied in their own efforts. ※8

【例文ソース】

※1　M. A. K. Halliday, A. McIntosh, and P. D. Strevens (1965) The Linguistic Sciences and Language Teaching, p.23 の一部を削除して使用

※2　Guy Hart-Davis (2012) iPad Geekery: 50 Insanity Cool Hacks and Mods for Your Apple Tablet, p.156

※3　DeWitt Williams (2016) Precious Memories of Missionaries of Color (Vol.2)

※4　Jerry Root (2010) C.S. Lewis and a Problem of Evil: An Investigation of a Pervasive Theme, p.233

※5　Randolph Quirk, Sidney Greenbaum, Geoffrey Leech, Jan Svartvik (1985) A Comprehensive Grammar of the English Language, p.1144

※6　M. A. K. Halliday, A. McIntosh, and P. D. Strevens (1965) The Linguistic Sciences and Language Teaching, p.83 の一部を削除して使用

※7　Sanne Taekema (2002) The Concept of Ideals in Legal Theory, p.62

※8　M. A. K. Halliday, A. McIntosh, and P. D. Strevens (1965) The Linguistic Sciences and Language Teaching, p.276

Answers

Must 29 節と節との言い換えの関係

I.「親ほど専門家の『恐怖の売り歩き』の影響を受けやすい人はいない．**実際，**恐怖は，子育てという行為の主たる構成要素の1つである」

▶ **in fact** が「実際」の意味で響くケースです．2文目が1文目の内容を際立たせる役割をはたしています．

2.「幼児に向けられる言葉の量が発達と正の相関をなすことを示すかなりの証拠がある．**具体的に言えば，**語りかける言葉の量が多ければ多いほど，言語習得の速度があがる」

▶「…であればあるほど…である」というパターンは，このように，直前で述べたことをよりダイナミックに・より具体的に・イメージが生き生きするように言い換えるときに役立つパターンです．よって **(more) specifically**「（より）具体的に言えば」とともに用いることがよくあります．

3.「わたしたちが強い関心を持っているのは,特定の学問分野の内容を教えることではなく,むしろ教える過程，すなわち学習者を支援する戦略と戦術である．**言い換えれば，**わたしたちの主たる関心事は，何を教えるべきかではなく，どのように教えるべきか，ということにある」

▶ **put** another way は分詞構文です（put は過去分詞）．to 不定詞を使えば能動態で **to put** it another way となります．1文目が長く，2文目が短いことからも，具体→抽象の流れであることが分かります．

Must 30 等位関係のいろいろ

I.「その目的は，その子どもたちに対して，学校という環境**を超えたところにあり，また**学校という環境**とは異なった，**日常生活への順応を目的とした家庭的な，世話の行き届く環境を提供することにあった」

▶ beyond はここでは副詞ではなく前置詞であり，後ろに名詞を必要としています．また distinct（形容詞）+ from（前置詞）の後ろにも名詞が必要です．その2つに共通の名詞要素が their school environment であり，**beyond** their school environment および **distinct from** their school environment がともに，setting という名詞を後ろから修飾しています．これは，品詞は異なるけれども，構造的役割がともに **M1** である，ということから等位接続が可能になっている実例です．

2.「両国における感染症の大半が，65歳を超える，**あるいは**免疫抑制性の薬物治療を行っている人々に生じている」

▶ **over** the age of 65 は前置詞 + 名詞であり，**who** 以下は関係節ですが，ともに，**people** にかかる **M1** の役割を果たしている点で対等であり，したがって等位接続詞 or で結ぶことができます（とはいえ，who are の前に those を置くとか，who are をはずして people on…とするなどに変えた方が読みやすい文になりますが）．

3.「他人の行動の正邪を区別する一線を引くことはつねに，不可能**ではないとしても**難しいことであるが，それこそが，ほとんどの人々が試みていることである」

▶ **if not** は，a（冠詞）+ difficult（形容詞）と，an（冠詞）+ impossible（形容詞）

とを結んでいます．そして両者ともに，thing とともに名詞句をなしています．A if not B で「B ではないとしても A」という関係になります．

4.「ギリシャにおける科学の夜明けに始まり，ギリシャ以降の全時代に及ぶ思想の歴史をたどってみれば，生物の多様な姿のすべてが，同じ共通の根を持つ花々であるにすぎない，すなわちあらゆる複雑な形態が，それ以前に存在していた，より単純な形態から進化したものである，という真理**についての明確な洞察というよりはむしろ，いわば，その真理についての直観的な感覚**といったものを示す証に，何度も繰り返し出会い続けることになるであろう」

> ▶ **rather than** が，what may be called an intuitive feeling「いわば直観的な感覚」と，a distinct vision「明確な洞察」とを結んでいます．注意しなければならないのは，この両者に，**of** the truth that…「…という真理についての」がかかっていることです．

Must 31　ド・モルガンの法則

I.「ここでは，科学を，知識に至る唯一の真の道である**とも**，常識を洗練させるなかで自然に生じるもの（常識を洗練させていった末の当然の結果）と**も**みなしてい**ない**」

> ▶ **not** と **or** とが少し遠いために，ド・モルガンに気づきにくいかもしれないケースです．

2.「陪審員は先入観なしに着手すべきだとされているが，そのようなことをしている歴史家はいない．歴史家は，子どものような無垢な精神を持って史料**および**文書に向かい，それらが自分に対して結論を指示するまで忍耐強く待っている，などということはない」

> ▶ **not** は，documents **or** archives のところでは，ド・モルガンをなしています．けれども，does **not** go to…**and** wait…の部分にはド・モルガンはありません．**or** ではなく **and** になっているのは，go to…と wait…とが2つの独立したプロセスではなく，1つの全体をなしているプロセスだからです．

3.「いかなる技術が出てこようとも，政治，教育，**および**ビジネスの分野での直接的対人関係の価値がなくなること**も**，ある種の人々が最も豊富なチャンスが存在する場所に集う頻度が低下する，ということ**も**決して**ない**であろう．そしてそうである限り，何らかのかたちの都市が存在し続けるであろう」

> ▶ これも主語 **no** form of technology に含まれている **not** が，文末までを支配しているケースです．1つ目の **or** は government と education と business を列挙する **or** であり，2つ目の **or** は，of the value…と of the tendency…とを等置する **or** です．1つ目の **or** は「…も…も…ない」では処理しにくいので，「および」で処理しました．

4.「英語を学んでいる大学生が，大学で学んでいることは『当然』，英語を教えるという仕事に直接応用するには適していない，と言われることはよくあることである．その結果，英語を学んでいる大学生の多くが，教師になるにあたって，学問的水準という点では十分な知識を持っており，教育理論という点では十分な訓練を受けているにせよ，平均的な児童に妥当な方法で，**および**平均的な児童に妥当な目的を持って英語を教える準備は，ほとんどできていない」

Answers

▶ unprepared for…「…の準備ができていない」に含まれている **not** が, in ways **or** for purposes…の or にも及んでいます. that are relevant to…「…に妥当な」は ways にも purposes にもかかっています. したがって **in ways or for purposes** that are relevant to the average schoolchild の訳は, 「…に妥当な方法で, **および**… に妥当な目的のために」になります. **un**prepared のように, その他, not が含まれていることを意識すべき形容詞には, **im**possible や **un**likely や, hard・difficult などがあります.

Must **32 not A but B のバリエーション①**

1.「このような考え方からすれば, ヘイト・スピーチを禁じることは, リベラルな原理を放棄することを意味するもの**ではない. それどころか**, 個人の尊厳と社会的平等を強調するリベラリズムの思想に現実性を与えるものである」

> ▶ not と on the contrary「それどころか」とによって, 2つの節が置換の関係に置かれています.

2.「社会的であることを強調することは, 人間生活の多くの重要な側面を明らかにすることに役立ってきたが, それを強調することは, 人間がいかなる点で他の生き物とはっきりと異なっているかという問題の根幹に達するもの**ではない. むしろ**, 文化こそが, 人間独自のものである」

> ▶ not と rather「むしろ」とで, 置換の関係が成立しています. **not** being social **but** culture「社会的であるということ**ではなく**文化（的であるということ）」という関係です.

Must **33 not A but B のバリエーション②**

1.「社会科学, とりわけ社会心理学の分野から学ぶべきことはたくさんある. しかし端的に言えば, 我々は, あることをする理由, あることをするよう今のように動機づけられている理由, さらに, 個人, 家族, 大小の社会集団の一員として我々を駆り立てているまさにその原因について, 明確には何も知っていない.（**だからと言って**）以前のいかなる研究もそれを誤解していた**ということではないし**, 以前のいかなる研究からも学ぶべきものはない**ということでもない. たんに**, これら様々な分野から最も説得力のある着想を選び出し, われわれの知識をなしているそれぞれの部分を明らかにする力を備えた, 一貫した理論を生み出そうという満足のゆく試みがなされてこなかった, **ということにすぎない**」

> ▶ It is not that S' V'…の部分は, Not that S' V'…でもよいものですが, いずれにせよ, 直前までの内容に関するありうる誤解を指摘し, それを否定している部分です. ここではさらに, **nor is it the case that S' V'**…が続いていますが, nor は, 否定内容に対して否定内容をプラスする, という関係を表す等位接続詞ですから, 読者のありうる誤解をもう1つ追加し, それも否定しているわけです. **It is simply that S' V'**…は, たんに言い換えを行うものではなく, 2文目までで述べたことに

ついての**筆者の解釈**を提示するものです.

2.「今日では，我々は，24 時間のニュース速報および生産され消費される情報量の急激な増加にさらされている．我々の集団的一般的な言説をなしている様々な問題の数が増え続けており，それにつれて，その１つ１つの問題に割くことができる時間および注意力の量が必然的に圧縮されてゆく.（**だからと言って**）これらすべての情報に対する関与の総量が減っている**ということではない**．**むしろ**，我々の注意を引きつけようと競合している情報の密度が高まるにつれ，我々の注意力はおよぶ範囲が広がるとともにより希薄になり，その結果，人々の議論はますます断片的，表面的なものとなる，**ということである**」

▶ この文章でも，**It isn't that S' V'**…が選択されていることから，たんなる言い換えではなく，**筆者の解釈**が提示される，と期待しましょう．その解釈は，**but rather that**…以下で与えられます．「１つ１つの問題にあてることができる時間・注意力が圧縮される」と聞くと，読者は「その時間・注意力が減る」ということだ，と誤解するかもしれないが，そうではなく，「１つ１つの問題にあてることができる注意力が希薄になるため，議論が断片的に，表面的になる」と解釈するのが正しい，という流れです.

Must 34 not only A but also B の変形

1.「現在の文献の多くが，子どもは大人の関心の対象**であるだけではなく**，行為者・行為の主体でもあると認識されるようになってきたことに焦点をあてている」

▶ **rather than** being **simply** objects…は，are **not only** objects…として響いています．as actors and agents が **but also** B に当たります．この as は being の代わりです（Must 17）.

2.「デジタル・ディバイドは先進国と途上国のあいだに見られる格差**に限られるものではない**．先進国内部の問題**でもある**」→「デジタル・ディバイドという格差が見られるのは先進国と途上国のあいだで**だけではない**．先進国内部の問題**でもある**」

▶ **S is not limited to** A が **not only** A に響いています．２文目が **but also** B に相当する情報を与えています.

3.「我々が科学的知識および医学的知識を社会学的に検討することに取り組んでいるのは，**たんに公式の知識を承認し，説明によって専門的でない知識を取り除くためだけではない**」

▶ **not** が否定しているのは，engage in sociological examination of scientific or medical knowledge の部分ではなく，simply in order to…以下であり，**not simply in order to**…「…する**ためだけではなく**」という意味になります．目的は他にもある，という情報を受け取りましょう.

4.「解釈すべきデータの急激な増加という課題に直面しているのは生物学**だけではない**．物理学，環境諸科学，心理学，社会科学全般など，科学のほとんどすべての分野が，似たような状況に直面している」

▶ **S is not alone in** A「A であるのは S だけではない」の後ろにあるコロン〔:〕が **but also** の代わりに用いられています.

1.「身体の動きは身体に影響を及ぼしうる**という理由でしかないとしても**，精神的な事象も必ず身体に影響を及ぼす」

▶ **if only because**…がポイントです．**because**…「…という理由」**only**「しかない」**if**「としても」と読みます．

2.「全体としての身体は，これらの部分それぞれがその役割を果たさないないかぎり，生存できない」→「身体全体が生存する**ためには**，これらの部分それぞれがその役割を果たさ**なければならない**」

▶ **cannot V**…**unless S'V'**…「…しない限り…することはできない」という二重否定のパターンは，目的と義務の相関「…するためには…しなければならない」のもう1つの言い換えとして記憶しておきたいものです．**In order for** the body as a whole **to** survive, each of these parts **must** do its job. のように言い換えることができきます．

3.「**なるほど**，Wrangham が示唆している通り，調理は人間のアイデンティティ，生物学的側面，文化にとってきわめて重要なもの**であるが**，現代における調理の衰退が現代生活に対して重大な帰結をもたらすのは理の当然であり，実際，重大な帰結をもたらしている」

▶ **if** 節の中では，cooking「調理」がテーマになっていますが，主節では，the decline of cooking in our time「現代における調理の衰退」がテーマであり，if 節と主節とでテーマがまったく違うものになっています．このことから〔サンプル英文③〕の if 節だということがわかります．この文もあるパラグラフの先頭の1文ですが，そのパラグラフまでに5つのパラグラフがあり，そこで cooking「調理」が，我々の identity「アイデンティティ」，biology「生物学的側面」，culture「文化」にとってきわめて重要なものであることが説明されています．つまり if 節はそこまでの内容を要約したもの，そこまでの内容の再確認にすぎません．他方，主節では，新しいテーマが1つプラスされています．この if 節は，**not only** 旧情報 **but also** 新情報の場合と同じく，次の文からは，調理の衰退がテーマである，ということを明確にするために用いられているわけです．

1.「1914 年に参戦したすべての国のなかで，強力な軍隊および軍事的価値観に対する支援が，社会全体に最も深い影響を与えていたのは，ドイツにおいてであったことはたしかだ」

▶ **that** と **of** が連続しているケースは，構造分析を誤りやすいようです．このケースでは，**that** と **of**…とは切れていて，**of** から 1914 までが「…のうちで」の意味の副詞句 **M2'** で，most deeply「最も深く」と意味的に結びついている部分です．その後ろにある it was in Germany that…は強調構文で，これが **that** 節のなかの主節を

なしています．節の先頭の副詞句 **M2** になる **of**…が構造を見誤らせるケースとしては，次のような例にも注意が必要です．I was flattered that she wanted to speak to me **because of** all the older girls, I admired her most.「彼女が話しかけてきたことをぼくは得意に思った．年上の女の子たちのうちで，彼女のことが一番素敵だと思っていたからだ」(※5) because と of とのあいだで切れています．because は従位接続詞で，**of** all…は most にかかる副詞句 **M2'** です．

※5　F. Scott Fitzgerald (2013), Delphi Complete Works of F. Scott Fitzgerald (Illustrated)

2.「数学の独創性は，数学という科学においては，人間理性のはたらきを離れればきわめて不明瞭となる関係が示されているという点にある」

▶ the fact の内容を示す **that** 節のなかで，**in** mathematical science が副詞句 **M2'** connections between things が主語 **S',** are exhibited が動詞 **V',** which 以下が，主語 **S'** にかかる関係節 **M1'** です．which は **S'** であり，直後の apart from the agency of human reason が副詞句 **M2'** その後ろの are が，which に対する動詞 **V'** です．

Must 37 目的「…するために」を示す表現のいろいろ

1.「その他の問題をうまく管理する**ためには**，まず，その中毒を治療し**なければならない**」

▶ **before S'can V'**…「…することができるようになる前に」が目的「…するために（は）」を示すことがあります．

2.「これらの部分それぞれがその仕事をなさ**ないかぎり**，身体全体は生存**できない**」→「身体全体が生存する**ためには**，これらの部分それぞれが，それぞれの仕事をしていな**ければならない**」

▶ この **S cannot V**…**unless S' V'**…も，二重否定によって目的およびそのための義務を表現したものとして解釈することができます．

3.「学習したことを，様々な文脈で用いる**ためには**，学習を特定の文脈に結びつける**べきではない**」

▶ **if S' is to V'**…のケースですが，if 節の内部が is learned・be used と受動態になっています．このようなときには，**S' is to V'**…が目的表現であることが見えにくくなりますが，それだけではなく，すべて能動態に変換して理解するようにしないと，「…するためには」という訳語をあてることができず，誤訳に至る可能性が高まります．

4.「周囲の大人たちの複雑でまとまりのない，逸脱した言葉を解読する**ためには**,幼児に「言語獲得装置」が備わってい**なければならない**，とチョムスキーは主張している」

▶ **so that S' can V'**…「…するためには」の that が落ちたケース．

5.「このシステムを機能させ，労働者を適切な時間に工場に到着させる**ためには**，すなわち 1 年を通じて工場の生産性を保つ**ためには**，睡眠がますますコントロールの対象とならなければ**ならなかった**」

▶ 先頭の In order から time までの目的表現を，so that から year までの目的表現で言い換えたものです．

227

Answers

Must 38 否定文のなかに様態の as 節があるケース

1.「問題は，ゴミを生む財には価格をつける**のに**，ゴミには価格をつけることは通常はない，ということにあった」

> ▶ **in the way S' V'** …は，様態の **as S' V'** …の同義表現です．in the same way that S' V' …とも言います．

2.「言語は存在しているのではない．言語は起こるものである．19 世紀の多くの言語学者の理解**とは違って**，言語は有機体ではないし，また現代の「構造主義」言語学の初期の理解**とは違って**，言語は体系でもない」

> ▶ 2 つある as 節を独立の節にして逐語訳をつくると，それぞれ，as many nineteenth-century linguists saw it **as an organism**「19 世紀の多くの言語学者が，言語を有機体とみなしていたように」，as it was regarded **as an edifice** in the early modern 'structuralist period of linguistics「現代の「構造主義」言語学の初期において，言語が 1 つの体系とみなされていたように」となります．

3.「一般に，ある文章中の文の順序を変えれば，その文章は意味を失うが，他方，文より小さな単位の順序を変えると，ありえない構造が生まれるか，あるいは意味が失われるのではなく意味が変化することになる，という意味で，文は，いずれにせよ，それより小さな単位のものとはある程度異なったものである．すなわち，文よりも小さな単位の連鎖（が構造によって規定されているの）**とは違って**，文の連鎖は，構造によって規定されてはいない」

> ▶ 2 文目の as 節を独立させると，**as** the sequence of the lower units **is determined by structure**「文よりも小さな単位の連鎖が構造によって規定されているように」です．

Must 39 名詞句にかかる副詞節

1.「適切に準備し，運転技術をいろいろなかたちで調整することによって，冬の天気のなかで運転する**ときの危険**の多くを取り除くことができる」

> ▶ **when** 節は，関係節として理解することはできません．よって，副詞節 M2 でありながら，the danger という名詞にかかっている M1 だと判断します．**the** danger の the は，後方照応の役割になります．

2.「その弾丸の破片が体に入り体から出ていった**ところにある傷跡**を彼女はさすった．今や，かろうじて目につく程度の傷跡であった」

> ▶ この **where** 節も，関係節として理解することはできません．よって副詞節 M2 でありながら，the scar という名詞にかかっている M1 です．**the** scar の the は，やはり後方照応の役割です．

3.「人が住む地域から宇宙船を打ち上げることはできない．何か問題が起きた**場合の危険**は別にしても，上昇しつつある宇宙船の信じがたいほどの騒音によって，何マイルにもわたってすべての人が聴力を失うであろう」

▶ この **if** 節も，副詞節 **M2** でありながら，the danger という名詞句にかかっている **M1** です．the danger の the は後方照応の役割です．

Must 40 等位接続詞の直後の挿入

1.「インターネットによって，税金の相違を利用する機会が開かれる．また，**インターネットがグローバリゼーションよりもいっそう大きな頭痛の種になる原因となることであるが**，インターネットによって，完全に税金逃れをすることが可能になる」

▶ and は，**S V** … と **S V** … とを結んでいます．and の後ろのダッシュ〔—〕は，コンマ〔,〕と同様に，コメントの挿入の合図です．which から次のダッシュまでの部分は挿入句です．この **which** は，and よりも前の内容ではなく，2つ目のダッシュより後ろの内容を指し示すものです．

2.「モダニストは絶えず，反対物を1つにしようとしていた．最低でも（たとえばモンタージュと呼ばれている映画手法にみられるように）反対物を並置する，あるいはダイナミックな緊張状態のなかで反対物を結合する，あるいは**可能であれば**，少なくとも部分的に，反対物を融合させる，といったことを試みていた」

▶ 最後の or の後ろの構造が問題です．その or は，**to** join … の直前の or とともに，**to** juxtapose … ・ **to** join … ・ **to** fuse … という3つの to 不定詞を結んでいます．at a minimum … の直前のコンマ〔,〕は，列挙のコンマではなく言い換えのコンマです．つまり，**to** bring together opposites を，より具体的に言い換えているのが，at a minimum … 以下最後までです．**if possible**「可能ならば」は，if necessary「必要ならば」と同じく，それだけで後ろの to 不定詞にかかる副詞句 **M2'** です．

3.「従来の取り組みの方法は，根絶するのも，大きく修正を加えるのも難しいことはよく知られていることである．何はともあれ，時代遅れのものだとされている取り組み方は少なくともプラスの成果をあげている，さらに，より『現代的』あるいは『科学的』なものが，従来のものより良いものを生み出す保証などない，といった主張が頻繁に聞かれるし，**それにはある程度の正当性があることが多い**」

▶〔サンプル英文②〕のケース，つまり **and** often with some justification は，**and** を含めた全体が挿入句になっているケースです．この and には，何かと何かを等位接続する，という役割はありません．

4.「倫理とは何か？　倫理は，主として自らの福利および幸福を促進するためではなく（それは利己主義にすぎないであろう），**他人の利益や権利を考慮しつつ**，悪党になることを避けるために，すなわち人類および自分自身についての何らかの考え方に忠実であり続けるために，個人が自らに課す，あるいは自らに課さないものの総体である」

▶ まず，**not** A **but** B「A ではなく B」の A と B とが同一品詞あるいは同一の構造でなければならないことから，**to** further … という to 不定詞と，**in order to** avoid …，**in order to** stay … という to 不定詞とが等位されていることを発見できていることが大切です．villain の直後のコンマ〔,〕は言い換えのコンマです．つまり **but** の

Answers

直後の in consideration of the interests or the rights of others「他人の利害や権利を考慮に入れて」は副詞句 **M2'** であり，avoid…stay…にかかっています．なお，ダッシュ〔―〕に挟まれた部分は，直前の to further his own welfare or happiness に対する筆者のコメントの挿入です．

Must 41 空所化 gapping と呼ばれる省略

I.「理論が発展するにつれて，その理論の応用も説明し直されなければならず，書籍はたえず評価し直**されなければならない**」

▶ so からが主節で，**must**…**be re-expounded** が **V**，applications thereof が **S** となっています．and の後ろには過去分詞形 re-evaluated しかありませんが，books **must** continually **be** re-evaluated と補って読むべきものです．

2.「時間は奇妙なものであり，記憶はより奇妙なもの**である**．しかし時間が記憶とともに，また**記憶が時間とともに繰り広げる**いたずらが，最も奇妙なものである」

▶ 最初の空所化は，名詞句における空所化の例です．memory a queerer には，**a**（冠詞）**queerer**（形容詞）があるのに直後に名詞がありません．また memory の後ろに動詞がありません．and より前の節の要素を補充すると，memory **is** a queerer **thing** となります．また，the tricks 以下では，**that** から with time までが関係節で，その内部で空所化が生じています．補充すると，and memory **plays** with time となります．

3.「これら多様な国々の発展において重要な共通点がないのだとすれば，イギリスがドイツの模範として，またアメリカがイギリスの模範として**役立つことなどありえなかったであろう**」

▶ **nor** America for England の部分は節 **S V**…であるべきところです．**nor** = **and not** ですから，**nor** America for England = **and** America **could not** have **served as the model** for England と補うことができます．

4.「様々な人が示す言語学習の適性には著しい多様性がある．ほとんど目だけで学習しているようにみえる人もいれば，ほとんど耳だけで**学習しているようにみえる**人もいる．最も幸運なのは，目と耳というこの2つのチャンネルの均衡がかなり取れている人であるかもしれない」

▶ **some**：**others**「…な人もいれば…な人もいる」による対比関係が見えていれば，どちらにも **almost** があること，**entirely** が **exclusively** の類義語であること，**by eye** に対して **by ear** があることから，others の直後に seem to learn を補うことができ，others の直前に **and** や **while** を補うことができる，ということが分かります．

Must 42 再叙否定

I.「容易なものである和平プロセスなど存在しない．中東に存在しているような歴史を持つ地域では明らかに**そうである**」

▶ clearly の後ろの **not** は，主節 There is **no** peace process that is an easy one 全

230

体の代わりに置かれているものです．「そうである」と訳した部分は「容易なもの
である和平プロセスなど存在しない」という意味です．

2.「『語（word）』という用語は，正書法的な意味，文法的な意味，語彙的な意味の３つの
意味で用いられる傾向がある．あたかもこの３つのレベルで同定されるものが，つねに同
じものであるかのようである．しかし，必ずしもそうではない．英語では，語は，正書法
的には，前後にスペースを置いて書かれるものである．この意味での語は，文法的な意味
での語と，必ずしも同じ広がりを持つわけではない．英語と異なるタイプの書記体系を持
つ言語ではそれらが同じ広がりを持つものではないことは明らかであるが，英語において
さえ，それらは必ずしも一致するものではない．たとえば，英語では，'teatime' と 'tea-break'
と 'tea interval' のすべてが，文法的には１つの語とみなすことができる」

> ▶ in languages…の直前の not，および，even in English…の直前の not necessarily
> とが再叙否定です．どちらも，this is not bound to be coextensive with the grammatical
> word「これ（＝正書法的な意味での『語』は必ずしも，文法的な意味での『語』
> と同じ範囲の意味を持つわけではない」ということを示すものです．

Must 43 as S'is…の役割

1.「すべての人がまさに元々いた場所にとどまっていることがなぜできないのか？
またなぜ事態が**以前のままであり続けて**はいけないのか？」

> ▶ remain「…であり続けている」は **S ＋ V ＋ C** の動詞なので，**as they used to be**
> は**補語 C** です．they は things を受けています．as they used to be の逐語訳は「か
> つてのままである」となります．

2.「**現在あるような**ソーシャルメディアの根底にある問題は，その個人主義的な性質
から生じてくるものだ」

> ▶ **as it stands now** は直前の social media という名詞句にかかる**修飾語 M1** です．
> **as we know it today** としても意味は変わりません．

3.「すべてのものがすでに**あるべき理想のかたち**になっている．それゆえ何か新しい
ものを創造しようと努力すべきではない」

> ▶ **as they are meant to be** は be動詞 are の**補語 C** です．なお，ここで **S is meant to V'**
> … ＝ **S should V**…「…すべきである」です．

Must 44 as V-ed ＋…という形容詞句の役割

1.「写真が主観的バイアスを完全に免れていたことなど一度もないがゆえに，一部の
批評家は，写真の客観的な質などというものは全面的に却下してしまうかもしれない．
しかし，写真の主観的側面および，ときおり改ざんされることもあったという写真の
歴史にもかかわらず，ほとんどの人々が，間違った印象を与える写真，あるいは歪曲
された写真というのは例外的なものだと考えてきた．**その証拠が**，**たとえば**『特殊効果』
『演出された写真』『細工した写真』『トリック写真』などの一般的な修飾語句が使わ
れている**ことである**」

Answers

▶ この文章では，**as evidenced by**…は，**形容詞句ではなく**，**副詞句M2** としてはたらいています．直前の主節全体の内容について，その証拠となる実例を挙げる，という役割をはたしているわけです．「たとえば」がフィットする文脈です．

2.「砂漠および乾燥した土地についての最も一般的なイメージは，**たとえば** 1994 年の国連砂漠化防止条約（UNCCD），国立の無数の開発機関，多くの非政府系組織がこの**イメージを体現しているのだが**，砂漠および乾燥した土地は不毛で，森林のない，過度に家畜の多い土地，すなわちほぼ無価値の荒れ地，回復させ，改善する必要のある異常な土地である，というものである」

▶ **as embodied by**…は，conception「イメージ」にかかる**形容詞句M1** としてはたらいています．そのようなイメージを体現しているものの実例が与えられているので，この場合も「たとえば」がフィットします．

3.「化学的な合成，**とりわけ** 19 世紀のその他の非常に多くの科学者らが**行っていたような**化学的合成は，もちろん，医学・衛生・衛生設備，およびあらゆる種類の安価な素材といった分野の人々にとって，巨大な利益を生み出してきた．しかし，Perkin の藤色の染料が世界におよぼした衝撃は，ことによると，より社会的に有用であることがはっきりしている発明品とまさに同じく強烈なものであったのかもしれない．安価な衣類，**とりわけ**大多数の人々が**着ているような**衣類は，もはやくすんだ無色のものではなく，明るさ・多様性・特殊性が一般的な生活の一部となったのである」

▶ **as practiced by**…は直前の chemical synthesis という名詞句に，また **as worn by**…は直前の cheap clothing という名詞句にかかる**形容詞句M1** です．いずれにも「とりわけ」がフィットするように思われます．

Must 45 as 節における省略と代用

I.「他のいかなる職場においても健康は必須のものであるが，この職場においてもまったく同様である」

▶ **as it is** における **it** は good health の代用であり，**is** は is essential における **essential** の省略です．

2.「ある権威筋によれば，アメリカの話し言葉は，かつては今よりもはるかに多様であった，とのことである．その証拠として，『ハックルベリー・フィン』のなかで，全員がほとんど同じ地域の出身であるのに，多様な登場人物の話し言葉を映し出すために，マーク・トウェインは方言だということがはっきり分かる方言を 7 つ必要とした，と指摘されている．明らかに，今日ではそんなことをする必要はないし，不可能ですらある．他方で，今でも地域による訛りが何千も存在しており，我々はそれらにもっと注意を払うことができるはずなのに（払っていてよいはずなのに），まったく注意が足りていない，という可能性もある」

▶ 最後の文の as 節は比較節です．**as we might be** の後ろには補語 alert to them が省略されています．ということは，ここでは補語 alert to them は主節と as 節とに共通の要素で，**are not**（現実）と **might be**（理想）という動詞部分のみが異なる要

素だということです．このようなケースで仮定法過去の助動詞 might を訳出するためには，**we might be alert to them**「我々はそれらに注意を払っていてもよいのに（ことができるのに）」というように，as 節の内部を完全な節に戻す必要があります．すべてを訳に出すと「我々は（理想的には）それらにもっと注意を払っていてもよい（払うことができる）のに，（現実には）その理想のレベルにはまったく達していない」のようになります．

Must 46 such that S'V'…の意味

1.「要するに，法と道徳との関係は，法のおかげで人々が道徳的になることができる，法はそのようなものであるべきだ，**というようなもの**である」

▶ such that…の直前には**be動詞**があります．よって such that…は形容詞要素であり，補語 **C** です．

2.「（言語の）教師は明らかに，児童が努力して見習い，模倣するのに適切な模範として教師を利用することができる**ように**，教えている言語を使いこなせなければならない」

▶ such より前の部分が **S ＋ V ＋ O** になっているので，such that…以下は副詞要素 **in such a way that**…に相当するものです．

英語
リーディ
の
鬼100

第 5 章

時制の注意点

時の副詞節中の
have [had] V-ed…

意味の違いを考えてみよう.

① When I played, everybody left.

② When I **had** played, everybody left.

　ここで確認することは, とても基本的なことですが, 見逃されやすいことでもあります. 時を示す副詞節 （**when S' V'**…や **until S' V'**…など)において, 節の中の動詞 **V'**…が, **have [has] V'-ed**…あるいは **had V'-ed**…のかたちになっていることがあります. 〔サンプル英文②〕がそれです. そこでは, ①の文とはちがって, when節の中の動詞が, 単純形 **played** ではなく, **had played** になっています. この2つには, どのような意味のちがいがあるのでしょうか?

　答え：①は, 「私が演奏すると, みんなが帰った」, ②は, 「私が演奏し終えると, みんなが帰った」という意味です. つまり,

┌─ **When I played**…は, より厳密に言うと,
│　　**When I started playing**… 「私が演奏し始めたとき」
└─ **When I had played**…は, より厳密に言うと,
　　When I finished playing… 「私が演奏し終わると」

となります. 時を示す副詞節の中で **had V'-ed**…のかたちが用いられてい

るときには，その動詞が示す**プロセスが完了する**，という意味になるわけ
です．

　もう1例を見てみましょう．今度はwhen節ではなく，**until**節の場合です．
そして，過去完了ではなく，**have V'-ed**…になっています．

例文 They won't be happy **until** they **have won** the championship.

　この文における**have V'-ed**…は，現在完了とはちがって，基準時は「話を
している今」ではありません．they **have won** the championship「彼らが優
勝する」のは，未来のどこかの時点での話です．この**have V'-ed**…は，<u>かたち
は現在完了ですが，意味は現在完了ではない</u>，ということです．
　このhave won…は，**ある時点で，あるプロセスが完了している**ことを意
味するものです．文全体の意味は，「彼らは優勝するまでは満足しないだろ
う」のようになります．

　なお，上述のwhen節のケースとはちがって，until節の完了形have won
は，単純形**win**でもかまいません．このように，**until**節や**before**節の中で
は，**have [has] V'-ed**…と単純形とで，〔サンプル英文〕のような意味の差は
生じません．

例文 I started drinking **before** she **had arrived**.
　　「彼女が到着する前に私は飲み始めた」

という文も，

例文 He answered **before** she **asked**.　　「彼女が答える前に彼は答えた」

という単純形の文と意味は変わりません.

　以上のように用いる **have [has] V'-ed**…あるいは **had V'-ed**…は, 通常の
意味での「**現在**完了」「**過去**完了」ではありません. **until** they **have won** the
championship では, 彼らはまだ優勝していません. 未来のある時点で優勝
が完了する, ということを表しています.
　また通常の過去完了は, 単純過去が示す過去の特定時点よりも前の時点
を示すものですが, この文においては, she had arrived「彼女が到着した」時
点は, 私が I started drinking「私が飲み始めた」時点よりも後の時点です. この
had V'-ed…は, <u>過去のある時点であるプロセスが完了しているということ
を表す</u>もので, 過去完了ではありません.

※答えは章末にまとめて

チャレンジ問題 **47**

have＋V-ed に気をつけて読んでみよう.

1. The local government wants those who live in the community after the
present generation has gone to have the same opportunities for a good
quality of life as today's residents have. ※1

2. In this country, everything is decided by consensus. Nobody — not even the
prime minister — can take a decision by himself or herself. Until everyone
involved in the decision making has agreed, the decision is not considered
final.

【例文ソース】

※1　Peter Singer (2017) Ethics in the Real World: 82 Brief Essays on Things That Matter, p.203
の一部を改編して使用

進行形の2つの重要な役割

Samples

> 進行形に気をつけて意味を考えてみよう.
>
> ① One night, I **was** dri**ving** to work when a deer hit my car on the driver's side. ※1
>
> ② If we experience pain and stress then we **are** lett**ing** in the possibility of unhappiness. ※2

●──空間を与える進行形

　ここで学ぶ「進行形」は,「解釈的」あるいは「説明的」用法と呼ばれている
ものですが,その前に,物語における進行形の1つの重要な役割を確認しま
しょう.それは,**場面を設定する**,というものです.

　場面とは,ある出来事が生じる際の背景となる状況です.その状況は,あ
る期間・ある幅を持つ時間として与えられます.

　なぜ進行形が,場面を設定するのに役立つのでしょうか?

「**進行形**」**be** + **V-ing**…の意味は,一言で言えば,**未完了**です.未完了とは,
いずれ必ず完了することを前提としつつ,ある特定の時点において完了し
ていないということです.そして,まさに未完了である,今まさに進行中で
あるということから,その動詞が示すプロセスを内側から見ている,いわば
その動詞が示すプロセス・状況をスローモーションで描写している,ある
いはその動詞が示すプロセス・状況を拡大して見ている,というイメージ
が生じます.

進行形のこのようなイメージは,物語における場面設定に適しています.場面には終わりがあるからであり,また出来事が生じる環境・空間を与えるのが場面だからです.出来事はある場面の内部で生じます.このような**空間を与える役割**は,「単純形」(現在形・過去形)には適さないわけです.

〔サンプル英文①〕がその実例です.

進行形

進行形になっている I **was** driv**ing** to work「私は車で仕事に向かうところだった」は,少し前の時点から仕事場に着くまでのプロセスの途中・その内部にいることを意味しています.これによって背景となる状況・場面が設定され,a deer hit my car on the driver's side「鹿が車の運転手側にぶつかってきた」がその場面内で起きた出来事となります.

単純形

このように,物語においては,**場面は進行形で,出来事は単純形で示される**ことになります.①の訳は,「ある晩のこと,車で仕事に向かっていると,鹿が車の運転手側にぶつかってきた」などとなります.

●──説明する進行形

次に,進行形の「解釈的」「説明的」用法に移ります.これは,物語における場面設定の役割の延長線上にあるものです.次の文は,COBUILD English Dictionary という辞書の,pointless という単語の定義文です.

例文 **If** you **say** that something is 'pointless,' you **are criticizing** it because it has no sense or purpose.

> 「何かが『pointless である』と言う場合には,その何かを,それには何の意味も目的もないと言って批判するということを意味する」

この文において,単純形になっている if 節は,物語における**出来事**に相当します.また進行形になっている主節が,物語における**場面**に相当します.you **say**…「…と言う」行為が前景にあって,you **are** criticiz**ing**…「…批判し

ている」がその背景を説明する，という関係です．進行形がもたらすこの効果は，**say**…という<u>行為の意味を説明する</u>役割につながります．you **are criticizing**…は，**it means that** you criticize…「それは…と言って批判する<u>ということを意味している</u>」という響きになるわけです．

〔サンプル英文②〕も同様です．ここでも if 節の we experience pain and stress「苦痛およびストレスを経験する」の部分で，出来事が与えられています．この出来事が持つ意味を明確にしているのが，下記の部分です．

> we **are** lett**ing** in the possibility of unhappiness
> ＝**it means that** we let in the possibility of unhappiness
> 「不幸になる可能性を招き入れるということを意味する」

訳は，「苦痛およびストレスを経験するということは，不幸になる可能性を招き入れる<mark>ということである</mark>」のようになります．

まとめておきましょう．

> 単純現在の **If** 節・**When** 節など ＋ 現在進行の主節
> 「…するならば（ときには），それは…するということを意味する」
> 「…するということは，…しているということである」

このように，**If** 節や **When** 節（やこれらに準じる表現）でテーマとなるプロセスが示され，主節において現在進行を使うことによって，その**プロセスの背景にある意味・意義が提示される**わけです．

この現在進行は，あることがらの意義を具体的に説明するために登場するものですから，説明文や論説文のリーディングにおいては無視してはならないパターンとなります．

進行形・単純形の違いに注意しながら意味を考えてみよう.

1. I was driving along this street about 11:00 p.m. I came to a traffic light, which was red, and a guy came out and started to comment on the car. ※3

2. Food companies are well aware that most processing removes nutrients and introduces unhealthy substitutes. The sugar, salt, and fat they add to the grains and meats that came from the farm can cause obesity or high blood pressure, but they certainly taste good. These companies are not doing anything illegal, only immoral. ※4

3. There is actually no such thing as a slovenly dialect or accent. That the dialect of Sheffield or Birmingham has evolved in a different direction from one's own is hardly a matter of reproach, and anyone who labels it 'debased' is committing two errors. First, he is assuming that one type of standard English preserves an earlier variety of the language from which others have deviated; this is not true. Second, he is claiming that there is merit in this imagined conservation; if there was, such merit might appropriately be claimed by the Italians, the Cantonese and the Germans in reproach to their slovenly neighbours the French, the Pekingese and the English. ※5

【例文ソース】
※1　Jasmine N Garmon, Kamia Jackson, Keonna Cromartie (2022) I was made to thrive and flourish
※2　Maureen Cooper (2013) The Compassionate Mind Approach to Reducing Stress の一部を削除して使用
※3　Simone De (2013) Real Talk and Hard Truth, p.33 の一部を削除して使用
※4　慶應義塾大
※5　M. A. K. Halliday, Angus McIntosh, Peter Strevens (1964), The Linguistic Sciences and Language Teaching, p.103

Must 47 時の副詞節中の have [had] V-ed…

1.「当地の政府が望んでいるのは，現在の住民が亡くなって**しまった後に**この地で暮らす人々が，現在の住民が手にしているのと同じ，高い生活の質を得る機会を手にすることである」

> ▶ after the present generation **goes** というように，単純形 goes になっていても意味に大きな違いはありませんが，**has gone** とすることによって，「現在の住民が全員，完全にいなくなった後に」ということが明確に伝わるものとなっています．

2.「この国では，すべてが合意によって決定される．だれ一人として，首相でさえも，一人で意思決定するすることはできない．その意思決定に関わっている全員が同意**し終えるまでは**，最終決定とみなされることはない」

> ▶ until 節の中が，**have agreed** になっていることに注意です．単純形 **agree** でも意味に大きな違いはありませんが，**have agreed** にすることによって，全員が同意を完了していることが明確に伝わる表現になっています．

Must 48 進行形の 2 つの重要な役割

1.「午後 11 時頃にこの道を車で走っていると（場面），ある信号のところにやってきた（出来事 1）．それは赤信号だった．するとある男が車から出てきて（出来事 2），私の車についてコメントし始めた（出来事 3）」

> ▶ I **was** driving… という進行形が場面設定の印です．I **came**…・a guy **came**…and **started**…という単純形がその場面における出来事である印です．

2.「食品会社は，ほとんどの加工処理において栄養素が除去され，健康に悪い代替物が入り込む，ということを十分自覚している．農場から来た穀物や肉類に加えられる糖，塩，脂肪は，肥満や高血圧の原因になりかねないが，確かにおいしいのである．（こうしたことが行われているということとは）これら食品会社が法に背い**ているということではない**．たんに不道徳だ，**ということである**」

> ▶ 背景・意義説明の現在進行は，If 節も When 節も伴っていないことがあります．最後の 1 文の直前までは，食品会社が一般的に行っている行為の客観的描写です．よって，習慣を示す単純形で表現されています．最後の 1 文でいきなり，These companies **are** not doing…というように進行形にスイッチしています．すでに述べた食品会社の習慣的行為の意義説明を行うためです．

3.「劣った方言，劣った訛りなどというものは実際には存在しない．シェフィールド（イングランド北部の都市）あるいはバーミンガム（イングランド中部の都市）の方言が，自分が話す方言とは違った方向に進化してきたからといって，それは非難されるべきことではない．これらの方言を『劣っている』と言うならば，2 つの誤りを犯**していることになる**．第一に，1 つの標準英語というかたちで保存されている英語の以前の姿というものがあり，そこから逸脱していったものが方言である，と想定**していることになる**が，これは真実ではない．第二に，このように標準英語には英語の以前の姿が保存されていると想定することにはメリットがある，と主張**していることになる**．そのようなメリットがあるのだとすれば，イタリア人，広東人，ドイツ人は，そのようなメリットを主張し，劣った隣人であるフランス人，北京人，イギリス人を非難してもよい，ということになる」

> ▶ 3 箇所で，意義説明の現在進行が用いられています．is committing…，is assuming…，is claiming…の 3 箇所です．If 節も When 節もありませんが，**who** labels it 'debased' という，主語の直後の関係節が，if 節に代わる役割をはたしています．

英語リーディングの鬼100

第6章

助動詞・仮定法の注意点

must have V-ed……
〔mustが義務の意味のとき〕

助動詞に気をつけて訳してみよう.

You must have been in the country for at least five years before you can apply for permanent residence.

●——すべきだったのに，と，責める should have V-ed

　法助動詞が**義務**の意味,つまり「…しなければならない」「…すべきである」「…した方がよい」などの意味のときには,助動詞の直後の動詞は,**原形**になります.義務は,<u>これから行うべきこと</u>だからです.

　けれども,**should・ought to**「…した方がよい・…すべきである」など,Middle レベルの助動詞,および**need not**「…する必要はない」の直後には,**過去**のことを示す**have V-ed**…を置くことがあります.

例文 He **should have been** more patient.
　「彼はもっと忍耐強くある<u>べきだった(のに)</u>」

　これらは,**現在から過去を振り返って,行われなかったが行うべきであった行為を指摘する**ときに使うものです.これらのケースにおける**have V-ed**…は,過去を示すものです.

●——…し終えている必要がある，のときは恨み節はない

　ところで,義務系の法助動詞 + **have V-ed**…には,もう１つの意味があります.それは,**have V-ed**…が,過去ではなく,**完了**を,つまり<u>未来の時点に</u>

おいて何かを完了していることを示すケースです．

たとえば，**must have V-ed**…なら「…し終えていなければならない」，**need to have V-ed**…なら「…し終えている必要がある」となるわけです．**have to V'**…も同じように使うことができます（ジーニアス英和大辞典によれば，should・ought toにも同様の使い方があるけれども，使用頻度は低いとのことです）．

must have V-ed…の実例が〔サンプル英文〕です．**before** you **can** apply for permanent residence「永住権を申請するためには」は，**目的**を示す表現です（Must 37参照）．よって，**must**は，「…にちがいない」という可能性の意味ではなく，**義務**の意味「…しなければならない」に響きます．

> 　　　　　　　┌ 国内にいることをし終える
> You **must have been** in the country for at least five years
> 　…しなければならない　　　　　　　少なくとも5年のあいだ

このとき，**have V-ed**…は，「…だった」という過去の意味ではありません．「（未来のある時点までに）…し終える」という意味です．よって「永住権を申請するためには，少なくとも5年のあいだ本国で暮らし（終え）ていなければならない」のようになります．

チャレンジ問題 **49**　※答えは章末にまとめて

have V-ed…に注意して訳してみよう．

1. Is it necessary for the individual therapist to have experienced at least some kind of crisis to be able to assist individuals toward recovery, as well as enhance the possibility that posttraumatic growth may occur? ※1

2. If we need to act for the sake of such common goods, in order to achieve our flourishing as rational animals, then we also need to have transformed our initial desires in a way that enables us to recognize the inadequacy of any simple classification of desires as either egoistic or altruistic. ※2

【例文ソース】
※1　Lawrence G. Calhoun, Richard G. Tedeschi (1999) *Facilitating Posttraumatic Growth: A Clinician's Guide*
※2　Alasdair MacIntyre (1999) *Dependent Rational Animals: Why Human Beings Need the Virtues* の一部を削除して使用

will have V-ed… ・
would have V-ed…の注意点

Samples

> **助動詞＋have V-ed**の意味を考え，和訳してみよう
>
> ① Some of the most serious issues facing us today **will have been solved** two or three centuries from now. ※1
>
> ② During a long period, groups of fishes **will have been compared** to each other in respect to their multiplicity, and groups of days to each other. ※2
>
> ③ A year and a half ago she **couldn't have believed** that such a feat was possible. ※3

●──…の頃には終わってる未来完了

　　will have V-ed…は，最初，未来完了として教わる表現です．

　〔サンプル英文①〕が未来完了の will have **V**-ed…です．two or three centuries from now「今後2～3世紀のうちに」が**期限**を示し，その期限までに，Some of the most serious issues facing us「我々が直面している最も深刻な問題の一部を」**will have been** solved「解決し終えているだろう」という意味です．

Some of … **will have been solved** <u>two or three centuries from now.</u>
　　　　〜し終えているだろう　　　　　　　（未来の）期限には

　　未来完了の **will have V-ed**…は，<u>未来のある時点までに完了していると予想されること</u>を表すものです．**will have** が**未来**を示し，過去分詞 **V-ed** が完了を示しています．

●──**未来完了ではない will have V-ed**

〔サンプル英文②〕はどうでしょうか？

during a long period「長い期間」という時情報がありますが，未来を示す表現は，この文にはありません．よってこの**will have been** compared は未来完了ではない，と感じられます．

　このような場合の**will have V-ed**…は，下記の文における**must have V-ed**…「…したにちがいない」と同じグループに入ります．

> 例文 She **must have left** already. 　　　「彼女はすでに発ったにちがいありません」

　他に**may have V-ed**…「…したかもしれない」，**cannot have V-ed**…「…したはずがない」，**should have V-ed**…「…したはずだ」なども同じグループです．いずれも，過去のある時点における出来事を，現在の時点から振り返って推量していることを示すものです．

　この will は，推量を示すものであって，未来を示すものではありません．このグループの**have V-ed**…は，過去を示すものです．

　サンプル英文②の訳は「長いあいだ，数という点からの比較は，魚の集合どうしの，また日にちの集合どうしの比較であったことだろう」のようになります．

●──**仮定法過去完了と混同しがちな would have V-ed**

　このように，未来完了ではなく，過去の事態についての現在の推量を表す**will have V-ed**…における will を過去形**would**にすると，will が示す推量に，控えめな態度が加わることになります．

> 例文 He **would have been** only fourteen years old **when she was born**.
> 「彼女が生まれたとき，彼はほんの14歳だっただろう」

　この**would have V-ed**…は，仮定法過去完了の主節と見かけ上は同じパターンです．典型的な仮定法過去完了は，次のような文です．

> 例文 **If** you **had left** earlier, you **would have caught** the bus.
> 「もっと早く出発していたら，そのバスに乗れただろうに」

現実「出発が遅れたので,そのバスに乗れなかった」を背景にして,現実の事態とは逆のことを仮定し,その仮定から導き出される帰結を述べる,というものです.

　これに対して, He **would have been** only fourteen years old には,現実の事態の逆である,という響きはありません.たんに,現在の時点から,過去のある時点での彼の年齢を推察していることを示しているだけです.

　まとめましょう. **will have V-ed**…には未来完了ではないことがある,また **would have V-ed**…には仮定法過去完了ではないことがある,ということです.

　これらはリーディングにおいてはきわめて重要な知識になります.過去についての推量にすぎない **would have V-ed**…を,仮定法過去完了だと思って解釈すると,意味が分からなくなるからです.

　〔サンプル英文③〕の **couldn't have V-ed**…は, **wouldn't have been able to V'**…「(たとえ望んでいたとしても,またしようとしたとしても)…できなかったであろう」という意味になります.

信じられなかっただろうに（でも信じた）←仮定法過去完了

she **couldn't have believed** that such a feat was possible.

できなかったであろう　←控えめな推量

　全体の訳は「1年半前は,彼女はこんな離れ業が可能だとは信じられなかったことでしょう」のようになります.

助動詞に着目して，その意味を考えてみよう．

1. It was a battle I couldn't have won. So I didn't try. ※4

2. Had there been a general election in 1990 Labour would probably have won. ※5

3. As wolves were present in the Late Pleistocene/Early Holocene across the whole of Asia, zoogeographically it is possible that dogs could have been domesticated anywhere between the Levant and China, including western Central Asia. ※6

4. The invention of cooking not only improved nutrition; it also led to the idea of a meal; of eating together at a specific time and place. This was something completely new. Earlier humans would have had to feed themselves alone as they foraged around, just like other animals.

【例文ソース】
※1　Barry B. Luokkala (2013) Exploring Science Through Science Fiction, p.165
※2　A. N. Whitehead (2011) Science and the Modern World, p.26
※3　Sandra Brown (2013) Charade
※4　Jason Manning (2002) Trail Town
※5　Keith Layborn (2002) Fifty Key Figures in Twentieth Century British Politics, p.153
※6　David R. Harris (2011) Origins of Agriculture in Western Central Asia: An Environmental-Archaeological Study, p.90

仮定法の節の注意点①

Samples

仮定法に注意しながら構造を考えてみよう.

① There were Jaguars, Mercedes, a couple of very nice Beemers, and a Cadillac Escalade that could have passed for a school bus had it been painted yellow. ※1

② She could imagine what it would be for her were she forced to live alone, without husband and children. ※2

　仮定法の文においては, たとえば次のように, if節の接続詞ifを省略したかたちがよく用いられます.

例文 〜 = If she had been in her mother's place,
Had she been in her mother's place she **would** have acted in exactly the same way. ※3

「彼女が母親の立場だったとすれば, 母親とまったく同じように行動していたであろう」

　ここで**Had she been** in her mother's placeは, **if she had been** in her mother's placeのifをはずして, hadを主語sheよりも前に置いたかたちです. 同様の変換には, 下記があります.

if S' were…	→ were S'…
if S' were to V'…	→ were S' to V'…
if S' had V'-ed…	→ had S' V'-ed…
if S' should V'…	→ should S' V'…

これらは，文頭にあるときにはifが省略されたケースだということが比較的簡単に分かりますが，文中や文末にあるときには気づきにくくなるようです．たとえば次の文はどうでしょうか？

> Anything that you do not usually do but would permit yourself were you invisible owes less to ethics than it does to caution or hypocrisy. ※4

この文の構造はAnythingが**S**，それにかかる関係節がthatからinvisibleまでです．owesがanythingの主動詞だからです．**S owes less to** Ⓐ **than it does to** Ⓑで「**S**は，Ⓑよりも Ⓐ に負っているところが少ない」→「**S**の原因は ⒶというよりむしろⒷである」となります．このlessは，他動詞owesの目的語，つまり名詞要素です．関係節の内部の構造はthatが**O'**，youが**S'**，not usuallyが副詞，doが**V'**で，さらにwould permitが**V'**で，yourselfが**O'**ですから，thatを含めて考えると，このpermitは**V + O + O**のかたちで用いられています．「…に…を許可する」という意味です（permit yourselfの直後にto doを置くと，もっと分かりやすくなります）．

ここまでで節の構成要素はすべてそろっているわけです．wereの主語はwereよりも前には存在しないので，後ろに求めるしかありません．wouldから，この文は仮定法ではないか，と考えることができれば，**were you** invisible = **if you were** invisible「姿が見えないとすれば」に気づくはずです．

Anything [that you do not usually do / but **would** permit yourself
　S
were you invisible] = if you were invisible
　　　　　　　　　　　　　　　　　　　　　　　(to do)

owes less to ethics **than it does to** caution or hypocrisy.

全体の訳は「普段はしないことだが，透明人間であれば自らに許可してしまう（→やってもかまわないと思ってしまう）ようなことはいずれも，倫理感ではなくむしろ，警戒心および偽善によるものである」のようになります．

〔サンプル英文①〕では, that が関係代名詞でS', pass for Xで「Xとして通用する」という自動詞表現です. ということは, had の主語になりうる要素がbusまでの部分には存在しない, ということです. またbeen paintedが受動態で, 後ろにはyellowという形容詞しかないことから, 元になる能動態はV + O + Cであることが分かります.

この2点, および過去形の助動詞 could があることから, **had it** been painted yellow全体が副詞節**M2'**であり, if節のifが省略された姿である, と感じられてくるはずです. ifを補えば, **if it had** been painted yellow「それが黄色く塗られていたとすれば」となります.

a Cadillac Escalade that **could** have passed for a school bus
had it been painted yellow ⌐ = if it had been painted yellow

全体の訳は, 「ジャガー, メルセデス, 数台のとても素敵なBMW, および黄色く塗られていていたとすればスクールバスとして通用するようなキャデラック・エスカレードが1台あった」のようになります.

〔サンプル英文②〕も, 構造を意識しながら, また助動詞wouldの存在を気にしつつ読む必要があります. imagineの目的語であるwhat節の内部の構造は, whatが**C'**, itが**S'**, would beが**V'**, for herが**M2'**で, ここまでで名詞要素の不足はありません. wereの主語は, for herまでの部分にはないわけです. さらに, she は主語にしかならない代名詞だということをしっかりつかめば, **were she** forced… = **if she were** forced…だと感じられてくると思います.

what it **would** be for her **were** she forced to live alone
= if she were forced live alone

全体の訳は, 「夫も子どももいない1人での生活を強いられたとすればどんなことになるのか, 彼女は想像することができた」のようになります.

仮定法に注意しながら訳してみよう

1. The human eye is moving all the time, so a virtual reality computer has to constantly calculate whatever images it would see were the virtual world real.

2. As we have fewer and fewer resources to devote to making America competitive in the global market, faith in our system, should these trends continue, will not be sustainable. [5]

3. The move to Stanford was a good one because it has given me the opportunity to work on issues that I could not have done as easily had I remained in a department of psychology. [6]

【例文ソース】

- [1]　King Hurley (2006) The Interview, p.81
- [2]　Vilhelm Moberg (2008) The Settlers
- [3]　John Fletcher (2021) Wuhan
- [4]　一橋大
- [5]　Chris Salamone, Gilbert Morris (2011) Rescue America: Our Best America Is Only One Generation Away の一部を削除して使用
- [6]　Joseph G. Ponterotto (2010) Handbook of Multicultural Counseling, p.53

仮定法の節の注意点②

仮定法に注意しながら訳してみよう.

He would have been a fool not to have made arrangements for that possibility. He was no fool. ※1

●── if 節の代わりに使われる様々な要素

仮定法は, 皆さんよくご存じのように, 現実とは逆のこと, そうでなければ可能性がかなり低いことを仮定し, その仮定の帰結を提示するものです. 通常, このような仮定を行うために**if S' V'**…が用いられます.

しかし, よく知られているように, **otherwise** などのいろいろな**副詞要素M2**が if 節の代わりに使われることが多々あります.

例文 We are outdoor people who believe wholeheartedly in nature, and we are also idealists; **otherwise**, we would have chosen another means of livelihood. ※2

「私たちは, 自然の価値を心から信じているアウトドア派であり, また理想主義者でもあります. そうでなければ, 別の生計手段を選んでいたでしょう」

この otherwise には, 本来の「それ以外の方法で」という元々の意味に加えて, if「…であるとすれば」という意味が加わっています. 「それ以外の方法であれば」→「もしそうでなければ」というように, 意味が変化するわけです.

　さて，if節は副詞節です．よってif節のように響かせることができる要素
は，基本的には副詞要素です．

例文 Probably **in different circumstances,** we would have become friends. ※3

　　「状況が違っていたら，おそらく私たちは友人になっていたことでしょう」

　in different circumstances「異なった状況で」は，前置詞＋名詞＝**副詞句**です．
仮定法の節（**would V**…・**would have V-ed**…）という環境のなかでは，この
本来の意味に**if**の意味が加わります．「状況が異なっていた**とすれば**」とい
う意味に変わるわけです．

　以上のような副詞要素は，とくに文頭に置かれている場合には，if節の代
わりだと見抜くのは容易です．しかし次のような文はどうでしょうか．

例文 Every child knows that a nation **that stopped working** would perish;
production must continue or society cannot continue.

　　「すべての子どもが，国というものは，働くことをやめれば，滅びてしまう，つま
　　り生産が継続されなければ，社会は存続することはできない，ということを知っ
　　ている」

　この文には，if節の代わりをつとめることができる副詞要素はありませ
ん．その代わりにあるのが**関係節**です．**Must** 78で学ぶことですが，不定のも
のを示す主語**S**に関係節が付いているときには，その関係節が，**if S' V'**…
「…である場合には」や**when S' V'**…「…であるときには」のように響くこ
とがあります．この文でも，**that stopped** working が **If it stopped** working
の代わりに用いられています．

> Every child knows that a nation **that stopped working** …
> ‖
> **If it stopped** working
>
> 　stops ではなく stopped になっていることにも注意．
> 　仮定法過去形のif節に相当する証拠です！

もう1つ注意すべきは, 次のように, **主語自体がif節のように響くケース**です.

A year or two more of war would have bankrupted the nation.

　「あと数年戦争が続いていたとすれば, その国は破産していたことだろう」

　ところで, 文頭にではなく文末にif節の代わりになる副詞要素が置かれているときには, それがif節の代わりをなしていることが格段に見抜きにくくなるようです. **to不定詞**がその役割をはたしているときにはなおさらです.

　〔サンプル英文〕がその実例です. まず, Heが**S**, would have beenが**V**, a foolが**C**です. よってnot to have made…は副詞句**M2**になります. **S is a fool.** 「**S**は馬鹿だ」は判断を示すものですが, ここでnot to have made…以下を「判断の根拠」とみなすことはできません (「判断の根拠」を示すto不定詞とは, You must be a fool to say things like that. 「そんなことを言うなんて, 君はきっと馬鹿なんじゃないか」のような使い方のことを言います).

　would have beenが仮定法過去完了形の主節のかたちであること, **to不定詞がif節の代わりになりうること**, に思い至れば正解です. つまり**not to have made** arrangements for…は**if he had not made** arrangements for…「…にそなえていなかったとすれば」として響いているわけです.

> He would have been a fool **not to have made** arrangements for …
> ‖
> **if he had not made** arrangements for…

　訳は「そうした可能性を考えてそれにそなえていなかったとすれば, 彼は馬鹿者だっただろうということだ. しかし彼は馬鹿者ではなかった」のようになります.

チャレンジ問題　**52**　※答えは章末にまとめて

仮定法に注意しながら，次の文章を訳してみよう.

1. I was reminded of this incident on the train the other day, on another crowded morning, as I watched a young man in an expensive suit slip into an open seat without so much as losing his place in the New York Times, smoothly beating out a silver-haired gentleman and a group of young women in trendy clothes. My first thought was that his mother would be ashamed of him. And then I thought, with some amusement, that I am hopelessly behind the times. For all I know, the older man would've been insulted to be offered a seat by someone two or three decades his junior. And the women, I suppose, might consider polite behavior toward themselves discrimination.[5]

2. It seemed desirable to present a single, integrated approach, the one which we consider to be most appropriate to language-teaching application at the same time as resting on sound theory, rather than to attempt a survey of the major current trends. Even as it is we have had to confine ourselves to the broad outlines of the subjects; to have discussed, without loss of cohesion, other approaches where these diverge from our own, unless we were merely to have skimmed the surface, would have demanded many times more space.[6]

【例文ソース】
※1　B. J. Daniels (2014) Deliverance at Cardwell Ranch
※2　(1974) Pulp and Paper Magazine of Canada, vol.75, p.46 の一部を削除して使用
※3　Patsy Barry (2022) Of Time and Tide の一部を削除して使用
※4　David Ogg (1986) Europe in the Seventeenth Century, p.260 の一部を削除して使用
※5　東京大
※6　M. A. K. Halliday, Angus McIntosh, Peter Strevens (1964) The linguistic Sciences and Language Teaching, p.299

修辞疑問

太字部分の意味を考えてみよう.

People become emotionally dependent on those who are close to them; they speak of shared lives and in terms of love and devotion. **Is there any guarantee that** feelings of even this level of intensity could not be stirred by a machine? If those qualities that lead people into the closest of relationships were understood, **would it not perhaps be possible to** simulate them and thereby stimulate the deepest of human emotions? ※1

●──疑問文の2つの役割

英文を読んでいると, 疑問文や間接疑問によく出会います. 疑問文にも間接疑問にも, おおざっぱに言って, 次の2つの役割があります.

❶ テーマを設定する役割
❷ 主張を反語的に補強する役割

❶は問いかけであり, ❷は主張です. 当然ですが, ❶は**主張を行う前に**現れ, ❷は**主張を行った後に**その主張の言い換えや具体化の節・理由づけの節などとして現れる, という傾向があります.

このうちの❷の疑問・間接疑問を, 英文法では「**修辞疑問** (rhetorical questions)」と呼びます. 簡単に言えば「反語」です. 反語であることが一番分かりやすいのは, 否定疑問です.

例文 We know that the mother tongue, at least in the initial phase, is not learned by writing the words or by rote or by knowledge of the rules of grammar. Writing is a subsequent phase, it comes much later. **Would the same not** be true for English language? ※2

> 「よく知られているように, 母語の習得は, 少なくとも最初の局面では, 単語を書くこと, 丸暗記, 文法規則についての知識のいずれによるものでもない. 書くことは, 次の局面であり, はるか後にやってくるものである. 同じことが英語にも当てはまるのではないだろうか?」

　この **Would S not V**…? というかたちは, **Wouldn't S V**…? という短縮形を用いた否定疑問のフォーマルなかたちです (一般に, 短縮形はインフォーマル, 非短縮形はフォーマルです). 使用頻度は劣りますが **Would not S V**…? というかたちも目にします.

　いずれにせよ, この1文は, **読み手に肯定の答えを要求**するものであり, したがって The same **would** be true…「同じことが…当てはまるだろう」という肯定の節として理解すべきものです.

●──否定疑問は肯定の節に変換して主張を読む

〔サンプル英文〕の最後の疑問文もこのかたちです. perhaps という副詞が割り込んでいるため, **would** it **not perhaps** be possible to V'…のままだと理解しにくいと思います. このようなときには, **肯定の節に変換して読む**, という方法が役立ちます. 実際, It **would perhaps** be possible to V'…「…することが可能であるかもしれない」とすれば, 理解は楽になります.

　なお, 否定疑問が間接疑問として現れると **whether S' does not V'**…となります (whether S' V'…or not とは not の位置・役割が違うことに注意してください).

　次の文の whether 節は「彼女の母親は…する人であるべきなのか, そうではないのか」を問うものではありません. この whether 節の元は, **Should her mother not** be the one who…「彼女の母が…する人であるべきではないのか」→「彼女の母が…する人であるべきである」という**主張を示す否定疑問**だからです.

例文 I asked **whether** her mother **shouldn't** be the one to make that decision.[※3]

「彼女の母親がその決断をする人であるべきではないのか，と私は尋ねた」

〔サンプル英文〕の２文目の疑問文はどうでしょうか？

Is there any guarantee that **S' V'**…？「…である保証はあるのか？」というただの疑問文も，反語になる可能性がつねにある，ということを覚えておいてください．ここでも **Is there** any guarantee that **S' V'**…？は「…である保証などない」**There is no** guarantee that **S' V'**…．として響いています．that 節の内部の **could not**「あり得ないであろう」とともに「…があり得ないという保証はない」という二重否定になっているわけです．主張は，「ありうる」です．

```
                ┌ =There is no guarantee that ～
Is there any guarantee that feelings of…could not be stirred by a machine?
                          二重否定
```

全体の訳は，「人々は，身近な人々に感情的に依存するようになる．人々は共有されている生活について語り，しかも愛情や献身といった観点から語る．このような強度の感情であっても，そうした感情を機械が呼び起こすことはあり得ないという保証はないのではないか（そうした感情を機械が呼び起こすことはあり得るのではないか）？　人々を最も親密な関係へと導くような資質が理解されれば，そうした資質をシミュレートし，それによって最も深い人間的感情を刺激することは，もしかしたら可能なのではないだろうか？」のようになります．

英文を読んでいて疑問文や間接疑問に出会ったら，❶テーマ設定のためのものなのか，❷反語なのかを考えるようにしてください．そして反語の場合には，以上のような変換を行ってみてください．

※答えは章末にまとめて

チャレンジ問題 **53**

修辞疑問を分かりやすいかたちに変換してみよう.

1. What is an artist, if not a perpetual outsider? ※4

2. In one respect, it seems to make a lot of sense to ask people directly about their emotions, because who should know better than they how they feel? ※5

3. Humans are not the only social animals. Arguably, they are not even the most social of animals. For example, does an ant ever seek out some time for itself, to be away from everyone else? ※6

【例文ソース】
※1　早稲田大
※2　Nisha Peshin (2022) Let Them Fly: My Tryst With Kids
※3　John D. Lantos, M.D. (1999) Do We Still Need Doctors? p.36
※4　Ian Volner (2017) Michael Graves: Design for Life, p.27
※5　Anthony D. Ong, Manfred H. M. Van Dulmen (2006) Oxford Handbook of Methods in Positive Psychology, p.250
※6　Roy F. Baumeister (2005) The Cultural Animal: Human Nature, Meaning, and Social Life, p.389

be＋V-ed＋to V'…の助動詞的な意味

太字部分に注意して訳してみよう.

① Society will **be required to** make adaptations to cope with global climate change. ※1

② The longer that dogs **are allowed to** crowd their people, the more they start to believe that this is the way things **are meant to** be. ※2

　ここでは, **be supposed to V'**…を始めとして, 頭に入れておくべき be ＋ V-ed ＋ to V'…をまとめておきたいと思います.

　be ＋ V-ed ＋ to V'…には, 義務の意味の助動詞と似た意味を持つものがあります. いずれも, 助動詞それ自体よりもフォーマルに響くものです.

　また, たとえば「…すべきだ」という意味であっても, 語り手の主観的な考えによってそうすべきだと言っているのではなく, ルールや慣習としてすべきだ, 仕事の一部なのですべきだ, などのように, **何らかの状況によってそうすべきだ**, という意味になります. この点で, 以下の表現は, must よりも **have to・need to** の方に, should よりも **ought to** の方に, may よりも **can** の方により近い, と言うことができます.

❶ must・have to 「…せざるを得ない」「…しなければならない」「…する必要がある」に相当するもの

　　be required to V'…　　be obliged to V'…
　　be forced to V'…　　be compelled to V'…

例文 We **are required to** sign the document.

「我々は，その文書に署名する<u>必要がある</u>」

例文 Many workers **are** now **forced [compelled · obliged] to** accept any job.

「多くの労働者が，今やどんな仕事でも受け入れ<u>ざるをえなくなっている</u>」

〔サンプル英文①〕の **be required to V'**… も，**need to V'**… 「…する必要がある」に相当します．訳は，「地球全体の気候の変化に対処するために，社会はさまざまなかたちで順応する必要が出てくるであろう」のようになります．

　これらの表現にnotが絡むときには，その位置に注意しなければなりません．**S is not** required to **V'**…ならば，notがrequiredを否定するので，「…**する必要はない**」という**許可**の意味になりますが，**S is** required **not** to **V'**…ならば，「…しない必要がある」，つまり「…**してはならない**」という**禁止**の意味になります．

　なお，**S is** required to **V'**…は，「…するためには**S**が必要である」という意味になる（つまりrequiredとto **V'**…とのあいだで切れている）こともあるので要注意です．

❷ **should · ought to** 「…するべきである」「…することになっている」に相当するもの

be advised to V'…	**be supposed to V'**…
be expected to V'…	**be meant to V'**…

※ただしbe meant toはイギリス英語でインフォーマル，とのこと（『ジーニアス大辞典』）

例文 You're **advised not to** smoke.　「禁煙すべきです」

例文 You're **supposed to** wear a seat belt when you drive, but not many people do.

「運転時にはシートベルトを<u>着用するべきだ（することになっている）</u>が，着用していない人が多い」

〔サンプル英文②〕の **are meant to** も，shouldの意味になるものです．the wayはここでは **as** の代わりですので，**the way** things **are meant to** be は，**as** things **ought to** be「あるべき姿」「本来の姿」の別バージョンです（この asについては Must 43参照）．

またare **allowed to** は，次の❸にあるように，**can**「…してもよい」の代わりです．全体の訳は，「犬は，飼い主に群がってもよい時間が長ければ長いほど，これこそがあるべき状態だと信じ始める」のようになります（なお，この文の最初のthatはなくてもよいものです）．

これらの表現にnotが絡むときには，その位置に注意する必要はありません．**S is not** supposed to **V'**…と **S is** supposed **not to V'**…の意味に大きな違いはなく，どちらも「…**するべきではない**」という意味になるからです．

なお，be **supposed** to **V'**…・be **expected** to **V'**…・be **meant** to **V'**…には，別の意味もあるので要注意です．be supposed to **V'**…・be expected to **V'**…は，「…すると考えられている」「…するとされている」など，筆者の主張ではなく，一般の人々の考え・予想であることを示す役割です．

例文 Interest rates **are supposed** [**expected**] **to** fall this year.
　　「利子率は今年下落すると考えられている（予想されている）」

❸ can・may「…してもよい」に相当するもの
　　be allowed to **V'**…　　be permitted to **V'**…

例文 You **are not allowed to** smoke here.　　「ここでは喫煙禁止です」

例文 You **are permitted to** take photos here.
　　「ここで写真を撮ってもかまいません」

なお，これらの表現も，notが絡むときには，その位置に注意しなければなりません．**S is not** allowed to **V'**…ならば，notがallowedを否定するので，「…することは許可されない」→「…**してはいけない**」という**禁止**の意味になりますが，**S is** allowed **not to V'**…ならば，「「…しないことが許可され

ている」,つまり「…**しなくてもよい**」という**許可**の意味になります.

❹ 最後に,**be meant to V'** …のもう1つの意味と,その類義表現を挙げておきます.それは,「**S**の目的は**V'** …することにある」「**S**は**V'** …するためのものである」というものです.この意味になる類義表現に,**be intended to V'** … ・**be designed to V'** …があります.

例文 Each of the steps **is meant to** solve a particular problem.

　「その手段のそれぞれが,特定の問題を解決するためのものです」

例文 The examination **is designed to** test your understanding of key concepts.

　「その試験の目的は,重要な概念についての理解を問うことにあります」

チャレンジ問題 **54** ※答えは章末にまとめて

次のそれぞれを訳してみよう.

1. Teachers are expected to be good at managing educational processes, both in the classroom and in their school as a whole.

2. In accordance with Frederick Winslow Taylor's principles of scientific management, someone else — someone much smarter than you — has thought carefully about what front-line workers should do. Front-line workers are not supposed to think; they are supposed to follow the rules. [3]

【例文ソース】
※1 Gareth Jones (2014) People and Environment: A Global Approach, p.100
※2 The Editors of Pets: Part of the Family (2000) PetSpeak: Share Your Pet's Secret Language!
※3 Robert D. Behn (2014) The PerformanceStat Potential: A Leadership Strategy for Producing Results, p.65

Answers

49 must have V-ed…〔must が義務の意味のとき〕

I.「個々のセラピストが，心的外傷後成長が生じる可能性を高めるのはもちろんのこと，一人一人（の患者）が回復するのを助けるためには，少なくとも何らかの種類の危機を自ら**経験している**必要があるのか？」

▶ **It is necessary to V'**…「…する必要がある」は，準助動詞 **need to V'**…に相当する表現です．to 不定詞の部分では，need to V'…の場合と同様に，通常は動詞原形を置きますが，この文では，**have** experienced…となっています．**to be able to assist**…「…を助けるためには」が目的を示すことから，この to have experienced…も，内容的に未来のことでなければなりません．It is necessary **to have** experienc**ed**…は，厳密に訳せば，「…を経験し終えている必要がある」となります．

2.「なるほどこのような共通の（社会的）利益のために，すなわち理性的生き物として繁栄を達成するために行動する必要があるのだが，我々はまた，欲望というものを単純に，利己的なものか利他的なものかに分類するだけでは不十分であることを認識することができるようなかたちで，最初に持っていた欲望のかたちを**変えてしまっている必要がある**」

▶ 1つ目の **need to** の直後は **act**…という動詞原形になっていますが，2つ目の need to の直後は **have transformed**…という have V-ed…になっています．先頭の if 節の内容と，主節の内容とが，**also**「さらに」という追加（プラスの関係）の連結副詞で結ばれているので，この need to have transformed…も，内容的には未来のことでなければなりません．

50 will have V-ed…・would have V-ed…の注意点

I.「それは，私にはどうあっても勝つ**ことができなかっただろう**闘い（勝ち目のない闘い）だった．だからぼくは挑戦しなかったんだ」

▶ この **couldn't have won** は，**wouldn't have been able to win**「勝つことはできなかったであろう」の意味であり，現在から過去時の能力を推量していることを示すものです．仮定法過去完了ではありません．

2.「1990 年に総選挙が行われていたとしたら，おそらく労働党が勝っていたであろう」

▶ would…have won は，仮定法過去完了です．なぜなら「1990 年に総選挙が行われていたとしたら」という，現実とは逆の仮定があるからです．1997 年のブレア政権まで保守党政権が続いた，という現実が前提になっています．

3.「オオカミは，後期更新世および前期完新世に，アジア全域に生息していたため，動物地理学的には，イヌは，中央アジア西部を含む，レヴァント地方から中国までのどの地域でも家畜化**された可能性がある**」

▶ この **could have been domesticated** は「家畜化された可能性がある」の意味であり，やはり推量です．なお，直前に **it is possible that**…「…である可能性がある」が置かれているので，この **could have been** domesticated はたんに **were** domesticated であってもかまいません．

4.「調理の発明によって，栄養が改善されただけではない．調理はまた，食事，すなわち決まった場所で，決まった時間に一緒に食べる，という考えにつながった．これはまったく新しいことであった．それ以前の人間は，動物とまったく同じように，食糧を探し回りながら，一人で食べなければならな**かったことだろう**」

- ▶ **would have had to** feed…「一人で食べなければならなかったことだろう」は，仮定法過去完了ではありません．earlier humans「調理を始める前の人類」の食事の仕方を，現在から振り返って推量している，ということを示す would have **V**-ed …です．

Must **51 仮定法の節の注意点①**

1.「ヒトの目はつねに動いている．それゆえ，バーチャル・リアリティのコンピュータは，バーチャルな世界がリアルな世界で**あったとした場合に**見えているいかなる像をも，たえず計算処理していなければならない」

- ▶ has to calculate「…を計算処理していなければならない」の目的語が whatever から最後までのかたまりです．この whatever は **Must** 83 で学ぶ，複合関係決定詞の whatever であり，**whatever images** it would see… = **any images that** it would see…「それが目にするはずの像のいかなるものも」となります．つまり that it would see…は関係節であり，関係代名詞 that が **O"**，it が **S"**，would see が **V"** であり，ここまでで名詞要素の不足はありません．ということは，ここまでに were の主語になるものはない，ということです．would の存在と，ここまでの構造とから，**were** the virtual world real が，**if** the virtual world **were** real「そのバーチャルな世界が現実であったとすれば」における if の省略形であることに気づくことができるかどうかが鍵です．

2.「米国がグローバル市場で競争力を高めるために割くことができる資源はますます少なくなっているため，このような傾向が続く**ようであれば**，米国のシステムに対する信頼は，持続可能なものではなくなるだろう」

- ▶ should の後ろには通常は V…が来るはずなのに，ここでは should の後ろが動詞ではなく，these trends という名詞だということから，**should** these trends continue = **if** these trends **should** continue「この傾向が続くのだとすれば」だと気づくかどうかです．疑問文あるいは否定の副詞要素の直後でないかぎり，should の後ろに名詞が置かれるのはこのケースしかありません．文全体としては，faith in our system が主語 **S**，will…be が **V**，sustainable が **C** です．主語 **S** と動詞 **V** のあいだに if 節が割り込んだかたちです．なお，**if S' should V'**…という表現自体は，仮定法に属するものではありません．

3.「スタンフォードへの移動は良いものだった．というのも，それによって私は様々な問題について，心理学科にとどまっていた**とすれば**，これほど容易にはなしえなかったはずの研究を行う機会が得られたからである」

- ▶ that I could not…以下は，work on issues を先行詞とする制限関係節です．関係代名詞 that を **O'** とすると，I が **S'**，could not have done が **V'** で，ここまでで名詞要

Answers

素に不足はありません．さらに，I は必ず主語です．よって **had** I remained…は **if I had** remained…です．**as** easily は，「スタンフォードで研究するのと同じくらい容易に」の意味の副詞句です．

Must 52 仮定法の節の注意点②

1.「先日の，またもや混雑していた朝の列車での以下の出来事を思い出した．高価なスーツに身を包んだ若い男が，ニューヨークタイムズ紙から目を離すことすらせずに，空いている席にすっと座った．その際，銀髪の紳士と，流行の服を着た女性たちを難なく出し抜いたのだった．まず浮かんだのは，その男の母親なら恥ずかしく思うだろうということだった．次いで，自分は絶望的に時代に遅れているな，と少し愉快に思った．おそらく，その年輩の男性は，20～30歳若い人に席を譲りましょうかと**申し出られれば**，侮辱されたと感じることになったであろうし，その女性たちも，自分たちに対する礼儀正しい振る舞いを，差別とみなすかもしれない，と思うのである」

> ▶ 6行目の For all I know…からの2文が，**would・might** があることから分かるように，仮定法（過去完了形と過去形）になっています．the older man が **S**，would've been insulted が **V** であり，insult には，insult O to V'…というかたちはありませんから，**to be offered**…は副詞要素 **M2** です．しかし「…するために」という目的の意味ではないことは明らかです．ここで，to 不定詞が if 節の代わりになりうることを思い出せれば正解です．**to be offered** a seat…が if 節の代わりで，「席を譲りましょうかと申し出られれば」という意味で響いています．

2.「現在の主要な趨勢を概観しようとするのではなく，1つの統合されたアプローチを，すなわち，確かな理論に基づいていると同時に，言語教育への応用にきわめて適していると考えられるアプローチを，提示することが望ましいように思われた．そうではあるが，我々は，そうしたアプローチの様々な主題について大雑把な概略を述べるにとどめざるを得なかった．他のアプローチが我々のものとはかけ離れたものである場合に，そうした他のアプローチについて，一貫性を失うことなく論じ**ていたとすれば**，表面をなぞるだけといったことにならないようにする限り，何倍もの紙面が必要になっていたことだろう」

> ▶ 5行目のセミコロン〔;〕以下の理解が難しいところです．**to have discussed**…から our own までが長い主語 **S** で，その内部では，have discuss**ed** が **V'** without loss of cohesion が副詞句 **M2'** other approaches が discussed の目的語 **O'** です．unless から surface までは，主節のなかにあって，後ろの述部を修飾している副詞節 **M2** です．そして **would have** demand**ed** が主動詞 **V**，many times more space が **O** です．would have demanded…はここでは仮定法過去完了ですが，ポイントは，主語の **to** have discussed…が，同時に if 節の役割をはたしている，ということです．**If we had discussed**…，**it** would have demanded…として読みましょう．

Must 53 修辞疑問

1.「永遠のアウトサイダーでないとすれば芸術家は何だというのか？」→「芸術家は永遠のアウトサイダーに他ならない」

▶ **What is S if not** A ？「S は，A でないとしたら何なのか？」は，**S is nothing other than** A「S はまさに A に他ならない」と書き換えることができるものです．

2.「ある点では，人々に直接的に感情について尋ねることは，大いに理に適っているようにみえる．というのも，自分の感情のあり方を，自分以上によく知っている人などいないからである」

▶ 理由を示す **because** 節の中に疑問文が入っていることから，この疑問文が，問いかけではなく，主張であることが分かります．つまり修辞疑問です．**Who should know**…？「…を誰が知っているというのか？」→「…を誰も知らない」**Nobody knows**…．という意味変化です．

3.「人間が唯一の社会的動物なのではない．人間は，最も社会的な動物でさえない，と言ってもよい．たとえば，1匹のアリが，自分のための時間を，つまり他のすべてのアリから離れているための時間を見つけ出そうとすることなどあるのか？（決してないだろう）」

▶ **For example** は，以下のことが実例であることを示します．実例が問いかけではおかしいので，修辞疑問です．**does** an ant **ever** seek out…？「1匹のアリが…を見つけだそうとすることなどあるのか？」→「1匹のアリが…を見つけだそうとすることなど決してない」an ant **never** seeks out…という意味変化です．アリも social animals だ，という主張です．

Must 54 be ＋ V-ed ＋ to V'…の助動詞的な意味

1.「教師は，教室においても学校全体においても，教育のプロセスを上手に管理する能力を持っているべきである」

▶ ここでの **are expected to** は「…することが予想される」の意味ではなく，「…するべきである」の意味です．ジーニアス英和大辞典によれば，be supposed to よりも意味が強いそうです．

2.「フレデリック・W・テイラーの科学的管理法に関する諸原理に従うならば，別の人（労働者よりもはるかに賢い誰か）が，現場の労働者が行うべきことについてすでに慎重に考えてくれている．現場の労働者は考えるべきではなく，（誰かが決めた）その規則に従うべきである，ということである」

▶ what front-line workers should do における **should** が，2文目の **be supposed to** の意味を教えてくれています．

英語リーディングの鬼100

第 7 章

動詞と文型の注意点

There is構文の注意点

訳してみよう.

① **There were** some boys play**ing** a game when we got there. ※1

② **There were** rocks weigh**ing** from 200 to 400 pounds each. ※2

　ここでは，**There is**構文と呼ばれるもののうち，**There is**＋名詞句の後ろにさらに，その名詞句の述部となりうる要素が続くケースを取り上げます.

● ── **There is** をはずせる文・はずせない文

　〔サンプル英文〕の2つの文を比べてみましょう. どちらも，**There is**＋名詞句＋現在分詞V'-ing…となっている点では同じです.

　けれども，**playing** a game「ゲームをしている」と，**weighing** from 200 to 400 pounds each「それぞれ200〜400ポンドの重さがある」という2つの現在分詞句には, 前者は一時的だが, 後者は永続的である, という違いがあります. 実際, いつものように, **関係代名詞＋be動詞**を補ってみると, それぞれ以下のようになります.

① There were some boys playing a game when we got there.
who were

② There were rocks **weighing** from 200 to 400 pounds each.
which were

②の文が間違っているのは，weighは「…の重さがある」という意味の連結動詞であり，よって状態動詞の1つであるため，were weighingという進行形にすることはできないからです．②の訳は「それぞれ200〜400ポンドの重さがある岩があった」となります．

他方，①の**playing** a gameのように，一時的なことを示す要素がThere is＋名詞句の後に続いているときには，**There is** を使わない文に変換することができます．

> There were <u>some boys</u> **playing** a game …
>
> → <u>Some boys</u> **were playing** a game …

この変換は簡単です．**There were** を省き，分詞**playing**の直前に**be**動詞**were** を置く，これだけです．このように変換しても意味が変わらない，ということは〔サンプル英文①〕では，「複数の男子がゲームをしていた」ことに力点があり，There were には「…がいる」という意味がほとんど感じられなくなっている，ということです．訳も「我々が到着したとき，男の子たちがゲームをしていた」のようになります．

この変換は，次のように，名詞句の後ろに一時的な状態を示す形容詞を置いているケースにも当てはまります．

例文 **There were** a dozen people **absent** from the office. ※3
　　→ A dozen people **were absent** from the office.
　　「12人がオフィスに不在だった」

この **absent** 「欠席している」のように，一時的な状態を示す形容詞としては，**present** 「出席している」，**missing** 「欠けている・行方不明である」，**asleep** 「眠っている」などの形容詞の他，**in [at] play** ・ **at work** 「作用している」などの前置詞句があります．

名詞句の後ろの要素が**to不定詞**となるケースもあります.

例文 **There is** still a major problem **to be addressed**, though [※4]

「しかし,さらにもう1つの大きな問題に<u>取り組まなければならない</u>」

この文では,to不定詞の**to**が,法助動詞**have to**「…しなければならない」という響きになっています.つまり A major problem still **has to** be addressed. → **We** still **have to** address a major problem. のように変換できるわけです.

他方,〔サンプル英文②〕の**weighing** one kilogram each は,このような変換を行うことはできません.この文では,**rocks** weighing from 200 to 400 pounds each の rocks と weighing…以下とは,切り離すことができないからです.両者を切り離すことができないことは,たとえば次のように,rocks weighing…以下全体を,別の節の目的語にすることができることから明らかです.

例文 **The bears are capable of lifting rocks** weighing 200 pounds as they search for food.

「<u>その熊たちは食物を探すときに200ポンドの重さがある岩を持ち上げることができる</u>」

最後に,There is構文には,次のような使い方があることを確認しておきましょう.

例文 **There is no way in which** we can escape interpretation.

「我々は解釈を逃れることは<u>決してできない</u>」[※5]

太字部分の全体を,**in no way**「決して…ない」という副詞句のみに置き換えることができます.**There is**を省き,**no way**という先行詞を関係代名詞**which**に入れて読む,という簡単な変換でin no wayに至ることができます.ただし,否定の副詞が文頭になるので,下のように,倒置が生じますが.

In no way can we escape interpretation.

there is・there areをはずして書き換えた上で訳してみよう.

1. There are probably other factors at work that account for this gap. ※6

2. There are several issues to be addressed before the system can be marketed.

3.There is a sense in which both the teacher and the taught bring something to the classroom and it is there that a transaction occurs. ※7

【例文ソース】
※1　Patti Dickinson (2012) Coach Tommy Thompson and the Boys of Sequoyah, p.138
※2　Elwood Way (1985) History of State Horticultural Association of Pennsylvania, 125 years, p.19
※3　L. H. Maynard, M. P. N. Sims (2003) Darkness Rising 7: Screaming in Colours, p.129
※4　Dominique Paret, Hassina Rabeine (2022) Autonomous and Connected Vehicles: Network Architectures From Legacy Networks To Automotive Ethernet, p.326
※5　Michael Shanks, Christopher Tilley (2016) Re-constructing Archaeology: Theory and Practice
※6　OECD (2013) OECD Skills Outlook 2013 First Results from the Survey of Adult Skills, p.106
※7　Wang, Liang, Cheng, Li, Zhao, Guoying (2009) Machine Learning for Human Motion Analysis: Theory and Practice, p.76
※8　Peter Jarvis (2004) Adult Education and Lifelong Learning: Theory and Practice, p.196

因果関係の動詞①

Samples

論理関係を意識しながら読んでみよう.

① Much of the genetic diversity in this region arises from its geographic complexity.

② Economic difficulties contributed to the collapse of democracy in Korea in 1961 and the passing of the brief democratic moment there in 1980. [*1]

　英文を読んでいると,因果関係を示す様々な動詞表現に出会います.とりわけ自然科学系の英文では,このグループの動詞はきわめて重要です.<u>原因→結果の連鎖を説明することがそうした英文の主目的となることが多いからです</u>.

●──「A= 原因・B =結果」の関係を意識して読む

　最も基本的な因果関係動詞は **cause** です.A causes B において A =原因,B =結果です.訳し方は「A が B の原因である」「A の結果が B である」「A は B を引き起こす」「A から B が生じる」などいろいろ考えられますが,訳を求められない限りは,**A＝原因・B ＝結果,という関係を意識する**だけで十分です.

　このことは, **produce**・**create**・**generate** などの動詞にも当てはまります. 2語の句動詞 **bring about**・**result in**・**lead to**, 3語の **give rise to** にも当てはまります(もちろん少しずつイメージが異なりますが,多くの場合

置き換え可能なものです）.

例文 Climate change will **lead to** a decrease in rainfall.
「気候変動は, 降水量の減少につながるであろう」※2

あたり前のことですが, 他動詞 cause・produce などは**受動態にすると主語Sが結果になります**.

例文 If the Second Cold War **was generated by** a change in US policy, it was a change in Soviet political thinking that **brought about** the end of the Cold War. ※3
「なるほど第二次冷戦（新冷戦）の原因は米国の政策変更であったが, 冷戦の終焉をもたらしたのはソビエトの政治的思考の変化であった」

さらに, 因果関係を比喩的に示すいくつかの表現があります.

A **triggers** B　「Aが B の引き金を引く」
A **contributes to** B　「Aが B に貢献している」→「A は B の一因である」
A **accounts for** B・A **explains** B
　「Aは B の説明となる」→「A は B の理由を与えるものである」
A **is responsible for** B　「Aは B に責任を負っている」
A **is to blame for** B
「Aは B のことで責められるべきものである」→「A は B の原因である」

例文 The 16th- and 17th-century geopolitical situation **explains** the appearance of the Armenians in Transylvania. ※4
「16世紀および17世紀の地政学的状況が, トランシルバニアにおけるアルメニア人の出現の説明となる」
　→「16世紀および17世紀の地政学的状況を見れば, トランシルバニアにおけるアルメニア人の出現の理由がわかる」

〔サンプル英文②〕の contribute to についても, 主語 economic difficulties「経済的難局」が**原因の1つ**であり, 目的語 the collapse of democracy in Korea in 1961 and the passing of the brief democratic moment there in 1980

279

「1961年の韓国における民主主義の崩壊および1980年の韓国における束の間の民主主義の消滅」が**結果**，という関係が分かれば**OK**です．やわらかい訳にすれば「経済的な難局が一因となって，韓国では1961年に民主主義が崩壊し，また1980年に束の間の民主主義が消滅した」などとなります．

　動詞ではなく，名詞を使った表現としては，Ａ **is a [the] cause of** Ｂ「Ａは（が）Ｂの原因である」があります（冠詞がa(n)のときには，Ｂの原因はＡ**以外にもある**，ということを，**the**のときには，**Ａがとの唯一の原因である**，ということを示します）。

　このa causeの類義語にはa **factor**「要因」，a **source**「源」があります．（また因果関係そのものではありませんが，an **explanation**「説明となるもの→理由」，an **argument**「論拠」など，理由づけを示す名詞も大切です．）

●──「A＝結果・B＝原因」の関係の動詞に注意

　次に，因果が逆，つまりＡ＝結果・Ｂ＝原因という関係を示す動詞表現です．最も基本的なものはＡ **comes from** Ｂ・Ａ **comes out of** Ｂです．Ａ **comes from** Ｂ＝Ａ **is caused by** Ｂです．このcomeの代わりに置くことができる類義語として，**arise・result・follow・spring・stem・derive・spring・emerge**などがあります．

　〔サンプル英文①〕の**arise from**はこれらのうちの１つです．主語much of genetic diversity in this region「この地域の遺伝的多様性の多く」が**結果**であり，its geographic complexity「その地理的複雑性」が**原因**です．

Much of the genetic diversity … **arises from** its geographic complexity.
　　　　結果　　　　　　　　　　　　　　　　　　　原因

「この地域の遺伝的多様性をもたらしているのはこの地域の地理的な複雑さである」のようになります．

　同じ関係を示す名詞表現は，Ａ **is a [the] result of** Ｂ「Ａは（が）Ｂの結果

である」です. この a result の類義語は a **consequence**「結果」, a **product**「産物・結果」, an **outcome**「結果」, a **function**「結果」などです.

例文 <u>Cultural distance</u> **is a function of** <u>linguistic differences</u>.
「<u>文化的な距離は 言語的差異の結果である</u>」

チャレンジ問題 **56** ※答えは章末にまとめて

因果関係の表現に注意しながら読んでみよう.

1. Increased mobility and population density has exacerbated the threat of another global pandemic. [5]

2. Strangely, although people with Parkinson's have impairments in movement and voice control while awake, recordings of movements and talking in their sleep show that they regain their normal voice and move without tremors. Some researchers think this is because the sleeping actions initiate in the brain stem, whereas it is problems in the motor cortex that may be responsible for tremors and other impairments when people are awake. But as Parkinson's is caused by a lack of the neurotransmitter dopamine, the increased dopamine levels seen during REM sleep might also explain the restored coordination. [6]

【例文ソース】
※1　Stephen Haggard, Robert R. Kaufman (2018) The Political Economy of Democratic Transitions, p.327
※2　M. A. van Drunen, R. Lasage, C. Dorland (2006) Climate Change in Developing Countries, p.72
※3　Steve Phillips (2001) The Cold War: Conflict in Europe and Asia, p.189
※4　Máté Tamáska (2018) Armenian Townscapes in Transylvania, p.37
※5　早稲田大. 一部を変更して利用
※6　東邦大医学部

因果関係の動詞②

論理関係を意識して，意味を考えてみよう．

① He attributes his failure to a lack of effort. [1]

② Competition makes it more difficult for companies to earn high returns on capital. [2]

因果関係を示す動詞には，前のセクションで学んだものに加えて，慣れておくべきものが少しあります．

その１つに **attribute・ascribe** があります． **attribute [ascribe] A to B** には，以下の２つの意味があります．

❶= **think** that A **is caused by** B
　「A の原因は B だと考える」
❷= **think** that B **has the attribute of** A
　「B は A という性質を持っていると考える」

❶の例が〔サンプル英文①〕です．その逐語訳は「彼は，自分が失敗したのは，努力が足りなかったからだと考えている」となります．

ついでに❷の attribute の例も挙げておきます．

例文 We would not **attribute** intelligence **to** a factory robot that only repeats the same movements over and over again. [3]

　「同じ動きを何度も繰り返すだけの工場用のロボットに 知性があると考えたりはしないだろう」

　S makes O C および **S makes O V'**（原形）…も，因果関係を示すものとして頭に入れておきたいものです．いずれも主語**S**が無生物のとき，**S**は原因を示し，**O C**（つまり **O becomes C**「**O**が**C**になること」），**O V'**…（つまり「**O**が**V'**…すること」）が結果を示す，という関係です．

　〔サンプル英文②〕がこの **S makes O C** の例です．主語 competition「競争」が原因で，目的語の **it** すなわち **for** companies **to** earn high returns on capital「会社が高い資本収益を上げること」が more difficult「より難しく」なることが**結果**，という関係です（**it** は形式目的語で，**for** 以下の主語つき **to** 不定詞がその **it** の内容です）．

> Competition **makes** it more difficult for companies to earn high returns on capital.

　訳は「競争があるために，企業は高い資本収益を上げることが難しくなる」のようになります．

　S makes O C と同様，**S leaves O C** もよく使われます．これも主語が原因で，「**O**が**C**になる」ことが結果，という関係です．次例で，her が **O**，speechless が形容詞句で **C** です．

例文 The letter **left** her speechless.
　　　　S　　　　　O　　C　　「その手紙が原因で彼女は口がきけなくなった」
　　　　　　　　　　　　　　　→「その手紙を読んで彼女は言葉を失った」

　次は **S makes O V'**…の実例です．the dress が**原因**，you look fat「太ってみえる」ことが**結果**，という関係です．

例文 The dress **makes** you look fat.　「そのドレスが原因で君は太ってみえる」
　　　　S　　　　　　　O　　V'　　　　→「そのドレスのせいで太ってみえる」

　S makes O V'…（原形）は，ヒトが主語であるときには，下記のように，**force O to V'**…「**O**に**V'**…するよう強いる」に似た意味になりますが，無生物主語のときには，この強制のイメージが消え，**S causes O to V'**…「**S**

が原因で**O**が**V'**…することになる」の意味になるわけです.

例文 His mother **made** him clean up his room.
　　　　S　　　　　　　O　　V'　　「母親は彼に自分の部屋を片づけさせた」

　その**S causes O to V'**…に加えて, **S leads O to V'**…も, 主語が原因で
あり, **O to V'**…「**O**が**V'**…すること」が結果を示します.

例文 Changes in the weather including higher than usual levels of rainfall

has **led** the disease **to** become a major regional concern. ※4

「例年を超える降雨量などの天候の変化が原因で, その疾患は, この地域の大き
な問題となっている」

　また「あるコト・モノが原因で何かが可能になる」という意味での因果
関係を示すものに, **S enables O to V'**…・**S allows O to V'**…・**S per-
mits O to V'**…・**S helps O [to] V'**…・**S makes it possible to V'**…など
があります.

例文 Such improvements have **enabled** patients **to** recover faster,

experience less pain, and enjoy overall better clinical outcomes. ※5

「このような改善のおかげで, 患者の回復が早まり, 痛みが軽減され, 全体とし
ての臨床的転帰の改善が可能になった」

例文 This app **allows** patients **to** easily obtain accurate information about

their health and to keep track of it over time.

「このアプリのおかげで, 患者は, 自分の健康状態についての正確な情報を容易
に得ることができ, また時系列でその経過を追跡することができる」

　反対に,「あるコト・モノが原因で何かが不可能になる」という因果関係
を示すのが, **S prevents O from V'-ing**…・**S makes it impossible to V'**
…などです.

　さらに, **owing to** A（＝ **because of** A）「A が原因で」という前置詞の
元の姿である**S owes** A **to** B「**S**の A は B が原因である・**S**の A は B の
おかげである」があります.

例文 Ecosystems **owe** their resilience **to** the fact that they are inhomogeneous in structure, interdependent and form part of a network.

「生態系に回復力がある<u>のは</u>, 生態系は構造が不均等で, 相互依存性があり, ネットワークの一部をなしている<u>おかげである</u>」

チャレンジ問題 **57**　　　※答えは章末にまとめて

動詞が示す論理関係に注目して訳してみよう.

1. An autopsy ascribed the baby's death to sudden infant death syndrome. ※6

2. High inflation makes it more difficult for businesses to estimate the return on investments. ※7

3. That lots of people now have more comfortable and affluent lives owes far more to changes in the economy than to greater equality of opportunity. ※8

4. Any grouping of human beings has its own world: a certain range of knowledge and certain modes of evaluation. Such a worldview is subject to constant modification as time rolls on. Nor can its association with the particular grouping prevent it from being adopted, to a greater or a lesser extent, by members of some other grouping. ※9

【例文ソース】
※1　Eric M. Anderman, Lynley H. Anderman (2020) Classroom Motivation: Linking Research to Teacher Practice, p.77
※2　John L. Maginn, Donald L. Tuttle, Jerald E. Pinto (2010) Managing Investment Portfolios: A Dynamic Process の一部を削除して使用
※3　Rolf Pfeifer, Christian Scheier (2001)　Understanding Intelligence, p.20 の一部を変更して使用
※4　Daljit Singh (2015) Southeast Asian Affairs 2015, p.311 の一部を削除して使用
※5　Charles E. Yesalis, Robert M. Politzer, Harry Holt (2012) Fundamentals of US Health Care: Principles and Perspectives, p.213
※6　David L. Bender, Bruno Leone (1990) Criminal Justice Annual 1990, p.72 の一部を削除して使用
※7　Benjamin Gui Hong Thong (2019) Economics for Gce A Level: The Complete Guide, p.279
※8　Steve Bruce (2018) Sociology: A Very Short Introduction の一部を削除して使用
※9　Roger D. Sell (1999) Modernist Readings Mediated: Dickens and the New Worlds of Later Generations

主要な関係動詞

動詞が示す関係を意識しながら読んでみよう.

① Human behavior is determined by factors over which individuals have no choice. ※1

② Each lecture is followed by a time for questions and dialogue. ※2

③ The rise of science has been accompanied by a progressive decline in religious belief. ※3

④ Yesteryear's job for life is replaced today by short-term contract work. ※4

⑤ Culture is reflected in language. ※5

⑥ The decision represents a departure from previous doctrine. ※6

⑦ To answer this question requires close examination of a broader theory and classification of knowing. ※7

　ここでは因果関係以外の関係を示す主な関係動詞をまとめておきます. いずれもリーディングの際によく出会うものです. それぞれが示す関係を素早くつかむために, それぞれの類似表現に慣れるとともに, 受動態があるときには, それにも十分に慣れておいてください.

❶ 条件・依存関係

　A decides B・A determines B, その受動態の B is decided by A・B is determined by A, その同義表現の B depends on A「BはAによって

決まる」は，Ａ がＢを**条件づけている**，Ａ がＢを規定している，という関係を
示します．

例文 Many people believe that the child's family environment **determines** his or her development.

「家庭環境によって子どもの発達が決まると信じている人が多い」

= Many people believe that the child's development **is determined by** his or her family environment.

= Many people believe that the child's development **depends on** his or her family environment.

「子どもの発達を決めるのは家庭環境であると信じている人が多い」

〔サンプル英文①〕の訳は，たとえば「人間の行為を決めているのは，個人には選択することができない要因である」のようになります．

❷ 前後関係

Ａ **follows** Ｂ 「Ａ の前にＢがある」・Ｂ **precedes** Ａ 「Ｂの後にＡ がある」．
これらも他動詞なので，受動態があります．どちらが前で，どちらが後かを
素早くつかむために，次の例で十分に慣れておきましょう．

> The conference **was preceded by** a reception.
> 「その会議の前にレセプションがあった」
> A conference **followed** the reception. 「そのレセプションの後に会議があった」

> The crash **was followed by** an explosion. 「その事故の後に爆発が起きた」
> A crash **preceded** the explosion. 「その爆発の前に事故があった」

〔サンプル英文②〕の訳は「それぞれの講義の後に質問および対話の時間を
設けています」のようになります．

❸ 付随関係

Ａ **accompanies** Ｂ. は，前提としてＢがあって，そのＢにＡ が付随して
いる（くる），という関係を示します．Ｂが前提になるものなので，Ｂ **is ac-**

companied by Ⓐ という受動態で使われることが多い表現です.

例文 Poverty **is** often **accompanied by** ill health.

「貧困は健康上の問題を伴うことが多い」※8

〔サンプル英文③〕の訳は「科学の進歩とともに,宗教的信心は徐々に衰退してきた」のようになります.

❹ 置換関係

Ⓐ **replaces** Ⓑ・Ⓐ **takes the place of** Ⓑ 「ⒶがⒷに取って代わる」.つまりⒶ replaces Ⓑは, **not** Ⓑ **but** Ⓐ「ⒷではなくⒶ」という**置換関係**を示す他動詞です.

Ⓑ **is replaced by** Ⓐ という受動態になっているとき,関係がつかみにくくなるようなので要注意です.Ⓑが元々あったもの,Ⓐ がそれに取って代わった新しいものです.

例文 The smile disappeared and **was replaced by** a scowl.

「その微笑みが消え,代わってしかめ面になった」

〔サンプル英文④〕の訳は「かつてのような一生の仕事の代わりに,今日では短期契約労働が主流になっている」となります.

❺ 反映関係

Ⓐ **reflects** Ⓑ・Ⓐ **mirrors** Ⓑ・Ⓑ **is reflected in** Ⓐ・Ⓑ **is mirrored in** Ⓐ はいずれも,Ⓐ が鏡であり,Ⓑがその鏡に映っている像である,という関係を表すものです.ⒶがⒷを映し出している,ⒶにおいてⒷを見て取ることができる,という関係です(だから受動態のときの前置詞がinになるわけです).

┌─ Language **reflects** social changes.

└─ Social changes **are reflected in** language.

「言葉は社会変化の反映・鏡だ」「言葉は社会変化を映し出している」「言葉には社会変化を見て取ることができる」

〔サンプル英文⑤〕の訳はたとえば「言葉を見れば,文化がいかなるものか

が分かる」「文化を映し出すものは言葉である」のようになります.

❻ 表示関係

「示す」「意味する」という意味の他動詞, とりわけ **represent** は, 無生物主語のときには, **be**動詞のように響くことがあります. よって「…スル」ではなく「…シテイル」「…デアル」という訳語をあてる方がベターです.

例文 This contract **represents** 20% of the company's annual revenue. ※9

「この契約は本社の年間収入の20%にあたる」

〔サンプル英文⑥〕の訳は「この決断は, 以前の方針を脱却することを意味している」「このように決断したということは, 以前の方針を脱却したということである」のようになります.

❼ 目的・義務関係

Ⓐ requires Ⓑ・Ⓐ demands Ⓑ・Ⓐ needs Ⓑ など「Ⓐ にはⒷが必要である」という意味の動詞は, Ⓐ・Ⓑが動詞・形容詞の名詞化(**Must** 15参照)であるときには, Ⓐ が目的, Ⓑが義務, という関係を示すものになります. 次の変換を頭に入れましょう.

例文 Success **requires** hard work.

＝**In order to** succeed, you **need to** work hard.

「成功するためには勤勉である必要がある」

〔サンプル英文⑦〕は, 下記に相当します.

> **In order to** answer this question, we **need to** examine closely a broader theory and classification of knowing.

訳は「この問題に答えるためには, 知るということについてのより広範な理論および分類を綿密に検討する必要がある」のようになります.

動詞が示す関係に着目して，自然な訳語に変換してみよう．

1. The way you think is reflected in the way that you act. ※10

2. For guardians of science, science represents a crucial and important aspect of culture and reflects important social values. ※11

3. The part of speech to which a word belongs is determined only by its function in the sentence. ※12

4. The agricultural economy was replaced by market capitalism during the Industrial Revolution. ※13

5. Standard keyboard input requires some familiarity with the layout of the keys. ※14

6. This peaceful gathering was followed by spontaneous demonstrations elsewhere in the city. ※15

7. The decline in mental fitness associated with Alzheimer disease is accompanied by physical changes in the brain. ※16

【例文ソース】

※1　Charles H. McCaghy, Timothy A. Capron, J. D. Jamieson (2016) Deviant Behavior: Crime, Conflict, and Interest Groups, p.63

※2　Diantha Dow Schull (2013) 50+ Library Services: Innovation in Action, p.231

※3　Hannelore Wass, Robert A. Neimeyer (2018) Dying: Facing the Facts の一部を削除して使用

※4　Anthony Elliott (2015) Identity Troubles: An Introduction, p.63 の一部を削除して使用

※5　Stanley Barrett (2009) Anthropology: A Student's Guide to Theory and Method

※6　Eileen Braman (2009) Law, Politics, and Perception: How Policy Preferences Influence Legal Reasoning, p.55 の一部を削除して使用

※7　M. Estep (2013) A Theory of Immediate Awareness: Self-Organization and Adaptation in Natural Intelligence, p.6

※8　Richard Schmitt (2009) An Introduction to Social and Political Philosophy: A Question-Based Approach, p.163

※9　Martin Manser (2010) 1001 Words You Need to Know and Use: An A-Z of Effective Vocabulary

※10　Dustin Vaughn Warncke (2001) There is Power in Living: An Inspirational and Practical Guide to Living, p.15

※11　Liu Dachun, Yang Huili, Fan Shanshan (2022) Reconsideration of Science and Technology III: An Open World の一部を削除して使用

※12　Brainerd Kellogg, Alonzo Reed (2021) Higher Lessons in English の一部を削除して使用

※13　Mark Vincent Cerasale, Merlin Stone (2005) Business Solutions on Demand: How to Transform from a Product-led to a Service-led Company, p.236

※14　Kent L. Norman (1991) The Psychology of Menu Selection: Designing Cognitive Control at the Human/Computer Interface, p.44

※15　Kei Hiruta (2021) Hannah Arendt and Isaiah Berlin: Freedom, Politics and Humanity

※16　Ian Archer (2006) Food for Thought, p.46 の一部を削除して使用

受動態への対処法

受動態に気をつけて訳してみよう.

① Culture **must be seen** in terms of fluidity, as culture is evolving and open. ※1

② Whorf claimed that our view of the world **is determined by** language. ※2

いきなりですが, 受動態を用いる動機は何でしょうか? 複数の動機があるように思われます.

❶能動態における主語を伏せておきたい
❷能動態にしようとしても主語を設定できない
❸能動態のときに使う主語を避けたい
❹能動態のS→Oという順序をO→Sという順序に逆転させたい
❺設定したいと思っている主語が受動態でしか設定できない

といったものです. まずは❶〜❸の動機による受動態を見てみましょう.

●──この主語では能動態で語りづらい

あ)The tower **was built** in 1984.
「その塔が建てられたのは1984年です」

い)Little **is known** about the cause of the disease.
「その疾患の原因についてはほとんど知られていない」

う)The delay in addressing this matter **is to be regretted**.
「本件に対する対処が遅れていることは遺憾です」

え）The sun **was formed** billions of years ago.
「太陽が<u>形成された</u>のは何十億年も前のことだ」

　それぞれ，能動態にしようとしても，あ）は，建てた人が**誰か分からない**，あるいは問題ではないというケース，い）は，病気の原因が分かっていないことに力点があるので，**誰が知っていないかは問題にならない**というケース，う）では，**主語がI「私」になってしまうのを避けたいケース**，え）は，まさに**誰が形成したか言えないケース**，です．

　〔サンプル英文①〕は，能動態にするとすれば，一般人称の**we**や**you**が必要になるケースです．この文ではヒト主語になるのを避けたい，つまり<u>主語の位置にculture「文化」を据え，それがテーマであることをはっきり示したい</u>という動機から受動態が選択されているものと考えられます．

　ただし，このように，**助動詞＋受動態**になっているときには，訳出には特に注意が必要です．

　be seenを「れる・られる」で処理してしまうと，「見られなければならない」とは言いにくいせいか，**must** be seenを✗「見られるにちがいない」と訳してしまう人が多いからです．このような誤りを避けるために，**受動態S＋be V-ed…は，できるかぎり能動態V O…に戻して訳す**ように心がけましょう．

　ここでも，**must see culture** in terms of…に変換すれば，「…という観点から見なければならない」という正しい訳に至ることは難しくありません．

> We **must see culture** in terms of fluidity, as culture is evolving and open.

　訳は，「文化は，流動的なものであるという観点から<u>見なければならない</u>．文化は進化の途上にあり，開かれたものだからである」のようになります．

　（もちろん，「れる・られる」で処理してもまったく問題ないときもあります．さらに，能動態なのに「れる・られる」を使って訳した方が自然，というケースさえあります．受動態と「れる・られる」とは一対一に対応するものではない，ということです）．

●──目的語を先に語りたい

❹の, 主語と目的語の順序を入れ替えたい, という動機で受動態を用いるのは, **by＋能動態の主語**が付いているケースです. この場合には, 能動態における目的語 **O** から始まり, 能動態における主語 **S** で終わることになります.

例文 The lecture **will be followed by** a question and answer period.
　　「この講義の後に質疑応答の時間があります」

この文を能動態にすると, 下記のようになります.

⚠ A question and answer period will follow the lecture.
　　　　　　　　S　　　　　　　　　　　　　　　O

a・the が示すように, 新情報→旧情報という流れになってしまいます.

　これを避け, **旧情報→新情報という流れ**にしたのが, 上の例文です. また, つねにそうなるわけではありませんが, by…として導入された新しい要素は, 次の段階でテーマになることが多い, ということも覚えておきましょう.

〔サンプル英文②〕はどうでしょうか？　ここでは, language「言語」を新情報として後ろに置きたい, というよりは, our view of the world「我々の世界観」を主語の位置に置きたい, つまり**「世界観」をテーマにして語りたい, という動機**から, 受動態が選ばれているように思います.

　訳は「我々の世界観は言語によって規定されている, とウォーフは主張した」のようになります. このケースでは, 「れる・られる」を用いて処理しても, 大きな問題は生じません.

チャレンジ問題 **59**　※答えは章末にまとめて

受動態の役割を意識しながら，訳してみよう.

1. In the industrialised countries, debate on the quality of education has been dominated by two schools of thought.[3]

2. Modern medical care was denied to those whose skin was colored — denied strictly and solely on the basis of the color of the patient's skin.[4]

3. The idea that blacks are cooler than whites goes back at least as far as the early days of jazz and might be seen as its own strange form of prejudice. [5]

4. People could best be described, in much of their decision making, as being "non-rational": "When people were observed making choices and solving problems of interesting complexity, the rational and logical elements were often missing." [6]

5. One of the most interesting forms of insect behavior is exhibited by the social insects, which, unlike the majority of insect species, live in organized groups. The social insects include about 800 species of wasps, 500 species of bees, and the ants and termites. [7]

【例文ソース】
※1　Robert Mason (2016) Culture in Refuge: Seeking Sanctuary in Modern Australia, p.124
※2　Robert L. Cooper, Bernard J. Spolsky (2019) The Influence of Language on Culture and Thought: Essays in Honor of Joshua A. Fishman's Sixty-fifth Birthday, p.7
※3　Kevin Watkins (2000) The Oxfam Education Report, p.101 の一部を変更して使用
※4　United States Commission on Civil Rights (1996), Federal Title VI Enforcement to Ensure Nondiscrimination in Federally Associated Programs, p.23 の一部を変更して使用
※5　David Rosenwasser and Jill Stephen (2009) Writing Analytically, 7th edition, p.131 の一部を削除して使用
※6　一橋大. また William Braxton Irvine (2007) On Desire: Why We Want what We Want, p.107 の一部を削除して使用
※7　https://www.everythingabout.net/articles/biology/animals/arthropods/insects/

他動詞＋再帰代名詞の意味

Samples

oneselfに注意しながら，自然な日本語に訳してみよう．

① Your sense of enjoyment will communicate **itself** to your children.

② A look of grievous disappointment showed **itself** on the faces of the tribesmen. [※1]

③ Wounds heal **themselves**. All you have to do is keep them clean.

④ Even when something seemingly repeats **itself**, it is never exactly the same.

oneself（**my**self・**your**self・**him**self…など）は，**再帰代名詞**（**reflexive pronouns**）と呼ばれます．oneselfは，目的語の位置にあるときには，それが**主語と同じものであることを示します**．

主語の「彼」とは別の「彼」

─ **He** likes **him** because he is very, very different from the other teachers. [※2]

「彼が彼のことを好きなのは，残る教師たちとはまったく違う教師だからだ」

─ **He** likes **himself** because he is bright, pleasant, funny and generally a nice fellow. [※3]

主語と同じ「彼」

「彼は自分のことが気に入っている．明るく，愉快で，面白く，全体としていい奴だからだ」

このように，目的語が**him**のときには，主語**he**とは別の人を示しますが，**himself**は主語**he**と同じ人を示します．

再帰代名詞にはもう1つ，次のようなはたらきがあります．

例文 Jack made his supper **himself**.　　「ジャック自身が夕飯を作った」

このhimselfは目的語ではありません．このようなhimselfは，**not** any-one else **but** Jack「他のだれでもなくジャックが」作った，ということを表します．所有格＋**own**…のときと同じく，**not** Ａ **but** Ｂを含む表現になるわけです．

●──「自ら」一辺倒でなく自然に訳す

ところで，目的語の位置の再帰代名詞には，「自分」「自ら」という訳語をあてると不自然な日本語になるケースがあります．〔サンプル英文〕のようなケースがそれです．

①「あなたの楽しいという気持ちは，子どもたちに伝わりますよ」
②「部族民の顔には，悲痛なまでの失望の色が浮かんでいた」
③「傷は（自然に）治る．清潔に保つだけでよい」
④「何かが繰り返されているように見えているときでさえ，厳密な意味で同じであることは決してない」

のようにすると自然な日本語になります．

①～③では「自らを伝える」「自らを示す」「自らを治す」ではなく，他動詞＋再帰代名詞で1つの**自動詞**のように訳すと自然な訳語になり，他方，④では，「自らを繰り返す」ではなく，他動詞＋再帰代名詞を**受動態**のように訳すと自然になるわけです．

なぜこのようなことが生じるのかは，歴史を繙いてみないことには理解できないように思いますが，他動詞＋再帰代名詞，自動詞，受動態には，共通点が1つあります．それは，いずれの節においても，**主語と異なるものを示す目的語が登場しない**，ということです．

いわば，他動詞にoneselfを貼り付けることで，その動詞から他動詞の性質を奪うことができる，そして，その**他動詞＋oneself**が自動詞あるいは受動態（あるいはその両方）のように響く，というわけです．

最後に訳しにくい表現を挙げておきます。**take care of oneself** あるいは **look after oneself** という表現です。

たとえば、次の文を、ふつうに ✕「その問題は自らを世話するだろう」と訳しても、意味が通じません。

例文 That matter will **take care of itself**.

itself = that matter なので、「その問題がその問題を世話する」が逐語訳ですが、これは、「その問題の世話をするのは<u>人間ではなくその問題である</u>」、という響きになります（またしても **not [A] but [B]** の関係です）。つまり「人間は関わらなくてよい」、「その問題は放置しておいてよい」という意味になるわけです。

チャレンジ問題 **60**　※答えは章末にまとめて

自然な日本語にしてみよう。

1. He paused to consider for a moment before a solution presented itself to him. [4]

2. The theory that nature takes care of itself can be used as an excuse for doing nothing.

3. Shoes mold themselves to the first wearer's feet and should preferably not be handed down from one child to another. [5]

【例文ソース】

[1]　Fulanain (2013) The Tribes of the Marsh Arabs of Iraq: The World of Haji Rikkan
[2]　Dambudzo Marechera, Flora Veit-Wild (1999) Scrapison Blues, p.215
[3]　Grace Adele Schwartz Sevy (1981) Vitality in an Age of Apathy: The Development of Spirited Human Traits in Contemporary American Culture, p.210
[4]　Dani Atkins (2014) Then and Always: A Novel
[5]　World Book, Inc (1991) The World Book Rush-Presbyterian-St. Luke's Medical Center Medical Encyclopedia, p.356

Must

61

S＋V＋O＋Oの
注意すべき動詞

① The divorce **cost** me my family, his family, and most of our friends. ※1

② I will **be saved** the trouble of seeing them every day. ※2

③ She **owes** her extraordinary ability to the training she received as a child.

④ That's what it **took** them to realise that their marriage wasn't working any more. ※3

⑤ She is forced to lead a life which **denies** her any freedom. ※4

　ＳＶＯＯの文型で用いることができる代表的な動詞は，**give**「与える」，**lend**「貸す」，**teach**「教える」，**send**「送る」，**tell**「伝える」などですが，ここでは，リーディングの際に意味が取りにくい，あるいは訳しにくいと感じる動詞のみを取り上げます．それは次の6つです．

① **deny** は元々「…を否定する・否認する」という意味ですが，ＳＶＯＯのときには，この意味に give の意味が加わり，「（ヒト）に…（そのヒトに必要なモノ・そのヒトがほしいモノ）を与えない」の意味になります．

例文 She **denies him access to his children**.
　　　「彼女は彼に子どもに会う権利を与えていない」

② **save** は元々「（ヒト・命）を救う」「（お金）を貯める」という意味ですが，ＳＶＯＯのときには「（ヒト）が（お金・時間）を失うのを防ぐ」・

299

「(ヒト)が（困難なコト・不快なコト）を避けることができるようにする」・「(ヒト)に（モノ）を取っておく」などの意味になります．いずれの意味にも共通するイメージは「取っておく」です．

例文 Thanks for sending that letter for me — it **saved me a trip**.
「手紙をくれてありがとう．おかげでそちらに行かなくて済みました」

例文 **Save me a place.** 「席を取っておいてください」

③ **spare** は元々の「(モノ)を使わないで取ってある・温存する」という意味から，**SVOO** のときには「(ヒト)に（時間）を割く」「(ヒト)が（不快な経験）をしなくて済むようにする」という意味になります．

例文 Can you just **spare me five minutes**?
「ほんの5分だけ私に時間を割いていただけますか」

例文 He **was spared disappointment**. 「彼は失望を経験せずに済んだ」

④ **cost** は元々の「(金額)を費やさせる」という意味から，**SVOO** のときには「(ヒト)に（モノ）を失わせる原因となる」「(ヒト)に（不快な経験）をさせる原因となる」の意味になります．

例文 The operation **cost him his sight**. 「その手術で彼は視力を失った」

⑤ **take** にはいろいろな意味がありますが，時間や労力を目的語にとって **SVOO** になっている場合には「(ヒト)に（お金・労力）が必要である」の意味になります．

例文 **What** does it **take you** to maintain a good level of health in your life? ※5
「生活のなかで十分に健康でいるためには，あなたには何が必要ですか？」

⑥ **owe** は **SVOO** のときには「(ヒト)に（お金）を借りている」の意味になります．owe は，**owe A to B** のかたちで用いるときの方が訳しにくく **S owes A to B** の訳の基本形は「**S の A は B のおかげである**」です．

例文 She still **owes** her father $300. 「彼女はまだ父親に3000ドル借りている」
例文 Praise **owes** its value **to** its scarcity.

「賞賛の価値は，それがまれであることの<u>おかげである</u>」

→「賞賛に価値があるのは，それがまれにしかなされない<u>からである</u>」

〔サンプル英文〕それぞれの訳は次のようになります（もちろん，もっと自然な訳にすることは可能ですが）．

①「その離婚のせいで，私は自分の家族，彼の家族，自分の友人の大半を失った」，②「彼らに毎日会う手間が省けるだろう」，③「彼女の並外れた能力は，子どものときに受けた訓練によるものだ」，④「それこそがまさに，結婚生活がもはやうまくいってはいないということを彼らが理解するのに必要なことだ」，⑤「彼女は，いかなる自由も与えられていない生活を送るよう強いられている」．

チャレンジ問題　**61**　※答えは章末にまとめて

それぞれを訳してみよう

1. Anything that you do not usually do but would permit yourself were you invisible owes less to ethics than it does to caution or hypocrisy. ※6

2. In addition, they do not owe their distinction to their good fortune but to their genuine ability to lead individuals of different skills towards a common purpose.※7

3. To succeed financially without inheritance or advantages in an economic meritocracy lent individuals a sense of personal achievement that the nobleman of old, who had been given his money and his castle by his father, had never been able to experience. But, at the same time, financial failure became associated with a sense of shame that the peasant of old, denied all chances in life, had also thankfully been spared. ※8

【例文ソース】
※1　Marianne Curtis (2010) Finding Gloria, p.140
※2　Suresh Mohan Semwal (2020) Be a Humble Winner, p.54
※3　Petra Langa (2018) The Mask under the Skin
※4　Vandana Pathak, Urmila Dabir, Shubha Mishra (2008) Contemporary Fiction: An Anthology of Female Writers, p.228
※5　Christiana Stroud (2009) You Are More Than This Will Ever Be: Methamphetamine: The Dirty Drug
※6　一橋大
※7　Victor Alexandre (2018) The Roots of Praxiology: French Action Theory from Bourdeau and Espinas to Present Days, p.175
※8　一橋大

S＋V＋C＋Oの語順

> Samples
>
> 文の構造を明確にし，訳してみよう．
>
> ① He made clear his objections to what we were doing.
>
> ② I do not count as important the insults I suffered at school. ※1

　第5文型と呼ばれている**S V O C**については，皆さんすでによくご存じだと思います．よく目にするものに**find O C**や**make O C**などがあります．

例文 She **finds** most of the young men of her own age boring.

　　　「彼女には，同年齢の若い男たちは 退屈だ」

例文 The proposal **made** him happy. 「その提案を聞いて彼は うれしくなった」

　それぞれmost of the young men of her own age・himが**目的語O**，boring・happyが**補語C**です．

　後ろの要素がなぜ補語**C**と呼ばれるかと言えば，**目的語O**と**補語C**とのあいだには，**S is C**「**S**は**C**である」あるいは**S becomes C**「**S**は**C**になる」という関係があるからです．findの文では，**O**と**C**のあいだには，

Most of the young men of her own age **are** boring.

　「同年齢の若い男たちは 退屈だ」

という関係が，またmakeの文では，下記の関係が含まれているわけです．

He **became** happy. 「彼は うれしくなった」

　よって，**ＳＶＯＣ**の場合も，通常の**S is [becomes] C** の場合と同じく，補語**C**の位置に置かれる要素は，名詞句や形容詞句です．（なお，We **call** the dog Pochi. 「その犬の名前はポチだよ」のようなケースを除いて，**ＳＶＯＣ**に含まれている**S is C**は「同定節」ではありません（**Must** 01 参照））．

●──Ｏが大事だと，Ｃより前に出る

　ここからがこのセクションの本題ですが，**ＳＶＯＣ**における**目的語Ｏ**の重要度が，補語**C**の重要度よりも高いとき，**Ｏ**と**Ｃ**とが逆転して，**Ｏ**が後方に移動し，**ＳＶＣＯ**という語順になります．

　〔サンプル英文①〕がその実例です．madeが**V**として，clearという形容詞は，his objections to what we were doing という名詞句を修飾することはありません．形容詞（clear）が，決定詞（his）を飛び越えて名詞（objections）にかかることはないからです．つまり**clear**は単独で用いられている形容詞であり，his objections to what we were doing という名詞句が他動詞made の目的語**Ｏ**である以上，補語**C**とみなすしかない，よって**ＶＣＯ**の語順である，と判断するわけです．

He made clear his objections	← He made his objections clear
S　V　　C　　　O	S　V　　O　　　C

　訳は「彼は私たちがやっていることに反対であるということを明らかにした」のようになります．

　ＳＶＯＣそのものではありませんが，**Ｏ**と**Ｃ**とのあいだに**S is C**の関係が成り立つ構造として，**ＳＶＯ as Ｃ**があります．主なものは下記の5種類に分けられます．

❶「ＯをＣとみなしている」系

regard O as C	see O as C	view O as C
look on O as C	think of O as C	conceive of O as C
perceive O as C	count O as C	take O as C

❷「OをCと認める」系

accept O as C	acknowledge O as C	recognize O as C
adopt O as C	confirm O as C	identify O as C

❸「OをCと呼ぶ」系

describe O as C	refer to O as C	label O [as] C
name O C	call O C	term O C

❹「OをCと分類する・定義する」系

classify O as C（分類）	categorize O as C（分類）
define O as C（定義）	diagnose O as C（診断）

❺「OをCとして批判する」系

criticize O as C（批判）	attack O as C（批判）
condemn O as C（非難）	denounce O as C（非難）

　以上のいずれにおいても，目的語**O**が後方に移動した語順，つまり**as C**の方を先に置く**S V as C O**という語順になる可能性があります．

　〔サンプル英文②〕がそれです．count を**V**として，直後に**as＋形容詞**im-portant がありますが，このimportant という形容詞は，insults を修飾することはない，ということが大切な点です．決定詞の1つである定冠詞**the**を飛び越えることはできないからです．つまり，the insults I suffered at school という名詞句は count という動詞の目的語**O**，as important は，**as＋補語C**とみなすしかない，ということです．

> count as important the insults I suffered at school
> 　V 　as 　C 　　　　　　　　O

　訳は「私は，学校時代にうけた侮辱を重要なものとはみなしていない」となります．

※答えは章末にまとめて

チャレンジ問題 **62**

構造を意識しながら，訳してみよう．

1. Generally, we find attractive something that is less time-consuming, and takes less skill and effort and patience. ※2

2. He describes as "momentous" the shift that a child makes from continuously voicing thoughts externally to editing and revising thoughts silently before allowing them to become public. ※3

3. Science and technology have made possible modern industry, agriculture, and fishing, modern hygiene and medicine, and modern armaments, which in turn have made possible population growth. ※4

【例文ソース】
※1　Arieh Gur (1982) The Escape: From Kiev to Tel Aviv, p.10 の一部を削除して使用
※2　Walter B. Gulick, Gary Slater (2020) American Aesthetics: Theory and Practice, p.364 の一部を削除して使用
※3　(1975) War on Hunger, vol.9, p.17
※4　Nicholas Maxwell (2019) The Metaphysics of Science and Aim-Oriented Empiricism: A Revolution for Science and Philosophy, p.iv

長い目的語

構造を考えてみよう.

The nature of film makes the reality of what we experience in daily life seem detached and alienated.

第5文型, つまり **S＋V＋O＋C** という構造そのものは, とくに難しくはないと思います.

ところが, 目的語 **O** が少し長くなるだけで, 補語 **C** が **C** として見えにくくなるようです. **S＋V＋O＋as＋C** のように, **as** によって補語 **C** をはっきり示す場合でも, 目的語 **O** が長いと構造が見えにくくなるようです.

たとえば次の文について, 解説を読む前に, 構造を考えてみてください.

> Many regarded those who crossed the border to steal goats, sheep, or cattle, which were herded back across the border into Albania, as continuing an extremely long tradition for the Epirot area, one that had all but disappeared over recent decades (though never entirely). [1]

いかがでしょうか? those who crossed the border to steal goats, sheep, or cattle, which were herded back across the border into Albania 「国境を越えてヤギ, ヒツジ, または牛を盗み, 国境を越えてアルバニアに連れ帰る人たち」というかたまりが見えたでしょうか?

これが, Many **regarded O as C**. 「多くの人々が **O** を **C** とみなしていた」にお

ける長い目的語**O**になっているわけです.

なお, **as C**の部分には, 名詞句や形容詞句だけではなく, 分詞句を置くこともできます. ここでは continu**ing**…という**現在分詞句**が置かれているわけです.

訳は「国境を越えてヤギ, ヒツジ, または牛を盗み, 国境を越えてアルバニアに連れ帰る人たちは, エピロート地域にとってのきわめて長い伝統, 最近の数十年のあいだにほとんど (しかし決して完全にではなく) 廃れてしまっていた伝統を引き継いでいる, とみなす人が多かった」のようになります.

このように**目的語O**が長くなることによって読みにくくなる, という現象は, 以下の構造に当てはまります.

S + V + O + C…make・render・keep・leave…など
S + V + O + as + C…think of・see・view・regard・look on [upon]…など
S + V + O + V'…make・have・let・see・hear・help…など
S + V + O + V'-ed…make・have・get・see・hear…など
S + V + O + to + V'…want・like・tell・ask・get・force・advise・allow…
　　など

ここで, 〔サンプル英文〕をもう一度観察してみてください. makes という動詞の後ろに, 接続詞なしに **seem** という動詞原形**V**があることから, the reality of what we experience in daily life が目的語**O**であり, makes が seem とともに **make O V'**…という構造になっていることがわかれば OK です. makes が**V**, the reality…が**O**, seem が**V'**, detached and alienated が**C'**です. **S makes O V'**…のパターンは, Sが無生物のときには, 因果関係を示す表現になります.

The nature of film <u>makes</u> the reality of what we experience in daily life
　　S　　　　　　　V　　　　　　　　　　　O

<u>seem</u> detached an d alienated.
　V'　　　　C'

訳は「映画の本性ゆえに, 我々が日常生活のなかで経験するものが持つ現実性が剥奪され, 我々にとって疎遠なものになったようにみえる」のようになります.

構造を意識して訳してみよう.

1. Technological developments make the plausibility of what photography can be thought of as representing more dangerous.

2. I see the flexibility demanded of workers by multinationals as revealing the true nature of globalization, which regards individuals as essentially disposable.

3. The sensible thing to do, it would seem, is to have the states that produce most of the trash ship it to states where it can be most efficiently disposed of — for a price, of course. [2]

4. It is easy to conclude that there must be something about human behavior which makes a scientific analysis, and hence an effective technology, impossible, but we have not by any means exhausted the possibilities. [3]

5. The term "fatigue" conjures up middle-class sacrifices, such as feeling cooped up at home and being unable to visit friends or shops. But for some there are harsher realities that make compliance with extensive social distancing measures — like those employed in Italy — more difficult. [4]

【例文ソース】
[1] Sarah F. Green (2016) Notes from the Balkans: Locating Marginality and Ambiguity on the Greek-Albanian Border, p.46
[2] Roger LeRoy Miller, Daniel K. Benjamin, Douglass Cecil North (2001) The Economics of Public Issues, p.154
[3] B. F. Skinner (2002) Beyond Freedom and Dignity, p.7
[4] 早稲田大

副詞要素M2の割り込み

Samples

構造を分析し，和訳してみよう．

① But dolphins are something truly different. They "see" with sonar and do so with such phenomenal precision that they can tell from a hundred feet away whether an object is made of metal, plastic, or wood. ※1

② There remains a further general point to be made: that is the need to provide for each separate teaching situation the syllabus and the teaching materials most appropriate to that situation. ※2

　ここでは，主語Sより後ろの部分において，副詞要素M2がいろいろな位置に割り込んでくるケースを取り上げます．

　一番多いのが，SVOにおける動詞Vとその目的語Oとのあいだに副詞要素M2が割り込むケース，つまりS＋V＋M2＋Oの語順です．〔サンプル英文〕がその実例です．それぞれの読み方は以下の通りです．

　まず，①では，tellが他動詞なので，直後に名詞要素＝目的語Oを予想します．しかし，tellの直後に見えているのは目的語にはふさわしくない前置詞fromです．とすると，fromからどこかまでが副詞要素M2です．tellが要求している名詞要素＝目的語Oは，この副詞要素M2の後に出てくるはずです．tell from…という2語から，以上のことを読み取ることができます．

　このような構造的な予測ができていれば，whetherの直前が切れ目であり（つまりfrom a hundred feet awayまでが副詞要素M2であり），求めている名詞要素＝目的語Oはwhether節であることが分かります．つまり，この

whether節は副詞節ではなく，名詞節であり，**yes-no**疑問の間接疑問「…かどうか」だということが分かるわけです．

they can tell from a hundred feet away whether an object is made of …
S   V   M2   O

　訳は，「しかし，イルカは本当の意味で違う何かである．イルカはソナーを使って『見ている』．しかも驚異的な正確さで『見ている』ため，100フィート離れたところから，ある物体が金属からできているのか，あるいはプラスティックなのか，木材なのかを判別することができる」となります．

　②も同様で，**S＋V＋M2＋O**の語順です．
　provideには❶provide **for X**「Xに備える」（自動詞），❷provide **O for X**「XにOを与える」（他動詞），という両方の使い方があります．**provide for**…を見た時点では❶だと考えていてよいでしょうが，the syllabus…の直前で切れていること，つまり the syllabus からが新しい名詞句であることを決定詞the から感じ取ることができれば，これがprovideの目的語**O**であることが分かります．forから situation までは副詞句**M2**の割り込みです．
　訳は「主張するべき一般的論点がさらに1つ残っている．それは，独立した教育状況それぞれに対して，その状況に最も適したシラバスおよび教材を提供する必要がある，ということである」のようになります．

　一般に，述部のなかで（主語の後ろで）**語順変更が生じているとき，後ろに移動した要素の方がその他の要素よりも重要度が高い**，という特徴があります．多くの場合，長さがその指標になります．長い要素は重要度が高いことが多いからです（とはいえ，短くても重要度は高い，ということもありますが）．
　なお，**目的語O**がどこから始まるのかを見極める際，この2つの〔サンプル英文〕のように，**疑問詞や決定詞がその指標になることが多い**，ということをご記憶ください．

チャレンジ問題 **64**　※答えは章末にまとめて

副詞要素M2の割り込みを確認し，訳してみよう．

1. It may be said that every man is somewhat by his training, and still more by his constitution, predisposed towards the monistic or the dualistic conception. ※3

2. The 'grammar-translation method,' as it is labelled, remains even in the 1960s the most usual form of language teaching that is to be found, both in Britain and elsewhere. ※4

3. For the English teacher to ignore the language of science, rather as if the mathematics teacher were to leave to the teacher of geography all those aspects of mathematics which were relevant to his subject, can only make things more difficult for all concerned. ※5

【例文ソース】
※1　東京工業大
※2　M. A. K. Halliday, Angus McIntosh, Peter Strevens (1964) The linguistic Sciences and Language Teaching, p.187
※3　京都大
※4　M. A. K. Halliday, Angus McIntosh, Peter Strevens (1964) The linguistic Sciences and Language Teaching, p.264
※5　M. A. K. Halliday (2007) The Collected Works of M. A. K. Halliday, Volume 9: Language and Education, p.26 の一部を削除して使用

無意味動詞make・giveから生じる複雑な構造

Samples

自然な日本語に訳してみよう.

① Many attempts have been made to "model" neuropathic pain in animals.[※1]

② The peculiar value of Buddhism lies in the explanation it gives of the origin of suffering, in the manner in which it deduces the possibility of its removal and in the means it recommends for doing so. [※2]

make・give には, **make an attempt to V'** …「…しようと試みる」・ **give an explanation of** A 「A を説明する」のように, **V + O + …**の全体で1つのプロセスを表す使い方があります. 意味的には, **attempt to V'** …・ **explain** A と同じです. よって, make・give を使う表現では, 意味を決めているのは目的語 O として置かれる名詞であり, **make・give は本来の意味をほぼ失っている**, と言うことができます. 例を見てみましょう.

例文 I have **given** the subject **lengthy reflection**.

「そのテーマについてじっくりと考えてみました」

例文 British North America's colonial inhabitants also **made a case for** war with the United States. [※3]

「北米のイギリス植民地の住民はまた, アメリカと戦争することに賛成の意見を述べた」

例文 He **made use of** every spare moment to study English literature.

「彼はあらゆる空き時間を利用して英文学を研究した」

　こうした表現は，フォーマルな書き言葉においては，しばしば〔サンプル英文①〕のようなかたちで用いられます．

　〔サンプル英文①〕は，**make many attempts to V'**…「**何度も…しようと試みる**」の目的語many attemptsを主語にした受動態です．受動態の役割は，能動態におけるヒト主語を消すこと，それによってフォーマル度を高めることにあります．

> **Many attempts have been made / to** "model"…

　このような受動態では，madeが目立つようになること，またattemptsとto V'…とが離れてしまうことから，あたかもhave been madeに意味があるかのように感じてしまうことが増えるようです．「…を『モデル化』するために，多くの試みが作られた」が典型的な誤訳です．

　このような誤訳を防ぐ手段は，能動態**have made many attempts to** "model"…に変換して理解し，その理解を元に訳すことです．

> **S** have made many attempts to "model" …

　全体の訳は「動物における神経障害性疼痛の『モデル化』が何度も試みられた（動物における神経障害性疼痛を『モデル化』する試みが何度もなされた）」のようになります．

　受動態の例をもう少し．

例文 **Good use has been made of** secondary sources as well as primary ones, and where secondary sources have been used this is made clear in the notes and references. ※4

　　「一次資料だけではなく二次資料も十分に活用されてきた．二次資料を使用した場合には，注および参考文献に明記されている」

　　　→能動は **make good use of**…「…を十分に活用する」

例文 **Improvements have been made in** role-playing games online.

　　「オンラインのロールプレーイング・ゲームが様々に改良されている」

　　　→ 能動は **make improvements** in Ａ 「Ａ を改良する」

例文 **Little or no hint had been given that** the United States was about to experience a record-breaking month in April and the deadliest tornado day since 1925. ※5

> 「米国が，4月における記録破りの月および1925年以来最悪のトルネードを経験しようとしていたことを示唆するものはほとんどまったくなかった」
>
> →能動は **give a hint that** S' V' …「…をほのめかす」

〔サンプル英文②〕はどうでしょうか？

元は **give an explanation of** Ａ「Ａ を説明する」です．その目的語 an explanation を先行詞として（後方照応の the をつけて）前に出し，残る **S gives** が関係節をつくっているケースです．

> **the explanation / (that) it gives / of** the origin…
> O'　　　　　　O"　S" V"　　　M'

このパターンでも，gave に意味があるように感じる可能性が高まります．また関係節が it gives というきわめて短いものになるため，関係節が gives で終わっていることに気づかず，gives と of 以下とを関係づけようとしてしまう，という間違えもよく見られます．of…は，gives ではなく the explanation とつながっているものです．

訳は「仏教の独自の価値は，仏教が苦悩の起源を説明していること，苦悩を取り除く可能性を推論する方法，および苦悩を取り除くために推奨されている手段にある」のようになります．

類例を少し．

例文 **The assumption we make that** others are telling the truth is necessary for successful social interaction.

> 「他人は真実を語っている，と我々は想定しているが，この想定は，社会的相互作用（対人関係）を成功させるために必要なものだ」
>
> → 元の姿は **make an assumption that** S' V' …「…を想定する」

例文 Under current environmental laws, employers must certify that they have a waste minimization program in place and must annually report to the government on **efforts they have made to** reduce hazardous wastes. ※6

「環境に関する現行法の下では, 雇用者は廃棄物を最小化する計画であることを証明し, 有害廃棄物を削減する<u>努力をしてきたこと</u>を, 毎年政府に報告しなければならない」

→ 元の姿は make an effort to V' … 「…しようと努力する」

チ ャ レ ン ジ 問 題　**65**　※答えは章末にまとめて

無意味動詞に注意しながら訳してみよう.

1. Language, not surprisingly if one considers the complex and varied uses to which we put it, is a highly complex form of activity. [7]

2. As a method of conveying information, lectures lack the speed and the free-ranging exploration typical of computer access to data. The information they present is rarely the reason for our interest in them; the source of their fascination is the eloquence and angle of vision of the lecturer. What makes such presentations worthwhile is the opportunity they afford of seeing and asking questions about how another human being perceives the world or some intriguing portion of it. [8]

【例文ソース】
※1　Stephen McMahon, Martin Koltzenburg, Irene Tracey (2013) Wall & Melzack's Textbook of Pain, p.889 の一部を削除して使用
※2　M. Hiriyanna, Mysore Hiriyanna (1993) Outlines of Indian Philosophy, p.148
※3　Troy Bickham (2012) The Weight of Vengeance: The United States, the British Empire, and the War of 1812
※4　Graham West (2005) Innovation and the Rise of the Tunnelling Industry, p.9
※5　Kevin Simmons, Sutter Daniel (2013) Deadly Season: Analysis of the 2011 Tornado Outbreaks, p1
※6　Charles D. Reese (2008) Industrial Safety and Health for People-Oriented Services, p.176
※7　M. A. K. Halliday, A. McIntosh, and P. D. Strevens (1965) The Linguistic Sciences and Language Teaching, P.235
※8　Jon Mills (2002) A Pedagogy of Becoming, p.224

場所を示す副詞句 M2＋V＋Sの語順の役割

構造に気をつけながら，意味を考えてみよう．

① Outside this country lies a whole world I don't know. [1]

② Teachers teach as they do, and use the material they use, at least partly because of the professional training they have received, and in 'professional training' is included their degree course as well as any postgraduate teacher-training qualification they may acquire. [2]

場所（具体的な場所であれ，抽象的な空間であれ）を示す**副詞句 M2** を文の先頭に置き，主語 **S** を文末に回すパターンがあります．**M2＋V＋S** の語順です．このとき使われる動詞は，下記の２つになります．

❶ 存在「…がある」❷ 発生「…が生じる」のいずれかの意味グループの自動詞，あるいは他動詞の受動態

後ろに回された主語 **S** は，それまで述べられていなかった事柄，つまり新情報と呼ばれるものです．この語順は，旧情報→新情報という流れをつくります．つまり，テーマが変わる結節点となることを示すわけです．この語順を意識することができなければ，テーマが変わることを見逃すことになります．

場所を示す副詞句 **M2** は，次の文における In のように，１語の副詞であることもありますが，多くの場合，**前置詞＋名詞句**です．

例文 **In came** an American army officer, Captain Kaufman. He was from Brooklyn, and spoke Yiddish. ※3

　　「入ってきたのは米国陸軍のKaufman大尉だった. 彼はブルックリン出身で, イディッシュ語話者だった」

　　M2＋V＋Sの語順を意識できるかどうかは, 先頭の前置詞（あるいは副詞）を, 前置詞（あるいは副詞）として認識できるか, さらに, その前置詞からのかたまりが副詞句**M2**であることを意識できるかにかかっています.

例文 **Among the natural attractions of the area are** the millions of Monarch butterflies that arrive each fall to spend the winter. ※4

　　「この地域の自然の呼び物としては冬を過ごすために毎秋訪れる何百万匹ものオオカバマダラ(Monarch butterflies)があります」

　　たとえば, 上の例において, 先頭の**Among**が前置詞であり, areaまでが場所の副詞句**M2**だと判断します. 次のareが**V**, その後ろに名詞句があることから, その名詞句が主語**S**と判断するわけです. このareは, **S＋V＋C**をなす連結動詞（ Must 01 参照）ではなく, 存在を示す自動詞としてのbe動詞です.

　　情報の流れという点から見てみると, **the** areaのtheが（おそらく）前方照応のはたらきで, 旧情報の印です. また主語**S**の方は**the** millions of Monarch butterflies…というように定冠詞theに導かれていますが, このtheは後方照応のはたらきで, that arrive each fall to spend the winterという関係節の内容によって同定可能だということを示すものです. このtheは旧情報であることを示すものではありません. the millions…以下は新情報になっているわけです. これに続く文章ではおそらく「オオカバマダラ」がテーマとして設定され, その詳細が述べられるはずです.

例文 **From behind her appeared** a man with blonde hair.
　　「彼女の背後から現れたのは, 金髪の男性だった」※5

　　この文でも, 先頭のFromという前置詞から, **From** behind herが場所の副詞句**M2**であることを意識します. 直後にはappearedという動詞と, a man…以下の名詞句があることから, **V S**だと判断し, このappearは連結

動詞「…であるようにみえる」ではなく発生の自動詞「現れる」であると判断します. **her** が旧情報の印, **a man**…の不定冠詞 a が新情報の印です. 次の文からは, この「金髪の男性」についての描写が行われるはずです.

〔サンプル英文①〕の **lies** は存在の自動詞です. 先頭の outside が前置詞で, **outside** this country で **M2**, と認識できれば, **M2＋V＋S** の語順であると気づくはずです. 訳は「この国の外にあるのは, 僕の知らない世界だ」のようになります. ここでも **this** が旧情報の印, **a** whole world…の a が新情報の印です. 不定冠詞 a は, 導入の役割をはたしています(Must 08参照).

Outside this country lies a whole world …
M2 　　　　　　　V　　S

〔サンプル英文②〕の **is included** 「…が含まれている」は, 自動詞ではなく他動詞の受動態ですが, 存在の意味になるものです. **in** 'professional training' が場所の **M2** であり, their degree course…以下が主語 **S** です.

and in 'professional training' is included their degree course
M2　　　　　　　　　V　　　　　S

訳は「教師の教え方, 使用される教材は, 少なくとも部分的には, その教師が受けてきた専門的な訓練によって決まっている. その『専門的な訓練』には, 学位を取得した課程, および大学院の教師訓練課程において取得しているかもしれない資格などが含まれる」のようになります.

以上のように, **M2＋V＋S** の語順は, **M2**（旧情報）→**S**（新情報）という流れを生み出すために用いられるものです. 新情報を後ろにもってくるのは, その情報を聞き手に対して導入するためです. この語順の節の次の節では, 新情報である主語 **S** の名詞句がテーマ化されている可能性が高い, ということをつねに念頭に置いておきましょう.

M2＋V＋Sを発見し，訳してみよう.

1. The increased emphasis on science and science education has produced difficult cultural problems, among which is the sharp separation between scientists and nonscientists that existed in the past, and is by no means yet extinct. ※6

2. The West before printing was still an oral society in some degree and took for granted a degree of memory achievement which would stagger us now. Hand in hand with memorized reading went the habit of rapid oral exchange of knowledge so acquired. ※7

3. In 1943, the psychologist Abraham Maslow published his hugely influential paper "A Theory of Human Motivation," which famously described people as having a hierarchy of needs. It is often depicted as a pyramid. At the bottom are our basic needs — the essentials of physiological survival (such as food, water, and air) and of safety (such as law, order, and stability). Up one level are the needs for love and for belonging. Above that is our desire for growth — the opportunity to attain personal goals, to master knowledge and skills, and to be recognized and rewarded for our achievements. Finally, at the top is the desire for self-realization — self-fulfillment through pursuit of moral ideals and creativity for their own sake. ※8

【例文ソース】
※1　Erland Loe (2012) Doppler
※2　M. A. K. Halliday, Angus McIntosh, Peter Strevens (1964) The linguistic Sciences and Language Teaching, p.273
※3　Rudolph Tessler (1999) Letter to My Children: From Romania to America Via Auschwitz
※4　(1979) Atlas Internacional, p.583
※5　Dan Birlew (2003) Resident Evil: Code - Veronica, p.33
※6　National Science Foundation (U.S.) (1965) Science Education in the Schools of the United States, p.21の一部を削除して使用
※7　Marshall McLuhan (2005) Printing and Social Change, p.9
※8　Atul Gawande (2014) Being Mortal: Medicine and What Matters in the End, p.93

Must
67

O＋S＋Vの語順の役割

> 3文目（This…）の節構造を意識して，その構造が選択されている理由を考えてみよう.
>
> His outline of the creative process distinguished three key stages: preparation, incubation, and illumination. Preparation consists of conscious logical efforts to pin the problem down, make it precise, and attack it by conventional methods. This stage Poincaré considered essential; it gets the subconscious going and provides raw materials for it to work with. （先頭のHisはPoincaré「ポワンカレ」を指す）　※1

　目的語Oをとる動詞＝他動詞は，SVOだけではなく，SVOOのときにも，SVOCのときにも，**目的語Oを節の先頭に移動**させることができます. **OSV**…という語順です. この語順の役割は，**目的語Oが示すものを前景化する**ことにあります.

　前景化？　と思った人は次の文を味わってみてください.

例文 A lot of sports that I've tried, most of the time I really haven't had fun with them. But **tennis I** really **like** because you get to have fun with your friends and be exercising at the same time. ※2

　「これまでやってきたたくさんのスポーツ, それをやっているあいだ, ほとんどの時間, まったく楽しめませんでした. でもテニスは本当に気に入っています. 友だちと一緒に楽しみながら運動することができるので」

　ここで，**tennis I really like**…が，**O S V**…の節です（普通の語順は**I really like tennis.** です）．この**O S V**…の語順によって**tennis** が前景化されています．何かを前景化している，とは，何かを背景に追いやっている，ということです．この文章で背景に追いやられたものは，a lot of sports that I've tried「これまでやってきたたくさんのスポーツ」です．tennis I really like という**O S V**…の語順は，「これまでやってきたたくさんのスポーツ」を背景に退かせ，「テニス」を前面に置いて際立たせるために選ばれた語順です．

　もう1例見てみましょう．

例文 If Elsie McLuhan was not a model mother, there is no evidence of malice or purposeful neglect of her children, either. She was harassed in her spirit, but **such love as she could give to Marshall she gave,** mostly in the form of a fierce pride in his accomplishments and an encouragement of his intellectual faculties. ※3

> 「Elsie McLuhan は，模範的な母親ではなかったとしても，彼女に悪意があったことを示すような証拠も，子どもらを意図的に放置したという証拠もない．Elsie は精神的に追い詰められてはいたが，彼女が Marshall に与えることができる種類の愛情は与えていたのである．それは主として Marshall の才芸に対する激しい自負，および知的能力を開花させようというというかたちの愛情だった」

　ここでは such love as she could give to Marshall が前景化されている目的語**O**，she gave が**S V**です．**such** love **as** she could give to Marshall は，**the kind of** love **that** she could give to Marshall「彼女が Marshall に与えることができる種類の愛情」と言い換えることができるものです．

　この表現から，息子への愛情にはいろいろな種類がある，ということが話の前提になっていることが分かります．いろいろなかたちがありうる母の愛情のうち，「Elsie が注ぐことができる種類の愛情」が前景化された，ということは，母として与えうる，他のいろいろな愛情を背景に追いやった，ということです．Elsie の母としての愛情がきわめて特殊なものであったことを示唆するために，**O S V**…の語順が選ばれたわけです．なお，残る mostly in the form of…以下は，その特殊な愛情がどういう種類の愛情だったかを具体化している部分です．

〔サンプル英文〕では，3文目 This stage Poincaré considered essential が，**O S V C** の語順になっています．**S V O C** の **O** が先頭に移動したわけです．this stage とは，1文目で与えられている preparation「準備」，incubation「熟成」，illumination「解明」という，創造のプロセスの3つの段階の1つ目，preparation「準備」の段階のことです（2文目でそれがテーマ化されています）．

　最初に3つの段階が提示されているので，そのうちの1つの段階を前景化すると，自動的に，残る2つの段階が背景に退くことになります．This stage Poincaré considered essential という **O S V** …の節では，「熟成段階でも解明段階でもなく，**準備段階，これこそを**ポワンカレは本質的なものだと考えていた」のように響いているわけです．

　全体の訳は，「創造というプロセスを，彼（ポワンカレ）は，準備・熟成・解明という3つの主要な段階に分けて説明した．準備段階は，問題を定義し，問題を正確なものとし，従来の方法によって問題に取りかかろう，という自覚的な論理的努力から成る．この段階こそ，ポワンカレが必要不可欠なものと考えていたものである．この段階において，潜在意識がはたらき始め，潜在意識がはたらくための生の素材が提供されるからである」となります．

ＯＳＶ…が生じている箇所を指摘し，前景化の意味を考えてみよう．

1. In other words a British native speaker of English, like the majority of native speakers of English and many, but not all, other languages, requires that his language should be able to do for him all the work for which he needs language at all. This language he learns from his elder siblings, parents, other children and other adults with whom he comes into contact. The way in which he learns it, and the order in which he acquires the patterns, are important questions both for general and for applied linguistics. [4]

2. The intellectual life of Europe as a whole, its philosophical, moral, political, and aesthetic thought, finds its origin in the work of Greek thinkers, and still today one can return again and again to what we have of Greek activity in the intellectual field for stimulus and encouragement. With the Greeks as with no other earlier or contemporary civilization modern man feels an undeniable intellectual kinship. Just what circumstances — environmental, cultural, and biological — gave rise to this brilliant flowering of the human intellectual and artistic genius in the Greece of the classical age we shall never know with certainty. We can only be thankful that it all happened. [5]

【例文ソース】

※1　Ian Stewart (2013) Visions of Infinity: The Great Mathematical Problems
※2　https://www.wthr.com/article/news/local/indy-10-year-old-girls-tennis-essay-wins-trip-to-the-us-open/531-091a62d2-a28b-48a2-abb6-3c712480bfea
※3　Philip Marchand (1998) Marshall McLuhan: The Medium and the Messenger: a Biography, p.16
※4　M. A. K. Halliday, Angus McIntosh, Peter Strevens (1964) The linguistic Sciences and Language Teaching, p.224 の一部を削除して使用
※5　R. H. Robins (2013) A Short History of Linguistics, p.14

C＋V＋Sの語順の役割

2文目の構造を分析し，役割を考えてみよう．

Samples

The point is that for some time the center of gravity for achievement has been shifting away from the topmost colleges. Fundamental to that shift has been a steady improvement in the educational quality of non-elite schools. ※1

本書では（ Must 09），**S ＋ V ＋ C** を 2 種類に分け，主語 **S** と補語 **C** の位置にある名詞句を逆転させて **C ＋ V ＋ S** の語順にすることができるケースを，「同定節」と名づけました．

John is the captain of the team. 「ジョンがそのチームのキャプテンだ」

→ The captain of the team is John. 「そのチームのキャプテンはジョンだ」

補語 **C** が形容詞句の場合はどうでしょうか？　その場合には，主語 **S** と補語 **C** とのあいだに，一対一対応の関係は成立しません．補語 **C** が形容詞句のときに **C ＋ V ＋ S** の語順にすることができるのは，**形容詞句に何らかの指示性がある**場合です．

形容詞句に指示性を与えるものは，5 つに大別することができます．

❶ **as**「（少なくとも）同じ程度で」
❷ **also**「また」・**equally**「同様に」など，すでに述べたことに新しい要素を追加することを示す，という意味で指示性のある副詞
❸ **particularly**「とりわけ」など，頭に浮かんでいる複数の要素が前提としてある

ことを示す，という意味で指示性がある副詞
❹比較されている他のものがある，という意味で指示性のある，形容詞の比較級・最上級
❺形容詞の後ろに付く副詞句の中に指示語がある場合

まず，❶～❹の例です．

As important is music education. 「同じ程度で重要なのは，音楽教育だ」

Also important is music education. 「もう1つ重要なのは，音楽教育だ」

Equally important is music education. 「同様に重要なのは，音楽教育だ」
Particularly important is music education.

「とりわけ重要なのは，音楽教育だ」

More important is music education. 「より重要なのは，音楽教育だ」

The most important is music education. 「最も重要なのは，音楽教育だ」

ここでのimportantのような，質を示す形容詞は，(Must 23)で学んだように，of importance（**of＋質を示す不可算名詞**）のかたちで言い換えることができます．この言い換えを使うと，それぞれ次のようになります．

Of the same importance is music education.

「同じ程度で重要なのは，音楽教育だ」

Also of importance is music education. 「もう1つ重要なのは，音楽教育だ」
Of equal importance is music education. 「同様に重要なのは，音楽教育だ」
Of particular importance is music education.

「とりわけ重要なのは，音楽教育だ」

Of greater importance is music education. 「より重要なのは，音楽教育だ」
Of the greatest importance is music education.

「最も重要なのは，音楽教育だ」

〔サンプル英文〕が，❺の実例です．Fundamental「根本的な」という形容詞に対して，後ろからto that shift「この変化にとって」という副詞句がかかっています．この副詞句の内部に，**指示詞**thatがあって，これがfundamental to that shiftという形容詞句全体に指示性を与えるものとなっているわけです．

> Fundamental to that shift has been a steady improvement
> ↑_____|

さて，このC＋V＋Sの語順は，文章のなかでどのような役割をはたしているのでしょうか？　実は，Must 66で学んだ**M2＋V＋S**の語順の役割にとてもよく似ています．つまり，**旧情報を土台にして新情報を導入する**という役割です．

〔サンプル英文〕で，そのことを確認してみましょう．

　全体の訳は「要は，ここしばらくのあいだ，人生における成功の重心が，最高ランクの大学から離れつつある，ということである．この変化にとって根本的なのは，非エリート校の教育の質が着実に向上してきたことである」のようになります．

　that shift「この変化」とは，1文目の内容，簡単に言えば「トップランクの大学への入学は人生における成功を意味する時代が終わりつつある」という内容です．fundamental to that shiftという補語Cは，これを旧情報として確認しつつ，以下ではその変化にとって根本的なことを指摘しますよ，という合図を送っている部分です．続くhas beenが動詞Vであり，その後ろのa steady improvement in the educational quality of non-elite schools「非エリート校の教育の質が着実に改善」していることが主語Sで，これが導入された新情報です．

　さて，このC＋V＋Sの語順で，補語Cにおいて指示性を持つ要素が❷also「また」・equally「同様に」のケースでは，すでに述べたことと対等の要素を1つプラスする，ということを知らせるものとなります．other・anotherなどと同じ，追加の役割です．

　この語順に出会ったら，それまでのどの節と対等なのかを考えましょう．

また，それまでの内容に対して，同じレベルの新情報が1つ追加された，ということをしっかり意識しましょう（なお，C＋V＋Sの語順は，補語Cから訳し始めるようにしましょう．旧情報→新情報，という流れを訳においても保存するためです）．

チャレンジ問題 **68**　　※答えは章末にまとめて

次のそれぞれにおいてC＋V＋Sを発見し，話の流れを考えてみよう．

1. The effect of climatic conditions on farm production in a single year — or over a short period of years — is one thing; more important is their effect in the long run. [2]

2. Previous theorizing also tended to emphasize the impact of Western processes on the rest of the world, especially the homogenization of those cultures. Globalization theorists argue that the nation-state in general, and the United States in particular, is not as important as it used to be. Of far greater importance are global processes that are independent of any specific nation. [3]

【例文ソース】
※1　明治大．また Gregg Easterbrook (2004) Who Needs Harvard? (an article in Atlantic Monthly magazine)
※2　James Cracraft (2014) The Soviet Union Today: An Interpretive Guide, p.201
※3　George Ritzer (2001) Explorations in Social Theory: From Metatheorizing to Rationalization, p.215

文頭の3通りのV'-ing…

太字部分のV'-ing…の役割を考えながら訳してみよう.

Samples

① Help**ing** the elderly is something that everyone, young and old, agrees on.※1

② It's been suggested to Linda that, lov**ing** children as she does and with such a wonderful environment for a youngster, she might take in foster children. ※2

③ Also requir**ing** further study are the transnationalization of crime and the participation of some migrants in criminal activities and syndicates. ※3

　　ここでは, 文頭に**V'-ing**…があるケースを取り上げます. 文頭の**V'-ing**…には下記の3通りがあります.

文頭のV'-ingが「主語」の位置にある場合

　　まず〔サンプル英文①〕ですが, help**ing** the elderlyは主語**S**の位置にあります. isが**V**, 残りが補語**C**です. 主語は名詞要素ですから, これは動名詞句です. 「高齢者を支援することについては, 老いも若きも皆が賛成している」という意味です.

文頭のV'-ingが副詞要素である場合

　　〔サンプル英文②〕ですが, lov**ing** children as she doesは, sheに始まる主節とはコンマ〔,〕で区切られ, なかば独立した要素となっています. つまり lov**ing** children as she doesは副詞要素**M2**になります.

　副詞要素をつくる **V'-ing** は**現在分詞**であり，**V'-ing**…のかたまりは分詞構文です．ここでは **because she loves** children…「子どもを愛しているので」という理由の意味で響いています．

loving children as she does and…，she might take…
= beause she loves children as she…

　訳は「リンダは，実際子ども好きなので，また子どもにとってとても素晴らしい環境を持っているので，里子を取ってもいいのではないかと，それとなく言われてきた」のようになります．以上のケースには慣れている人も多いかと思います．

話の流れをよくするための逆転

　では〔サンプル英文③〕はどうでしょうか？

　requiring further study が動名詞句「さらなる研究が必要であること」= 主語**S**だとすれば，be動詞は are ではなく，is のはずです．このようなケースは，次のことが理解できていれば理解しやすくなります．

例文 **A** young man of about 20 **was** sit**ting** on the bench.
　　「二十歳くらいの若い男性が，そのベンチに座っていた」

　この文では sitting はもちろん，動名詞ではなく現在分詞です．この文の主語**S**は文末に移動させることができますが，それには，次の2通りがあります．

— On **the bench was** sit**ting** a young man of about 20.
（on the bench という副詞句 M2 のみを文頭に移動し，主語Sを文末に移動）
　「そのベンチには，二十歳くらいの若い男性が座っていた」

— Sit**ting on the bench was** a young man of about 20. ※4
（現在分詞 sitting も含めて文頭に移動し，主語Sを文末に移動）
　「そのベンチに座っていたのは，二十歳くらいの若い男性だった」

　いずれも，**旧情報（the** bench）→**新情報（a** young man of about 20）という流れになるようにするための**逆転**です．

〔サンプル英文③〕は，通常の **S V**…の語順で書けば，次のようになります．

> **S** also **require <u>further study</u>**.　　「Ｓもまた，さらに研究する必要がある」
> 　　　　　V　　　　O

この require は状態動詞ですので **S is requiring**…というかたちはありません．しかし〔サンプル英文③〕では，require further study を文頭に移動させるために，require…をあえて **S is requiring**…とし，requiring…を文頭に，主語 **S** を文末に，というかたちで配置し直したわけです．

> **Also requiring further study is S**.
> 「同様に，さらに研究する必要があるのは **S** である」

これは元の文の述部 require further study を旧情報として，かつ主語 **S** を新情報として提示したいときに選択される語順です．訳は「同様に，さらに研究する必要があるのは，犯罪が国境を越えている事態，および一部の移民が犯罪行為・犯罪組織に関わっている事態である」のようになります．

　分詞句が前に出るこのパターンは，**過去分詞 V'-ed** から始まることもあります．次の文は，definition by synonym「同義語による定義」がすでに説明済みのときに生じるパターンです．

例文 Closely **allied** to definition by synonyms **is** definition by reference to etymology. ※5

> 「同義語による定義と密接な関係にあるのが，語源を参照することによる定義である」

チャレンジ問題 **69**　※答えは章末にまとめて

V-ing…の意味を考えてみよう.

1. Underly**ing** this theory is the belief that people are not born with an instinct to act violently but learn to be aggressive through life experiences and interactions with significant others. [6]

2. Replac**ing** good teachers with no linguistic knowledge or training by teachers trained in linguistics does not of itself make much difference to the effectiveness of the language teaching taking place in their classes. [7]

3. The second feature of examinations is that they are by nature inflexible. Be**ing** related to an educational system they have an obligation to remain reasonably constant and to change only when accompanied by the necessary changes in school teaching methods and curricula. [8]

4. Underpinn**ing** this growth is the almost continuous inflow of migrants to the city region in search of better economic opportunities. [9]

【例文ソース】

[1] Christopher Howard (2021) The Welfare State Nobody Knows: Debunking Myths about U.S. Social Policy, p.126

[2] (1974) Good Housekeeping, vol.179, p.155

[3] (1997) Philippine Sociological Review, Vol.43-44, p.11

[4] Mindy Starns Clark (2012) The Buck Stops Here, p.177

[5] Edward P. J. Corbett, Robert J. Connors (1999) Classical Rhetoric for the Modern Student, 4th edition, p.36

[6] (2014) The Encyclopedia of Theoretical Criminology, p.335

[7] M. A. K. Halliday, Angus McIntosh, Peter Strevens (1964) The linguistic Sciences and Language Teaching, p.187

[8] M. A. K. Halliday, Angus McIntosh, Peter Strevens (1964) The linguistic Sciences and Language Teaching, p.216

[9] Ian F. Shirley, Carol Neill (2013) Asian and Pacific Cities: Development Patterns, p.69

Must 55 There is 構文の注意点

1.「おそらく，この差（相違）の原因となる要因が他にも作用しているのだろう」

> ▶ There are をはずし，factors の直後に be 動詞を入れて **Probably other factors are at work**…とすれば，書き換えが完成です．なお，factor が原因を示す名詞で，account for は因果関係を示す動詞（ Must 56）です．また，that 以下は関係節で，先行詞は factors です．

2.「このシステムを市場に出すためには，いくつかの問題に取り組まなければならない」

> ▶ There are をはずし，issues の直後にある to を have to や should に置き換え，**Several issues have to be addressed** として読めば，この後ろの before…以下が，「…するために」という目的を示す **to 不定詞副詞用法**に相当するものであることがはっきり分かるかたちになります．**There is ＋名詞句＋ to V'**…＋ **to V'**…となっているとき，1 つ目の to は have to や should の意味であり，2 つ目の to は目的「…するために」を示すものである，と記憶しておきましょう．

3.「ある意味で，教える側も教わる側も教室に何かを持ち寄っている．交流が生じるのはまさにそこにおいてである」

> ▶ **There is a sense in which**…の部分で間違えてしまう人が多いと思いますが，これも There is no way in which…と同様に，There is をはずし，a sense を代名詞 which に入れて読めば，**In a sense S V**…となり，「ある意味で…である」と正確に訳すことができると思います．なお，前置詞 in の後ろに置く sense は，「感覚」ではなく「意味」です．

Must 56 因果関係の動詞①

1.「移動性の高まりおよび人口密度の上昇**によって**，さらなる世界的なパンデミックの脅威が**さらに大きなものとなっている**」

> ▶ **exacerbate**「…を悪化させる」などの**変化**を示す他動詞も，因果関係を示す動詞の 1 つに数えておいてよいかもしれません．

2.「奇妙なことに，パーキンソン病患者は，覚醒時には身体の動きや発声に障害を抱えているが，睡眠中の身体の動きや発声の記録を見ると，正常な発声，震えのない動きが回復していることがわかる．これは，睡眠中の身体動作が脳幹から開始されるからだ，他方，覚醒時の震え，その他の障害**の原因は**，運動皮質内の問題である可能性があると考える研究者もいる．しかし，パーキンソン病**の原因は**神経伝達物質であるドーパミンの不足であるため，レム睡眠中に認められるドーパミン濃度の上昇もまた，身体機能調整の回復**の理由となる**かもしれない」

> ▶ 医学分野の英語ですが，この短い文章のなかに，**because**（接続詞）に加えて，**A is responsible for** B「A が B の原因である」，A **is caused by** B「A の原因は B である」，A **explains** B「A は B の理由となる」という 3 つの因果関係表現が用いられています．こうした文章を読むときにも，訳よりは関係の方を強く意識しながら読む方が効率的です．なお，2 文目の whereas 以下は強調構文になっています．

Must **57 因果関係の動詞②**

1. 「検死解剖の結果，その乳児の**死因は**乳幼児突然死症候群**とされた**」

　▶ この文では主語が an autopsy「検死解剖」になっていますが，それが意味するところは a coroner「検死官」です．**ascribe** には think that SV'…「…と考える」が含まれているからです．

2. 「高いインフレ率**が原因で**，企業が投資収益を見積もることが以前よりも難しく**なっている**」

　▶ **S makes it difficult to V'**…「**S** が原因で，**V'**…することが難しくなる」の difficult が変化を示す比較級になり，to **V'**…の主語が与えられたかたちです．

3. 「現在，多くの人々が以前より快適で，豊かな生活を送ることができるようになった**原因としては**，機会がより平等なものとなったことよりも，経済的な変化の方がはるかに大きい」

　▶ **S owes more to** A **than to** B では **more** は代名詞です．逐語訳は「**S** は，B よりも A に負っているものの方が多い」となります．**S** の原因としては，B よりも A の方が大きい，ということです．**far** は比較級を「はるかに」の意味で強める副詞です．

4. 「いかなる人間集団にも，独自の世界がある．知識の範囲も，評価の仕方も決まっている．このような世界観は，時の経過とともに，たえず修正されてゆく．また，その世界観と，それを有する特定集団とが結びついている**からといって**，それ以外の何らかの集団に属する人々が，部分的にであれ，その世界観を採用することが**できなくなることなどありえない**」

　▶ **Nor can S** prevent… = **And S cannot** prevent…です．prevent には「…できなくなる」という否定の意味が含まれているので，cannot と合わせて二重否定になっています．**S cannot prevent O from V'-ing**…で，「**S** が原因で **O** が **V'**…することができなくなることはありえない」→「**S** だからといって **O** が **V'**…することができなくなることなどない」となります．

Must **58 主要な関係動詞**

1. 「考え方**は**行動の仕方**を見れば分かる**ものだ」

　▶ B **is reflected in** A・A **reflects** B「A は B を反映している・A は B の反映である」は，B が鏡に映っている像，A が鏡，という関係です．同義語は **mirror** です．

2. 「科学の番人にとっては，科学は，文化の決定的かつ重要な一側面**であり**，また重要な社会的な価値観**の反映でもある**」

　▶ A **represents** B「A は B を表している」→「A は B に相当する」「A は B である」．be 動詞のように用いる動詞には，represent の他に **constitute** などがあります．Imports **constitute** a challenge to local goods.「輸入品は地元の商品には脅威である・となっている」．

3. 「ある単語がどの品詞に属しているかを**決めるのは**，文中でのその単語の機能のみである」

　▶ A **is determined by** B = A **depends on** B「A を決めるのは B だ」「A は B によって決まる」．

4. 「産業革命期には，農業経済**に代わって**，市場資本主義**が現れた**」

▶ 能動態の A replaces B「A が B に取って代わる」は not B but A・A instead of B「B ではなく A」という論理関係を示す動詞です.

5. 「標準的なキーボード入力をする**ためには**, ある程度, キーの配列に馴染んでいる**必要がある**」
　　▶ 主語が to 不定詞になっていることからも分かる通り, 主語が目的「…するためには」を示し, 述部が義務「…する必要がある」を示します.

6. 「この平和的な集会**の後に**, 市内の別の場所で自然発生的にデモが行われた」
　　▶ following A = after A となることがありますが, これは following が B follows A「A の後に B がある」の現在分詞だからです.

7. 「アルツハイマー病に関係のある認知機能の低下**に伴って**, 脳の物理的な変化**が生じる**ことが指摘されている」
　　▶ A is accompanied by B においては A が前提であり, B がそれに付随する要素です.

1. 「これら工業化された国々においては, 教育の質をめぐる議論**の中心にあったのは**, 次の 2 つの学派**である**」
　　▶ **two** schools of thought の two は, 導入の役割です (the のつかない数詞は, 導入の印であることが多い). つまりこの受動態の役割は, 「2 つの学派」を導入し, 次の文からその 2 つの学派をテーマとして, それについて説明するための土台を作ることにあります.

2. 「現代的医療を, 有色人種の人々**は受けることができなかった**. それは厳密に, 患者の肌の色にのみもとづいて決められていた」
　　▶ この deny は, **deny A to B**「B に A を与えない」というかたちで用いる deny です. 第 4 文型で **deny B A** とすることもできますが, そのときの受動態は B **is denied** A となります (つまり間接目的語の方が主語になります). 今の場合は, A を主語にした受動態なので, A **is denied to** B が採用されています. いずれにせよ, 「誰が」医療提供を deny していたかではなく「その病院の現代的医療」をテーマとして, それが誰に deny されていたかを述べたいときの受動態です.

3. 「黒人は白人よりカッコイイという考え方は, 少なくとも, ジャズが誕生した頃までさかのぼるものであり, それ自体が奇妙なかたちの偏見である**と考えてもよい**」
　　▶ **see O as C**「O を C とみなす」の受動態です. 助動詞 might があるので, 「O を C とみなすことができる」と, 能動で処理します.

4. 「人々は, 自らの意思決定の多くにおいて『合理的ではない』**と言うのが最善であろう**. 『人々が選択を行い, 興味深いほど複雑な問題を解決しているところを観察したとき, 合理的で論理的な要素は, 多くの場合認められなかった』」
　　▶ 前半は, **describe O as C**「O を C と述べる」の受動態であり, 助動詞 could があるので, 「O を C と述べることができる」と, 能動で処理した方が安全です. 後半も, **observe O V'-ing**…「O が V'…しているのを観察する」という能動態に戻して構造をしっかり理解しましょう.

5.「昆虫の行動のうち最も興味深い形態の1つ**を示すのは**，社会的昆虫であり，この種の昆虫は，様々ある昆虫種の大半とは違って，組織された集団というかたちで生きている．社会的昆虫としてはたとえば，約 800 種のスズメバチ，500 種のミツバチ，またアリ，シロアリなどがある」

　　　▶ 1つ目の受動態 **A is exhibited by B** は，最も興味深い行動をする昆虫として，the social insects「社会的昆虫」を導入するための受動態です．直後の which によってそれがテーマ化され，次の文でも，それがテーマであり続けています．

Must 60 他動詞＋再帰代名詞の意味

1.「一瞬立ち止まって考えてみると，ある解決策が彼の頭に**浮かんできた**」

　　　▶ present 自体は他動詞で「…を提示する」という意味ですが，再帰代名詞 itself がこの他動詞の性質を打ち消し，「提示される」という受動態，あるいは「現れる」という自動詞のように響いています．

2.「自然は**放置しておいて**よいという説は，何もしないことに対する弁解として使われることがある」

　　　▶「自然が自然の世話をする」＝「人間は自然に手を貸す必要はない」，つまり，自然の世話をするのは **not** humans **but** nature「人間ではなく自然だ」という関係が含まれています．

3.「靴は最初に履いた人の足**になじむ**ので，できれば子どもに靴のお下がりを使わせない方がいい」

　　　▶ mold の「…をぴったり合わせる」という他動詞の意味が，再帰代名詞 themselves によって「ぴったり合う」という自動詞の意味に変化しています．

Must 61 ＳＶＯＯの注意すべき動詞

1.「普段はしないことだが，透明人間であれば自らに許可してしまう（→やってもかまわないと思ってしまう）ようなことはいずれも，倫理感ではなくむしろ，警戒心および偽善によるものである」

　　　▶ Must 51 で取りあげた英文ですが，**permit・allow** も**ＳＶＯＯ**で使うことがあり，「…に…を許可する」の意味になります．She **permits** herself a little meat because she is on a diet.「彼女はダイエット中なので，自分に少しの肉だけを許可している」→「彼女はダイエット中なので，肉は少しだけにしている」のように使います．ここでは関係代名詞 that，すなわち先行詞 anything が2つ目の目的語 **O** です．that の存在を無視して，この permit は**ＳＶＯ**，つまり「…を許可する」の意味だと誤解し，「自分自身を許可する」という訳語をあててしまう可能性があるので要注意です．owe の方は，**S owes A to B** の基本訳「**S** の **A** は **B** のおかげである」を想定して **S owes** less **to** X than **to** Y の逐語訳をつくると，「**S** は **X** のおかげである部分より，**Y** のおかげである部分の方が大きい」となります．

2.「さらに，彼らの優秀さは幸運によるものではなく，異なる能力を持つ個々人を共通の

335

Answers

目的へと導く真の能力によるものである」

▸ S owes A to B の「S の A は B のおかげである」という基本の訳し方通りです.

3.「経済的な実力主義の世界で, 相続財産も有利な立場もなく金銭的に成功することは, 父から金と城とを与えられていた昔の貴族が決して経験することができなかった個人的な達成感を個人に与えてくれた. しかし同時に, 金銭的な失敗は, 人生のあらゆる機会を奪われていた昔の農民が, ありがたくも経験せずに済んでいた恥辱の感覚と結びついてしまった」

▸ **denied** all chances in life は, 対比相手である 1 文目の該当箇所 **who had been given** his money and his castle by his father と同じかたちで書けば, **who had been** denied all chances in life であり, したがって deny **O O** の受動態ですから,「否定する」の deny ではなく「与えない」の deny です. a sense of shame が先行詞, **that** がそれを受ける関係代名詞で **O,'** the peasant of old が主語 **S,'** denied…が **S'** にかかる関係節相当の **M1,'** had…been spared が **V'** です. 関係代名詞として前に移動していますが, **that** が **O'** であり, **S'** had been spared という受動態になっていることから, 元の能動態は **S V O O** だと判断できなければなりません. spare の「(ヒト) が (不快な経験) をしなくて済むようにする」という逐語訳から, 上のような訳文に至れれば合格です.

Must 62 S＋V＋C＋O の語順

1.「一般的には, 奪われる時間がより少ない, 必要な技能も努力も忍耐力もより少ないことが, 我々にとっては**魅力的である**」

▸ 形容詞 **attractive** は something…を修飾するものではない, ということがポイントです. something にかかる形容詞(たとえば important)は, **little something**「ちょっとしたもの」のような, 一部の例外的な表現を除いて, **something important** のように, 後ろに置くからです. よって attractive は, find の補語 **C** が, 目的語 **O** より先に置かれたものである, と判断します.

2.「考えていることを絶えず外に向かって表現することから, 考えを編集し見直した後に人に告げることへと子どもが移行する段階**を**, 彼は『重大な』段階**だと述べている**」

▸ describe O as C (= call O C) が, **describe as C O** となったものです. shift には**決定詞 the** が付いているので, "momentous" という形容詞は shift を修飾する形容詞ではありません.

3.「科学技術の**おかげで**, 近代的な工業・農業・漁業, 近代的な衛生・医療, 近代的な軍備が**実現され**, 今度はそのこと**によって**, 人口増加が**実現した**」

▸ make possible O「…を実現する」, make known O・make public O「…を公表する」などの表現における形容詞 possible・known・public は, 構造的には補語 C ですが, 意味的には **make possible・make known・make public** で 1 つの他動詞のように感じられているせいか, **V O C** の語順よりも **V C O** の語順の方が多いくらいです.

Must 63 長い目的語

1.「技術の発展**によって**，写真が表しているとみなしうるものの真実らしさ**が**，より危険なもの**となる**」

▶ **make O C** のパターンです．the plausibility of what photography can be thought of as representing の全体が make の目的語 **O** です．representing のところで切れている，ということが分かるかどうかにかかっています．what には代名詞と決定詞がありますが，ここでは what は他動詞 representing の目的語 **O''** ですので，代名詞です．構造が分かりにくい人は，what を **X** に置き換えて，photography can be thought of as representing **X** とすればどうでしょうか．それでも分かりにくいなら，we can **think of** photography as representing X「写真は X を表しているとみなすことができる」と能動化すればどうでしょうか．

2.「多国籍企業が労働者に要求する柔軟性は，グローバリゼーションの真の性質を表している**と私は考えている**．グローバリゼーションのなかでは，個人は本質的に使い捨て可能なものとみなされているのである」

▶ **see O as C** のパターンが見えれば易しいと思います．the flexibility demanded of workers by multinationals「多国籍企業が労働者に要求する柔軟性」が see の目的語 **O** であり，直後の as 以下の revealing…という現在分詞句が補語 **C** です．

3.「行うべき分別ある行動は，どうやら，そのゴミの大半を生み出している国々**に**，そのゴミを，きわめて効率的に，とはいってももちろん何らかの犠牲の上で，処理することができる国々へと**運ばせる**ことであるようにみえるであろう」

▶ the states that produce most of the trash「そのゴミの大半を生み出している国々」が have の目的語 **O'** であり，直後の ship が動詞原形で **V''**（ship A to B「A を B まで運ぶ」です，have **O V'**…「**O** に **V'** させる」となっています．

4.「人間の行動には，科学的な分析，したがって効果的な技術**を不可能にする**ような面があるに違いない，と結論づけることは容易であるが，我々はまだ，その可能性を検討し尽くしたわけでは決してない」

▶ **make O C** のパターンです．a scientific analysis, and hence an effective technology「科学的な分析，したがって効果的な技術」が目的語 **O'**，impossible が補語 **C'** です．

5.「『疲労』という語を聞くと，家に閉じ込められ，友人のところや店に行くことができないなどの，中流階級の犠牲を思い起こす．しかし，一部の人々にとっては，イタリアが採用している措置のような，広範なソーシャル・ディスタンスを求める措置に従うこと**を困難にする**，過酷な現実が存在している」

▶ **make O C** のパターンです．**make** の目的語 **O** が，compliance with extensive social distancing measures — like those employed in Italy「イタリアが採用している措置のような，広範なソーシャル・ディスタンスを求める措置に従うこと」であり，**more difficult** が補語 **C** です．

Answers

Must 64 副詞要素 M2 の割り込み

1. 「あらゆる人が，ある程度は訓練によって，また気質の影響の方がいっそう強いだろうが，一元論的な考え方か，二元論的な考え方かのどちらかを精神的傾向として持っている，と言ってもよい」

　　▶ be 動詞 is の直後の要素が，somewhat **[M2]**，by his training **[M2]**，still more **[M2]**，by his constitution **[M2]** であり，その後ろに predisposed という過去分詞 **V-ed** があるのを確認した段階で，is predisposed で受動態になっている，と気づけば，is と predisposed とのあいだに，少し長い副詞要素 **M2** が割り込んだだけ，ということが分かると思います．**have V-ed**（完了形）・**be V-ed**（受動態）における **have・be** の後ろには，副詞要素 **M2** が割り込む可能性が高い，ということをご記憶ください．なお，この英文は京都大の出題ですが，文体的に古い英語だそうです．

2. 「いわゆる『文法 - 訳読法』は，1960 年代でさえ，英国その他の国にみられる最もふつうの言語教育法でありつづけている」

　　▶ remains はここでは「…でありつづけている」という意味の連結動詞（be 動詞の仲間）です．しかし直後にあるのは even in the 1960s という副詞句 **M2** であり，その後ろの the most usual form of language teaching…以下が，この remains の補語 **C** です．

3. 「英語の教師が科学の言語を無視することは，あたかも数学の教師が，数学のなかで地理に関連しているあらゆる側面を地理の教師に委ねるようなものであり，あらゆる関係者にとって事態を困難なものにするだけ，ということになりかねない」

　　▶ **leave to** the teacher…までのところで，leave の目的語 **O** がほしい，という感覚があれば，the teacher of geography の後ろに決定詞 **all** が見えたときに，それが，待っていた目的語 **O** の開始時点であることがすぐに分かります．**leave A to B**「A を B に委ねる」という他動詞＋目的語 O ＋副詞句 **M2** が，**leave to B A** という他動詞＋副詞句 **M2** ＋目的語 **O** になったものです．to the teacher of geography が **M2**，all 以下 subject までが **O** です．なお，can make…の主語は，先頭の For から subject までの全体で，主語つきの名詞的用法の to 不定詞です．

Must 65 無意味動詞 make・give から生じる複雑な構造

1. 「言語は，それが複雑かつ多様なかたちで使用されていることを考慮すれば驚くべきことではないが，きわめて複雑なかたちの活動である」

　　▶ the…**uses to** which we **put** it…の部分の元の姿は，we **put** it **to use**「それを使用する」です．名詞 use を先行詞として前に移動させ，残る部分を，関係節に押し込んだものです．この先行詞＋制限関係節は，the fact that SV'…に相当するものと理解することができます（Must 79）．つまり，**the fact that** we put it to complex and varied uses として訳せばよいわけですが，さらに訳しやすくするために動詞の use を使って言い換えれば，the fact that we use it **in complex and varied ways** となります．

338

2.「情報を伝達する方法としては，講義には，コンピューターによるデータへのアクセスに特有の，速さ，および制約のない探索というものが欠けている．講義によって提示される情報が，講義に興味を持つ理由になることはめったにない．講義の魅力の源泉は，講義を行う者の雄弁さ，および視点である．講義のような発表形式が価値あるものとなるのは，それによって，自分以外の人間が世界を，あるいは世界のうちの何らかの興味深い部分をどのように感じているかを理解し，またその感じ方について様々に問いかける機会が与えられるからである」

> ▶ the opportunity they afford of…の部分の処理が問題です．この afford は give の意味です．**afford an opportunity of V'-ing**…「…する機会を与える」が元の姿です．目的語 an opportunity が先行詞として前に出て，残る they afford が関係節になったかたちです．この先行詞＋制限関係節は，the fact that **S'V'**…に相当するものと理解することができます（ Must 79）．つまり，**the fact that** they afford an opportunity of…として訳せばよいわけです．

Must 66 場所を示す副詞句 M2 ＋ V ＋ S の語順の役割

1.「科学および科学教育が重視されるようになったことで，難しい文化的な問題が生じている．**その 1 つとして**，過去に存在した，また今も決して消滅してはいない，科学者と非科学者の激しい分離**がある**」

> ▶ 関係節の内部も **M2 ＋ V ＋ S** の語順が生じやすい環境です．which は主節の何かを受ける旧情報だからです．**among which** が **M2'** is が **V',** the sharp separation …以下最後までが主語 **S'** です．関係代名詞 **which** は，先行詞 difficult cultural problems を受けるものですから，旧情報です．

2.「印刷術以前の西洋は，まだある程度は口承の社会であり，現在の私たちからすれば驚異的な記憶力が，当時は当然のものとされていた．読んだものを記憶すること**と密接に関連していたのが**，そうして得た知識を素早く口頭で交換する習慣**であった**」

> ▶ A goes hand in hand with B「A は B を伴っている・A は B につながっている」が元のかたちです．副詞句 M2 である **hand in hand with** B が節の先頭に出て，次に自動詞 **goes** が来て，最後に主語である A が来ています．

3.「1943 年，心理学者アブラハム・マズローは，「人間の動機づけの理論」という，大きな影響力を持つ論文を発表した．この論文は，よく知られているように，人間には欲求の階層があると述べたものである．その階層は多くの場合，ピラミッドとして描かれる．**最底辺にあるのは**，基本的な欲求である．生理学的な意味での生存のために必須の要素（たとえば食料，水，空気），および安全に必須の要素（たとえば法律，秩序，安定性）に対する欲求である．**1 つ上のレベルにあるのは**，愛および帰属の欲求である．**その上にあるのは**，成長の欲求である．すなわち個人的な目標を達成したり，知識や技能を身につけたり，世に認められたり，達成したことの報酬を受けたりする機会を求める気持ちである．最後に，**最上段にあるのは**，自己実現の欲求である．すなわち，倫理的な理想や創造力そのものの追求を通じた自己成就の欲求である」

Answers

▶ 訳の太字部分のいずれにおいても，**M2 ＋ V ＋ S** のパターンが成立しています．このように，旧情報を軸に，リストの項目を列挙するときにも，このパターンは有効です．

Must 67 O ＋ S ＋ V の語順の役割

1.「言い換えれば，英国の英語母語話者は，英語その他の，すべてではないにせよ多くの言語の母語話者の大半がそうであるように，ともかくも言語を必要とする仕事のすべてを，母語が自らに代わってやってくれるように要求する．**この言語（母語）については，**その母語話者は年長の兄弟姉妹，親，接触する他の子どもや大人から学ぶ．それをどのように学ぶのか，またその言語のパターンをどのような順序で獲得するのかは，一般言語学および応用言語学の双方にとって重要な問いである」

> ▶ 2文目の This language「この言語（母語）」が**目的語 O**，he learns が **S V** です．この前景化によって背景に退いたのは「母語以外の言語」，つまり「第二言語」や「第三言語」です．「母語」を前景化し，それが母語以外の言語とは習得の仕方が異なるということが，構造的に示されているわけです．

2.「ヨーロッパの知的生活の全体，すなわちその哲学，倫理，政治，美学の分野の思想の起源は，ギリシャの思想家の活動にあり，今日でも，知的領域におけるギリシャ人の活動のうち現在残されているものに何度も立ち返ることによって，刺激と励ましを得ることができる．現代人は，紛れもない知的親近感を，古今のいかなる文明にもないかたちで，ギリシャ人に抱いている．**古典時代のギリシャにおいて人間的な知的・芸術的な才能がこのように見事に開花したのは環境的，文化的，生物学的にいかなる状況にあったからなのか，については**確固たる知識は永遠に得られないであろう．我々はただ，まさにその開花が生じたことに感謝することができるだけである」

> ▶ これも**最後の１文が O S V …**です．ここで目的語 O として前景化されているのは，Just **what circumstances** — environmental, cultural, and biological — **gave rise to** this brilliant flowering of the human intellect in the Greece of the classical age「環境的，文化的，生物学的ないかなる状況が，古典時代のギリシャにおける人間的な知的・芸術的な才能のこのように見事な開花をもたらしたのか」という，因果関係を問う間接疑問です．ということは，背景に退いたのは，この問いかけ以外のさまざまな問いかけであるはずです．つまりこの **O S V …**は，「ギリシャにおける知的領域の開花については分からないこともいろいろあるが，とりわけはっきりしないのはその原因である」というように読めるものです．

Must 68 C ＋ V ＋ S の語順の役割

1.「単年度あるいは短期間に気候条件が農業生産に及ぼす影響も重要だが，**より重要なのは**長期的な影響である」

> ▶ A is one thing ; B is another. は「A と B とは違う」という意味になる表現ですが，この B is another の代わりに，比較級の形容詞から始まる **C ＋ V ＋ S** の語順を用いることがあります．ここでも，A is one thing ; more important is B「A も重要

だが，より重要なのは B である」となっています．このことからも，**C + V + S** の語順には another と似たような役割がある，ということがわかります．

2.「さらに，これまでの理論化においては，西洋の諸プロセスが世界の残る地域におよぼす影響，とりわけその文化の同質化が強調される傾向があった．グローバリゼーションの理論家は，一般的には国民国家，特殊的には米国が，以前ほど重要ではなくなっていると論じている．**それよりもはるかに重要なのは**，グローバルな，特定のどの国とも無関係なプロセスである」

> ▶ **Of far greater importance** = **Far more important**「はるかに重要な」が形容詞要素として文頭にあって補語 **C** をなしています．the nation-state in general, and the United States in particular が重要性を失っているとの前文の内容に呼応して，代わりに重要なものとなっているのは何かを導入するために，**C + V + S** の語順が採用されたわけです．主語 **S** の global processes that are independent of any specific nation を新しいテーマとして受け止めることが大切です．

Must 69 文頭の3通りの V'-ing…

1.「この理論**の基礎をなしている**のは，人々は生まれながらに暴力的に行動する本能を持っているのではなく，生活体験や，重要な他者（配偶者や親や同僚や友人など大きな影響を及ぼす人のこと）との交流を通じて，攻撃性を身につけてゆく，という考えである」

> ▶ **underlying** this theory は現在分詞です．**S underlies O**「**S** が **O** の基礎にある」の主語 **S** を文末に移動させるために underlies O を現在分詞に変えて，**Underlying O' is S**「**O** の基礎にあるのは **S** である」というパターンに逆転させたものです．

2.「言語学の知識もなく，その訓練を受けたこともない良い教師**を**，言語学の訓練を受けた教師**に取り替えたとしても**，それだけでは，授業で行われている言語教育の効果には，大差はない」

> ▶ **replacing** A **by** B「A を B に取り替えること」は動名詞で，does…make…の主語 **S** です．逐語訳は，「A を B に取り替えることは，大きな違いを生まない」です．

3.「試験の第2の特徴は，試験は本来柔軟性に欠けている，ということである．試験は，教育制度に関わるものな**のだから**，それ相応に一定のものでなければならないし，試験を変更するのは，学校教育の方法やカリキュラムを変更する必要があるときに限らなければならない」

> ▶ **being** related to an educational system は，分詞構文です．they have…以下の内容に対する理由を与えています．

4.「この成長を**下支えしているのは**，移民がより良い経済的機会を求めて，ほぼ途絶えることなく都市圏に流入していることである」

> ▶ **underpinning** this growth は現在分詞です．**S underpins O**「**S** が **O** を下支えする」の主語 **S** を文末に移動させるために underpin O を現在分詞にして，**Underpinning O' is S**「**O** を下支えしているのは **S** である」というパターンに逆転させたものです．

第 8 章

関係節の注意点

先行詞はどこか？

whichの先行詞がどこかを発見しよう．

The communicative function of an utterance is defined as that part of the intended function of the utterance **which** is explicitly linguistically indicated. [1]

　このセクションでは，関係代名詞の直前に，長い名詞句があるときを取り上げます．長い名詞句の場合，その中にあるどの部分が**先行詞の中心**になるのか，をつねに考えなければならないからです．

The sophistication of dolphins that makes them so interesting also makes them really difficult to study. [2]

　たとえば上の例において，関係代名詞 **that** の前に，the sophistication **of** dolphins「イルカの精巧さ」という名詞句がありますが，つねに考えるべきは，ofの前後にある sophistication と dolphins のどちらが **that** の先行詞なのか，つまり **that** に代入して読むべきものか，ということです．

　その判断は，多くの場合，意味から決めるしかありませんが，この例文のように，ofの前後が不可算名詞と可算名詞複数形になっており，関係代名詞（that・which・who）が主格の関係代名詞 **S'** であり，その直後の動詞が単純現在で，助動詞が付いていない，といった条件がそろっているときには，その**動詞のかたちが判断基準**になります．

　ここでは，関係代名詞thatの直後の動詞が**makes**，つまり「三単現のS」の付いたかたちになっており，thatの先行詞は複数形であってはならない，ということを教えてくれています（さらに言えば，makesの目的語が**them**であり，これがdolphinsだということもヒントになります．もしthatがdolphinsなのだとすれば，主語と目的語とが同じものであることになり，よって目的語は**themselves**となるはずだからです）．

　というわけで，thatの先行詞は，dolphinsではなく，the sophistication of dolphinsの全体であり，その中心語はsophisticationです．訳は，「イルカは，その精巧さゆえにきわめて興味深いのだが，同時にまた，実に研究しづらい生き物でもある」のようになります．

　〔サンプル英文〕においても，**which**が主格の関係代名詞であり，直後の動詞が**is**であることから，先行詞は複数形であってはならない，ということが分かります．が，今度は，whichの直前にあるのは，that **part** of the intended **function** of the **utterance**というように，名詞 + of + 名詞 + of + 名詞，という連鎖であり，しかも，その3つの名詞がいずれも複数形ではありません．このような場合には，**that**および2つある**the**の役割をしっかり考えてみる必要があります．

　まず，**the** utteranceは，**an** utterance「ある発話」を受けるもので，よってこのtheは**前方照応**のはたらきです．つまりthe utteranceは先行詞ではありません．

　the intended functionのtheは，of the utterance「その発話の」という情報によって「意図された機能」が1つに決まる，つまりある発話において意図されている機能は1つにしぼることができる，ということを示す**後方照応**のはたらきです．よってfunctionも先行詞ではありません．以上から，**that** partが先行詞であることが分かります（このthatについては Must 71 を参照）．

　　　　　→of…の後方照応のthe　→先行詞じゃない
that part of **the** intended function of **the** utterance **which** …
→　先行詞！　　　　　　　　　　　→前方照応のthe　→先行詞じゃない

以上から，that part に対して，**of** the intended function of the utterance と，**which** 以下の関係節との 2 つの要素がかかっていることが分かります．

このようなケースでは，訳す順番に注意が必要です．
「言語によって明示的に示されているその発話の意図された機能の部分」というように，後ろから前へと訳し上げてゆくだけだと，**which** 以下がどこにかかるか分かりにくい訳になるからです．
このような場合には，of the intended function of the utterance を先に訳し，次に which 節を訳し，最後に that part を訳す，というように，訳す順序を工夫する必要があります．
全体の訳は，「ある発話のコミュニケーション上の機能とは，その発話において意図されている機能のうち，言語によって明示的に示されている部分として定義される」，のようになります．

チャレンジ問題 **70** ※答えは章末にまとめて

先行詞に気をつけながら訳してみよう．

1. Heisenberg's uncertainty principle describes a fundamental property of the world. As Hawking points out, this means that we cannot have a scientific theory or model of the world that is completely deterministic. [3]

2. McLuhan proposes a methodology for studying living cultures that is televisual. Inspired by early television's ontology, the methodology McLuhan proposed was process-oriented and open-ended. [4]

【例文ソース】
[1]　Jef Verschueren (1978) Pragmatics: An annotated bibliography, p.90
[2]　東京工業大
[3]　Andrew M. Kamarck (2001) Economics for the Twenty-first Century: The Economics of the Economist-Fox
[4]　Janine Marchessault (2005) Marshall McLuan: Cosmic Media, p.xvii

先行詞に含まれている
that・thoseの2つの役割

that・thoseの意味・役割を考えてみよう.

① Have you forgotten about **that** book I lent you the other day?

② Law means we have to do things. The police, the courts and the prisons may be used in order to deal with **those** people who disobey the rules. ※1

　関係節（who節・that節やwhich節など）の先行詞となる名詞句の中に，**that・those**が含まれていることがあります．このthat・thoseの役割は，前方照応の役割でなければ，次の2つのどちらかになります.

❶ 後方照応の役割 　　❷ 指示詞 that「あの…」

　❶は，フォーマルな，つまり書き言葉に多いものであり，❷は，インフォーマルな，つまり話し言葉に多いものです．〔サンプル英文②〕が❶の例になります.

↓ 後方照応の役割
those people <u>**who**</u> disobey the rules

　この**those**は，<u>直後の**関係節who**…の中で「どの（ような）」人々のことなのかを**説明しますよ**</u>，ということを，あらかじめ伝えるものです（このような役割を**後方照応**の役割と呼びます）．つまり，**those**の内容＝**who**以下の関係節の内容という関係にあります．**those** people「以下で説明する人々」というのは**who** disobey the rules「ルールに従わない」人々のことだよ，という関係です.

それゆえ関係節を訳せば, この those は訳す必要はありません. この those には「あの…」という意味はないからです.

　全体の訳は「法律の存在は, 我々にさまざまな義務があることを意味している. 警察, 裁判所, 監獄は, ルールに従わない人々に対処するために使用することができる」のようになります. この those は, **定冠詞 the** に置き換えることができますが, the より目立つ分, those の方が関係節の内容をより強く伝えることになります.

　次に, ❷の例を見てみましょう.

例文 Who's **that** woman over there who's looking at me?
　　「向こうでこっちを見ているあの女性は誰だ?」

　この **that** は who 以下の関係節の内容がなくても意味を持つものです. つまり「あの…」と訳すことができる指示詞の that です. この文では, 「あの…」は, 場所的に語り手に近くない, ということをはっきり示しています. 関係節 who…以下は, that の「近くないところにいる」という情報に加えて, その女性についてのさらなる情報を与えているわけです.

　❶の that・those には, 以上のような, 場所的に近くない・時間的に近くない, といった意味はないことを確認してください. その違いがよく分かるはずです.

　〔サンプル英文①〕が, この指示詞の that です. book までで「あの本のこと, 忘れているのか?」という訳になります. この文の that「あの…」は, 時間的に今に近くない, つまり過去のある時点のものだということを示すものです. (**that**) I lent you the other day「先日僕が君に貸した」という関係節は, その本を明確化するためのさらなる情報を与えているわけです.

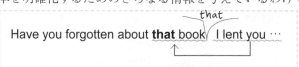

Have you forgotten about **that** book I lent you …

　全体の訳は「先日僕が君に貸したあの本のこと, 忘れているのか?」のようになります.

先行詞となる名詞句の内部にある **that・those** については以上の通りですが，次のようなケースがあるので，とくに those には注意が必要です．

例文 Those morocco bindings are so delightful to the eye! These old vellums are so soft to the touch! There is not a single one among **those** books which is not worthy to command the respect of an honorable man. ※2

> 「モロッコ革のそうした装丁は大いに目を楽しませてくれる！　これらの古い上質皮紙はとても柔らかな手触りである！　そのような書物のうち，高貴な人に尊重されるに値しないものなど1つもない」

この文では，**those** books は関係代名詞 **which** の先行詞ではないことに注意しましょう．which 節の動詞が is だからです．those books が先行詞だとすれば，are となっているはずです．which の先行詞は，**not a single one** です．ということは，those の役割は後方照応ではなく，**前方照応**，つまりすでに述べられている何かを指示する役割です．

さらに，that・those には **that which**… ・ **those which**… ・ **those who**… のように，**that・those** それ自体が先行詞になるケースがあります．

例文 Private property rights presuppose a social bond between **that which** is owned and a person, defined as a juridical individual, who is the owner and who has the rights of disposition over **that which** is owned. ※3

> 「私的所有権は，所有物と，法的個人として定義され，その所有者であり，かつ所有物の処分権を有している人との社会的紐帯を前提とするものである」

このフォーマルな使い方では，**that which** = **what**（複合関係代名詞）です．前提となる名詞がないケースです．けれども次の例文では，that・those は，**the＋すでに出てきた名詞**の代わりです．

例文 The most widespread misunderstanding **is that which** assumes that giving is 'giving up' something. ※4

> 「最も一般的な誤解は，与えることが何かを『引き渡す』ことだと思いこむことである」

例文 Traditional media **are those which** existed pre-Internet, such as television, radio, newspapers, magazines, newsletters, press and other print publications. ※5

> 「従来のメディアとは, インターネット以前に存在していたメディア, たとえばテレビ, ラジオ, 新聞, 雑誌, 会報, 広報その他の印刷物などの<u>メディアのことである</u>」

それぞれ, **S** is **C** の補語 **C** の位置に **that**・**those** があることから, この that・those は, 主語 **S** の中にある名詞に **the** をつけて理解すべきものであることが分かります. **that** which… = **the misunderstanding** which… であり, **those** which… = **the media** which… です.

チャレンジ問題 **71** ※答えは章末にまとめて

that・those に注意しながら訳してみよう.

1. Did you get that book I sent?

2. Concrete concepts are those which may be perceived directly through one of the five senses: taste, smell, sound, touch, and sight. ※6

3. When writing an essay you should choose those aspects of your subject that seem most important and show why they have such importance.

4. We've seen that DNA is a long chain molecule composed of four kinds of nucleotides. There's nothing in the basic makeup or chemistry of those nucleotides that gives a hint of DNA's remarkable role in life. ※7

【例文ソース】
※1 Wade Mansell, Belinda Meteyard, Alan Thomson (2004) Critical Introduction to Law, p.3
※2 Anatole France (2015) The Crime of Sylvestre Bonnard: Works by France
※3 David Harvey (2014) Seventeen Contradictions and The End of Capitalism
※4 Erich Fromm (1956) The Theory of Love (James L. Malfetti, Elizabeth M. Eidlitz (1971) Perspectives on Sexuality: A Literary Collection, p.255)
※5 Christine Bruce, Helen Partridge, Kate Davis (2014) Information Experience: Approaches to Theory and Practice, p.299 の一部を削除して使用
※6 Gilbert H. Hunt, Dennis G. Wiseman, Timothy J. Touzel (2009) Effective Teaching; Preparation and Implementation, p.95
※7 Mahlon B. Hoagland, Bert Dodson, Judith Hauck (2001) Exploring the Way Life Works: The Science of Biology, p.244

先行詞が形容詞を含んでいる ときの関係節の1つの役割

太字の形容詞と関係節とがどういう関係にあるかを考えてみよう.

① Acquired dyslexics were previously **competent** readers who now suffer problems in that ability due to brain injury. ※1

② There is a minority of **humanistically oriented** educators who have as their goal the creation of better human beings, or in psychological terms, self-actualization and self-transcendence. ※2

　形容詞を含んでいるかどうかという点から関係節の先行詞となる名詞句を観察していると,形容詞がついていないケースの方が圧倒的に多いことに気づきます.関係節自体が名詞を「形容」する役割をはたすものですから,当然,形容詞は少なくなるわけです.

　けれども,先行詞が形容詞を含む名詞句になっていることがあります.〔サンプル英文〕の例がそれです.

　①の文では,readers「読む人」という名詞句に対して,previously competent「以前は読むことができた」という形容詞と,who now suffer problems in that ability due to brain injury「脳の損傷のために現在は読む能力に問題をかかえている」という関係節とがかかっています.つまり,1つの名詞を,2つの要素が「形容」しているわけです.修飾されている名詞の側から見れば,形容詞も関係節もその名詞に対する「形容」という点で対等の関係にあるとみなすことができる場合があります(もちろん,つねに,ではありません).

そのとき，この2つの要素は

> ❶ 言い換え　　❷ and 的関係　　❸ but 的関係

のいずれかの関係になります．

①の文では，previously competent「以前は読むことができた」が**過去**の状態を示し，関係節はnowが示すように，**現在**のことを示しています．つまり，過去と現在とが時系列的につながっているわけです．この例ではさらに，competentとsuffer problemsとのあいだに意味的な対立もみられます．したがって，この2つの要素は，**❸but的関係**にあるとみなすことができます．

この関係を明確にするように訳すと，わかりやすい訳文になります．

つまり，関係節who now suffer problems in that ability due to brain injury「脳の損傷のために現在は読む能力に問題をかかえている」→形容詞previously competent「以前は読むことができた」→名詞readers「読む人」という順序で訳すのではなく，形容詞previously competent→【❸but的関係「だが」】関係節who now suffer problems in that ability due to brain injury→名詞readersの順序で訳すわけです．

> ❸but的関係「だが」
> previously competent **readers** who now suffer problems in …

訳は「後天性ディスレクシア（失読症）患者とは，かつては読むことができたが，現在は脳の損傷が原因で読む能力に問題をかかえている人のことをいう」のようになります．

②の文はどうでしょうか？

この場合には，形容詞のhumanistically orientedに含まれているhumanism「ヒューマニズム」の意味が問題です．国語辞典で調べてみただけでも，ルネサンス期のヒューマニズム，英仏で市民革命の指導理念になったヒューマニズム，社会主義的ヒューマニズムなどがある，と書かれているように，様々な意味で用いられる語です．このようなケースでは，後ろの関係節は，

humanistically oriented という形容詞の意味をより明確にするのに役立つ
ものとなります.

who have as their goal the creation of better human beings, or in psy-
chological terms, self-actualization and self-transcendence 「より良い人間を
創造することを, あるいは心理学の用語で言えば, 自己実現および自己超越を自らの目
的としている」の部分が, この文における「ヒューマニズム」の意味です. つま
り先行詞に含まれる形容詞と関係節とは, **❶言い換えの関係**にある, と考え
ることができます.

❶言い換えの関係「すなわち」

humanistically oriented **educators** who have as their goal the …

このときにも, humanistically oriented 「ヒューマニズムを志向する」→【❶
言い換えの関係】who have as their goal the creation of better human beings,
or in psychological terms, self-actualization and self-transcendence → edu-
cators 「教育者」の順で訳し, 2つの「形容」要素を「すなわち」でつなげばわ
かりやすい訳文を作ることができます.

訳は, 「少数であるが, ヒューマニズムを志向している, すなわちより良い
人間を創造することを, あるいは心理学の用語で言えば, 自己実現および自
己超越を, 自らの目的としている教育者がいる」のようになります.

先行詞の中の形容詞と関係節との関係を考えてみよう.

1. A paradox is a seemingly contradictory statement which may, nonetheless, be true. [3]

2. The early modern skeptics were more dogmatic than their ancient forerunners. They expressed doubt concerning the existence of any objective reality that was independent of human perception, questioned longstanding philosophical assumptions, and at times undermined the foundations of political, moral, and religious authorities. [4]

3. The savage sees nothing impossible in the story that his tribe is descended from a beast or a bird; the lady in the fairy-tale who married a bear or a snake was doing nothing particularly improbable. As knowledge advanced, these animal husbands became enchanted men who regained their true shape at last, as in Beauty and the Beast, but this is a later modification to suit later ideas. [5]

【例文ソース】
※1　早稲田大. 一部を削除して使用
※2　Courtney Schlosser (1976) The Person in Education: A Humanistic Approach, p.130 の一部を削除して使用
※3　Alan Bond (1986) The Sevenfold Path to Peace: Seven Lenten Sermons, p.21
※4　Anton M. Matytsin (2016) The Specter of Skepticism in the Age of Enlightenment, p.1
※5　東京大. また Christina Hole (1944) English Folklore, p.73

主節の直後に現れる＜不定冠詞 a(n)＋名詞＋関係節＞の役割

太字部分の構造上の役割を考え，訳してみよう．

Women constitute a larger percentage of the immigrants than ever before, **a factor that** has contributed to diasporic communities being able to maintain their cultural autonomy. [1]

●──文末に続く a(n)＋名詞は説明の追加．this is を補って読む

　フォーマルな文体では，**主節全体で述べた内容を意義づけしたり，評価を加えたり，さらなる説明を加えるための名詞句**を，文末にコンマとともに追加することがあります．その名詞句は，多くの場合，**不定冠詞a(n)＋名詞＋関係節**の形になります．

　たとえば次のような文です．

例文 From roughly the middle of the nineteenth century, government began to **concern itself with** improving sanitation, particularly in towns, **a concern** brought about by the movement of population during the industrial revolution. [2]

　　「おおよそ19世紀半ばから，政治はとりわけ都市部で，衛生状態の改善に取り組みはじめた．この取り組みの原因となったのは，産業革命期の人口移動であった」

　3つ目のコンマ〔,〕までが主節です．コンマ〔,〕より後ろは，**a concern** を先行詞として，**brought about** から文末までがそれにかかる関係節です

（concernの後ろには関係代名詞that + be動詞が省略されています）. ですから, コンマ〔,〕より後ろは, 全体として長い名詞句であって, 主節ではありません.

　コンマ〔,〕＋名詞句は, <u>通常は, その直前にある名詞句の言い換え</u>のために用いられます. しかし, このケースでは, この長い名詞句は主節のなかにある名詞句のみを言い換えたものではない, という特徴を持っています. a concern (that was) brought about…以下最後までの情報は, **主節の内容全体に対して追加されている**ものです.

　したがって, コンマ〔,〕より後ろは, **This is** a concern which…あるいは非制限の**which is** a concern which…と読めるものです. リーディングでこのケースに出会ったら, このどちらかを補って読めばよいでしょう.

　なお, このケースでは, 追加説明の出発点に据えられている名詞**concern**は, 主節の述部の心臓部である**concern itself with**…「…に取り組む」の名詞形です. <u>出発点の名詞が, 直前の述部の中心語の派生語になっている</u>わけです.

　次の例も, **コンマの直後の名詞が, 主節の中心語の派生語になっている**例です. 追加説明の出発点**ability**は, 主節の**be able to**…の名詞化です.

例文 The latter studies provide strong evidence that blind listeners **are able to** perceive more subtle details of speech — **an ability which** could further enhance blind listeners' speaker identification abilities. ※3

　　「後者の研究は, 視覚障害のある聞き手は言葉をより微妙なディテールまで感じ取ることができる, という強力な証拠を与えている. <u>この能力によって,</u> 視覚障害のある聞き手の, 話者特定能力がさらに高まる可能性がある」

●──追加説明の出発点が主節全体の内容を表す名詞になるケース

　次例は，**追加説明の出発点になる名詞の元になる語句が主節にはない**，というケースです．

例文 Interior Anatolia is the largest agricultural region in Turkey and above all an area of grain production, **a characteristic that** has remained unchanged throughout centuries. ※4

> 「内陸部のアナトリア地方は，トルコにおける最大の農業地帯であり，とりわけ，穀物生産地帯である．この特徴は，何世紀にもわたって変わってはいない」

　この例では，a characteristicの派生語あるいはその類義語は主節にはありません．**主節の内容全体が，a characteristic「特徴」として捉え返され，さらなる説明がプラスされている**わけです．

　〔サンプル英文〕も同様です．a factor「要因」の派生語もその類義語も主節にはありません．主節の内容全体が，a factor「要因」として捉え返され，さらなる説明がプラスされているわけです．

Women constitute a larger percentage of the immigrants than ever before, a factor that has contributed to…
this is　　　＝主節の内容全体

　訳は「移民に占める女性の割合がこれまでにないほど増えている．これも，ディアスポラ社会が文化的自律性を維持することができる一因となってきた」（「ディアスポラ」とは，原住地を離れた移住者のこと）のようになります．

訳してみよう.

1. Of particular concern is the fact that not everyone has been able to gain access to the Internet and its benefits, **a situation that** has been labeled the 'digital divide.' ※5

2. From his determinations of their variable brightness, he concluded that the rotation periods of all four satellites coincided with their periods of revolution round Jupiter — **a conclusion** confirm**ed** by subsequent research. ※6

3. Many older people had no interest in computers, clearly **one of the factors** contribut**ing** to the digital divide within developed countries, but the problem is more than simply a generation gap. ※7

【例文ソース】
※1　Henry Schwarz, Sangeeta Ray (2008) A Companion to Postcolonial Studies, p.120 の一部を削除して使用
※2　U.S. Department of Health, Education, and Welfare (1976) The British National Health Service, p.3
※3　Almut Braun (2016) The Speaker Identification Ability of Blind and Sighted Listeners, p.32
※4　(1975) Ancient Society, vol.6-8, p.238
※5　慶應大
※6　Hector Copland Macpherson (2022) Pioneers of Progress: Men of Science: Herschel
※7　慶應大

目的格の関係代名詞

Samples

関係節内部の構造を意識しながら訳してみよう.

① One of the presents I bought my father was a new pair of leather shoes.

② The few persons that local circumstances have obliged to remain are wandering about the streets, having nothing to do. ※1

③ The main forms of domestic violence women reported being exposed to when applying to the Foundation were respectively, psychological (45 percent), physical (25 percent), sexual (14 percent), economic (14 percent), and digital violence and stalking (1 percent). ※2

●——抜け落ちた目的語を待ちながら読む

関係節においては,**SVOC**など複合的な構造における目的語**O**が関係代名詞になっていることがあります.

例文 That is another restriction **that** I find very interesting. ※3

「それもまた,私にとってきわめて興味深い制限である」

このような節の構造を正確に理解するために必要な力は,**that I**の2語を見た時点で,先行詞another restriction「もう1つの制限」を受ける関係代名詞**that**が,主語**I**があることから主格ではなくおそらく目的格だろうと感じ,**I**に始まる節において目的語の欠落がある場所を待ちながら読み進める力です.

この簡単な文では find の直後がその場所です。**that** を find の直後に置いて，I [**S'**]，**find** [**V'**]，**that** [**O'**]，very interesting [**C'**] として理解するわけです。

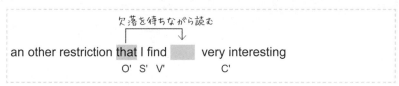

さて，**S V O** の後ろには，補語 **C** だけではなく，動詞原形 **V'**・分詞 **V'-ing**・**V'-ed**・**to** 不定詞などが来ることがあります。

〔サンプル英文②〕では，関係節の構造は **S V O to V'** …です。この文においても，the few persons「少数の人々」という先行詞の後ろに，関係代名詞 **that** と名詞句 local **circumstances** とを見た時点で，この名詞句が主語だろうから，**that** は目的格だろう，と予測します。そして，**oblige O to V'** …「**O** が **V'** …するのを強いる」の目的語 **O** に当たる名詞が **obliged** の直後にないことから，**that** がその目的語だと判断し，circumstances [**S'**]，**have obliged** [**V'**]，**that** [**O'**]，to remain [to **V''** …] として読むわけです。

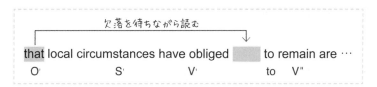

訳は，「現地の状況によってそこにとどまらざるを得なかった少数の人々が，なすべきこともなく通りをぶらぶらしている」のようになります。

いずれの場合にも，関係節の内部構造を考えるときに，目的格の関係代名詞 **that** を含めて考えなければならない，ということがポイントです。

目的格の関係代名詞は脱落することが多いですが，その場合には，その**脱落も含めて構造を感じ取る**必要があります。

次例では，脱落している関係代名詞を **that** として，I [**S'**]，**found** [**V'**]，**that** [**O'**]，interesting [**C'**] と読むわけです。

例文 Another part of this book I found interesting is Chapter 10.

「この本の中でもう1つ興味深かった部分は第10章だ」

●——省略を感じたら，欠落している箇所を待ち続ける

　目的格の関係代名詞でもう1つ頭に置いておくべきポイントは，その関係代名詞が**O'**（つまり1つ目の他動詞の目的語）であるとは限らず，**2つ目の他動詞**や，**前置詞の目的語**として，**O''やO'''**になることも多い，ということです．

　〔サンプル英文③〕を見てみましょう．まず，violence と women とのあいだに関係代名詞**that**の省略を感じることが先決です．その that を補い，women が**S'**なので，目的語が欠けている箇所を探しながら読む，というところまでは上と同じです．

　しかし今度は，他動詞**reported**の目的語**O'**の位置は，being…という動名詞で埋まっています．この時点で，**that**は**O'**ではなく，次の他動詞か前置詞の目的語なのだろう，と予測を修正します．直後の being exposed to「…にさらされる」の being exposed は受動態ですから目的語は不要であり，前置詞 **to** の目的語**O'''**が後ろにないことから，women [**S'**]，reported [**V'**]，being exposed [**V''**]，**to** [prep.]，**that** [**O'''**]，だと理解できれば読みは完了です．

　訳は「その財団に問い合わせたときに，女性が受けたと報告した家庭内暴力の主たる形は，それぞれ，心理的なもの（45%），身体的なもの（25%），性的なもの（14%），経済的なもの（14%），デジタルバイオレンスおよびスト

ーキング(1%)であった」のようになります.

　最後に，**ＳＶＯＯ**が関係節に入っているケースです.〔サンプル英文①〕がそれです.

　関係節内部が**ＳＶＯＯ**だということを見破るためには，<u>the presents</u>「贈り物」の後ろに主語Iを見た瞬間に,<u>目的格の関係代名詞**that**の省略を感じ,それを**O'**として読む必要があります.</u>ところがI [**S'**]，bought [**V'**]，my father [**O'**]というように，**ＳＶＯ**がそろっていることから,省略されているthatの存在が忘れられてしまうことが多いようです.

　一般に，**ＳＶＯＯが関係節に入るときには，2つ目の目的語が関係代名詞となって前に移動**します.つまり元の位置に残っている**my father**は,直接目的語「父を」ではなく,間接目的語「父に」です.「…を」に当たるのは,省略されている関係代名詞**that**,つまりthe presents「贈り物」です.

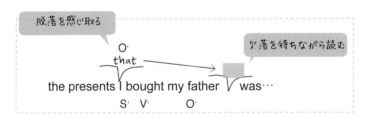

　訳は「私が父に買ってあげた贈り物の1つは,一足の新しい革靴だった」のようになります.

※答えは章末にまとめて

チ ャ レ ン ジ 問 題　**74**

関係代名詞に注意しながら，訳してみよう．

1. The writings of Napoleon I reveal the image of a statesman more taken up with action than theories and whom circumstances have made go through different stages in his political convictions. [4]

2. Many of those interested more in the theoretical side of the linguistic sciences may have been interested in preserving for posterity some knowledge of a dying language which there was little or no question of anyone wishing to learn to speak. [5]

3. In recent years, numerous circumstances have contributed to a great upsurge of interest in the teaching of English; and one is struck, particularly in connection with English as a second language, not only by the scale of current activity, but by the very varied needs which a knowledge of English is increasingly required to meet. [6]

【例文ソース】
※1　William Maclure, John S. Doskey (1988)　The European Journals of William Maclure, p.416 の一部を削除して使用
※2　Diana Scharff Peterson, Julie A. Schroeder (2016)　Domestic Violence in International Context, p.130
※3　Imogen Racz (2020)　British Art of the Long 1980s: Diverse Practices, Exhibitions and Infrastructures
※4　(1976) Documentation Politique Internationale, vol.26, p.1171 の一部を削除して使用
※5　M. A. K. Halliday, Angus McIntosh, Peter Strevens (1964), The Linguistic Sciences and Language Teaching, p.vii の一部を削除して使用
※6　M. A. K. Halliday, Angus McIntosh, Peter Strevens (1964), The Linguistic Sciences and Language Teaching, p.vii

前置詞＋関係代名詞の
理解の仕方

> Samples
>
> 関係詞に注意しながら，意味を考えてみよう．
>
> ① Even when they treat what appear to be personal topics, Baroque poems are not personal in the sense in which we understand the term today. ※1
>
> ② It is important to note that a given error can often be described in two or three ways, to each of which corresponds a different step that could be taken to correct it. For example, 'he asked a new book' could be corrected either to 'he asked for a new book' or to 'he requested a new book'. ※2

　日本語には関係詞が必要ないため，関係詞は分かりにくい，と感じている人が多いようです．前置詞＋関係代名詞になるとなおさらのようです．次例を見てみましょう．

例文 Droplet size depends on the number of cloud condensation nuclei, **the microscopic bits of matter around which moisture condenses to form clouds.** ※3

　まず，訳は，「水滴の大きさは，雲凝結核，すなわち，水分が凝結して雲を形成する際に核となる微小な物質の数によって決まる」のようになります．
　この訳に至るために必ず実行すべきことは次の2つです．

❶ 先行詞 the microscopic bits of matter「微少な物質」から **the** を取り除いて（可算名詞単数なら **a(n)** を添えて），**microscopic bits of matter** を関係代名詞 **which** に入れる．

❷できあがった around microscopic bits of matter「微少な物質の周りに」は
副詞句**M2'**なので，後ろの述部の適切な位置に移動させる．

　この作業によって，<u>around which…以下</u>を**文として独立させる**わけです．
実行した結果が次の文です．

> moisture condenses to form clouds **around microscopic bits of matter**
> 「微少な物質の周りに水分が凝結して雲を形成する」

　前置詞＋関係代名詞 around which は，**先行詞** microscopic bits of matter
「微少な物質」と**関係節** moisture condenses to form clouds「水分が凝結して雲
を形成する」との**関係を示すもの**です．関係節を独立の1文として理解しき
ることが，この関係を無視しないようにするためにまず行うべきことです．
　このように理解した後，**関係節→先行詞という順番で訳す**とどうなるか
を考えます．微少な物質の周りに水分が凝結する，ということは，水分が凝
結する際の中心のところに微少な物質がある，ということです．これで上の
訳ができあがり，というわけです．

　〔サンプル英文①〕を使って，同じことをやってみましょう．行う作業は，❶
先行詞 **the sense** を **a sense** に変えて，それを **which** に入れる，❷できあが
った **in a sense** を後ろの述部の中に置く，の2つです．

> we understand the term **in a sense** today
> 「我々は今日，その用語を，<u>とある意味において</u>理解している」

　the term「その用語」とは，personal という用語のことです．
　このように理解した上で，文全体に合うように訳を変えるわけです．この
文では in the sense…以下は personal という語に対する注釈ですから，訳は，
「バロック時代の詩は，「個人的な」ものに見えるような主題を扱うときでさ
え，今日我々が理解している意味での「個人的な」ものではない」のようにな
ります．

以上の読み方に慣れることはきわめて大切ですが, これに慣れてくると今度は, **前置詞＋which**に出会ったとき, 前置詞＋**which**が関係節の開始点だ, と決めつけてしまう可能性が高まります.

　〔サンプル英文②〕は, **前置詞＋which**が関係節の開始点であるとはかぎらない, ということを示す実例です.

　もし**of which**からが関係節であるとすれば, eachがwhichの先行詞であることになり, ❶を実行するとof eachになりますが, 後ろのcorresponds a different stepにつながりません. このようなケースでは, **each of which**「そのそれぞれ」で**1つの名詞句である**, つまりto each of which…以下が関係節だと考えてみましょう. だとすると, **which**の先行詞はtwo or three ways「2つか3つの方法」だということになります. 非制限関係節ですので, **to each of which**は, **to each of them**に近いものとなります. 関係節の構造は, to each of whichが**M2'**, correspondsが**V'**, a different step that could be taken to correct itが**S'**です. Must 66で学んだ**M2 + V + S**の語順です.

in two or three ways, to each of **which** corresponds a different step …
　　　　　　　　　　　　　　　　　　M2'　　　V'　　　S'
　　　　　　　　　　　　　　　　「異なった手段がそれぞれに対応する」

　以上の理解から, 訳は「1つの誤りは, 多くの場合, 2〜3通りで説明することができ, そのそれぞれに, その誤りを訂正するために取ることができる異なった手段が対応している. たとえば, he asked a new bookは, he asked for a new bookあるいはhe requested a new bookに訂正することができるだろう」のようになります.

関係詞・疑問詞に注意しながら訳してみよう.

1. One of the most insufficient of the very many definitions of language is the one according to which language is the expression of thought. ※4

2. The Greeks and the Romans, strange as it may seem, had no universities in the sense in which the word has been used for the past seven or eight centuries. ※5

3. There are two distinctive cultures in the conflict, an Islamic culture and a Christian culture, each with strong feelings regarding which should survive or which should be in the center. ※6

【例文ソース】

※1　Judith Ryan (2012) The Cambridge Introduction to German Poetry, p.60

※2　M. A. K. Halliday (2007) The Collected Works of M. A. K. Halliday, Volume 9: Language and Education, p.119

※3　Jeffrey E. Foss (2009) Beyond Environmentalism: A Philosophy of Nature, p.262

※4　M. A. K. Halliday (2007) The Collected Works of M. A. K. Halliday, Volume 9: Language and Education, p.151 の一部を削除して使用

※5　Charles Homer Haskins (2020) The Rise of Universities

※6　Grace O. Okoye (2014) Proclivity to Genocide: Northern Nigeria Ethno-Religious Conflict, 1966 to Present

関係節のなかに
リポート動詞が入るケース

> Samples
>
> 構造・太字部分の役割を考えながら訳してみよう.
>
> Expectations were particularly high in regard to the benefit **it was thought** the Internet would bring to the developing world. ※1

　　ここで学ぶ構造は, 最初は複雑に見えるかもしれませんが, **S V that S' V'**…という, いわゆる **that節**をとる構造 (**リポート構造**) が関係節のなかに入っただけのもので, 実際のところ, それほど難しいものではありません. 次の文で, その成り立ちを説明しましょう.

例文 A few weeks ago he was in there with a woman **who I suppose** is his mother. ※2……☆

　　この文において, who以下の関係節を独立の1文に変換すると, 次のようになります.

> **I suppose that she is** his mother.　「私は, 彼女が彼の母なのかなと思う」

　　この文における that **S' V'**…の**主語 she**が, **関係代名詞 who**として I suppose that…よりも前, つまり関係節の先頭に移動します. 同時に**接続詞 that**が消えます. thatの後ろの主語 she がなくなるため, 接続詞である that を置くことができなくなるからです. こうしてできあがるのが上の☆内の **who I suppose is** his mother の部分です.

　　一見, who の直後に I suppose が挿入されたかのようにみえますが, これ

は挿入ではありません（挿入で用いるコンマ〔,〕もありません）．that **S' V'** …の主語she が関係代名詞who となって，I suppose よりも前に移動したにすぎません．who 以下の構造は，I suppose が **S' V'**，who が **S''**，その動詞 **V''** がis で，his mother が **C''** です．☆全体の訳は「数週間前, 彼女は, 母親と思われる女性と一緒にそこにいたのです」のようになります．

　このような表現の役割は，**関係節の内容が（語り手を含めた）誰かの考え・意見だということを同時に伝える**ことにあります．

　そのために使われるのが，**that S' V'** …をとる動詞です（「伝達動詞」・「リポート動詞」と呼ばれることがあります）．関係代名詞の後に, たとえば …**believed was**…のような動詞の連続があったら，1つ目の動詞 **believed** は **that S' V'** …をとるリポート動詞ではないか, と考えてみてください．

　関係代名詞の直後に現れる主なかたちは,大雑把に分けて次の5通りです．

❶ 思考系 I believe that (**S''**) **V''** … 受動態 it is believed that (**S''**) **V''**…
❷ say 系 he says that (**S''**) **V''** … 受動態 it is said that (**S''**) **V''**…
❸ tell 系 she told her that(**S''**) **V''** … 受動態 we are told that (**S''**) **V''**…
❹ be ＋形容詞＋ that S' V' … I am aware that (**S''**) **V''**…
❺ have…idea ＋ that S' V'

　当然ですが, 関係代名詞に化けるものが, 主語 **S'** ではなく, 目的語 **O'** であることもあります．

例文 She gave me the simple advice **that** I think she might have forgotten.[※3]
　「彼女はもう忘れているかもしれないと思うシンプルな助言を彼女は私にくれた」

　この文で，that 以下の関係節を独立の1文にすると,次のようになります．目的語 it = the simple advice が関係代名詞 **that** に化け，I think の後ろの that が消えたわけです．この関係代名詞は目的格 **O''** です．

I think that she might have forgotten **it**.
　「彼女はその助言を忘れてしまったかもしれないと私は思う」

〔サンプル英文〕では, ❶思考系の受動態 **it was thought** が使われており, その直前にあるべき関係代名詞 **that** が省かれています. この関係代名詞が目的格 **O''** だからです. **bring** が他動詞なのに, その目的語がないことがその証です. なお, 関係節を独立の1文にすると, 次のようになります. 2つ目の it = **a benefit** です.

> = a benefit
> **It was thought that** the Internet would bring it to the developing world.
> 「インターネットは, 発展途上国にそれをもたらすだろうと思われていた」

全体の訳は, 「インターネットが発展途上国にもたらすだろうと考えられていた恩恵に関する期待が, とりわけ高かった」のようになります.

なお, このような関係節では, 次のように, 関係代名詞が主格 **S''** であっても省くことができます. 先行詞 (**the woman**) の直後に節の核 **S' V'**… (**she thought**…) があることで, **who** がなくても she thought…から新しい節が始まる, と分かるからです. ☆印の文の **who** も省略可能です.

例文 The woman **she thought was his wife** was his sister. ※4
　　「彼の妻だと彼女が思った女性は彼の妹だった」

関係節を独立の1文にしてみよう．また訳してみよう．

1. When I decided to rear Marina instead of giving her up for adoption, I made a commitment to parenthood that I was aware was going to cost me up to a third of my life time. [5]

2. One modern moral philosopher advocates a theory which it is claimed helps us to resolve such conflict. [6]

3. I have become a translator of science and nature; a job that I am convinced can also never be done, only attempted. [7]

4. Sometimes we are surprised by things that we had no idea would appear. [8]

【例文ソース】

※1　慶應大

※2　Jaume Cabre (2014) Confessions

※3　Pidzar "Pete" Dremel (2012) God Rocks!: From Slum to Slam Dunk の一部を削除して使用

※4　Fiona Veitch Smith (2017) The Death Beat, p.33 の一部を削除して使用

※5　Robert Wright (2005) Ten Percent Marriage, p.204

※6　John Alderson (1998) Principled Policing: Protecting the Public With Integrity, p.22

※7　Diana Kappel-Smith (1996) Night Life: Nature from Dusk to Dawn, p.5

※8　Robert Andrew Este (2013) Raising the Alarm: An Examination of Innovation and Philosophical Denial, p.35

制限関係節が2つ並ぶ
いくつかのケース

構造を意識しつつ訳してみよう.

① Before we present empirical evidence on how humans interact with agents and robots, we discuss some basic abilities humans have **which enable** interaction. ※1

② It has all been proved by documents **which** he left behind him **and which** we have only just discovered. ※2

　このセクションでは，1つの先行詞に対して関係節が2つあるケースを取り上げます.次の文の構造を分析してみましょう.

The soft sweater you wear **that** your child loves to stroke can help ease the pain of separation anxiety. ※3

　まず，the soft sweater を先行詞として，you wear が関係節です.you wear の直前には関係代名詞**that**が省略されています.そのthatが目的格で**O'**，youが**S'**，wearが他動詞**V'**です.また，次のthatからが2つ目の関係節です.thatが**O'**，your childが**S'**，loves to strokeが**V'**だからです（この2つ目のthatは省略することはできません）.

　つまり，関係節が2つ連続しているケースです.このケースでは，**2つ目の関係節の直前にandやbutやコンマ〔,〕を置かない**，というのがポイントです.言い換えれば，このケースは，2つの関係節が**and**や**but**やコンマ〔,〕

で結ばれているケースとは意味が異なる、ということです.

なぜでしょうか？

2つ目の関係節that your child loves to stroke「あなたの子どもがなでるのが好きな」の先行詞は，the soft sweater「柔らかいセーター」ではなく，the soft sweater you wear「あなたがが (普段)身につけている柔らかいセーター」だからです．1つ目の関係節**you wear**は，2つ目の関係節の先行詞の一部をなしています．**1つ目の関係節と2つ目の関係節とは対等ではないわけです.**

The soft sweater **(that)** you wear　**that** your child loves

訳はどうなるでしょうか？

まずyou wear「君が(普段)身につけている」が，the soft sweater「柔らかいセーター」の範囲を狭めます.柔らかいセーターを，普段から身につけているものとそうでないものに分け、身につけているものに限定するわけです.

この the soft sweater you wear「君が(普段)身につけている柔らかいセーター」に対して、さらに範囲を狭める情報を与えているのがthat your child loves to stroke「あなたの子どもがなでるのが好きな」の部分です.子どもがなでるのが好きなものとそうでないものに分け、なでるのが好きなものに限定しているわけです.

以上のような関係を示す訳文は，「あなたが(普段)身につけている柔らかいセーターのうちで (の中で)あなたの子どもがなでるのが好きなセーターは、分離不安の苦痛を和らげるのに役立つ可能性がある」のようになります.

このように，1つ目の関係節による限定の上に，2つ目の関係節による限定が折り重なっているのがこのケースです.このことから、「関係節による**二重限定**」あるいは「**二重制限**」と呼ばれています.

〔サンプル英文①〕も同様です.

1つ目の関係節 (that) humans have「人間が持っている」が先行詞 some basic abilities「基本的な能力」の意味の範囲を狭めます.人間が持っているもの

と持っていないものに分け，持っているものに限定するわけです．そして2つ目の関係節 which enable interaction「交流を可能にする」が，some basic abilities humans have「人間が持っている基本的な能力」の範囲をさらに狭めます．交流を可能にするものとそうでないものに分け，可能にするものに限定するわけです．

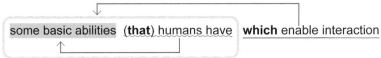

some basic abilities **(that)** humans have　**which** enable interaction

　訳は，「人間がどのようにしてエージェントやロボットと交流しているのか，に関する経験的な証拠を提示する前に，人間が持っている基本的な能力のうちで交流を可能にするような能力について議論する」のようになります．
　複合関係代名詞の what でも同様のことが生じます．

例文 Twenty years of waiting and I'd finally know **what** my father left me **that** would change my life. ※4

　一見分かりにくいと思いますが，複合関係代名詞の **what** は **the thing(s) which** あるいは **the thing(s) that** に等しいものですから，what 以下は，

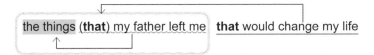

the things **(that)** my father left me　**that** would change my life

と書き換えることができます．このように書き換えれば，二重制限が成立していることがはっきりします．訳は「20年待てば，父が私に残してくれたもののうち私の人生を変えることになるものがついにわかるのだろう」のようになります．

　〔サンプル英文②〕は，まったくの別物です．2つの関係節（which節）が等位接続詞 **and** によって結ばれているからです．and は2つの which 節が対等である印です．それゆえ，どちらの which 節も，先行詞は documents です．
　訳は「彼が置いて行った，そして我々が見つけたばかりの書類によって，そのすべてが証明されていた」のようになります．

関係節に注意して訳してみよう.

1. She had horrible thoughts, thoughts of which she was ashamed but which she could not dismiss. [5]

2. I have included in this book all that I have learned about emotion during the past forty years that I believe can be helpful in improving one's own emotional life. [6]

3. I believe that out of your despair and disaster will come a group of Japanese writers whom all the world will want to listen to, who will speak not a Japanese truth but a universal truth. [7]

【例文ソース】
※1　Marielba Zacarias, José Valente de Oliveira (2012) Human-Computer Interaction: The Agency Perspective, p.217
※2　George Orwell (2012) Animal Farm (with Bonus novel '1984Free): 2 books in 1 edition
※3　Sally Lee (2001) Parents Magazine's The Best Advice I Ever Got, p.156
※4　Audrey Carlan (2018) Lotus House Series Anthology Books 107
※5　Arnold Bennett (2013) Delphi Collected Works of Arnold Bennett (Illustrated)
※6　Paul Ekman (2012) Emotions Revealed: Understanding Faces and Feelings
※7　Thomas L. McHaney, Kenzaburo Ohashi, Kiyoyuki Ono (2008) Faulkner Studies in Japan, p.8

第1章
第2章
第3章
第4章
第5章
第6章
第7章
第8章
第9章
第10章

主語Sのなかにある関係節のある役割

太字部分の役割を考えてみよう.

Anyone **who attends a hearing in a court case** will learn that a good judge does not reveal feelings that will lead anyone to make conclusive judgments on a case. ※1

次のように, 主語が特定の人ではなく**不定**の人を示すものであり, また助動詞 **would** があって仮定法過去になっているような場合には, <u>主語 S が **if S' V'** …のように響く</u>ことがあります.

例文 **A religious person** would probably object to a suggestion that anyone following religious beliefs was acting involuntarily. ※2

> 「信心深い<u>人であれば</u>, 宗教的な信念に従っている人の行動は自発的なものではない, と示唆されると, おそらく反対するであろう」

同様に, 不定のものを示す主語 S に関係節が付いているときには, その関係節が, **if S' V'** …「…である場合には」, **when S' V'** …「…であるときには」, **even if S' V'** …「…であるとしても」など, <u>時・条件の副詞節 **M2** であるかのように響く</u>ことがあります.

例文 **A firm that wins more new consumers today** <u>will</u> be a "fatter cat" with relatively greater incentive to price high tomorrow. ※3

> 「企業は, 今日, より多くの新規消費者を<u>獲得すれば</u>, 明日, 高値をつけるインセンティブが比較的高い『太った猫』になる」

● ——たんなる関係節として読めない理由

なぜでしょうか？

1つ目の理由は，不定のものを示す先行詞＋関係節の場合，その関係節は，先行詞が示すものを**分類**する役割をはたすことが多い，ということです．

分類は，**場合分け**に通じます．それゆえ関係節が，if節やwhen節などのように響くわけです．上のセンテンスでも，主語**a firm**…が不定の企業であり，that以下の関係節が，その企業を分類する役割をはたしています．

2つ目の理由は，関係節が主語の内部にある，ということです．主語は，述部に対しては，その前提をなすものでもあります．述部との関係から見れば，副詞節**M2**に相当する役割をはたすことができる位置にあるわけです．

3つ目の理由は，上の文の主節には**will**があるのに，関係節の中の動詞が**will** winではなく，**wins**になっている，ということです．これは，下の例のように，時・条件の副詞節**M2**のなかではたんに未来を示すだけのwillは用いない，ということと関係しています．

例文 Let's wait **till** the rain **stops**.　　「この雨が止むまで待とうよ」

上のthat wins…の節がif節やwhen節のように響いているからこそ，will winではなくwinsになっているわけです．

〔サンプル英文〕も同様です．

太字部分をたんなる関係節とみなせば，この文の主語は「裁判の審理に参加するだれもが」となります．けれども，太字部分の関係節を，**if S′ V′**…あるいは**when S′ V′**…の代わりとして理解すれば，「誰であれ裁判の審理に参加**すれば**」のようになります．

このサンプル英文でも，未来内容であるのに，関係節の中の動詞がwillなしの現在形**attends**になっていることが，このように解釈してよい根拠の1つとなります．

Anyone **who attends a hearing in a court case** will learn …

will なし現在形 →時・条件の副詞節の役割の可能性を疑う

　全体の訳は「裁判の審理に参加すれば誰でもわかるだろうが,良い判事は,ある事件について最終的な判決を下すことにつながるような感情を表に出したりはしない」のようになります.

　なお,**仮定法**のセンテンスでは,if S' V'…に相当する関係節の動詞は,**過去形**や**過去完了形**になります.次の文で,動詞が過去形 stopped になっていることは,if 節を使って書き換えれば,自然なものだと理解することができるでしょう.

例文 A country **that stopped working** would quickly be bankrupt. ※4

＝**If** a country **stopped working**, it would quickly be bankrupt.

「一国が働くのをやめたとすれば,その国はすぐに破産ということになるだろう」

チャレンジ問題　78　※答えは章末にまとめて

関係節に着目して2通りで訳してみよう.

1. Girls who do not use make-up have better complexions than those who do.

2. The rule is that anyone who misses three classes in succession fails the course.

3. Colleges now need to provide the knowledge and practices humans need for the future, to show in word and deed how a sustainable society might work. A college that wants to remain relevant to its students will teach them how to be leaders in the ecological transition of the twenty-first century. [5]

【例文ソース】

※1　Frank M. Igah Ph.D. (2015) Real Estate Transactions and Foreclosure Control　— A Home Mortgage Reference Handbook

※2　Jonathan Herring (2020) Great Debates in Criminal Law

※3　Mark Armstrong, Robert H. Porter (2007) Handbook of Industrial Organization, p.1989

※4　Britta Marian Charleston (1960) Studies on the Emotional and Affective Means of Expression in Modern English, p.298

※5　James J. Farrell (2010) The Nature of College: How a New Understanding of Campus Life Can Change the World

先行詞＋制限関係節の 3つの役割

> 自然な日本語に訳してみよう.
>
> ① One of the real strengths of this type of budget is **the emphasis that** it places on explaining the benefits and costs of alternative means for achieving objectives. ※1
>
> ② **The kind of** information you need to capture will dictate how to collect it, how to store it, and how to pass it on. ※2

●──❶ the fact that S' V' の代わり

　フォーマルな書き言葉では, **the fact that S' V'** …および**間接疑問**の代わりに, **先行詞＋制限関係節**を用いることがよくあります. 先行詞＋制限関係節は, 全体として名詞要素ですから, 名詞節である間接疑問, また名詞要素である the fact that **S' V'** …の代わりに用いることができるわけです.

　〔サンプル英文①〕を見てみましょう.

　the emphasis (that) it places on…という先行詞＋制限関係節を, ふつうの訳し方で訳すと, 「…にそれが置いている力点」となります. 「この種の予算の現実的な強みの１つ」が主語である文の訳としては, 少々分かりにくい訳になってしまいます.

　このような場合, 先行詞＋制限関係節が, **the fact that S' V'** …「…ということ」**の代わり**に用いられているのではないか, と考えてみてください. もしそうであれば, the emphasis…以下は, こう書き換えることができます.

the fact that it places emphasis on…

このように書き換え，**place emphasis on** Ａ = **emphasize** Ａ だと知っていれば，「…を重視していること」と訳すことができます．全体の訳は，「この種の予算の本当の強みの１つは，目的達成のための代替的な手段について，そのベネフィットとコストの説明を重視していることである」のようになります．

●──❷間接疑問の代わり

〔サンプル英文②〕は，先行詞＋制限関係節が，間接疑問の代わりに用いられている例です．太字部分の **the kind of** information you need to capture は，こう置き換えることができます．

what kind of information you need to capture
「いかなる種類の情報を集める必要があるのか」

実際，**S dictates O**「**S**によって**O**が決まる」の目的語**O**がすべて**how**節，つまり間接疑問になっています．全体の訳は，「いかなる種類の情報を集める必要があるのかによって，その集め方，蓄え方，伝え方が決まる」のようになります．

一般に，先行詞＋制限関係節が間接疑問の代わりになることが多いのは，先行詞の名詞が，**kind**「種類」，**degree**・**extent**「程度」，**way**「方法」，**reason**「理由」，**purpose**「目的」，**ease**「容易さ」などの抽象概念になっているときです．

例文 **The kind of language a child hears** significantly influences **the extent to which the child realizes his potential**. [3]
　「子どもが耳にする言語がいかなる種類のものであるかが，その子どもが自分の潜在能力をどの程度実現するかに大きな影響を与える」

において，**the kind of** language (**that**) a child hears「ある子どもが耳にする言語の種類」 = **what kind of** language a child hears「子どもが耳にする言語がいかなる種類のものであるか」であり，**the extent to which** the child realizes his potential「その子どもが自分の潜在能力を実現する程度」＝ **how much** the child realizes his potential「その子どもが自分の潜在能力をどの程度実現するか」となります．主な類例を挙げておきましょう．

the extent to which ＝ **to what extent** ＝ **how much**	「どの程度まで…なのか」
the degree to which ＝ **to what degree** ＝ **how much**	「どの程度まで…なのか」
the way in which ＝ **in what way** ＝ **how**	「どのようにして…なのか」
the reason for which ＝ **for what reason** ＝ **why**	「なぜ…なのか」
the ease with which ＝ **with what ease** ＝ **how easily**	「どのくらい容易に…なのか」
the rapidity with which ＝ **with what rapidity** ＝ **how rapidly**	
	「どのくらい速く…なのか」
the speed with which ＝ **with what speed** ＝ **how speedily**	
	「どのくらい速く…なのか」
the fluency with which ＝ **with what fluency** ＝ **how fluently**	
	「どれだけ流暢に…なのか」
the purpose for which ＝ **for what purpose**	「いかなる目的で…なのか」
the means by which ＝ **by what means**	「いかなる手段で…なのか」

●──❸間接感嘆文の代わり

先行詞＋制限関係節はさらに，**間接感嘆文**の代わりに用いることもできます．

例文 It was amazing **the ease with which** she and the woman shared almost the same ideas at the same time. ※4

「驚くべきことに，彼女とその女性は，いとも簡単に，同時にほぼ同じことを考えていた」

それぞれを2通りで訳してみよう.

1. The book focuses on real-life political conflicts, examining **the way in which** education policy was related to the ideal of society projected by Thatcherism. ※5

2. One indication of **the extent to which** McLuhan relied on co-authors is that only three of his books—The Mechanical Bride　(1951), The Gutenberg Galaxy (1962), and Understanding Media　(1964)—were written without collaboration. ※6

3. In a certain sense we all listen to music on three separate planes. For lack of a better terminology, one might name these: (1) the sensuous plane, (2) the expressive plane, (3) the purely musical plane. The only advantage to be gained from mechanically splitting up the listening process into these hypothetical planes is **a clearer view to be had of** the way in which we listen.〔The only…以下のみを訳す〕※7

【例文ソース】
　　※1　Charles R. McClure (1982) Planning for Library Services: A Guide to Utilizing Planning Methods for Library Management, p.178 の一部を削除して使用
　　※2　Peggy Salvatore (2018) Retaining Expert Knowledge: What to Keep in an Age of Information Overload
　　※3　Dr. Sally Ward (2009) Baby Talk: Strengthen Your Child's Ability to Listen, Understand, and Communicate の一部を変更して使用
　　※4　Debra Holt (2021) The Rancher Risks It All
　　※5　Stephen J. Ball (2012) Politics and Policy Making in Education: Explorations in Sociology
　　※6　Paul Levinson (1999) Digital McLuhan, p.18
　　※7　Frank O'Hare, Dean Memering (1990) The Writer's Work: A Guide to Effective Composition, p.112

制限関係節についての補足

関係節の役割を考えつつ，訳してみよう．

① Children and teens who smoke are much likelier than those who don't to use alcohol and drugs. ※1

② A few years later, in 2010, I was again in Paris, because I have a daughter who lives there.

●──制限用法が与える 3 つの必須の情報

　関係節には，制限用法（コンマ〔,〕で区切らない関係節）と，非制限用法（コンマ〔,〕で区切る関係節）とがあります．その役割の違いは，**制限用法の関係節が，伝えたい内容にとって必須の情報を与える**ものであるのに対し，**非制限用法の関係節は，補足的な情報を与える**，という点にあります．

　以上のことは，皆さんよくご存じのことと思います．ここではさらに，制限用法が与える必須の情報にはどのようなものがあるのか，を確認しておきたいと思います．

　大きく分ければ，次の 3 つになります．

> ❶ あるものを同定するのに必要な情報を提供する
> ❷ あるものを分類するのに必要な情報を与える
> ❸ 主節の内容よりも重要な情報を与える

❶先行詞は，コレのことだと教える

❶の**同定**の役割は，先行詞が示すものがどれのことなのかを聞き手に理解させるために必須の情報を与える，という役割です．つまり，関係節の情報があればどれのことかを聞き手が了解してくれるはずだと語り手が思っているときに用いられる関係節です．

この関係節は，すでに `Must` 09「後方照応の**the**の注意点①　同定節」の中で取り上げたものですが，先行詞は，**定冠詞 the** に導かれたものになります．

> 例文 Where is **the package that** came this morning?「今朝届いた小包はどこ?」

定冠詞 **the** は，package that came this morning「今朝届いた小包」が同定可能なもの，つまり「今朝届いた小包」と聞けば，そのようなものは1つしかないので，それがどれのことかが分かる，ということを聞き手に伝える合図になっています．

the の直後の名詞が複数形になるときもあります．このときには，**複数のものの全部が同定可能だというメッセージ**になります．

> 例文 The shift from high school to college writing is not just a difference in degree but a difference in kind. **The changes it requires in matters of form and style** are inevitably also changes in thinking. ※2
>
> 「高校でのライティングから大学でのライティングへの移行は，程度の違いであるだけではなく種類の違いでもある．その移行によって必要になる，形式や文体といった点における変化は，必然的に，思考の変化となる」

まず，「程度の違いであるだけではなく種類の違いでもある」という表現ですが，これは，ライティングは高校と大学とでまったく違うものになる，という意味です．**the changes** は，**the ＋複数形**ですので，`Must` 09で学んだように，太字部分で説明されているような「**変化のすべて**」を意味します．

この文の書き手は，「形式や文体という点で必要になる変化にはいろいろなものがあるだろうが，その変化のすべてが例外なく，必然的に同時に，思考の変化となる」と言いたいわけです．

❷の, **分類**の役割は, Must 78「主語**S**のなかにある関係節の役割」で取り上げたものですが, 〔サンプル英文①〕の文がそれです.

同定の役割をはたすものではないので, 先行詞は後方照応の**the**に導かれておらず無冠詞の**children and teens**「19歳までの子ども一般」になっています.

このとき, **who smoke**「喫煙している」という関係節は, 「19歳までの子ども一般」を, 喫煙者一般と非喫煙者一般との2つに分類する役割をはたしています.

全体の訳は, 「19歳までの子どもでは, 喫煙者は非喫煙者より, アルコール, 薬物を使用している可能性がはるかに高い」のようになります (この文ではまた**be likely to V'**…「…する可能性が高い」のつながりに注意が必要です. **than those who don't (smoke)**は, **likelier**と**to**のあいだに割り込んだ副詞要素**M2**です).

❸の役割は, このセクションで初めて取り上げるものです. ❸の関係節は, ある節の末尾にあります.

〔サンプル英文②〕がそれです. **I have a daughter who lives there**は, 「私が再びパリにいた」理由として述べられているものです. したがって**I have a daughter**「娘がいる」という主節には力点はなく, 意味の中心は**who lives there**「…がパリに住んでいる」という関係節にあります.

a daughterの不定冠詞**a(n)**は, **導入**の役割です (Must 08参照). このケースでは, たとえ私の娘が1人しかいない場合でも, **the**ではなく, **a**になります.

I was again in Paris, because I have **a** daughter **who** lives there.

　訳は，①・②の役割のときとは違って，関係節→先行詞という順序ではな
く，先行詞→関係節という順序の方がベターです．「数年後の2010年には，
私は再びパリにいた．娘がパリに住んでいるからだ」のようになります．

チャレンジ問題 **80** ※答えは章末にまとめて

訳してみよう．

1. Much scientific research goes on for a long time. Public radio recently
   interviewed a scientist who is involved in a 40-year-long study of a particular
   small mammal. [3]

2. We live in an age of pluralism, in which religious differences are not the
   topic of polite conversation, but Shakespeare did not live in such an age.
   He lived in an age in which people believed that Christ was the only way to
   salvation. [4]

【例文ソース】
※1　Joseph A. Califano Jr. (2008) High Society: How Substance Abuse Ravages America and
　　What To Do about it, p.32
※2　David Rosenwasser, Jill Stephen (2011) Writing Analytically (7th edition), p.15
※3　David Rosenwasser, Jill Stephen (2008) Writing Analytically with Readings (2nd edition), p.19
※4　Joseph Pearce (2016) Through Shakespeare's Eyes: Seeing the Catholic Presence in the Plays

第1章 第2章 第3章 第4章 第5章 第6章 第7章 第8章 第9章 第10章

複合関係詞whatの基本

太字部分の意味を考えてみよう.

Samples

① She took another big mouthful, finishing **what was left** on her plate.

② **What money** I have with me is yours.

which や **that** が関係詞であるときには, 先行詞と呼ばれる名詞句が必要です. しかし **what** や **whatever** が関係詞であるときには, 先行詞は不要です. **what · whatever** などでは, 先行詞と関係詞とが一体化しているからです. この一体化のことを英文法では「**複合**」と呼んでいます. 最もよく用いる**複合関係詞**が **what** です.

英文中に **what** が出てきたら, 下記を意味と構造の両面から判定しなければなりません.

❶ 疑問の意味があるかどうか
❷ 代名詞なのか決定詞なのか

疑問の意味があれば疑問詞, なければ複合関係詞です (ちなみに,「疑問詞」「関係詞」は品詞名ではなく, 節の種類を示す用語にすぎません). それぞれの **what** に**代名詞**と**決定詞**があるので, **what** の品詞は, 疑問代名詞・疑問決定詞・関係代名詞・関係決定詞の4つになります. **what** だけのときは代名詞, **what ＋名詞**で1つのかたまりをなしているときには決定詞です.

I want to know **what** happened to my family.

　「私の家族に何が起きたかを知りたい」　　疑問代名詞

I wasn't sure **what subject** I wanted to study.

　「どんな科目を勉強したいのか分からなかった」 疑問決定詞

We'll deliver **what** you order in two days.

　「注文されたものは2日後にお届けします」　関係代名詞

I spent **what little time** I had with my family.

　「わずかな時間のすべてを家族と過ごした」　関係決定詞

このように品詞の違いがあるにもかかわらず, いずれの **what節** も **名詞節** です(know・be not sure・deliver・spend の目的語 **O** です).

　what節は名詞要素であるため, **what**節を1つの名詞とみなし, それに修飾語句 **M1** を追加することがあります.

例文 The need to protect **what is left** of the natural environment is clear. ※1

　「自然環境のうちでまだわずかに残っているものを保護する必要があることは明らかである」

　ここでは **what is left** の全体に **of** the natural environment「自然環境のうちの」という修飾語句 **M1** がかかっています. **of** the natural environment は, is left という what節内部の動詞にかかっているのではありません. what節の内部ではなく, 外部にあるものです.

　さて, 関係詞のwhatを2冊の英英辞典で引いてみると, 「手に入れることができる量の**全体**を示す」, および「the thing that あるいは the things that に等しい」とありました. この2つの説明は同じことを言っています. **the＋単数**はいろいろある中で「1つにしぼることができる」ということを示し, **the＋複数**は**all the**「そのすべての」ものを示します（Must 09 を参照）. whatが代名詞であれ決定詞であれ, **what節は, ある全体を示す**わけです.

　次は, whatが関係代名詞であるときの例です.

例文 I'll do **what** I can. 　　「ぼくにできることは全部するよ」

389

これは, たとえば I'll do **all** I can. とパラフレーズすることができます.
〔サンプル英文①〕はどうでしょうか?

what was left on her plate は「お皿に残っている (わずかな) ものの全部」
です. よって「彼女はもう一口をほおばり, お皿に残っていたものを平らげ
た」という文脈にぴったりです.

　以上の説明からお分かりの通り, **what** は「…もの」「…こと」と訳すこと
ができる, という理解だけでは足りません. 「もの」「こと」という訳だけで
は, **what** と **something** とを区別することができないからです. **what** には
the が含まれている, この点が what の理解の要です.

　このことがわかっていれば, たとえば **some of the** book「その本の一部」,
much of the sugar「その砂糖のうちの多く」, **a lot of the** prefecture「その県
の多くの場所」といった表現 (Must 20) における **the＋名詞の代わりに what 節**
を置くことができることも, 当然のこととして理解できると思います.

例文 **Much of what we feel** at any given moment of time is unconscious. ※2

> 「いかなるときであれ, 私たちがある瞬間に感じることの多くは, 無意識のもの
> である」

〔サンプル英文〕の2つ目が, what が関係決定詞のときの例です.

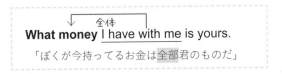

What money I have with me is yours.
「ぼくが今持ってるお金は全部君のものだ」

　このケースでも, **what** は全体を示します. よって **what money** I have
with me は **as much money as** I have with me のようにパラフレーズする
ことができます. なお, what **little** money…ではなく, what money だけで
も, 私の所持金はわずかであることを意味します.

　あと1つ, what については **that which** が what と同じ意味・役割になる
ことがある, ということも覚えておきましょう.

例文 It would mean abandoning **that which** we hold most dear. ※3

= what

「それは我々が最も大切に思っているもの（1つにしぼれるもの）を放棄することを意味するであろう」

チャレンジ問題 **81** ※答えは章末にまとめて

意味を考えてみよう.

1. Men define that which constitutes humanness, and, in the words of French existentialist Simone de Beauvoir, women become simply "the other." ※4

2. Most have few opinions and even fewer stable opinions, and what few opinions they have cannot be amalgamated into a coherent position. ※5

3. What matters to me most is the well being of my children. ※6

4. You need to be careful to check out what the school has to offer and make sure it matches your child's needs. ※7

【例文ソース】
※1　Daniel R. Headrick (2020) Humans Versus Nature: A Global Environmental History, p.7
※2　Hal Stone, Sidra Stone (2011) Embracing Each Other: Relationship as Teacher, Healer & Guide
※3　Eva Berlage (2014) Noun Phrase Complexity in English, p.50
※4　慶應大
※5　Elizabeth Edenberg, Michael Hannon (2021) Political Epistemology, p.138
※6　Mary Kennedy (2015) What Matters: Reflections on Important Things in Life の一部を削除して使用
※7　John Reaves, James B. Austin (1991) How to Find Help for a Troubled Kid: A Parent's Guide to Program and Services for Adolescents, p.37 の一部を削除して使用

訳さない・訳せないwhat

Samples

what節内部のパターンの違いを確認し，訳してみよう.

① He works in what he considers to be the right way without any use of theory or objective evidence. [※1]

② We all make sense of the world through what we believe the world to be, i.e. our belief systems. [※2]

　関係詞の**what**には，「もの」「こと」という訳語で処理しないケースが2つあります.

●——「そもそも what に意味がない」から訳さないケース

　1つは，whatを「もの」「こと」と訳さないケースで，たとえば**what you call** a hormoneにおけるwhatです．what you call a hormoneの内部の構造は，whatが目的語**O'**，a hormoneが補語**C'**です．**S calls O C**, つまり第5文型です．しかし，訳は「ホルモンと呼ばれている**もの**」ではなく，通例「いわゆるホルモン」となります．what you call…という表現の役割は，「『ホルモン』という言葉は一般的に使われている言葉ですよね」というメッセージを伝えることにあるからです．**力点はwhatではなくa hormoneの方にあります**．次の文におけるwhatも同様です．

例文 I had lunch at **what was said to be the most picturesque pub in London**.
　「ロンドンで最も人目を引くと言われているパブでランチを食べた」

この文ではwhatが主語**S''**・was said to beが**V''**・the most picturesque pub in Londonが補語**C''**です．what you call a hormoneとは違ったものに見えるかもしれませんが，両者とも，最後の名詞句が**what**節のなかで補語**C'**になっている点で同じものです．この場合にも，whatではなく**the most picturesque pub in London**の方に**力点**があります．

実際，**what was said to be**を省いて，下記のようにしても，文として成立します．

> I had lunch at **the most picturesque pub in London**.
> 「ロンドンで最も人目を引くパブでランチを食べた」

また前置詞が**at**になっているのは，この前置詞の目的語**O'**が，the…pub「パブ」だからです．what was said to beの部分は，いわば外側からこの文に割り込んできて，the most…in London「ロンドンで一番…」だ「<u>と言っているのは人々一般であって私ではない</u>」ということを知らせる役割をはたしているわけです．

〔サンプル英文①〕も同様です．骨格は**in…the…way**「その方法で」です．前置詞がinなのは，the wayがinを要求しているからです．構造はここでも，whatが目的語**O'**，heが**S'**，considersが**V'**であり，to beの後ろの名詞句**the right way**が補語**C'**です．

what he considers to beの部分は，the right「適切だ」という<u>評価を与えているのは「彼であって私ではない」ということを伝える役割です</u>．

そのカ法で
in what he considers to be **the** right **way** without …
　　←he considers ⟨what⟩ is the right way
　　（私でなくて）彼が適切だと思う

訳す際には，**in…the…way**「…な方法で」というつながりを維持するために，he considers…to be…と，the rightとを合わせて「（彼＝）自分が適切

だと思う」とし，それを way「方法」にかかるものとして処理します．訳は「彼は，理論も客観的なエビデンスも使わずに，自分が適切だと思う方法で研究している」のようになります．

　以上のような what 節の役割は，補語 C' の位置にある名詞句について，それが誰の言葉・表現なのか，誰の判断によるものなのか，ということをプラスして伝えることにあるわけです．

　なお，feel などの思考系の動詞には feel O C・feel O to be C・feel that S' is C' の 3 つのパターンがあります（consider にはさらに consider O as C もあります）．よって，what 節の内部パターンにも 3 通りがあります．また，受動態 S is felt to be C が入ることもあります．

「彼が重要だと感じた教訓」
　　what he **felt** an important lesson / what he **felt to be** an important lesson
　　what he **felt was** an important lesson.
「重要だと感じられた教訓」
　　what was felt to be an important lesson

　なお，次のように，what 節の内部が S' V' C' のときにも，補語 C' の名詞句に力点があるので，訳し方は同様です．

例文 Finding an open door, I walked into **what seemed to be an empty** room. ※3
　　「開いているドアを見つけ，私は，誰もいないように思われる部屋に入って行った」

●── what に意味があるのに「モノ」「コト」と訳せないケース

〔サンプル英文②〕に移りましょう．

　この what 節では，we が S'・believe が V'・the world が O'，そして to be の後ろの要素 C' に当たるのが what，という構造になっています．〔サンプル英文①〕では what が目的語 O'，名詞句が補語 C' でしたが，この文では，what が補語 C'，名詞句が目的語 O' というように，O' と C' とが逆になっています．

394

このwhatはふつうの複合関係代名詞です。**what** I have「私が持っているモノ」，**what** he said「彼が言ったコト」，**what** happened「起こったコト」におけるwhatと同じものです。

けれども，このように，「モノ」「コト」で訳すことができるのは，what **happened**や，what I haveのように，**what**が主語**S'**か目的語**O'**になっているときだけです。**what I am**のように，**what**が補語**C'**であるときには，whatを「モノ」「コト」と訳すことができません。〔サンプル英文①〕のwhatは，ほとんど何の意味もないために訳さなかったわけですが，what I amの**what**は，ちゃんとした意味があるのに日本語には訳せない，そういうwhatです。

このふつうのwhatは，「モノ」「コト」と訳すことができる場合も，訳すことができない場合も，**「全体」**をイメージさせるものです。**what I have**が自分の所有物の全体を示すように，**what I am**は，過去と対比されているときには，現在の私のあり方の全体を示します。

時間的な対比ではない，たとえば下記のケースでは，「彼らの子どもであることは私のあり方（全体）の一部であるが，私のアイデンティティではない」のように訳すことになります。

例文 Being their child is part of **what I am** but not **who I am**.

〔サンプル英文②〕の**what we believe the world to be**も，we [**S'**]，believe [**V'**]，the world [**O'**]であり，to beの後ろの補語**C'**が**what**です。よってこのwhatも訳すことができないものです。

とはいえこのwhatにはちゃんとした意味的役割があり，what we believe the world to beで，世界がどういうものかについて私たちが信じていることの全体を示しています。

実際，直後に**i.e.**「すなわち」があり，このwhat節がour **belief systems**「私たちの信念体系」と言い換えられています。a systemとは，複数の部分が相互に関係し合って1つの全体をなしていることを示す語ですから，whatが持つ「全体」のイメージとぴったり合うわけです。

through **what** we believe the world to be, **i.e.** our belief systems

すなわち

世界がどういうものかについて　　　　　　私たちの信念体系
私たちが信じている全体

訳は「だれしも，世界がどういうものかについての自分の信念，すなわち自らの信念体系を通して世界を理解している」などとなります．

チ ャ レ ン ジ 問 題　**82**　※答えは章末にまとめて

太字部分の役割を指摘しよう．

1. Older adults are often very different from **what we imagine them to be**. ※4

2. This piece is **what is described as** a concerto à quatres.

3. **What we consider to be appropriate behavior** varies according to the situation. ※5

4. Parents and teachers show serious concern if children's speech does not develop **in what they consider a normal way**. ※6

5. The most important thing for us to understand is **what the situation really is as it exists** — not **what we like it to be or want it to be,** but **what it really is**. ※7

【例文ソース】

※1　Audrey Beverley, Aidan Worsley (2007) Learning and Teaching in Social Work Practice

※2　Stephen Jensen (2003) Healing HIV: Causes & Remedies, p.86

※3　Piers Beirne (2005) The Chicago School of Criminology 1914-1945: Brothers in crime の一部を削除して使用

※4　Rochelle Jones (1977) The Other Generation: The New Power of Older People, p.ix の一部を削除して使用

※5　Allan W. Wicker (1984) An Introduction to Ecological Psychology, p.56 の一部を削除して使用

※6　Maynard Clinton Reynolds, Jack W. Birch (1982) Teaching Exceptional Children in All America's Schools, p.333 の一部を削除して使用

※7　Alan B. Anderson, George W. Pickering (2008) Confronting the Color Line: The Broken Promise of the Civil Rights Movement in Chicago, p.238

いくつかのwhatever

Samples

太字部分に気をつけながら訳してみよう.

① Many writers in the 1970s felt that **whatever philosophy was**, it wasn't rational. ※1

② The patient needs to know that a physician will not desert him, and that this person has the will and the capacity to deal with **whatever problems occur.** ※2

　ここでのテーマは**whatever**です. 他にもいくつかあるwh-ever語のうち, whateverだけを取り上げるのは, whateverについての誤解が最も多いように思われるからです. さて, **what**には, 次の4つの品詞がありました (Must 81参照).

┌───┐
│ Ⅰ) 疑問代名詞・疑問決定詞　　Ⅱ) 複合関係代名詞・複合関係決定詞 │
└───┘

　ここで学ぶwhateverの品詞もこれと同じです. まず, Ⅰ)のwhateverを見てみましょう.

●──Ⅰ) **whatever が疑問詞のとき　＝ no matter ＋ what**…

　このときには, **whatever**…は**no matter ＋ what**…で書き換え可能です. **no matter ＋疑問節**は, 疑問節(間接疑問)を, 「(疑問内容)**には関係なく**」という意味の副詞節**M2**に変換する表現です. whateverの語尾-everによっ

てwhatに**no matter**「…には関係なく」という意味が加わる, ということです.

　構造上大切なのはwhateverに含まれる**what**が**代名詞**なのか**決定詞**なのか, という区別です. 疑問文でおさらいしておきましょう. まず, **決定詞の**whatです. 次例では**what science**が主語**S**です. **what＋名詞**で1つのかたまりをなしています.

What science should be taught?　「いかなる科学を教えるべきか?」
　　S　　　　　　　　　V　　　　　C

次例では**what**単独で補語**C**になっているので, whatは**代名詞**です.

What is science?　「科学とは何か?」
　S　　V　　C

この2つのwhatを念頭に置いて, 次の例文を見てみましょう.

例文 We must remember that **whatever subject** is taught to the learners, the ultimate aim is to educate the child through the teaching of that subject. ※3

> 「学習者に対してどんな科目が教えられているかには関係なく(→いかなる科目が教えられていようが)最終的な目的は, その科目の教育を通じて子どもを教育することだということを忘れてはならない」

　この文を誤解することは少ないと思います. whateverからコンマ〔,〕までの副詞節**M2'**の内部で, **whatever subject**で1つのかたまりをなしています. なぜなら, is taughtに必要な名詞要素は主語**S'**だけだからです. よってwhateverは**疑問決定詞**です.

　〔サンプル英文①〕はどうでしょうか?　whateverからコンマ〔,〕までが副詞節**M2'**, というところまでは同じです. その内部では, 今度は, whateverが**代名詞**になっています. philosophyが**主語S''**, wasが**V''**, whateverが**補語C''**だからです.

　元の疑問文は**What was philosophy?**「哲学はいかなるものか?」です.

仮にwhatが決定詞であるとすれば, 元の疑問文は **What philosophy** was?
「いかなる哲学が存在しているのか？」となり, was は存在を示す自動詞だ
ということになります.

　しかし **it** wasn't rational「それは合理的なものではない」の主語it は philosophy
「哲学」です. もしwhateverが決定詞であるとすれば, **whatever philosophy**
wasは「いかなる哲学が存在しているかに関係なく」, つまり「どんな哲学の
存在も, どうでもいいものだ」というメッセージになります. だとすれば, 主
節で「哲学」がテーマになる可能性は低く, よってit =「哲学」が主語になる
のは不自然です.

　訳は「1970年代の多くの著者たちが, 哲学がいかなるものであるかに関
係なく（→哲学がいかなるものであろうが）, 哲学などは合理的なものでは
ないと感じていた」のようになります.

　よく見られるのは, **whateverが代名詞であるにもかかわらず, 直後の名**
詞とひとかたまりをなす決定詞として読んでしまう, という誤読です.
whateverに出会ったら, それが節の内部で決定詞なのか, 代名詞なのかを必
ず考えるようにしましょう.

● ──Ⅱ）**whatever が複合関係節をなす場合の -ever の意味**

　what節と同様, **whatever節が名詞節**になる場合です. このとき語尾
-everには, 次の2つの意味があります.

❶「どの1つでもよい」「いかなるものでもよい」,
　 つまり「自由選択の **any**」に似た響き
❷「それが何であるかは知らないが」

次の文を見てみましょう．whatever節内部でwhateverが**代名詞**のときの例文です．

例文 I went to the library and read **whatever** I could find about Robert Owens and the other leaders of that movement. ※4

「私は図書館に行って，ロバート・オウエンおよびその運動の指導者らに関する本で見つかった<u>ものであればどの1冊でも読んだ</u>」

構造は，**whatever**節全体が名詞節として他動詞readの目的語**O**であり，whatever節の内部でwhateverが他動詞findの目的語**O'**になっています．このとき，whateverは代名詞です．そして語尾-everの意味は❶のケースです．つまりwhatever…は**anything that**…に近い意味になります．この「どの1冊も読んだ」の意味から<u>「片っ端からすべて読んだ」</u>という意味が感じられます．

もう1つの，-everが❷の意味になるケースを見てみましょう．これは，anyを使って言い換えることができないものです．

例文 Once you let go of your toxic feelings, you will be ready to deal constructively with **whatever** caused you to become upset. ※5

「毒のある感情を解消してしまえば，<u>何であれ</u>，そうした感情を抱く原因になった<u>もの</u>に対して，建設的に対処することができる」

構造的には，whateverから最後までの節がdeal…withの目的語**O**であり，whatever節は名詞節です．その内部ではwhateverがcausedの主語**S'**です．しかし，このwhateverには，**any**thing that…の意味はありません．<u>ある悪い感情（恐怖や怒りや嫉妬など）が前提となっていて</u>，caused you to become upset「そうした感情を抱く原因となった」とあるので，whatever節は不定（同定できない複数のもの）ではなく，定（1つに同定できるもの）だと言えるからです．

言い換えるとすれば，**whatever** caused you to become upsetは，**the thing**, **whatever it was, that** caused you to become upset「それが何であれ（それが何であるかは知らないが・それが何であるかは重要ではないが・それが何であるかに興味はないが），そうした感情を抱く原因となった

もの」のようになります（なお，このwhatever節は複数（the **things**…）として解釈することもできます）．

〔サンプル英文②〕はどうでしょうか？　**whatever**節全体は，他動詞 deal with の目的語 **O'** ですから，名詞節，つまり複合関係節です．また whatever 節の内部では，whatever problems が述部 occur の主語 **S''** になっています．ここでは whatever は problems とともに1つのかたまりをなしているわけです．

つまり whatever は代名詞ではなく決定詞です．**whatever** problems…は，**any** problems **that**…に近いものとなります．

```
                                    ┌=どんな問題が生じても
the will and … to deal with whatever problems occur.
            deal with        O   =Oに対処する
```

訳は「患者には，医師が自分を見捨てはしないということ，また医師はいかなる問題が生じてもそれに対処する意志と能力を持っているということを知らせておく必要がある」のようになります．

複合関係節をつくる whatever の場合には，決定詞の方が訳しにくいことが多いようですが，any を用いたこのような言い換えができるようにしておけば，容易に理解できるかたちに変わります．

whateverの役割を見定めて訳してみよう（上で解説されていない用法も含みます）.

1. Whatever history may be for the scientific historian, for the educator it must be an indirect sociology — a study of society which reveals its process of becoming and its modes of organization. ※6

2. Since highly skilled and perceptive teams of talent cooperate in the making of an ad for any established line of goods whatever, it is obvious that any acceptable ad is a vigorous dramatization of communal experience. ※7

3. Regardless of the position you might adopt — attacking tax laws, defending them, showing how they actually benefit everyone, or whatever — you would risk arguing blindly if you failed to question what the purpose of tax law is in the first place. ※8

【例文ソース】
　※1　Robert Spillance (2015) An Eye for An I: Philosophies of Personal Power の一部を削除して使用
　※2　Dieter K. Hossfeld, C.D. Sherman, Richard R. Love (2012) Manual of Clinical Oncology, p.159
　※3　R. C. Das (1990) Science Teaching In Schools, p.13
　※4　Angela Y. Davis (2022) An Autobiography
　※5　Barry Reece, Monique Reece (2016) Effective Human Relations: Interpersonal And Organizational Applications, p.198
　※6　東京大
　※7　Marshall McLuhan (1964) Understanding Media, p.228
　※8　David Rosenwasser, Jill Stephen (2011) Writing Analytically, p.93

Must 70 先行詞はどこか？

1.「ハイゼンベルクの不確定性原理は，世界の根本的な特性を記述するものである．ホーキングが指摘しているように，この原理は，世界についての完全に決定論的な科学理論も科学モデルも手にすることはできない，ということを意味している」

▶ that is completely deterministic が関係節であり，関係代名詞 that の直後の動詞が is です．しかし，直前の名詞句 a scientific theory or model of the world において，of の両側の名詞 theory or model および world はどちらも単数形なので，is はヒントになりません．この場合には，**the worl**d は制限関係節の先行詞になりにくい，という感覚が大切になります．the world の the は，Must 09 に挙げた「状況の the」であり，後方照応の the ではないからです．よって先行詞は a scientific theory or model であると判断します．訳すときには，of the world を先に訳し，次に that is completely deterministic を訳し，最後に a scientific theory or model を訳す，という工夫が必要になります．

2.「マクルーハンが提示している，生きた文化を研究するための方法論は，テレビ的なものである．初期のテレビの存在のあり方に触発され，マクルーハンが提示した方法論は，プロセス志向の，オープン・エンディッドなものであった」

▶ 今度は，関係代名詞 that の直後の動詞が **is** であること，先行詞の名詞句を **a methodology** と **living cultures** とに分けることができ，両者に単複の違いがあることから，即座に，that の先行詞は a methodology であることが分かります．この場合には，a methodology が新たに導入された要素なので，先に cultures までを「マクルーハンが提示している，生きた文化を研究するための方法論は」とまとめて that に入れて訳すのがベターです．

Must 71 先行詞に含まれている that・those の 2 つの役割

1.「私が送った**あの**本を受け取りましたか？」

▶ この **that** は，「あの…」の意味で，過去のある時点でのものだということを示す指示詞です．

2.「具体的な概念とは，直接的に，味覚・臭覚・聴覚・触覚・視覚という，五感の1つを通じて知覚されるかもしれない**概念**のことである」

▶ **those** = the concepts です．

3.「エッセイを書く際には，テーマの諸側面**のうち**最も重要にみえる**側面**を選択し，なぜそれらがそれほど重要であるかを示すべきである」

▶ **those** は that seem most important という関係節の存在をあらかじめ指示する後方照応の役割で，訳さなくてよいものです．関係代名詞 that の先行詞は your subject ではなく，those aspects です．**seem** に三単現の S が付いていないことがその印です．

4.「DNA が，4種類のヌクレオチドから成る長い分子鎖であることはすでに見たとおりである．**そうした**ヌクレオチドの基本的な構造および化学的性質には，生物における DNA の注目に値する役割を示唆するものは何一つない」

Answers

▶ 関係代名詞 that の直後の動詞 **gives** から, those nucleotides が先行詞ではないことは明らかです. 先行詞は nothing で, したがって those は前方照応の役割です(この those は **these** でも **such** でもかまいません).

Must 72 先行詞が形容詞を含んでいるときの関係節の1つの役割

1.「逆説とは, **一見矛盾をはらんでいるようにみえるが,** にもかかわらず真実であるかもしれない陳述のことである」

▶ 形容詞 seemingly contradictory「矛盾しているようにみえる」と, 関係節 **which may, nonetheless, be true**「にもかかわらず真実であるかもしれない」とは, nonetheless で明示されているように, ❸ **but 的な関係**にあります.

2.「近代初期の懐疑主義者は, その古代の先駆者よりも独断的であった. 彼らは, いかなるものであれ**客観的な, すなわち**人間の知覚から独立した現実といったものの存在について疑念を表明し, 長きにわたって認められてきた哲学的前提に異を唱え, ときには, 政治的, 道徳的, 宗教的な権威の土台となっていたものを掘り崩していった」

▶ 形容詞 objective「客観的な」=関係節 that was independent of human perception「人間の知覚から独立した」という関係です. objective という語が, 使う人によって意味が異なる曖昧な抽象語であるため, 関係節においてその意味を確定しているわけです. 2つは❶の言い換えの関係にあります.

3.「未開社会の人々は, 自らの部族の祖先がある獣あるいはある鳥であるという物語に何の違和感も覚えなかった. またおとぎ話のなかで熊や蛇と結婚する女性も, (彼らにとっては)とりわけありそうにないことをしているわけではなかった. 知識が進歩するにつれて, これらの動物の夫が, 「美女と野獣」でのように**魔法をかけられているだけで, 最終的には本当の姿を取り戻す**男性に変わったのであるが, これは, 後の考え方に適したかたちで後に加えられた修正である」

▶ enchanted「魔法をかけられた(ために動物の姿になっている)」状態が続き, who regained their true shape at last「最終的に自分の本当の姿を取り戻す」, というように, 時系列をなしています. ❷の and 的関係です.

Must 73 主節の直後に現れる<不定冠詞 a(n)＋名詞＋関係節>の役割

1.「とりわけ憂慮されているのは, 必ずしもすべての人が, インターネットへのアクセス, およびその恩恵を手にすることができたわけではない, という事実である. **この状況は,**『デジタル・ディバイド』と呼ばれている」

▶ **a situation**…からが追加説明の出発点ですが, a situation「状況」につながる派生語は主節にはありません. 主節の the fact that…以下の節の内容を a situation「1つの状況」として捉え返した上で, 説明をプラスしているわけです.

2.「木星の4つの衛星すべての明るさの変化を様々に測定した結果, 彼は, 4つの衛星すべての自転周期が, 公転周期と一致している**と結論づけた. この結論は**その後の研究によって確証された」

▶ **conclusion**「結論」は，派生語である conclude の名詞化です．confirmed…の直前には，関係代名詞 that + be 動詞（that was）の省略を補うことができます．

3.「多くの高齢者がコンピュータには興味がなかった．明らかに**これも**，先進国内部でのデジタル・ディバイドの**要因の１つである**．しかし問題は世代間格差だけではない」

▶ **one of the factors**「要因の１つ」は a factor でも意味は同じです．contributi**ng**…は，**which** contributes…の代わりです．

Must 74 目的格の関係代名詞

1.「ナポレオン１世の著作では，理論よりも行動に専念し，状況によって政治的信念の様々な段階を経験せざるをえなかった政治家像が明らかにされている」

▶ more taken…の直前には関係代名詞 **who** + be 動詞 **are** が省略されています．**be taken up with** A は「…に専念している」の意味です．つまり **and** は２つの関係節を結んでいます．２つ目の関係節内部では，have made という他動詞 **V'** と go through…という他動詞 **V''** とが並んでいますが，**made** の方の目的語 **O'** は直後にはありません．よって **whom** は **have made** の目的語 **O'** です．元の節は，Circumstances have made **him** go through…「状況によって，彼は…を経験せざるをえなかった」です．

2.「言語科学の理論的側面の方に興味がある人の多くは，死滅しつつある，すなわちだれも話すことができるようになりたいと思っていないことがほぼ確実な言語についての知識を，後世のために残すことに興味があったのかもしれない」

▶ **which** の後ろにある動詞 was・wish・learn・speak のうち，名詞要素が足りていない動詞は **speak** のみです．つまり **which** は他動詞 speak の目的語 **O'''** です．なお，この文での there is no question of…は「…する可能性はない」の意味です．

3.「近年，数多くの状況から，英語教育に対する関心が急に急激に高まってきた．とりわけ第二言語としての英語に関連して，印象深いのは，その現在の教育活動の規模だけではなく，またある程度英語の知識がなければますます満たすことが難しくなってきている．きわめて多様なニーズがあるということである」

▶ **the very varied needs**「きわめて多様なニーズ」が先行詞で，**a knowledge of English** が主語 **S'** で，is…required が **V'** ですから，**which** は目的語です．ただし is …required という受動態の部分には目的語は不要ですから，この **which** は他動詞 meet の目的語 **O'** です．なお，S is required to **V'**…には，①「**S** は **V'**…する必要がある」のように助動詞的な役割をはたす場合と，②「**V'**…するためには **S** が必要である」のように，to の直前で切れている場合とがあります．ここでは後者で，元の節は，a knowledge of English is…required to meet them「そのニーズを満たすためには，ある程度の英語の知識が必要である」です．

Must 75 前置詞＋関係代名詞の理解の仕方

1.「言語にはきわめて多様な定義がなされているが，なかでも最も不十分な定義の１つは，

Answers

言語は思考の表現である，とする定義である」

▶ according to which が副詞句 **M2'**・残りが **S'＋ V'＋ C'** です．また，**the one =the definition** です．よって **according to which** の元の姿は，**according toa definition**「ある定義によれば」です．関係詞を独立の節に変換すれば，**According to a definition, language is the expression of thought.**「ある定義によれば，言語は思考の表現である」となります．この理解に基づいて訳し上げると，上のような訳になります．

2.「奇妙に思われるかもしれないが，ギリシャ・ローマには，過去 700 ～ 800 年にわたって理解されてきた意味での大学は存在しなかった」

▶ in which からが関係節．それを独立の 1 文にするために，the sense を a sense として which に入れ，in a sense を元の位置に戻すと，**the word has been used in asense for the past seven or eight centuries**「その単語は過去 700 ～ 800 年のあいだ，とある意味で用いられてきた」となります．the word「その単語」とは university「大学」という単語のことです．

3.「この紛争には，2 つの特徴的な文化，イスラム文化とキリスト教文化とが存在しており，それぞれが，どちらが生き残るべきか，どちらが中心にいるべきかに関して，強烈な感情を持っている」

▶ 2 つある which は，この例では関係代名詞ではなく，**疑問代名詞**です．関係詞の which ばかり練習していると，疑問詞の which を忘れてしまいがちになります．**which should survive・which should be in the center** の全体が**名詞節**であり，それが前置詞 regarding の目的語 **O'** になっています．つまり which はともに，直後の動詞の主語 **S'** です．which を関係代名詞とみなし，regarding which で副詞句 **M2'**とみなしてしまうと，関係節のなかの主語 **S'** がなくなってしまうことに注意しましょう．なお，each with…の with については Must 90 参照．

Must 76 関係節のなかにリポート動詞が入るケース

1.「マリーナを養子に出さずに自分が育てると決めたとき，人生の 3 分の 1 までの時間を犠牲にすることになる**ことがはっきりわかっている**親の立場を約束したのです（→人生の3 分の 1 までの時間を犠牲にすることになるとはっきりわかった上で親の立場を約束したのです）」

▶ that 以下を独立の 1 文にすると，**I was aware that it (=parenthood) was going tocost me up to a third of my life time.**「親になることで，人生の 3 分の 1 までの期間を犠牲にすることになる，ということを私は知っていた」となります．**❹ be＋形容詞＋ that S'V'**…のパターンです．この文の主語 it が関係代名詞 that に化けて I was…よりも前に出ただけです．

2.「現代のある道徳哲学者は，我々がそうした対立（紛争）を解消するのに役立つ**と主張されている**理論を支持している」

▶ 独立の 1 文にすると，**It is claimed that it (=the theory) helps us to resolve such**

conflict.「その理論がそうした対立を解消するのに役立つと主張されている」です.
❷ **it is claimed** that…は, **say** 系の受動態パターンです. helps の主語 it が関係代名詞節 which になって, it is claimed よりも前に移動したのが元の文です.

3.「私は, 科学および自然の翻訳者になった. このような仕事はまた, 決して成し遂げることはできない, たんに試みることができるにすぎないものだ**と私は確信している**」

▶ **I am convinced that it (=the job) can also never be done, only attempted.**「のような仕事はまた, 決して成し遂げることはできない, たんに試みることができるにすぎないものだと私は確信している」が元の節です. ❸ **convince** は **tell** 系の動詞で, **I am convinced** that…は, その受動態パターンです. 主語 it が関係代名詞 that に化けて, I am…よりも前に出たのが元の文です.

4.「そんなことになる**とは思ってもみなかった**ことに驚かされることがある」

▶ **We had no idea that they (=the things) would appear.**「そうしたことが起こるとは見当もつかなかった」が元の節です. ❺ **have no idea** + **that** SV'…（= do not know that SV'…）のパターン. 元の文は, この主語 they が関係代名詞 that に化けて we had no idea…よりも前に出たものです.

Must 77 制限関係節が 2 つ並ぶいくつかのケース

1.「彼女は恐ろしい考えを抱いていた. 彼女としては恥じていた**が**, 払いのけることができない考えであった」

▶ 等位接続詞 **but** が 2 つの関係節を結んでいます. **of which**…と **which**…とは対等であり, ともに thoughts のみを先行詞としています.

2.「私は, 過去 40 年間にわたって感情について私が学んできたこと**のうち**, 自らの情緒的生活を改善する上で有用でありうると私が信じているすべてのことを含めた」

▶ 2 つある関係節のあいだに等位接続詞 and・but などがありません. つまり 2 つ目の関係節の先行詞は, all ではなく, all that I have learned about emotion during the past forty years の全体であり, 二重制限です.

3.「貴国の絶望と惨事の中から, 全世界が耳を傾けたいと思うはずの, **すなわち**日本の真実ではなく普遍的な真実を語るはずの一群の日本人作家が生まれてくるであろう, と私は確信している」

▶ 2 つの関係節がコンマ〔,〕で結ばれています. このときにも, 等位接続詞 and・but があるときと同様に, 2 つの関係節は対等ですが, 2 つ目の関係節は, 新しい情報を追加するものではありません. このコンマ〔,〕は言い換えの印です. universal「普遍的な」という形容詞は, all the world「全世界」という名詞句の言い換えです. なお, I believe that の後ろの構造は, out of your despair and disaster が副詞句 **M2'**, will come が自動詞 **V'** ですから, その直後の a group of Japanese writers が主語 **S'** です. **M2 ＋ V ＋ S** の語順です. A **will come out of** B「A は B から生じてくるだろう」→ **Out of** B **will come** A「B からは A が生じてくるだろう」という変化です.

Answers

Must**78 主語Sのなかにある関係節のある役割**

1.「化粧をしない女性は，化粧をする女性より顔色が良い」

→「女性は，化粧をしない場合の方が，化粧をする場合より顔色が良い」

> ▶ girls who do not use make-up が，those who do（= those who use make-up）と対比をなしていることから分かるように，2つの関係節は，**場合分け**の役割です．よって **if 節に相当**するものとみなすことができます．

2.「授業を3回連続で欠席する人はだれでもそのコースは落第になる規定になっています」

→「だれであれ，授業を3回連続で欠席すれば，そのコースは落第になる規定になっています」

> ▶ anyone「だれであれ」から，**主語が仮定的**であると感じられます．直後の関係節は，やはり，if 節に相当するものとみなすことができます．

3.「大学は今や，人間が未来のために必要としている知識および実践を提供する，すなわち言葉と行動によって，どうすれば持続可能な社会がうまく機能することができるかを示す必要がある．学生にとって妥当なものであり続けることを望んでいる大学は，21世紀の生態学的移行のなかでリーダーになるにはどうすればよいかを学生に教えることだろう」

→（2文目のみ）「大学が，学生にとって妥当なものであり続けることを望んでいるのなら，21世紀の生態学的移行のなかでリーダーになるにはどうすればよいかを学生に教えることだろう」

> ▶ 主語 a college が総称の役割で，関係節の中の動詞 wants が現在形であり，さらに主節の主動詞に will があって，未来内容であることを示していることから，a college の直後の関係節は，やはり，when 節や if 節に相当するものとみなすことができます．if a college wants to…に相当するものです．

Must**79 先行詞＋制限関係節の3つの役割**

1.「本書は現実の政治的対立に焦点を当て，教育政策が，サッチャー主義が表明した社会の理想像に関係していた**仕方**を検討する」

→「本書は現実の政治的対立に焦点を当て，教育政策と，サッチャー主義が表明した社会の理想像とが**どのように**関係しあっていた**か**を検討する」

> ▶ **the way in which = in what way = how**「どのように…なのか」です．

2.「マクルーハンが共著者に頼っていた**程度**を示す指標の1つは，著書のうち共著でないものが The Mechanical Bride (1951)，The Gutenberg Galaxy (1962)，Understanding Media (1964) のわずか3冊しかないということだ」

→「マクルーハンが**どの程度まで**共著者に頼っていた**か**を示す指標の1つは，著書のうち共著でないものが The Mechanical Bride (1951)，The Gutenberg Galaxy (1962)，Understanding Media (1964) のわずか3冊しかないということだ」

> ▶ **the extent [degree] to which = to what extent [degree] = how much**「どの程度…であるか」です．

3.「ある意味で，我々は皆，3つの独立した面で音楽に耳を傾けている．他に良い用語がないので，次のようにこの3つを名づけてもよいであろう．(1) 感性的な面，(2) 表現的な面，(3) 純粋に音楽的な面の3つである．音楽を聴く過程をこれら3つの仮説上の面に機械的に分割することによって得ることができる唯一の利点は，我々が音楽を聴いている仕方**に関して持つことができるより明確な見方である**」

→〔The only…以下の別訳〕「音楽を聴く過程をこれら3つの仮説上の面に機械的に分割することによって得ることができる唯一の利点は，我々がどのように音楽を聴いているか**をより明確に理解することができる**，という点である」

> ▶ a clearer view to be had of…は形容詞用法の **to** 不定詞であり（ Must 87），よって関係節に書き換え可能であり，a clearer view **to be had** of… = a clearer view **that can be had** of… = a clearer view **that we can have** of…となります．ここで，この先行詞＋制限関係節が **the fact that** SV'…の代わりではないか，と考えてみることが大切です．実際，the fact that SV'…に変換すると，**the fact that** we can **have a** clearer **view of**…となり，**have a view of**… = **view**…「…を見る」ですから，**the fact that** we can **have a clearer view of**… = **the fact that** we can **view more clearly**…「…をより明確に見ることができるということ」となります．なお，この「見る」は「理解する」と解することができます．

Must 80 制限関係節についての補足

1.「多くの科学的研究が長い期間にわたって行われる．最近，**公共ラジオでインタビューを受けていた科学者**などは，ある小さな哺乳動物を40年にわたって研究しているそうだ」

> ▶ **a scientist** は，ラジオのインタビューを受けた人ですから，科学者一般（総称）ではありません．ある特定の科学者です．よってこの**不定冠詞 a** の役割は導入です．このように導入された科学者に対して，文脈上必要不可欠な新たな情報をプラスしているのが関係節です．実際，2文目では1文目の内容の実例として役立つ情報が提供されています．この文では，Public radio recently interviewed **a scientist**「公共ラジオは，最近科学者をインタビューした」には力点はありません．力点は，**who** is involved in a 40-year-long study of a particular small mammal「…が，ある小さな哺乳動物を40年にわたって研究している」の方にあります．主節→関係節の順番で訳したいところです．

2.「現代は多元主義の時代である．この時代においては，宗教的な差異が礼儀正しい会話の主題になることはない．しかしシェイクスピアが生きていたのはこのような時代ではなかった．**シェイクスピアが生きていた時代においては**，キリストが救済に至る唯一の手段だと信じられていた」

> ▶ 2文目の**an age** は，シェイクスピアが生きていた特定の時代を指すものです．よって **an** は導入のはたらきであり，「シェイクスピアが生きていた時代を紹介しますよ」というように響きます．1文目の but 以下，Shakespeare did not live in such an age. と2文目とで，**not**…in such an age, **but** an age in which…「（シェイクス

ピアが生きていたのは）このような時代ではなく…な時代である」という関係を
なしています．よって，2文目で最も重要な部分は，**in which**「その時代においては」
以下の関係節の部分です．

Must 81 複合関係詞 what の基本

1.「男性は，人間性をなす**もの**を定義する．フランスの実存主義者シモーヌ・ド・ボーヴォ
ワールの言葉を借りれば，女性はたんに『他者』となる」

▶ **that which=what** です．

2.「ほとんどの人々がほとんど何も意見を持っていないし，安定した意見となると，いっ
そう少ない．そうした人々が持っている**わずかな意見はすべて**，一貫した立場へとまとめ
あげることができないものである」

▶ 複合関係決定詞の what です．**what few** opinions…は **all the few** opinions **that**…
とパラフレーズすることができます．

3.「私にとって最も大切なことは，子どもたちの幸福です」

▶ **what** 節が主語**S**，動詞が **be** 動詞であり，補語 **C** が特定決定詞に導かれているパター
ンは，**同定のための S ＋ V ＋ C**（ Must 80）となります．これも what が **the** を含
んでいることによる効果です．一対一対応の **S ＋ V ＋ C** なので主語 **S** と補語 **C**
とは逆転させることができます．

4.「**その学校が提供できるもの（のすべて）**をチェックし，それが自分の子どものニーズ
に確実に合うようにすべく，注意する必要がある」

▶ what (**O**), the school (**S**), has to offer (**V**)「その学校が提供しなければならないもの」
という区切りではなく，what (**O'**) the school (**S'**) has (**V'**)「その学校にあるもの
（の全体）」が1つの名詞と理解され，それに **to** offer という形容詞用法の **to** 不定
詞（ Must 87）がかかっている，というパターンです．ここでは，to 不定詞に含ま
れている助動詞は **can**（あるいは **will**）と理解されるので，what the school **can**
offer としても意味は大きくは変わりません．

Must 82 訳さない・訳せない what

1.「高齢者の実像は，多くの場合，**私たちが想像している高齢者の姿**とは大きく異なって
いる」

▶ to be が what 節の末尾にあることから，補語 **C'** は them（＝ older people）ではなく，
what です．what we imagine them to be は，高齢者がどのようなものかについて我々
が抱いているイメージの全体を意味します．

2.「この曲は，**いわゆる四声の協奏曲**です」

▶ call O C ＝ describe O as C なので，what **is called** C ＝ what **is described as** C
です．他に **term** O C・**refer to** O as C なども同義表現です．a concerto à quatres
という名詞句が補語 **C'** です．よって，「四声の協奏曲」という呼び名が，一般的に
浸透している呼び名だということを伝える役割です．

3.「**適切だと考えられている行動**は，状況によって違ってくる」

▶ appropriate behavior という名詞句が補語 **C'**です．ある「行動」が「適切」だと考えているのは，筆者ではなく，we「語り手を含む一般の人々」であるということを伝える役割です．

4.「親も教師も，**自分が正常だと思っているようなかたちで**子どもの言葉が発達しない場合には，大いに不安になるものである」

▶ a normal way という名詞句が補語 **C'** です．言語発達のあり方が normal「正常」だと consider「考えている」のは，筆者ではなく，they = parents and teachers「親や教師一般」であることを伝える役割です．

5.「私たちが理解すべき最も重要なものは，**実際にあるがままの状況**である．**私たちにとって好ましい状況**でも**私たちが望んでいる状況**でもなく，**実際の状況**である」

▶ ３つある what 節のいずれにおいても，**what** が補語 **C'** です．訳には出てきませんが，いずれも「全体」を表していることをイメージしましょう．

Must 83 いくつかの whatever

1.「歴史が歴史研究者にとって**いかなるものであろうと**，教師にとっては歴史は間接的な社会学（間接的に社会を教える教科），すなわち社会がどのように生成してきたか，および社会がどのように組織されてきたかを明らかにするものでなければならない」

▶ whatever からコンマ〔,〕までの全体は，副詞節です．よって whatever…は **no matter** what…に置き換えることができます．whatever 節の内部では，whatever は代名詞であって，決定詞ではありません．history が **S'**，may be が **V'**，whatever だけで補語 **C'** だからです．「どのような歴史が存在するのかに関わりなく」ではなく，「歴史がどのようなものであっても」という意味です．なお，**for** the scientific historian と **for** the educator とは強い対比をなしています．for the educator が主節の先頭にあるのがその目印です．

2.「定評のある**いかなる**商品**でも**，その広告を作るにあたっては，高度な技能を持つ鋭敏な才能ある人々がチームとして協力しあっているのだから，まずまずの出来の広告はいずれも，共同経験を力強く劇的に示すものであることは明らかである」

▶ whatever の直後にコンマ〔,〕があって，it is obvious からが主節なので，この whatever は節を作るものではなく**副詞**です．この副詞の whatever は，自由選択の **any**「どの…であっても」，あるいは決定詞 **no**「いかなる…も…ない」の意味を強調する役割をはたします．

3.「税法を批判する，それを擁護する，税法が実際にすべての人々に恩恵をもたらしていることを示すなど，**いかなる立場に立っているとしても**，その立場に関わりなく，そもそも税法の目的が何かを問うていないとすれば，根拠のない主張になりかねない」

▶ **whatever** が節を作らないケースの２つ目です．A, B or whatever で「A であれ，B であれ，何であれ」という意味になります．節を作らない whatever としてはさらに，**for whatever reason**「どんな理由かはわからないが，何らかの理由で」のような，たんなる決定詞としての使い方もあります．

英語リーディングの鬼100

第9章

準動詞（不定詞・分詞・動名詞）の注意点

3通りの〔名詞句＋V'-ing…〕

> 太字部分内部の構造の違いを考えてみよう.
>
> Samples
>
> ① Burnout is a reaction to the chronic stress that is experienced by **people helping others.** [※1]
>
> ② The idea of **people helping others** at their own expense is appealing to us. [※2]

●──現在分詞か動名詞かは, 力点の置き場で判断する

知覚動詞（**see**・**hear**など）や使役動詞**have**などが持つ動詞パターンを除けば, 名詞句＋**V'-ing**…は, 次の2つのうち, どちらのパターンであるかを判断する必要があります.

1つは**V'-ing**…が**現在分詞**のパターンです.

例文 **Most people travelling** into London travel by some form of public transport, mainly because of the congested roads and poor parking facilities. [※3]

> 「たとえば, ロンドンに入ってくるほとんどの人が, 何らかの公共交通機関を使っている. その主な理由は, 道が混んでいること, および駐車場が少ないことである」

ここでは travelling into London は, 関係節 **who travel** into London に相当します. つまり現在分詞 travelling…以下が, people を後ろから修飾しているケースです. このとき, 力点は people にあります.

もう１つは**V'-ing**…が動名詞であるパターンです.

例文 While laws are in place around the protection of student data, in the current climate of public anxieties about **schools giving** student data to companies or **schools letting** student data sit on company-owned servers with no way to get it back, you should take every precaution to protect your data. ※4

> 「学生のデータを保護することに関する法律は存在しているものの, 学校が学生のデータを企業に提供したり, 学校が学生のデータを取り戻す手段を持たず, そのデータを企業が所有しているサーバに置いたままにしていることについて人々が不安を抱えている現状においては, 自分のデータを保護するためにあらゆる予防措置を講じるべきである」

ここでは schools は giving…と letting…という**動名詞句の主語S'**です.「学生のデータを企業に渡す学校」ではなく「学校が生のデータを企業に提供する」という意味です. 力点は schools ではなく, giving…と letting…の方にあります.

なお, 動名詞の主語S'は, それが代名詞や, ヒトを示す単数形の名詞の場合には所有格**one's**になります. その場合には, 現在分詞のパターンではないことがすぐに分かります.

> He suggested **my** tak**ing** a break.　　「彼は, 私が一休みすることを提案した」
> He suggested **John's** tak**ing** a break.
> 　　　　　　　　　　　　　　「彼は, ジョンが一休みすることを提案した」

〔サンプル英文①〕では, 直前の the chronic stress that is experienced by…「…が経験している慢性的なストレス」という意味から, helping「援助すること」ではなく people「人々」の方に力点があることが分かります. よって helping は現在分詞であり, **helping** others は **who help** others という関係節に相当します.

訳は「燃え尽き症候群は, 人助けをしている人々が経験する慢性的なストレスに対する反応である」のようになります.

〔サンプル英文②〕は,「人々が自分自身を犠牲にして人助けをするという考え方は我々にとって魅力的である」という意味です. helping は動名詞であり, **people** がその主語 **S'**, helping が **V'**, others が **O'** です.

よく見かける誤読は, 動名詞なのに現在分詞と判断してしまうケースです (現在分詞なのに動名詞だと判断してしまうことはあまりないようです). **つまり主語 S'つきの動名詞の存在を忘れやすい傾向があるようです.** この傾向を忘れないようにして, おかしいなと思ったらすぐに修正できるように準備しておくことが大切です.

さて, 名詞句 + **V'-ing**…のパターンには, さらにもう1つ, 主語つきの分詞構文のパターンがあります.

例文 Science has no dogmatic beliefs of this kind, **scientific knowledge** be**ing** self-correcting. ※5
> 「科学にはこのような種類の独断的信念は存在しない. 科学的知識は自らを正してゆくものである」

この文では, scientific knowledge 以下が **being** という現在分詞を軸として成り立っている分詞構文です. scientific knowledge が being の主語 **S'** です. コンマ〔,〕をセミコロン〔;〕に置き換えれば, scientific knowledge **is** self-correcting となるものです (be動詞を使わずに簡単に言えば science **corrects itself** となります).

この分詞構文は, 主節の内容の言い換え, あるいは主節の内容に対する理由づけとみなすことができます.

※答えは章末にまとめて

チャレンジ問題 **84**

V-ingの役割を指摘し，訳してみよう．

1. Who is the man tak**ing** pictures? [6]

2. She objected to the boys go**ing** out into the fields. [7]

3. All languages are approximately equally easy for a child learn**ing** a first language. [8]

4. We are thus at risk of losing universities as sites for the generation of democracy in any meaningful sense of the word, and are also at risk of universities becom**ing** vocational in the familiar modern sense of job training. [9]

【例文ソース】
※1　https://core.ac.uk/download/pdf/84504232.pdfの一部を変更して使用
※2　Martin Schoenhals (2018) Work, Love, and Learning in Utopia: Equality Reimagined の一部を変更して使用
※3　John C. Chicken, Tamar Posner (1998) The Philosophy of Risk, p.95の一部を削除して使用
※4　Liz Arney (2015) Go Blended!: A Handbook for Blending Technology in Schools, p.125
※5　京都大
※6　Janice Johnson (2013) Ms. Tuesday
※7　Virginia Henley (2008) The Decadent Duke の一部を削除して使用
※8　(1993) Notes & Queries, vol.3, p.41
※9　Debaditya Bhattacharya (2018) The Idea of the University: Histories and Contexts

名詞を修飾する他動詞の V'-ingが示す関係と意味

太字の単語の意味を考えてみよう.

① Tom was a most **loving** husband and father.

② In order to attempt to prevent war and violent conflict, there is a need to understand its **underlying** causes. [1]

　このセクションでは, 現在分詞 **V'-ing** が形容詞として, 名詞を前から修飾しているケースを取り上げます.

　V'-ing の元の動詞 **V'** が**自動詞**の場合には, 誤解が生じることはほとんどありません. 次の実例で, bar**king**「吠えている」のはa dogであり, develop**ing**「発展しつつある」のはcountriesである, という関係は, 難なく理解できるはずです.

例文 Don't yell at **a barking dog**. 「吠えている犬に向かって叫んではいけない」

例文 This practice is not common in **developing countries**.

　「このような慣習は, 発展途上国では一般的ではない」

● —— V'-ing の目的語を探せ

　ところが, **V'-ing** の元の動詞 **V'** が**他動詞**である場合には, その**主語S'**だけではなく, **目的語O'**のことも意識しなければなりません.

　V'-ing が名詞を前から修飾しているときには, その目的語 **O'** を **V'-ing** の直後に置くことができないため, <u>あるべき目的語**O'**は省かれてしまいます</u>.

そのため，このケースでは，**近辺にある情報を元にして，目的語O'が何なのかを自分で考えて理解する必要**がでてきます．

例文 English is **a unifying language** for the Chinese-speaking, Tamil-speaking and Bahasa-Melayu-speaking populations of Singapore and, by conducting education and political administration in English, no single group is theoretically disadvantaged. ※2

> 「シンガポールにおける中国語，タミル語，マレー語の話者集団にとって，英語は<u>彼らを統一する言語</u>である．英語で教育および政治的統治を行うことによって，理論的にはどの1つの集団も不利な立場に置かれることはない」

　自動詞・他動詞にかかわらず，**V'-ing が名詞を前から修飾しているとき，後ろの名詞はつねにV'-ing の主語S'に当たるもの**です．
　ここでも a language「言語」が他動詞 unify「…を統一する」の主語**S'**です．では目的語**O'**は何か？　この文では the Chinese-speaking, Tamil-speaking and Bahasa-Melayu-speaking populations「シンガポールにおける中国語，タミル語，マレー語の話者集団」がそれに当たります．a language [**S'**] unifies [**V'**] the…populations [**O'**]「ある言語が…集団を統一する」という関係が隠れているわけです．

English is a unifying language for the Chinese-speaking … populations
S　V
→ a language unifies the Chinese-speaking … populations
S'　V'　O'

次例はどうでしょうか？

例文 **Another complicating aspect** is the complexity of the immune responses of individual patients. ※3
> 「<u>事態を複雑化するもう1つの側面</u>は，個々の患者の免疫反応の複雑さである」

　ここでも another…aspect「もう1つの側面」が，他動詞 complicate「…を複雑化する」の主語**S'**です．よって目的語「…を」にあたるものを，自分で補って理解する必要があります．another **complicating** aspect のなかに隠れてい

る関係は，another aspect [S'] **complicates** [V'] something [O'] 「もう1つの側面が何かを複雑化する」です．

　これと同じ理解が必要な **V'-ing** 形容詞として，**surprise** 「…を驚かせる」と同じグループの感情動詞の **V'-ing** 形があります．surpris**ing** 「(誰かを)を驚かせるような」→「**驚くべき**」のように，その目的語 O' を想定して訳語を考える必要があるわけです．disappointing・frightening・pleasing・annoying・interesting…など，類例は多数あります．

　〔サンプル英文①〕の **loving** も，他動詞 **love** 「…を愛している」の目的語を補って理解しましょう．a husband and father 「夫にして父親」が他動詞 love の主語 S' ですから，その**目的語 O'** は his wife and children 「彼の妻子」であるはずです．

Tom was a most <u>loving husband and father</u>. （lovingになると省略）
　　　　　→ a husband and father loves his wife and children

　訳は「トムは，（妻子をとても愛している→）愛情深い夫であり父親である」のようになります．

　〔サンプル英文②〕では，causes 「原因」は他動詞 underlie 「…の基礎にある」の主語 S' であり，it = war and violent conflict が underlie の**目的語 O'** であることを意識しましょう．its **underlying** causes という名詞句の中にはcauses [S'] **underlie** [V'] war and violent conflict [O'] という関係が隠れているわけです．
　訳は，「戦争や，暴力を伴う紛争を防ごうと試みるためには，戦争や紛争の基礎にある原因を理解する必要がある」のようになります．

チャレンジ問題　**85**　※答えは章末にまとめて

太字部分の意味を考えて訳してみよう.

1. The **defining** feature of science does not seem to be experimental success, for most clear cases of genuine science have been experimentally falsified. ※4

2. Rationally, tourist cities care about both tourism growth and the **accompanying** side effects. ※5

3. These are the **life-improving** steps addicts have always been afraid to take. ※6

【例文ソース】
※1　Sara E. Davies, Jacqui True (2019) The Oxford Handbook of Women, Peace, and Security, p.707
※2　Nicola Galloway, Heath Rose (2015) Introducing Global Englishes, p.56
※3　Richard F. Lockey (1998) Allergens and Allergen Immunotherapy, Second Edition, p.444
※4　(1983) Philosophy of Science and Occult, 1st Ed, p.97
※5　Yufan Hao, Li Sheng, Guanjin Pan (2017) Political Economy of Macao since 1999: The Dilemma of Success, p.77
※6　M. A. Hoffman (2011) Life After Rehab Volume 1: How to Stay Sober in the Outside World, p.117の一部を削除して使用

名詞句を後ろから修飾する分詞句の意味

太字部分のV'-ingが示す意味を考えてみよう.

① Who is the woman look**ing** at me in the mirror? ※1

② Nurses look**ing** after patients on chemotherapy should know drug properties, extravasation symptoms, and how to manage an emergency. ※2

③ I get more phone calls from art students want**ing** to work on this project than from any other group.

④ The woman liv**ing** next door had never greeted him.

　分詞 **V'-ing**…・**V'-ed**…にはじまるかたまりは, 名詞句の後ろに置いて, その名詞に対する説明・修飾要素とすることができます.

　名詞の後ろにプラスされた分詞句は, つねに関係節で書き換え可能です. しかし, すべての関係節を分詞句に書き換えることができるわけではありません.

　まず, 関係節に助動詞 **will**・**can**・**should** などが含まれるときには, **to 不定詞句**に書き換えることができますが, 分詞句には変換できません (　Must 87参照). 分詞句は, 現実性があることを示すからです. 分詞句には助動詞的な意味は含まれない, ということです.

●──現在分詞の意味を感じ取る2つの視点

　〔サンプル英文〕で取り上げた文の**V'-ing**…を関係節に書き換えると, それぞれ次のようになります.

① Who is the woman **who is looking** at me in the mirror?

② Nurses **who look** after patients on chemotherapy should know drug properties, extravasation symptoms, and how to manage an emergency.

③ I get more phone calls from art students **who want** to work on this project than from any other group.

④ The woman **who lived next door** had never greeted him.

　ご覧のように，現在分詞がつねに**進行**「…している最中である」を意味するかと言えば，そうではありません．名詞句＋現在分詞**V'-ing**…のこれらの意味を感じ取るために必要な視点は下記の２つです．

❶ 先行詞になる名詞句が，特定のモノ・ヒトを示すのか，あるモノ・ヒト一般を示すのか
❷ 現在分詞になっている動詞が，動作動詞なのか，状態動詞なのか

　①は，the woman（特定の女性）＋look at…（動作動詞）の組み合わせです．特定の人物の特定の動作のとき，現在時制であれば，その現在分詞**looking at**…は**who is looking** at…「今…を見ている最中の」という，現在**進行**の意味になります．このときには，**関係代名詞＋be動詞の省略**にすぎません（Must 02参照）．訳は「鏡に映る私を見ている女性は誰なのか？」のようになります．

　②は，nurses（看護師一般）＋look after…（動作動詞）の組み合わせです．look after patients「患者の世話をする」という動作を，看護師一般が今まさに行っている，という状況を思い浮かべるのは困難です．よってこの文の場合，進行の意味にはなりません．

　動作動詞の意味は，現在時制では，進行の意味でなければ**習慣**の意味です．**looking after**…は，**who look** after…「普段から…を世話している」という，習慣の意味で響いているわけです．よって関係節にすると，現在進行ではなく，**単純現在**になります．

　訳は「化学療法中の患者をケアする看護師は，薬剤の特性，滲出症状，およ

び緊急時の対処法を知っておくべきである」のようになります. ただし, モノ・ヒト一般＋動作の**V'-ing**…のパターンでは, 文脈によっては, **進行**の意味になることもあります.

③は, art students（学生 一般）＋ want…（状態動詞）の組み合わせです. 状態動詞を進行のかたちにすると一時的な状態を意味しますが, wanting to…には「一時的に」という意味はありません. **wanting** to…は, **who want** to… 「…したいと思っている」という**単純現在**に相当するわけです.

from art students **wanting** to work on this project
= who want to work on this project

訳は「どのグループからよりも多くのお電話を, このプロジェクトで働きたいと思っている美術系の学生からいただいています」のようになります.

④は, the woman（特定の女性）＋ live…（状態動詞）の組み合わせです. この**living**…にも「一時的に」という意味はありません. 時制は過去なので, **who lived**… 「…住んでいた」という, 過去の状態の意味になります.

the woman **living** next door had… 「隣に住んでいた女性」
= who lived next door had…

訳は「隣に住んでいた女性は, それまで彼に挨拶をしたことはなかった」のようになります.

以上から, 名詞句＋現在分詞**V'-ing**…における**V'-ing**…が現在進行「今まさに…しているところである」や過去進行「そのときまさに…しているところだった」の意味になるのは, 主として❶の, 特定のモノ・ヒト＋動作動詞の**V'-ing**…のケースであり, ときに, モノ・ヒト 一般 ＋動作動詞の**V'-ing**…のパターンがその意味になることがある, ということが分かりました.

リーディングの際に**名詞句＋現在分詞V'-ing**…に出会ったら, この4つのうちのどのパターンであるかを意識するようにすると, 読みがよりクリアになります.

以上のように，$\boxed{特定}$のモノ・ヒト＋$\boxed{動作動詞}$の**V'-ing**…となっているときには，**V'-ing**…は進行の意味になるのが普通なので，**特定のモノ・ヒトの習慣，あるいは過去の1回の動作を示したいときには，V'-ing**…ではなく**関係節を使うのが自然**，ということになります．

例文 The woman **who normally looks** after her when I'm at work is ill. ※3

　　「普段私が仕事をしているあいだ彼女を世話してくれているその女性は，体調を崩している」

　　　→ the woman（$\boxed{特定}$の女性）＋look after（$\boxed{動作動詞}$）であり，かつ習慣を示します．

例文 I'm going to help you find the woman **who killed** my daughter. ※4

　　「私の娘を殺した女の捜索に協力します」

　　　→ the woman（$\boxed{特定}$の女性）＋kill（$\boxed{動作動詞}$）であり，過去の1回の動作を示します．

チャレンジ問題　**86**　　※答えは章末にまとめて

太字のV'-ingの意味を考えてみよう．

1. There was an increase in the number of people travel**ing** to Europe over a matter of months, some crossing the Mediterranean from North Africa and others later making the maritime trip between Turkey and Greece. ※5

2. Private school students wish**ing** to take the test should contact their guidance counselors or the office of high school admissions. ※6

3. Those enter**ing** the movement for social change later sometimes took for granted the gains which had been made at such cost. ※7

【例文ソース】
※1　John Lipscomb, Adrianne Lugo (2017) The Painting and the Piano: An Improbable Story of Survival and Love
※2　Vari Drennan, Claire Goodman (2014) Oxford Handbook of Primary Care and Community Nursing, p.508
※3　Holly Day (2021) The Hunger Gap
※4　Julia Thomas (2017) Penhale Wood: A Mystery
※5　Marianne Riddervold, Jarle Trondal, Akasemi Newsome (2020) The Palgrave Handbook of EU Crises, p.444 の一部を削除して使用
※6　Clara Hemphill (2003) New York City's Best Public High Schools: A ParentsGuide, p.41
※7　Andrew Cornell (2011) Oppose and Propose!: Lessons from Movement for a New Society, p.132

第1章　第2章　第3章　第4章　第5章　第6章　第7章　第8章　第9章　第10章

関係節に書き換え可能な「to不定詞の形容詞用法」の理解

Samples

2つの文の太字部分が構造的にどのように異なっているかを考えてみよう.

① The iron and steel and textile industries have been hit by major recession, resulting in the **need for** people **to** find new jobs in new industries. [*1]

② Again and again I was confronted with evidence of how deeply engraved the hierarchical system is in human culture, and how natural is the **need for** a leader **to** look up to and then to knock down off his pedestal. [*2]

「**to**不定詞の形容詞用法」には,関係節を使って言い換えることができるものと,そうでないものがあります.ここで取り上げるのは,**関係節で言い換えることができるto不定詞**です.

このto不定詞には,「**まだ行われていない**」という意味が含まれています.関係節に書き換えるときには,この意味を保存するために,助動詞 **will・would**「（これから）…するだろう」,**can・could**「…できる」,**should**「…するべきだ」などをプラスする必要があります.

例文 This store is the place **to go to** if you want to buy fresh meat.
= This store is the place **that you should go to** if you want to buy fresh meat.
「新鮮な肉を買いたいなら,この店こそ君が行くべきところだ」

例文 I'll give you some money **for you to spend**.

= I'll give you some money **that you can spend**.

「君が使っていいお金をあげよう」

　なお，序数**the first**などを含む名詞句につづく**to**不定詞には「まだ行われていない」という意味がないことがあります．次例の**to win**…は，**the first**と意味的にワンセットになり「はじめて…した人」を意味するものです．**to V'**…なのに，すでに実現されたことを示すわけです．

例文 Wilhelm Röntgen was **the first person to win** the Nobel Prize for physics. ※3

「ヴィルヘルム・レントゲンは，はじめてノーベル物理学賞を受賞した人だ」

●──欠けている要素を感じ取る

　次に，関係節に書き換えることができる to 不定詞の**構造的**な特徴です．この to 不定詞の内部には，

❶ 主語 S'　　❷ 他動詞の目的語 O'　　❸ 前置詞の目的語 O''

のいずれかが**欠けている**，という特徴があります．

　to 不定詞の直前にある名詞句が，to 不定詞の動詞 **V'** の主語 **S'**・他動詞の目的語 **O'**，あるいは前置詞の目的語 **O''** に相当するわけです．関係節に書き換えるときには，この**欠けている**要素を関係代名詞として補うことになります．

例文 There is **no one to rescue** you.

= There is **no one who can [could・will・would] rescue** you.

「お前を救出することができる（救出してくれる）人はいない」

❶ 他動詞 rescue の目的語 O' はすでにあるので，その主語 S' が no one，という関係です．よって補う関係代名詞は主格 S' になります．

例文 They must know what is **important information to communicate** to the mental health professional and how to communicate that information. ※4

= They must know what is **important information that they should communicate** to the mental health professional and how to communicate that information.

「彼らは，何が精神保険福祉士に<u>伝えるべき重要情報</u>であり，その情報をどのように伝えるべきかを知っていなければならない」

❷ 他動詞のcommunicateの目的語**O'**がinformation，という関係です．補う関係代名詞は目的格**O'**になります．この場合，関係節には主語が必要なので，主語**S'** (they)を補う必要があります．

例文 I've had to make as many as seven or eight phone calls to find **someone for my daughter to play with**. ※5

= I've had to make as many as seven or eight phone calls to find **someone who my daughter can play with**.

「<u>娘の遊び相手（娘が一緒に遊べる人）</u>を見つけるために，7，8回も電話をかけなければなりませんでした」

❸ 前置詞withの目的語**O'**がsomeone，という関係です．よって補う関係代名詞は目的格**O'**になります（当然，whoは省いてもかまいません）．for my daughterは，playという**V'**の主語**S'**です．

　to不定詞が，関係節に書き換えることができる形容詞用法なのかどうかを判定するときには，以上の構造的な視点が欠かせません．

　ここで〔サンプル英文〕を見てください．どちらも **need for…to…** という連鎖になっていますが，どちらのto不定詞がここで学んでいるものでしょうか？

　答えは2つ目です．**a leader** は，toの後ろの **look up to**「…を尊敬する」，および **knock down**「…をたたき落とす」の目的語**O'**に当たります．それぞれの後ろに，目的語とみなすことができる名詞句がないからです．このことから，to look up toおよびto knock down off his pedestalはともに，直前の名詞a leaderにかかる形容詞用法のto不定詞であることがわかります．

a leader to look up to and then **to knock down** off his pedestal

= **a leader who people can look up to** and then **knock down** off his pedestal

「（人々が）尊敬し，次の段階でその台座からたたき落とすことができる指導者」

　訳は「人間文化にはヒエラルキーをなすシステムがいかに深く刻み込まれているか，また尊敬し，次いでその台座からたたき落とすことができる指導者の必要性がいかに自然なものであるか，ということを示す証拠を，私は何度も目の当たりにした」のようになります．

　なお，**the need for** Ａは，**need** Ａ「Ａが必要である」という**V O**の名詞化です．

　これに対して〔サンプル英文①〕では，the **need to V'** …で「…する必要性」であり，**need to V'** …「…する必要がある」という動詞表現の名詞化です．**for** peopleはこの**to V'** …に主語**S'**を与えるものです．訳は「鉄鋼産業および繊維産業が大きな不況に見舞われた．その結果，人々が新しい産業において新たな雇用を求める必要性が生じた」のようになります．

チャレンジ問題　**87**　※答えは章末にまとめて

to不定詞の役割に注意しながら訳してみよう．

1. Naturally, there are still many problems to be addressed to make these records even more accessible. ※6

2. In addition, the way we choose words to express ourselves with and the way we combine words together into longer verbal sequences can take on distinctive patterns. One person can be distinguished from another through their word choices and grammatical styles. ※7

【例文ソース】
※1　R. Flude (2012) People for Business: The Key to Success, p.153
※2　John Michell (2008) The Leadership Delusion: Travels in Search of a New Organizational Model for the 21st Century, p.142
※3　Textbook Equity College Edition (2014) Anatomy and Physiology, vol.1, p.43
※4　Patricia Van Voorhis, Emily Salisbury (2013) Correctional Counseling and Rehabilitation, p.116
※5　Susan Newman (2001) Parenting an Only Child: The Joys and Challenges of Raising Your One and Only
※6　(1989) Library of Congress Information Bulletin, p.352
※7　Barrie Gunter (2019) Personality Traits in Online Communication, p.49

to不定詞をとる動詞・形容詞の名詞化

正確に訳してみよう.

① **The failure of** higher education **to** make significant progress in responding to societal needs has led to questions being raised about the role and purpose of higher education. ※1

② **The power of** science **to** solve problems such as climate change is limited and contested. ※2

いわゆる「**to**不定詞の形容詞用法」には, 関係節を使って言い換えることができるものと, そうでないものがあります. ここで取り上げるのは, **関係節で言い換えることができないto不定詞**です.

この場合の<**名詞句＋to V'**…>における名詞句は, 次の2つに分かれます.

❶ to V'…をプラスできる形容詞や動詞が名詞化されたもの
❷ 本来 to V'…をプラスできる名詞句

そして❶の場合, 名詞化される以前の姿は, 4つに分かれます.

ⓐ 義務・要求系の動詞　　ⓑ 意図・目的の動詞
ⓒ 助動詞的な意味を持つ動詞　ⓓ 形容詞

それぞれについて, よく見かけるものを挙げておきます (ⓒⓓに訳語がないものがあるのは, 訳に工夫が必要な場合が多いからです).

ⓐ **permission**「許可」 **reminder**「注意・合図」 **need**「必要性」 **order**「命令」

ⓑ **aim**「目的」 **attempt**「試み」 **decision**「決意」 **desire**「望み」

ⓒ **failure** **tendency**「傾向」 **refusal**

ⓓ **ability** **freedom** **eagerness** **willingness**

　このパターンには,その「**主語**」に関する注意点があります.次の文を読んでみましょう.この decision は名詞で,動詞の decide と同様,to **V'** …をつなげることができます.

例文 One factor in **our decision for** me **to** have the operation was that my insurance would cover it.

　　「<u>私がその手術を受けること</u>を<u>私たちが決断したのには</u>,私の保険で支払えるから,ということもあった」

　for me は **to** have the operation,つまり **to** 不定詞の主語 **S'** です.それに対して所有格 **our** は,decision を動詞に戻したときに **We** decided…となるもの,つまり元の動詞の主語 **S** です.そして,所有格になるべきものが,代名詞ではなく名詞句の場合には, Must 08 で学習したように,**アポストロフィー S** と **the＋名詞句＋of＋名詞句** との2つのパターンがあります.誤解の原因になりやすいのは,**the＋名詞句＋of＋名詞句** の方です.

例文 A successful digital strategy depends on **the willingness of the public to** use the services. [3]

　　「デジタル戦略が成功するかどうかは,<u>人々がデジタルサービスを利用しようという意欲を持っているかどうか</u>にかかっている」

　この **the**…**of** the public は,これが代名詞だったとすれば所有格 **their** となるはずの部分です.つまり,**willingness** を元の形容詞 **willing** に戻したときに,その主語になるのが,the public です.to use the services は the public にかかる修飾語 **M1** ではなく,willingness に結びついています.

> **the willingness of** the public **to** use the services
> →**The public is willing to** use the services.

これが元の節です．これを名詞化すると，**of** the publicの割り込みによって，willingnessと to use…とが離れてしまうわけです．これが原因で，「✗…を利用する人々の意欲」と誤訳してしまう可能性が高まります．to use…は，willingnessにつながっているのに，the publicにつながっていると誤解してしまうわけです．

次例も同様です．

例文 The second criticism concerns **the inability of the classical economists to acknowledge** the historical character of capitalism. ※4

> 「第2の批判は，古典派経済学者が資本主義の歴史的性格を認めることができないことに関するものである」

この**the**…**of** the classical economistsは，もしこれが代名詞だったとすれば所有格**their**となるはずの部分です．つまり**inability**を元の形容詞**unable**に戻したときに，その主語になるのが，the classical economistsです．

> **The classical economists are unable to acknowledge** the historical character of capitalism.

が元の節です．これを名詞化すると，of the classical economists の割り込みによって，inability と to acknowledge…とが離れてしまうわけです．これが原因で，「✗…を認める古典派経済学者の無能」と誤訳してしまう可能性が高まります．to acknowledge…は，inability につながっているのに，the classical economists につながっていると誤解してしまうわけです．

〔サンプル英文①〕も同様です．

failure to V'…の元の姿である **fail to V'**…は，「…することができない」「…しない」のいずれかの意味になります．つまり否定を含む助動詞のような役割をはたす動詞表現です．元の節は，Higher education **has failed to** make significant progress…「高等教育は大きく進歩することが（でき）なかった」です．典型的な誤訳は「✗大きく進歩する高等教育の失敗」です．to make…は，failureにつながっているのに，higher educationにつながっていると誤解してしまうのです．

The failure of higher education **to** make significant progress

=Higher education **has failed to** make significant progress…

訳は「高等教育（大学）が，社会のニーズに応える上で大きな進歩を遂げていないために，高等教育の役割および目的について問題が提起されることになった」となります．

〔サンプル英文②〕における power は❷本来 to V' …をプラスできる名詞句の1つです．このときにも，直後の of ＋名詞句の役割は同じです．

The power of science to solve problems such as climate change

= Science has the power to solve…

訳は「科学が気候変動などの問題を解決する力には限界があるし，またその力には異議が唱えられている」となります。

この文の誤訳は「✕ を解決する科学の力」です．to solve…は，power につながっているのに，science につながっていると誤解してしまうわけです．

チャレンジ問題 ⑧⑧ ※答えは章末にまとめて

自然な日本語に訳してみよう．

1. The largest remaining barrier to a successful tobacco control program is the failure of those smokers who attempt to quit to achieve long-term success. [5]

2. Much of the hesitation, I suspect, lies in the reluctance of those who have long fancied themselves radicals of some sort to come to terms with the fact that they are really liberals. [6]

【例文ソース】
※1　Heather Eggins, Anna Smolentseva, Hans de Wit, eds. (2021) Higher Education in the Next Decade: Global Challenges, Future Prospects, p.231

※2　Dale Jamieson (2014) Reason in a Dark Time: Why the Struggle Against Climate Change Failed — And What It Means for our Future の一部を削除して使用

※3　Ian Scott (2022) The Public Sector in Hong Kong, Second Edition, p.349の一部を削除して使用

※4　Ernesto Screpanti, Stefano Zamagni (2005) An Outline of the History of Economic Thought, p145

※5　David Burns (2009) Tobacco Use in California 1990-1991, p.43

※6　Karen Kennedy (2015) Deeply Felt, Reflections on Religion & Violence within the Anarchist Turn, p.18

文末にある分詞構文の
いくつかの役割

Samples

コンマ〔,〕の両側がどのような関係にあるかを考えてみよう.

① Organic and conventional bananas have very different markets, the prices of the former being higher than those of the latter. ※1

② Piaget suggested that humans have four major stages of cognitive development, each having a variety of substages. ※2

③ A number of less developed countries have been promoting the growth of their own petrochemical industries, resulting in major shifts in production and trade patterns. ※3

　文頭に置く分詞構文については, ほとんどの教科書や参考書や問題集で取り上げられており, その役割を知らない人は少ないと思います. ご存じのように, 文頭の分詞構文は主として, **副詞節 M2**（**if S' V'**…・**when S' V'**…・**while S' V'**…・**after S' V'**…・**because S' V'**…・**though S' V'**…など）の意味を持つものです. ここでは, 取り上げられることの少ない文末の分詞構文の役割について学びます.

　まず, 行為・出来事の描写をしている文を見てみましょう.

> **直前にコンマ〔,〕を置かない分詞構文は, ＜同時＞を意識して読む**

例文 I can remember them all sitting round the table **talking**, **drinking** and **smoking** cigars. ※4

> 「彼らみんなでテーブルを囲みながら話をしたりお酒を飲んだり葉巻を吸ったりしていたのを覚えています」

このように，**直前にコンマ〔,〕を置かない分詞構文は，2つの行為・出来事が同時であることを示します**．

直前にコンマ〔,〕を置く分詞構文は，＜理由／短縮＞

コンマ〔,〕を置くケースとしては，まず，下記のように，**理由を示す**分詞構文になることがあります．

例文 For thousands of years, farmers have sought to improve their plants and livestock by selective breeding, **guessing** that some sort of internal element improves desirable characteristics or suppresses unwanted ones. [※5]

> 「何千年もの間，農民は植物および家畜を選択育種によって改良しようとしてきた．ある種の内的要素によって望ましい特性がより良いものになる，あるいは望ましくない特性が抑制される，と考えていたからである」

この意味になるときには，**主節が行動を示し，分詞構文がその行動をとるときの意識面を示す**ことが多い，という傾向があるようです．

では，次はどうでしょうか？

例文 He began studying this problem in 1998, **publishing** the results in 2002.

このケースでは，**主節と分詞構文はandの関係**にあり，分詞構文は，**andを減らすためのテクニック**として用いられています．「彼は1998年にこの問題を研究し始め，（そして）2002年にその結果を公表した」のように読めばよいものです．

以上の3つが，行為・出来事の描写をしている文における文末分詞構文の主な役割です．このすべてに共通するのは，**分詞の主語S'と，主節の主語Sとは一致**している，ということです（ただし，I can remember…の文では，sittingの主語them allが，talking…以下の主語です）．

●──論文などで文末に出てくる分詞構文

では，論文などでは，文末の分詞構文はどのような役割をはたしているのでしょうか？　その実例が〔サンプル英文〕の3つの文です．

それぞれを次のように書き換えることができます.

① Organic and conventional bananas have very different markets; **the prices of the former are** higher than those of the latter.

「有機バナナと従来のバナナの市場は大きく異なっている. すなわち(たとえば)前者の価格は後者の価格より高い」

② Piaget suggested that humans have four major stages of cognitive development, **and each has** a variety of substages.

「ピアジェは, 人間の認知は4つの発達段階に大別され, (そして)それぞれの段階に様々な下位段階があることを示唆した」

③ A number of less developed countries have been promoting the growth of their own petrochemical industries, **which has resulted in** major shifts in production and trade patterns.

「いくつかの発展途上国が自国の石油化学産業の成長を促進してきた結果, 生産と貿易のあり方が大きく変化している」

①と②はthe prices of the former・each という主語**S'**が付いている分詞構文ですが, ①ではコンマ〔,〕の両側は**言い換え**の関係にあります. コンマの後ろは, コンマまでの内容の具体化です.

②ではコンマ〔,〕の両側は**and的関係**にあります. each = each **stage**であり, **having**の主語**S'**です. なお, 補足ですが, havingという現在分詞は, **前置詞with**に置き換えることもできます(**Must** 90参照).

③では, 分詞になっているのは**result in**…「…という結果になる」という因果関係動詞です.

因果関係を示す動詞(**result in・lead to・cause**など)あるいは「**意味する**」系の動詞(たとえば**mean**や**suggest**など)が文末の分詞構文をなしているときには, **分詞の主語S'にあたるものは**, 主節の主語**S**ではなく, **主節全体**になります. 上のように書き換えることができるのは, 非制限のwhich節においては, 主節全体がwhishの先行詞になりうるからです.

文末の分詞構文の役割を考えてみよう.

1. These colours reduce anxiety, help**ing** you relax and get rid of stress.

2. Consent should also be voluntary, mean**ing** that it should not be coerced. [6]

3. A growing number of experimental studies are appearing that confirm these predictions, lead**ing** to the discovery of new treatments.

4. Inequities in rights and privileges lead to lower societal trust, less empathy, and greater intrasocietal violence, all indicative of lower relatedness. [7]

5. Declining organizations are more bureaucratic and resistant to change, mak**ing** it more difficult for leaders to turn the decline around and bring the organization back to profitability. [8]

【例文ソース】
※1　Alexander Sarris (2003)　Medium-term Prospects for Agricultural Commodities: Projections to the Year 2010, p.88
※2　Thomas G. Plante (2010)　Contemporary Clinical Psychology, p.203 の一部を削除して使用
※3　H. Peter Gray (1993)　Transnational Corporations and International Trade and Payments の一部を削除して使用
※4　Sharon McGovern (2008)　Afraid
※5　Heather Cumming, Karen Leffler (2007)　John of God: The Brazilian Healer Who's Touched the Lives of Millions, p.137
※6　Kerryin Phelps, Craig Hassed (2012)　Joints and Connective Tissues - General Practice: The Integrative Approach Series, p.344
※7　Richard M. Ryan, Edward L. Deci (2017)　Self-Determination Theory: Basic Psychological Needs in Motivation, Development, and Wellness, p.602
※8　Anne M. Bogardus (2006)　Human Resources JumpStart, p.226

分詞構文におけるbeingの省略・withおよびas

構造を意識しつつ，訳してみよう.

① **A woman herself,** she understood the secrets and mysteries of a woman's heart. ※1

② When training a team, it is important to remember that it is a group of individuals, each **with** different wants and needs.

③ You cannot get lost **with** George **as** your guide.

分詞構文については，他のセクションでも触れていますが（**Must** 69など），ここでさらに，知らないと戸惑ってしまうかもしれない分詞構文のかたちについて，まとめておきたいと思います.

●──消えた being を感じる分詞構文

その1つ目は，文頭にあり，be動詞で成り立つ主語なしの分詞構文 **Be-ing**…において，**being が省略**されてしまうケースです.

このケースでは，分詞構文は，be動詞の**補語 C'** のみ，ということになります.「分詞構文」なのに名詞句あるいは形容詞句だけしかない，ということです.

〔サンプル英文①〕がそれです. **A woman herself** という**名詞句だけ**で，**since she was** a woman herself「彼女自身が女性なので」という理由の副詞節に相当するものになっています. この文では，先頭に現在分詞 **being** を置いて，次のようにすることができます.

Being a woman herself, she understood the secrets and mysteries of
a woman's heart. └── = since she was a woman herself

＝彼女自身が女性なので

全体の訳は，「彼女自身も女性なので，女性の心の秘密と謎を理解してい
た」のようになります．

ついでに，**形容詞句のみ**の分詞構文の例もみておきましょう．先頭にある
unable to find it という形容詞句を，同じ意味の副詞節にすると，**since she
was** unable to find it「それを見つけることができなかったので」となります．

例文 **Unable to find it,** she then checked the front door, and every window
in the house. ※2

「彼女はそれを見つけることができなかったので，次いで，正面玄関と家中のあ
らゆる窓を調べた」

さて，この「**being の省略**」は，主語つきの分詞構文においても，また「**付帯
状況の with**」のパターンにおいても生じます．まず，主語つきの分詞構文の
例です．

例文 Foreign languages are learned and taught in a wide variety of ways,
some more effective than others. ※3

「外国語の学習および教育は様々なかたちで行われている．その効果には違いが
あるが」

太字部分は，some [S'] ＿being＿ more effective than others [C'] という分析にな
ります．**some の直後に being の存在を感じる**ことができれば，理解は容易
だと思います．

次の例文は，「**付帯状況の with**」の後ろで **being** が欠落している例です．
with の後ろの most of them という名詞句と，teachers of general subjects
という名詞句のあいだに切れ目を感じることができれば，そこに being の存
在を感じることができると思います．

439

例文 Regular schools lack specialized staffing for resource teachers, **with most of them teachers of general subjects**. ※4

（being）

「正規の学校には, リソース・ティーチャー用の専門的なスタッフが足りない. つまりリソース・ティーチャーの大半が, 一般科目の教師である」

（「リソース・ティーチャー」は「学習面での問題が確認された生徒の学習プログラムを, 通常の学級のカリキュラムに沿うように」支援する教師のこと）

次に, 〔サンプル英文②〕に移ります. each は, each **of the individuals** ですが, その後ろの **with** は何でしょうか？　これは, **主語つきの分詞構文** においてしばしば現れる, **having の代わりに用いられる with** です.

　each **with** different wants and needs

は each **having** different wants and needs としても構いません.

of the individuals

it is a group of individuals, each **with** different wants and needs

= each having different wants and needs

訳は, 「あるチームを訓練するときには, そのチームが個人の集まりであり, それぞれの個人には異なった欲求およびニーズがある, ということを覚えておくことが重要である」のようになります.

最後に, 〔サンプル英文③〕の **as** が問題です. このように, 付帯状況の **with** がつくる節の中に **as** が含まれているときには, この as は, **with O' as C'** 「**O'** を **C'** として」のように感じられるものとなります. regard **O as C** 「**O** を **C** とみなしている」を, think **that S' is C'** 「**S'** が **C'** であると考えている」とパラフレーズすることができるのと同じように, with **O' as C'** においては, **O' as C'** が **S' is C'** のように響くことになるわけです.

You cannot get lost **with** George **as** your guide.

= since George is your guide

訳は「ジョージが君のガイドなんだから, 道に迷うことはあり得ないよ」のようになります.

訳してみよう.

1. The stereotype of a fully rational and objective 'scientific method,' with individual scientists as logical (and interchangeable) robots, is a self-serving myth. [5]

2. This project confirms the strategic vision of a local information society, with citizens as the main actors in producing, managing and enjoying the benefits brought by new information and communication technologies. [6]

3. Researchers studied in depth the teachers in three restructured elementary schools, each with different structures to promote new ways of teaching, each at different stages of development, and each experiencing varying success. [7]

【例文ソース】

※1　Chris Durer (2008) The Vansellars: Story of a New York Family, p.230
※2　Angela Huth (2011) Another Kind of Cinderella and Other Stories
※3　M. A. K. Halliday, A. McIntosh, and P. D. Strevens (1965) The Linguistic Sciences and Language Teaching, p.252
※4　Dongping Yang, Min Yang, Shengli Huang (2022) Chinese Research Perspectives on Educational Development, Vol.6 の一部を削除して使用
※5　京都大
※6　https://docplayer.net/3459217-The-pirai-digital-project.html
※7　Michael L. Kamil, Peter B. Mosenthal, P. David Pearson (2014) Handbook of Reading Research, p.895

Answers

Must 84 3通りの〔名詞句＋ V'-ing…〕

1.「写真を**撮っている男**はだれだ？」
> ▶ taking は現在分詞です．the man の直後に，関係代名詞＋be 動詞（who is）を補うことができます．

2.「彼女は，その男の子たち**が**外に出て畑に**入ってゆくこと**に反対していた」
> ▶ going は動名詞です．the boys はその主語です．

3.「すべての言語が，第一言語を**身につける途上にある子ども**にとっては，ほぼ等しく容易である」
> ▶ learning は現在分詞です．a child の後ろに関係代名詞＋be 動詞（who is）を補うことができます．

4.「こうして我々は，重要な意味での民主主義を生み出す場としての大学を失う危険性があり，さらに，大学**が**職業訓練というお馴染みの現代的な意味で，職業にかかわるものと**なってしまう**危険性がある」
> ▶ becoming は動名詞です．universities はその主語です．

Must 85 名詞を修飾する他動詞の V'-ing が示す関係と意味

1.「（**科学を定義するような**特徴→）科学の**典型的な**（**本質的な**）特徴とは，実験の成功ではないようである．というのも，本物の科学のほとんどの明白なケースが，実験によって誤りであることが立証されてきたものだからである」
> ▶ feature は他動詞 define の目的語 **O'** ではなく，主語 **S'** です．この場合，define の目的語 **O'** は science だと理解することができます．the feature [**S'**] defines [**V'**] science [**O'**]「その特徴が科学を定義する」という関係が潜んでいるわけです．

2.「合理的なことに，観光都市は，観光業の成長だけではなく，**それに伴う**副作用についても気にかけている」
> ▶ **S accompanies O** は「O には S が付随する」という関係を示す動詞です．主語 **S'** が sides effects「副作用」であり，目的語 **O'** が，前方照応の the が示す tourism growth「観光業の成長」，という関係です．

3.「これらが，中毒患者がつねづね怖がって講じようとしない，（**生活を改善する**手段→）生活改善の手段である」
> ▶ steps は他動詞 improve の目的語 **O'** ではなく，主語 **S'** である．名詞＋ハイフン＋他動詞の **V'-ing** のパターンでは，最初の名詞がその他動詞の目的語 **O'** です．steps [**S'**] improve [**V'**] life [**O'**]「手段（措置）が生活（一生）を改善する」という関係を読み取りましょう．その他，**life-threatening**「命を脅かすような」，**life-transforming**「生活（一生）を変えるような」，**planet-dominating**「惑星を支配している」，**self-defeating**「自らを打ち負かすような→自滅的な」，**self-sacrificing**「自らを犠牲にするような→自己犠牲的な」などがあります．

Must 86 名詞句を後ろから修飾する分詞句の意味

I.「数ヶ月にわたってヨーロッパに向かう（向かった）人の数が増加した（増加しつつあった）．その中には，北アフリカから地中海を渡る者もいれば，後には，トルコからギリシャまで船で移動する者もいた」

▶ **people** + **travel** は，一般 + 動作動詞 の組み合わせです．過去に繰り返された動作を示していると考えると，people travel**ing** to Europe は people **who traveled** to Europe に相当することになりますが，増加が確認された時点よりも前に起こっていたことだと考えると people **who had traveled** to Europe に相当する，とみなすこともできます．さらに，まさに増加が確認された時点で起こりつつあることだと考えれば，people **who were traveling** to Europe に相当する，とみなすことも可能です．

2.「この試験の受験を希望する私立校の生徒は，進路指導担当者，または高校入試課にお問い合わせください」

▶ **students** + **wish** は，一般 + 状態動詞 の組み合わせなので，進行の意味にはならず，よって private school students wishing to take the test は，private school students **who wish** to take the test に相当します．

3.「後に社会変革を求める運動に参加した人々は，このような大きな犠牲の上に築かれた成果を，当然視してしまうことがあった」

▶ 一般 + 動作動詞 の組み合わせなので，I. と同様に，解釈は複数あります．進行を示さないと考えると those enter**ing** the movement は，those **who entered** the movement に相当します．とはいえ，「当然視していた」時点より前に「運動に参加していた」という意味だと考えれば those who **had entered** the movement に相当し，さらに，その時点でまさに「運動に参加しつつあった」という意味だと考えれば those who **were entering** the movement に相当する，とみなすことも可能です．

Must 87 関係節に書き換え可能な「to 不定詞の形容詞用法」の理解

I.「もちろん，これらの記録をさらに利用しやすくするために，**いっそう多くの問題に取り組むべき**です」

▶ 関係節に書き換えると，
Naturally, there are still many problems **that should** [**have to**] be addressed to make these records even more accessible.
となります．つまり many issues and problems は be addressed という受動態の主語 S' に相当するものです．このようなセンテンスは，**There are** を省き，関係代名詞 **that** も省いて
Naturally, many problems **should** still [still **have to**] **be addressed** to make these records even more accessible.

Answers

を作り，さらに次のように能動態に変換すれば理解しやすいものとなります．

Naturally, **we should** still [still **have to**] **address** many problems to make these records even more accessible.

この書き換えをしないと，2つ目の to 不定詞（to make…の部分）が副詞的用法で「目的」を示す不定詞だということが少し見えにくくなります．**There is ＋名詞＋ to 不定詞＋ to 不定詞**…は，1つ目の to 不定詞が形容詞用法で義務（**should**）を示し，2つ目の to 不定詞が副詞的用法であり，目的（**in order to**）を示すもの，と記憶しましょう（ Must 55 参照）．

2.「さらに，**自己を表現するための言葉**の選び方，および言葉を結合して，言葉の長い連鎖をつくる方法には，独特なパターンがある．言葉の選び方および文法的なスタイルを通じて，人を区別することができる」

　　　▶ 前置詞 with の目的語 **O”**が words なので，関係節に書き換えると，次のようになります．

　　　(a) we choose words **that we can** express ourselves **with**（to を that we can に変換）

　　　(b) we choose words **with which** we can express ourselves

　　　　　　　　　　　　　　　　　　（末尾の with を節の先頭に移動）

　　　なお，**前置詞＋ which ＋ to 不定詞**というかたちもあるので，

　　　(c) we choose words **with which to** express ourselves （(b) の we can を to に戻す）

　　　とすることもできます．前置詞 + which + to 不定詞が出てきたら，以上の書き換えを元のかたちまで逆にたどって行けるように，何度も練習しておきましょう．なお，前置詞 + which の読み方については Must 75 参照．

Must 88 to 不定詞をとる動詞・形容詞の名詞化

1.「禁煙プログラムの成功にとっての最大の障壁であり続けているものは，禁煙しようとしている喫煙者**が**，長期的な成功を達成することが**できないこと**である」

　　　▶ **the failure** の後ろの **of ＋名詞句**が，of those **who**…というように関係節を含んでいるため，〔サンプル英文〕よりも複雑です．まず，quit **+ to V’**…というパターンはあり得ないことから（quit の後ろに動詞を置くなら動名詞 **V’-ing**…なので），**to achieve** の直前で切れていることが分かります．ここで，to achieve…が failure につながるものであることに気づくかどうかで決まります．誤訳は「長期的な成功を達成することをやめようとしている喫煙者の失敗」です．

2.「その躊躇の多くが，長きにわたって自分はある種のラディカル派だと思っていた人々**が**，自分は本当はリベラル派であるという事実を認め**たくない，その気持ち**にあるのではないかと思う」

　　　▶この文でも，**who** に始まる関係節がどこで終わるかを見極めなければなりません．その発想に至るためには，the **reluctance** を見た時点で **to V’**…を予想している必要があります．**S is reluctant to V’**… （= **S is unwilling to V’**…）「…することに気

が進まない」の名詞化だからです．典型的な誤訳は「その躊躇の多くが，思うに，自分たちが実はリベラル派であるという事実と折り合いを付ける，ある種のラディカル派だと長きにわたって自認してきた人々の気が進まないことにある」です．正しくは，to come…の直前で切れていて，to come…は，reluctance とつながっているわけです．

Must 89 文末にある分詞構文のいくつかの役割

1.「これらの色は，不安を軽減してくれる．**すなわち**あなたがリラックスし，ストレスを取り除くのに役立つ」

▶ 主節の reduce anxiety…が分詞構文 helping…で**言い換え**られています．

2.「同意はまた自発的なものであるべきである．**ということは**，同意は強制されるべきではないということ**を意味している**」

▶ 主節**全体**の内容が meaning…「…を意味している」の主語 **S'** に相当します．meaning…以下は，**which means** that it should not be coerced と言い換えることができます．

3.「これらの予測を立証し，**その結果**新しい治療法が発見されること**につながる**実験的研究が増えつつある」

▶ **lead to**…は result in…と同じく因果関係動詞です．よって主節**全体**の内容が leading to…の主語 **S'** に相当します．つまり leading to 以下が主節の出来事の**結果**です．コンマ〔,〕の後ろは **which leads to** the discovery of new treatments「それが結果として新しい治療法の発見につながっている」と言い換えることができます．

4.「権利および特権における不公平は，社会的信頼感の低下，感情移入の低下，社会内暴力の増大につながる．（**そして**）これらすべてが，人々の関係性の希薄化を**示している**」

▶ 見かけ上，分詞構文には見えないので要注意のケースです．**indicative** が形容詞であることを意識してください．all = all of them「これらのうちのすべて」です．all と indicative とのあいだには切れ目があり，そこに **being** を補うことができます．また，**be indicative of = indicate**「…を示している」であることを利用すれば，all of them **indicating** lower relatedness と，ふつうの分詞構文に言い換えることができます．主節とは **and 的関係**にあります．

5.「衰退しつつある組織は（そうでない組織よりも）官僚制的であり，変化に抵抗するものである．**そのため**，リーダーが衰退を反転させ，組織を黒字化させることがより**難しくなる**」

▶ **S makes O C**「**S** のせいで **O** が **C** になる」も，因果関係動詞の１つです．**S** が原因です．目的語 **O** が形式目的語 it であり，その内容が for 以下の主語 **S'** つきの **to** 不定詞句です．主節**全体**の内容が making…の主語 **S'** に相当します．making…以下は，**which makes** it more difficult for leaders to turn the decline around and bring

Answers

the organization back to profitability と言い換えることができます.

Must **90** 分詞構文における **being** の省略・**with** および **as**

1.「『科学的方法』は完全に合理的・客観的なものであり, 個々の科学者は論理的な（それゆえ交換可能な）ロボット**である**という固定観念は, 身勝手な神話である」
   ▶ the stereotype **of** a fully rational and objective 'scientific method' の部分では, of 以下には名詞句しかありませんが, その名詞句は, 節として理解されるべきものになっています. the stereotype **that** the 'scientific method' **is** fully rational and objective「『科学的方法』は完全に合理的・客観的なものであるという固定観念」というように, that 節で書いても同じです. この fully rational and objective という形容詞句は, 普通の「限定用法」のはたらきではありません. 科学的方法を, 合理的・客観的なものと, そうでないものとに分けるはたらきではないからです. **of** 以下を, このように that 節で書き換えた場合, with 以下はその that 節の内部にあります. よって, **as** が be 動詞の代わりであるように感じられます. with 以下は and that individual scientists **are** logical (and interchangeable) robots「そして個々の科学者は論理的な（よって交換可能な）ロボットである」として理解されるわけです.

2.「このプロジェクトは, この地域に情報社会を実現する, その際, 市民**が**新しい情報通信技術による利益を生み出し, 管理し, それを享受する上での主人公**である**, という戦略的ヴィジョンを確証するものである」
   ▶ **with** citizens **as** the main actors は,「主たる主人公としての市民とともに」という意味ではありません. with は付帯状況を示すもので, as は, citizens **are** the main actors「市民が主人公である」という関係を示しています.

3.「改革をした 3 つの小学校の教師を対象に綿密な研究が行われた. そのそれぞれの小学校が新たな教育方法を促進するための異なった構造を**持っており**, それぞれ発展段階も異なっており, それぞれがさまざまな程度で成功を経験していた」
   ▶ 3 つある **each** はすべて, each **of the three restructured elementary schools** の意味です. 1 つ目の each の後ろの **with** は **having** の代わりであり, 2 つ目の each の直後には **being** を補うことができます. each with…も each at…もともに, 主語つき分詞構文だということです. each experienc**ing**…という主語つき分詞構文と and で等位接続されていることからもそれが分かります.

第1章

第2章

第3章

第4章

第5章

第6章

第7章

第8章

第9章

第10章

英語リーディングの鬼100

第 **10** 章

比較の注意点

比較級の2種類の意味

Samples

比較級に気をつけて訳してみよう.

① Climate change will lead to **more deserts,** where few animals can survive. ※1

② Perhaps **an even greater problem** is that PM2.5 pollution is so complicated. ※2

比較級には2つの意味があります.

> ❶ 他のものとの「差」「違い」を示す場合
> ❷ 同じものの「変化」を示す場合

❶の比較級は, いわばstatic「静態的な」・spatial「空間的な」比較級であり, 他方, ❷は, いわばdynamic「動的な」・temporal「時間的な」比較級です.

次例が, 両方を含む簡単な実例です.

例文 Tom is **taller than before**, probably **taller than Jim**.

「Tomは以前より背が伸びた. おそらくJimより高いね」

同じTom is **taller**でも, 比較されている相手が**before**「以前」の自分の身長なのか, **Jim**「自分以外のヒト」の身長なのかによって, 比較級の意味が変わるわけです.

さて, よくみられるのは, ❷の比較級であるときに, ❶と同じように訳そ

うとしてしまうケースです.

❷の比較級は「変化」を示すものですから，**taller** than before を「以前より背が伸びた」のように処理するとうまくいきます. この種の比較級に出会ったら，「増加」「減少」「上昇」「低下」「拡大」「縮小」「向上」「悪化」など，**変化を明確に示す言葉を思い浮かべて理解する**ように心がけてください.

〔サンプル英文〕はどうでしょうか？

①の **more** deserts が❷の「変化」の比較級です. この more の原級は決定詞の **many** で，したがって数を示します. 訳は，「気候変動は，砂漠の数が増加する（砂漠化が進む）ことにつながるだろう. そこではほとんどの生物が生存することができない」のようになります.

他方，②の an even **greater** problem は❶の比較級であり，比較の相手は，直前までに書かれていた問題です. an even **greater** problem は「その問題よりもいっそう大きな問題」という意味です. なお，**even** は，**yet**・**still** と同様に，比較級を修飾するときには「いっそう」「さらに」という意味になります. 訳は，「いっそう大きな問題は，PM2.5による汚染がきわめて複雑だということかもしれない」のようになります.

なお，多くのライティングの参考書に書かれていることですが，❷の比較級は，たとえば「アメリカとカナダではフェイスブックを使う人の数が減ってきている」のような文を英語にするときに便利です.

例文 The number of people who use Facebook **is decreasing** in the U.S. and Canada.

この「変化」を示す比較級を用いれば，上の例文のように，主語が長く，重い文にすることなく，次のように主語の短いすっきりした文になります.「減ってきている」を，動詞ではなく，決定詞 fewer で表すことができるわけです.

Fewer people are using Facebook in the U.S. and Canada.

比較級に注意して訳してみよう.

1. That singer is becoming less and less popular.

2. Multimedia has made learning more efficient.

3. The U.S. economy is as healthy as ever.

4. The atmosphere is becoming more and more polluted.

5. If the world is getting ever more interconnected, geography and the knowledge of the world's realms and regions become ever more important. ※3

【例文ソース】
※1 Nick Hunter (2013) Science vs. Animal Extinction, p.20
※2 Shi-Ling Hsu (2021) Capitalism and the Environment, p.163
※3 H. J. de Blij, Peter O. Muller, Jan Nijman (2010) The World Today: Concepts and Regions in Geography, p.25の一部を削除して使用

いろいろな品詞のmore

Samples

moreの品詞と意味を考えてみよう.

① Soccer is **more** dangerous than rugby.

② **More** people complained than last time.

③ There is enough food in the world and much **more** could be provided.

④ Did it cause **more** trouble than last time?

⑤ What impressed me **more** was that she knew President Obama.

⑥ Many of his fears have come true and so will many **more**.

あまり意識されていないようですが, 一口にmoreと言っても, 6通りのmoreがあります. moreはまず,

❶ 比較級の語尾 -er の代わり, ❷ many の比較級, ❸ much の比較級

の3つに分かれます. さらに, many には**決定詞・代名詞**, much には**決定詞・代名詞・副詞**があります. ❷・❸を細かく分ければ5通りあるということです.

〔サンプル英文〕を用いてそれぞれの more が, この6通りのうちのどのmoreなのかを判定してみましょう.

①の「サッカーはラグビーより危険である」においては, moreの後ろに**dangerous**「有毒の」という形容詞があるので, **more** dangerous は

dangerousの比較級です．このmoreは，❶比較語尾-erの代わりです．-er
の代わりのmoreは**副詞**です．

②と④では，moreの後ろにあるのは**people・trouble**という名詞です．
前者は可算複数扱いであり，後者は不可算です．よって②は❷**決定詞
many**・④は❸**決定詞much**の比較級です．②では「数」を，④では「量」をイ
メージしましょう．それぞれ，「前回より不満を言う人が増えた」「それが原
因で前回より大きな問題が生じたのか？」という意味です．

また，⑤のmoreは，What [**S'**] impressed [**V'**] me [**O'**]の後ろにあって
impressed「…を感動させた」という動詞の意味を強めているものですから，
程度を示す**副詞**としての❸**muchの比較級**です．訳は「私がもっと感動した
のは，彼女がオバマ大統領の知り合いだったことだ」のようになります．

問題は，③と⑥のmoreです．③では，moreが主語**S**の位置にあるので，
名詞要素としてのmore，つまり**代名詞**です．また⑥の**so will** many moreは，
many more **will come true**という意味ですから，このmoreも主語**S**の位置
にあります．名詞要素としてのmore，つまり**代名詞**です．

このようにmoreが**代名詞**であるときには，多くの場合，**more＋既出の
名詞**，あるいは**more＋of the＋既出の名詞**に置き換えることができます．
③では，more = more **food**であり，食糧の量を示しています．⑥ではmore
= more **of his fears**であり，彼の心配の数を示しています．それぞれ，「世界
には十分な食糧があるし，また，はるかに多くの食糧を供給することができ
るだろう」，「彼の心配の多くが実現してしまった．今後，彼の心配のうち（こ
れまでに実現したより）はるかに多くのことが実現することになるだろう」
という意味です．

なお，③の**much**・⑥の**many**はともに，比較級を「はるかに」の意味で強
調するための程度副詞です．manyの比較級である**more を強調するとき
には，many か far**を用います．muchで強調することはできません．

6通りのうちのどのmoreなのかを判定しよう.

1. Canada makes **more** shirts than shoes.

2. I miss her **more** than I did at first.

3. Their house is **more** spacious than ours.

4. There is **more** to her success than diligence.

5. She spends **more and more** time on church activities.

6. Although some universities have just one central library, **far more** have several different ones.

【例文ソース】
　※1　Kai Nielsen (1985) Equality and Liberty: A Defense of Radical Egalitarianism, p.292
　※2　Manik Joshi (2014) Remarks in the English Language: Grammar Rules
　※3　Graham Walton, Graham Matthews (2016) University Libraries and Space in the Digital Worldの一部を変更して使用

比較文の2種類の構造

Samples

than・asが何詞かを考えてみよう.

① Mike is younger **than** me. / Mike is as old **as** me.

② Levels of education among such immigrants are higher in the U.S. **than** in Canada.

③ Law school isn't as hard **as** I thought. ※1

④ He deserves more attention **than** he is receiving.

⑤ There is more money **than** we need. / We'll spend as much money **as** we need.

　比較文は, 構造的には, 大きく分けて2種類あります. 比較はほとんどの人が難しいと感じているようですが, この2種類の比較文の構造的な違いと, それぞれの読み方が分かれば, 楽になる点も多いかと思われます.

●——**than・as** が前置詞や接続詞の場合, 比較節で消去された部分を完全な形に復元して読む

　まず〔サンプル英文①〕では, 太字の**than**・**as**は前置詞です. 直後に**目的格me**があることがその証拠です. than **me**・as **me**は, than **I am**・as **I am**としてもかまいませんが, そうしたときにはthan・asは接続詞です. 後ろにI amという**S' V'**があるからです.

　さて, than・asが**接続詞**である場合には, 比較文は, 同じ構造を含む2つ

の<u>S V…を1文に結合したもの</u>です．Mike is as old **as I am.** における **I am** は，主節の **Mike is as old** と同じ構造だったものとして理解されるわけです．

　この種の比較文の成り立ちは，次の通りです．

Mike **is x years old.**「Mike は x 歳だ」・**I am y years old.**「僕は y 歳だ」という同じ構造の2文を作る

　↓

old を比較基準に据えるときに，x ≧ y と考えて **as old** とし，主節 Mike is as old…を作る

　↓

後ろの as 節においては，主節との共通要素は消去し，主節と異なる要素 as me・as I am のみを残す

（as I am **tall** とはならない．なお，as I は普通は使わない）

---

　as I amの部分を「比較節」と呼ぶことにします．**比較節の内部では，元々あった比較基準（old）は必ず消去**されます．

　この種の比較節は，対比要素が何であるかに応じて，**S—S'**（主語どうしの対比），**O—O'**（目的語どうしの対比），**M2—M2'**（副詞要素どうしの対比），**V—V'**（動詞どうしの対比）などに分かれます．

　なお，主語どうしの比較文の場合には，次のように，主語 **S'** と，**do・does・did**，あるいは助動詞 **will・can・have** など，あるいは **be** 動詞とが逆転することがあります．主語 **S'** の情報価値が高いとみなされているときです．よって主語 **S'** が代名詞のときには，このような逆転は生じません．

| than does S' | than can S' | than is S' |
| as does S' | as can S' | as is S' |

例文 I made more money **than <u>did</u> my colleagues.**

　　「私は同僚たちよりも稼ぎがよかった」

　この文の **did** は元々 made ▨ money だったものであり，よって旧情報です．**my colleagues** が主語 **S'** で，than 以下の節のなかでの重要情報となります．

さて，比較節 **than**…・**as**…の内部は，それがどれだけ断片的な節であっても，**主節と同じ構造を含む**ものです．比較節の意味が分かりにくいときは，主節との共通要素が消去されたにすぎないと考え，**消去されたと思われる部分を主節から取ってきて，それを補って理解すればよい**わけです．

たとえば〔サンプル英文②〕では，than の直後には前置詞 **in** にはじまる **in Canada**「カナダにおいて」という**副詞句M2**しかありません．このとき，than と in…とのあいだには元々 **levels of education among such immigrants are ▓▓ high**「そうした移民の教育水準が高い」があった，と考えることができます．比較文では，than・as 以下に残す要素が最小限であるときには，主節と違っている要素のみになるわけです．than の直後には，levels of education… を代名詞 they に変え，**they are** を残してもかまいません．

Levels of education among such immigrants are higher in the U.S. than in Canada.

levels of education among such immigrants are ▓ high

〔サンプル英文③〕では，比較節には主節の構造と同じものがないようにみえますが，主節の構造から，I thought **that it would be ▓▓ hard**「私は，ロースクールは大変だろうと考えていた」という節を復元することができます．実際，I thought の後ろに **it would be** を残して，that I thought **it would be** としてもかまいません．

that it would be ▓ hard

Law school isn't as hard as I thought!

①〜③の訳はそれぞれ，①「Mike は僕より年下だ・Mike は僕と同い年か年上だ」，②「そうした移民の教育水準は，カナダよりも米国の方が高い」，③「ロースクールは私が思っていたほど大変ではなかった」のようになります．

●── than・as が関係代名詞のときは主節の構造とは切り離して読む

　これに対し，〔サンプル英文④・⑤〕のthan・asは，接続詞ではありません．④では**receive**が他動詞ですが，その目的語がありません．よってthanがその**目的語O'**に相当します．また⑤では，than・asの直後に主語＋他動詞**we need**があります．than・asはその目的語**O'**に相当します．これらのthan・asはしたがって，**関係代名詞**です．

　than・asが関係代名詞のときには，than・as節の内部の構造は，主節の構造とは無関係です．ただの関係節だからです．
　④は，「彼が今受け取っているattention」よりも，「大きなattentionを受けるにふさわしい」という意味で，「彼は，今以上に注目されてもよい」といった訳になります．

He deserves **more** attention **than** he is receiving.
　　　　　　　　　　O'　　　　　　　　　S'　　V'

　⑤は，「必要としている金額」があって，1つ目は「それより多くのお金がある」，2つ目は「それと同じだけ，あるいはそれ以上のお金を使う」ということです．それぞれ「必要以上のお金があるね」「われわれは必要なだけのお金を使うだろう」といった訳になります．

thanが接続詞のときには，than以下の節の完全な姿を復元してみよう．また訳してみよう．

1. Music theory is way easier **than** I thought. ※2

2. These causes seem more important **than** they are.

3. It is easier to tell a lie **than** it is to tell the truth. ※3

4. Sometimes patients are more depressed six months later **than** when they first hear the bad news. ※4

5. Family members and close friends, of course, will remember me for a much longer time **than** will my colleagues. ※5

6.In the long run, do you think the U.S. war with Iraq will end up creating more problems **than** it solves or will end up solving more problems **than** it creates? ※6

7. Ozone depletion is expected to remain a fact of life for several decades to come, but thanks to the research that led to early recognition of the problem and steps that have been taken to address it, the potential consequences are much less severe **than** they otherwise would have been. ※7

【例文ソース】
※1　Janice Blaine, Adria Laycraft (2013) Urban Green Man: An Archetype of Renewalの一部を削除して使用
※2　Matt Smith (2001) Guitar Chop Shop, p.6の一部を削除して使用
※3　John R. Rice (2000) Backslider, p.9
※4　Saihong Li Rasmussen (2010) To Define and Inform: An Analysis of Information Provided in Dictionaries Used by Learners of English in China and Denmark, p.315
※5　Stan Davis (2011) Tall Tales, p.51
※6　George Gallup (2004) The Gallup Poll: Public Opinion 2003, p.183
※7　F. Sherwood Rowland (1996) The Ozone Depletion Phenomenonの一部を削除して使用

94

than S' V' … · as S' V' …
(比較節) の割り込み

構造を考えて訳してみよう.

① We should be making greater efforts than we have in the past to protect children from abuse. ※1

② Men are more likely than women are to be victims of violent crime. ※2

　教科書では, 比較文の **than**… · **as**… (ここでの as は, as…as A という「同等比較」と呼ばれているものの**2つ目の as** の方) は, ほとんどの場合, 次のように文末に現れます.

┌─ He is better at skiing **than I am**.　「彼は僕よりスキーが上手だ」
└─ He is as good at skiing **as I am**.　「彼も少なくとも僕よりスキーが上手だ」

　これらの **than** · **as** は接続詞であり, **than**… · **as**…のかたまりはともに副詞節 **M2** です. この副詞節を「比較節」と呼ぶことにします. 一般に, 副詞要素 **M2** を置く位置は固定的ではありません. 比較節も, 他の要素に比べて情報としての価値が低いとみなされるときには, 他の要素よりも先に置きます. 情報としての価値の高い方を後ろに置くわけです. than I am「僕より」, as I am「僕と」という比較節よりも at skiing「スキーが」を強く言いたいときには, than I am · as I am を先に置いて, それから at skiing を置くことになります.

```
┌─ He is better **than I am** at skiing.
└─ He is as good **as I am** at skiing.
```

情報の価値が高いものが
後ろに来る

　たったこれだけのことなのですが, 慣れていないと, 比較節のこのような割り込みのせいで, 読みが鈍ることが多いようです.

〔サンプル英文〕はどうでしょうか?

　①では, **than** we have in the past「今まで以上に」という比較節が**make efforts to V'**…「…するよう努力する」という表現のtoの直前に割り込んでいます. これが割り込みに見えるかどうか, つまり make efforts to V'…が連続して見えるかどうかが鍵となります.

　なお, この語順になったのは, **to V'**…の方が, 比較節 **than** we have in the past よりも情報価値が高いと判断されたからです. 訳は「我々はこれまで以上に子どもを虐待から保護するよう努力しているべきなのです」のようになります（なお, than we **have** in the past の have は現在完了をつくる助動詞の have であり, 動詞の have ではありません. we **have made efforts** in the past…が節の元々のかたちです）.

　〔サンプル英文②〕も同様です. **than** women are「女性よりも」という比較節が**be likely to V'**…「…する可能性が高い」のtoの直前に割り込んでいます. この語順も, **are likely to** be…「…である可能性が高い」の一部である **to be**…の方が比較節 **than** women are より情報価値が高いと判断された結果です.「男性は女性よりも, 暴力犯罪の犠牲者になる可能性が高い」という訳になります.

　比較節は, 思わぬところにも割り込みます. 次は, **much of**…「…の多く」の代名詞**much**と前置詞**of**とのあいだに, 比較節**as possible**（= as they **can**）が割り込んだ例です.

例文 The strategy that most students use is to try to write down **as much as possible of** what the professor says. ※3

　　「ほとんどの学生が用いている戦略は, 教授の言葉のうちできる限り多くのものをメモしようとすることだ」

※答えは章末にまとめて

チャレンジ問題　**94**

比較節がどこまでかを判定し，訳してみよう．

1. I am as conscious as anyone can be of the many shortcomings of the book. ※4

2. Like much of neighbouring northern Kenya, South Omo is as close as one can come to an Africa untouched by outside influences. ※5

3. Less well-off people are more apt than those who are better off to say the layoff caused them serious financial hardship. ※6

4. The endless discussion on the international financial crisis, which constantly threatens to push environmental issues to the sidelines, made it as clear as it could possibly be that the fate of conservation depends on whether it can be combined with strategies to address the economic crisis. ※7

5. All archaeologists can do is reveal as much as we can of what is already there.

【例文ソース】
※1　Reinder Van Til (1997) Lost Daughters: Recovered Memory Therapy and the People it Hurts の一部を削除して使用
※2　Robert T. Michael (2001) Social Awakening: Adolescent Behavior as Adulthood Approaches の一部を削除して使用
※3　Rod Plotnik, Haig Kouyoumdjian (2013) Introduction to Psychology
※4　Jef Verschueren (2013) Ideology in Language Use: Pragmatic Guidelines for Empirical Research, p.84
※5　Kim Wildman, Philip Briggs (2012) Ethiopia, p.535
※6　https://abcnews.go.com/WN/abc-world-news-poll-us-middle-class-concerns/story?id=10088470 の一部を削除して使用
※7　Joachim Radkau (2014) The Age of Ecology
※8　R. Bruce Council, Nicholas Honerhamp, M. Elizabeth Will (1992) Industry and Technology in Antebellum Tennessee, p.179

対比要素がno＋名詞・never・nowhereである比較文

意味を考えてみよう.

Samples

① Although many important changes have taken place, none is more dramatic than the development of antibiotics.

② In this country the economy has never since 1950 been so successful.

③ Any historian knows that the past can be exploited politically in contemporary conflicts, but nowhere is this so obvious as in the Middle East. ※1

このセクションでは,対比されている要素に**no＋名詞**・**never**・**nowhere**が含まれている比較文の読み方を取り上げます.

これらのケースでは, as…asにおける2つ目の**as**, および**than**は関係代名詞ではなく,接続詞です(**Must** 93参照).

このとき,比較文は,<u>何と何とが対比されているのかを示す部分(**対比要素**)</u>と,<u>比べる際の規準を示す部分(**比較規準**)</u>とに分けることができます.

as…や比較級になっている決定詞・形容詞・副詞だけが比較規準なのではありません.比較基準は,<u>文全体から対比要素を差し引いた後に残る部分の全体</u>です.

比較文が複雑だと感じたら,比較基準と対比要素とに分け,**比較規準を「…という点で…と同じだ(に勝る・劣る)」という訳語で処理する**と,理解が容易になります.

たとえば，Tom is **as tall as** Jim is. なら，「<u>身長という点で</u>TomはJimと（少なくとも）<u>同等だ</u>」，Tom is **taller than** Jim is. なら「<u>身長という点でTomはJimに勝る</u>」というように読むわけです．

この読み方は，対比要素にnoが含まれているケースで特に効果的です．次の文で，太字部分が対比要素であり，下線部だけではなく，**細字部分の全体が比較規準**です．

例文 In the 1970's **no country** was <u>more concerned</u> about the welfare of other countries <u>than</u> **the United States**.

上の読み方を当てはめると，「1970年代には，<u>他国の福祉への関わりの深さという点で</u>，アメリカに勝る国はなかった」のようになります．この訳文で十分に理解できるはずです．和訳を求められたときには，この訳文を「1970年代には，他国の福祉に，アメリカほど深く関わっている国はなかった」などに変換すればよいだけです．

さて，この文なら容易に理解できる，という人も，no country が代名詞none になっていると，分からなくなる可能性が高まるようです．

〔サンプル英文①〕がそれです．**none** はここでは**no＋既出の名詞**の代わりで，none = no **important changes**「いかなる重要な変化も…ない」です（**Must** 18参照）．対比要素は**none** と **the development of antibiotics** です．残る部分is **more** dramatic **than**「劇的であるという点で…に勝る」が比較規準です．

Although <u>many important changes</u> have taken place,
no important changes─┐　　　　　　　　　　is ▢ dramatic
　　‖
none is **more** dramatic **than** <u>the development of antibiotics</u>.

よって読みは，「多くの重要な変化が生じたが，<u>劇的であるという点で</u>，抗生物質の開発に勝る変化はない」のようになります．これを少し変えれば，「多くの重要な変化が生じたが，抗生物質の開発ほど重大な変化はない」などとなるわけです．

465

以上の読み方は，**never・nowhere**という，noを含んだ**副詞要素**が対比要素となるケースを理解するときに欠かせないものとなります．

┌ I've **never** been <u>so happy</u>!
└ I've **never** been <u>happier</u>!

この文では対比要素は**never = at no time**という**時・頻度**の副詞です．**have V-ed**（現在完了）+ **never**は，<u>これまでのすべての時点が否定される</u>ことを意味するので，**so** happy あるいはhappi**er**だけで，so happy **as now** あるいはhappier **than now**のように響きます．

よって対比要素は，**never**と**now**という2つの副詞です．これを除いたI've…been **so** happy **as** あるいはI've…been happi**er than**の全体が比較規準です．上の訳し方を当てはめると「幸せだ<u>という点で</u>，<u>今に</u>勝るときはこれまでなかった！」→「こんなに幸せだったことはない！」となります．

〔サンプル英文②〕も同様です．
never since 1950 と，省略されている **as** now における **now** とが対比要素で残る the economy has…been **so** successful (**as**) の全体が比較規準です．

the economy has <u>never since 1950</u> been so successful (as <u>now</u>).

よって「この国では，<u>経済が成功したという点で</u>，<u>今に</u>勝るときは1950年以来これまでなかった」となります．これを元に，自然な日本語にすると，「この国では，経済がこれほど成功したことは1950年以来これまでにない」などとなるわけです．

対比要素の一方が**nowhere**という**場所**の副詞であるときも，理解の仕方はまったく同じです．

例文 Desertification is **nowhere** <u>more serious than</u> **in the Middle East and North Africa**. ※2

　この文では，対比要素は，**nowhere**というnoを含む場所の副詞と，**in the Middle East and North Africa**という場所の副詞句です（前置詞**in**で始まっているのは**nowhere**という副詞と対等の要素だからです）．対比要素を省いた残りの部分Desertification is…**more** serious **than**「砂漠化が深刻であるという点で…より勝る」の全体が比較規準です．よって「<u>砂漠化が深刻であるという点で</u>，中東および北アフリカに<u>勝るところはない</u>」→「中東および北アフリカほど砂漠化が深刻であるところはない」となります．

〔サンプル英文③〕の but 以下も同様です．

> Any historian knows that the past can be exploited politically in contemporary conflicts
> > 「いかなる歴史家も，現代の紛争において過去を政治的に利用することができる，ということを知っているが」
>
> but **nowhere** is this **so** obvious **as in the Middle East**
> > 「<u>このことが明らかであるという点で</u>，中東に<u>並ぶ場所はない</u>」

となります．比較規準は this is **so** obvious **as**「このことが明らかであるという点で…と（少なくとも）同じである」の全体です．なお，主語 this と be 動詞とが逆転しているのは，否定の副詞 nowhere が節の先頭にあるからです．

　ここで取り上げた比較文は，すべて**全否定から始まり，節の最後になってようやく主要情報が登場**する，という流れになるものです．この流れから，これらの比較文は，**劇的に響きます**．よって比較規準になる形容詞・副詞は，主として主観的な意味のものになります．また，末尾に主要な情報を置くことから，新情報を導入するために用いることも多いようです．

第1章
第2章
第3章
第4章
第5章
第6章
第7章
第8章
第9章
第10章

訳してみよう.

1. No concept is more central to international relations theory than power; and none is more elusive. ※3

2. Political tendencies in the USA and in Europe often move in tandem and rarely has this been more true than it is currently.

3. While professions of all kinds have played a big part in changes during the last twenty years, this is arguably nowhere more obvious than in medical care.

【例文ソース】
　※1　Edward W. Said, Christopher Hitchens (2001) Blaming the Victims: Spurious Scholarship and the Palestinian Question, p.182
　※2　(2003) Agriculture + Rural Development, vol.10-14
　※3　William Curti Wohlforth (1993) The Elusive Balance: Power and Perceptions During the Cold War

no＋比較級＋thanの役割

> 訳してみよう.
>
> Mankind today is **no more** intelligent **than** it was a thousand years ago, but we have accumulated more technology. ※1

　　ここでは, 対比要素にではなく, **比較規準**, つまり **比較級＋than** の方に **no** がついているケースを取り上げます.

　　この比較文の構造的なポイントは, 第1に, ❶ no の後ろの比較級が形容詞や副詞や決定詞であり, それを省くと節の構造が成り立たなくなる, あるいは意味が変わってしまうケースと, ❷ no ＋比較級が **no more** であるときには, no more を省いても節の構造が成り立つケースとそうでないケースとの2通りがある, ということです. それぞれ次のようなものです.

例文　❶ Tom is **no more** attractive **than** Jim.

例文　❷ A community is **no more** an aggregate of individuals **than** a sentence is a collection of words, or an argument a set of sentences. ※2

　❶では, **more** attractive は attractive 「魅力的な」の比較級です. 語尾 **-er** をつけられないから more がついているものです. more attractive を省くと, **S is C** の補語 **C** がなくなってしまい, 文として成り立ちません. 他方, ❷では, no more を省いても a community [S] is [V] an aggregate of individuals [C] 「共同体 (社会)は個人を足し合わせたものである」というように, 構造的な問題は生じません.

例文❶では，トムとジムの魅力の程度・度合いが述べられています．❷は，元々比較級になるような形容詞・副詞・決定詞を含んでいない2つの節が，**S no more V…than S V…**という表現で結合されたものであり，このときには程度的な意味はありません．

第2のポイントは，このいずれの場合にも，**no**は決定詞ではなく，量にかかわる副詞だということです．この no は，次のように用いる **far** や **much** の仲間です．

> Tom is **far** more attractive than Jim is.
> Tom is **much** more attractive than Jim is.
> 　「トムはジムよりはるかに魅力的だ」

この **far**・**much** は，比較級が示す差（あるいは変化量）が大きいということを示す副詞です．それゆえ訳語は「トムの方がジムよりもはるかに魅力的だ」となります．**no** はこの **far**・**much** の仲間であり，比較級が示す差（あるいは変化量）がゼロであることを意味します．その結果，①の no ＋比較級は「**同程度だ**」という意味になります．

> Tom is **no more** attractive **than** Jim is.
> 　（2人の魅力に差はない→魅力は同程度だ）

●——どんな思いを伝えたいときにこの表現を使うのか

さて，以上のような構造的・意味的特徴を持つ**no ＋比較級＋than**ですが，その役割はどのようなものでしょうか？　まず，この文を使う場面は2つあります．

> ケースＡ：聞き手が Tom is attractive「トムは魅力的だ」と思っているが，語り手はそれを否定したい
> ケースＢ：聞き手に対して，Jim is attractive, too「ジムも魅力的だ」という新しい情報を伝えたい

ケースAでは，語り手の主張は **Tom is not** attractive「トムは魅力的では
ない」であり，ケースBでは，主張は **Jim is** attractive, **too**「ジムも魅力的だ」
です．Tom is **no more** attractive **than** Jim is. という表現に宿る，2人の
「魅力は同程度だ」という意味が，これらの主張を行うのに役立つわけです．

主張の前提にある共通理解を考える

ケースA，つまり Tom is **no more** attractive **than** Jim is. という文が「トム
は魅力的ではない」という主張になるのは，ジムが魅力的ではない，という
ことを話し手も聞き手も知っている場合です．このときこの文は「トムは，
君も知っている**魅力的ではないジムと同程度の魅力だ**」という意味になり，
間接的に「トムは魅力的ではない」ということが示されるわけです．

ケースB，つまり Tom is **no more** attractive **than** Jim is. という文が「ジム
も魅力的だ」という主張になるのは，トムが魅力的だ，ということを話し手
も聞き手も知っている場合です．このときこの文は，「君も知っている**魅力
的なトムに劣らず魅力的なのにジムがいるよ**」という意味になります．

❷の **S1 no more V1**…**than S2 V2**…の意味は，「**S1 V1**…だと言うのは**S2
V2**…だと言うのと同様のことだ」です．その役割は，❶の場合と同じです．

②A community is **no more** an aggregate of individuals **than** a sentence
is a collection of words, or an argument a set of sentences.

この文は，ケースAに相当します．「共同体は個人の集まりである」は読
者のありうる誤解であり，筆者はこれを否定したい．そのために，「文は単語
の集まりであり，論証は文の集まりである」という，間違っていることが読
者にとっても明らかな内容を引き合いに出します．

この2つの内容を no more…than…「…同様に…だ」でつなぐと，「共同体
は個人の集まりであると言うのは，文は単語の集まりであり，論証は文の集
まりであると言うのと同様のことだ」となります．このような回り道をして，
筆者は「共同体は個人の集まりなど**ではない**」と主張しているわけです．

ケースAの訳し方としては,「文が単語の集まりではなく,また論証が文の集まりでないのと同様に,共同体は個人の集まりなどではない」といった訳が紹介されていますが,「共同体は個人の集まり<u>であるとすれば</u>,文は単語の集まりであり,論証は文の集まりである<u>ということになってしまう</u>」と訳すこともできます.

　〔サンプル英文〕は,**❶**の **no＋比較級＋than** です. intelligent「知的な」を省くと,補語**C**がなくなって文として成り立たないからです. そしてケース**A**に相当します. つまり筆者の主張は,たんに,「<u>今日の人類は知的ではない</u>」です. **筆者と読者の共通前提**は, 1000年前の人類は知的ではなかったということです. このとき, **no more intelligent than**「…と同程度の知性だ」という言い方は,今の人類が「知的ではない」ということを意味することになります.

Mankind today is **no more** intelligent **than** it was a thousand years ago,
〜と同程度の知性だ　（1000年前の人類は知的でないという共通理解）

　全体の訳は,「今日の人類が知的だと言っても,知性という点では1000年前の人類と何も違わない（どちらも愚かだ）. しかし我々には1000年前よりも多くの技術の蓄積がある」のようになります.

訳してみよう.

1. There is **no more** beautiful costume **than** a young woman's bridal attire. [3]

2. I knew my fantasy was absurd, and yet it was **no more** absurd **than** my refusal to look at the statistics that 70 percent of women who try IVF don't get pregnant. [4]　　　　　　　　（IVF＝In Vitro Fertilization「体外受精」）

3. It will **not** do to assume that because we all speak and write we know how language works, **any more than** the fact that we eat and drink gives us an insight into the physiology of the digestive system. [5]

4. The changes that take place during parenthood are **no less** challenging and **no less** exciting **than** the changes that take place during adolescence. [6]

5. "So I understand. That was an unfortunate, grisly accident your body was put through, and the rehabilitation must have been equally difficult." "**No more** difficult **than** trying to find my way back to a life I once knew." [7]

【例文ソース】
※1　Jonathan Gray (2014) Dead Men's Secrets: Tantalising Hints of a Lost Super Race, p.49 の一部を変更して使用
※2　A. Pampapathy Rao (1998) Distributing Justice: A Third-world Response to Rawls and Nozick
※3　(1984) House Beautiful, vol.126, p.37 の一部を削除して使用
※4　Tracey Cleantis (2015) The Next Happy: Let Go of the Life You Planned and Find a New Way の一部を削除して使用
※5　M. A. K. Halliday, A. McIntosh, and P. D. Strevens (1965) The Linguistic Sciences and Language Teaching, p.170
※6　George H. Orvin (1995) Understanding the Adolescent, p.ix
※7　John S. Goscinski (2015) The Water Fall

not＋比較級＋thanの役割

意味を考えてみよう.

Children are **not more** likely **than** adults to tell lies. ※1

　前のセクションでは，**no＋比較級＋than** が「…と同じ程度で」あるいは「…と同様に」という意味になることを学びました. このかたちがこの意味になるのは程度副詞**no** によって，比較規準になっている比較級が示す「差」「変化量」が打ち消されるからでした.

　このセクションでは，noではなく**not**が比較級の前に置かれているケースを取り上げます.

　まず理解しておくべき点は，**no**は直後の比較級と一体となり，**no＋比較級で1つのかたまり**を作っていましたが，**not**はそういうものではない，ということです.

　たとえば，Tom is **no taller than** me. は「トムは私と同じ身長だ」が文字通りの意味です（これが「どちらも背が高くない」を意味するのは me「私」の背が低いことが前提になるときです）. **no taller** で1つのかたまりで「同じ身長」を意味するわけです.

　他方，Tom **is not taller** than me. は，Tom **is taller** than me.「トムは私よりも背が高い」という節の否定です. Tom is **not** taller than me. を丁寧に訳せば,「トムが私よりも背が高い, ということはない」となります.

英語でこれを表せば,

> **It is not the case that** Tom is taller than me.

となります. この **It is not the case that S' V'** …は,「…ということはない」という意味の表現です. **not** は, Tom is taller than me. という**文全体を否定**しているわけです.

Tom **is not** taller than me. を使うのは, Tom **is** taller than me.「トムが私よりも背が高い」という**聞き手の誤解を語り手が否定したい**ときです.

〔サンプル英文〕も同様で,次のように読めるものです.

> Children are **not more** likely **than** adults to tell lies.
> ＝**It is not the case that** children are **more** likely **than** adults to tell lies.
> 「子どもは大人より嘘をつく可能性が高い, ということはない」

筆者は,読者の「子どもは大人より嘘をつく可能性が高い」という誤解を否定したいわけです.

以上から, **not** による比較文の否定と, **no** ＋比較級＋ **than** との違いが見えたのではないかと思います. その違いをまとめておきましょう.

① **no** ＋比較級＋ **than** には「同じ程度」「同様」の意味があるが, **not** を使うときには「同じ」という意味は生じない.

② **S is no taller than S'** のケースＡ (Must 96 参照) のときには, 語り手が否定したいのは **S is tall.**「S は背が高い」という聞き手の考えであるが, **S is not taller than S'** のとき, 語り手が否定したいのは, **S is taller than S'**「S は S' よりも背が高い」の全体である.

③ **S is no taller than S'** のケースＡ (Must 96 参照) のときには, than 以下に置く内容は, ほとんどの場合, 否定的なある内容 (背が低いだれか) であり, それと「同程度」である, と言うことを通じて, **S is not tall.**「S は背が高くない」という意味を伝える. **not** を使うときには, than 以下の要素には, このような媒介者としての役割はない.

なお，notの代わりに **almost not** 「ほとんど…ない」の意味になる **hardly・scarcely** が使われる場合もよくあります．

いつものように，hardly・scarcely に出会ったら，すぐに **almost not** に置き換えて読むようにしましょう．**not** が見えるようにするわけです．

例文 The sound you hear through your ears when you speak is **scarcely more** reliable **than** listening to a recording — you don't hear the voice that other people hear. [2]

＝The sound you hear … **is almost not** more reliable than listening…

> 「自分が話すときに耳を通して聞こえる声の方が，録音されたものを聞くことより確かなものだ，<u>などということはまずない</u>. 他人に聞こえる声が自分には聞こえていないのである」

チ ャ レ ン ジ 問 題 **97** ※答えは章末にまとめて

読者の側のありうる誤解をつかもう．

1. Workers with three to ten years of experience are **not more** productive **than** those with less experience in the micro and small firms. [3]

2. Children with learning disabilities are **not less** intelligent **than** other children. [4]

【例文ソース】
　※1　Letitia C. Pallone, Jon' A. F. Meyer (2013)　Inaccuracies in Children's Testimony: Memory, Suggestibility, or Obedience to Authority?, p.106
　※2　Judy Apps (2012)　Voice and Speaking Skills For Dummies, p.40 の一部を削除して使用
　※3　Gladys Lopez Acevedo, Monica Tinajero, Marcela Rubio (2005)　Mexico: Human Capital Effects on Wages and Productivity, p.16
　※4　Eve Adamson, Jodi Komitor (2000)　The Complete Idiot's Guide to Yoga with Kids

the＋比較級＋理由・条件の副詞要素

> 太字部分に注意しつつ和訳してみよう.
>
> Samples
>
> The fiction that the poet wrote was all **the better** for his experience of writing poetry.

　ここでのテーマは, **the＋比較級**の役割の1つです.〔サンプル英文〕から始めましょう.

● ── the＋比較級の the に内容を与える要素を読む

　all the betterにおけるallは強調のための副詞です. この**the**については, ある本に「ふつうの定冠詞theではなく, 古英語の『それだけ分』『その分だけ』を意味していた語が化石化したもの」と説明されています. 今の英語でこのtheを言い換えると, **(by) that much**「その程度で」「それだけ分」「その分だけ」となるそうです. 実際, 上の文を下記のように書くこともできます.

> The fiction that the poet wrote was **that much** better for his experience of writing poetry.

　この言い換えはとても大切です. このtheが程度を示す指示語としての**副詞M2**だということを教えてくれるからです. **the**「それだけ分」「その分だけ」は副詞なので, その内容を与える部分も当然, **副詞要素M2**になります.

なお，**that much the** better（これは否定文のときが多い），**so much the** better というかたちも用いられています．

〔サンプル英文〕においては **for** his experience of writing poetry（= **because** he had had experience of writing poetry）「詩を書くという経験があったので」という**理由**の副詞句 **M2** が，**the** better の **the** に**内容を与えています**．**for** his experience of writing poetry「詩を書くという経験があったので」**the**「それだけ分」**better**「良くできたものだった」というつながりです．訳は「その詩人が書いた小説は，詩を書いた経験がある分良くできたものだった」などとなります．

　なお，**the** ＋比較級の **the** に内容を与える副詞要素は，大きく分ければ，①**理由**を示すもの（**for**…・**because (of)**…など），②**条件**を示すもの（**if**…・**given**…など）に分かれます．

　また強調の **all** の位置に **none** を置くと，それより後ろの内容が否定されます．

例文 He was **none the happier for** his wealth.

　たとえば，この文では，**none** は，**for** his wealth「彼はお金持ちなので」**the**「それだけ分」**happier**「幸せさはプラスになる」という**内容全体を否定**しています．全体の訳は，「彼はお金持ちなのでそれだけ分幸せさがプラスになったかと言えば，そんなことはなかった」→「彼は金持ちであるものの，それだけ分幸せであるわけではなかった」のようになります．

　さらに，because 節を使う代わりに **S makes O C** を使って因果関係を示すこともよくあります．このケースでは，主語 **S** が**原因**を示す部分です．つまり主語 **S** が **because** 節の役割をはたし，補語 **C** の位置の **the ＋比較級** が「それだけ分…だ」を示すわけです．次の文で，it は形式目的語で，for 以下の to 不定詞を代入して読むべきものです．

例文 The current media environment has **made it all the more difficult** for any politician to truly control the flow of information. ※1

「現在のメディア環境ゆえに, 政治家が情報の流れを本当の意味でコントロールすることはそれだけ分困難になっている」

例文 His father's disapproval **made him all the more determined** to marry her.

「彼の父親が認めなかったせいで, かえって彼女と結婚するという彼の決意は強まった」

　最後に, theの内容が理由の表現以外で与えられるケースを見ておきます. 1つ目はif節, 2つ目は **given that S' V'** …がif節の代わりに用いられている例です. いずれも **the** 「それだけ分」の「それ」に内容を与える副詞要素です(なお, いずれも **all** は強調語にすぎないので省いてもOKです).

例文 Talks will be **all the more** effective **if** they are not overburdened with detail. ※2

「トーク番組は, 詳細にこだわりすぎないとすれば, それだけ効果的なものとなるであろう」

例文 The impact of economic growth in reducing poverty has been **all the more** significant **given that** income inequality has been rising in many countries in the region. ※3

「所得格差がその地域の多くの国で拡大してきていることを考えると, 貧困を減少させる上で経済成長が及ぼした衝撃はそれだけいっそう意義深いものである」

訳してみよう.

1. We learn from our past mistakes, becoming the wiser for it. ※4

2. I remember about small boys. Too often, if you tell them not to do something, they'll find it that much more interesting. ※5

3. We have spent many hours studying this phenomenon but we are still not that much the wiser for it.

4. Climate-vulnerable regions are often heavily reliant on rain-dependent agriculture, livestock, forestry, and fishery for both subsistence and livelihoods, making the consequences of climate change and a sudden increase in extreme weather events all the more likely to trigger human mobility. ※6

【例文ソース】
　※1　Gary Lee Malecha, Daniel J. Reagan (2012) The Public Congress: Congressional Deliberation in a New Media Ageの一部を削除して使用
　※2　Roger Derry (2003) PC Audio Editing: Broadcast, Desktop, and CD Audio Production, p.98
　※3　Eugene Bardach (2017) Social Security at the Dawn of the 21st Century: Topical Issues & New Approaches
　※4　Vandana Sinha (2014) Random Thoughts, p.163の一部を削除して使用
　※5　JP Wagner (2020) Talisman of the Winds
　※6　Michelle Leighton and Meredith Byrne (2017) "With Millions Displaced by Climate Change or Extreme Weather, Is There a Role for Labor Migration Pathways?" Migration Information Source, February 3, 2017の一部を削除して使用

the＋比較級に始まる節が
複数並ぶケース

Samples

the＋比較級に着目しながら訳してみよう.

① She became more cynical the older she grew.

② The more efficiently resources are combined and the more effective production decisions are made, the higher the output per unit of input.[1]

ここで学習するのは, 一般に「比例比較級」と呼ばれている次のような表現です.

例文 The more she thought about it, **the more irritated** she became. [2]
「それについて<u>考えれば考えるほど</u>, 彼女はいらいらしてきた」

この表現には, 注意点がいくつかあります.

注意点① 主節はコンマの前か後か

まず, 上の文のコンマ〔,〕の前の節が**副詞節M2であり, コンマ〔,〕の後ろの節が主節である**, ということです. というのも, 次のように主節から書き始めることがあるからです.

She became (**the**) **more irritated the more** she thought about it.

ふつうの副詞節 **M2** と同様に, **the more** she thought about it も, 主節の前に置いても後ろに置いてもよいわけです. この文のように<u>主節が先にく</u>

るときには，the ＋比較級から始まるのではなく，主語Sから始まります．なお，主節の比較級more irritatedには，theがつかないこともあります．

主節**the more irritated** she becameにおけるtheは，Must 98で学んだ**the ＋比較級＋理由・条件**の副詞要素という表現におけるtheと同じもの，つまり**that much**「それだけ分」の意味になる程度副詞です．

他方，副詞節における**the ＋比較級**は，ⓐ「どれだけ…であるかによって（…であるかが決まる）」，ⓑ「どれだけ…であるかに応じて・比例して（…になる）」のどちらかの意味になります．

左の文はⓑの意味，つまり「それについて考えることがどれだけ多いかに応じて・比例して，彼女はそれだけ分いらだちが増した」→「それについて考えれば考えるほど，いらだちが増した」という意味です．

〔サンプル英文①〕も，主節から始まる語順になっています．the older…以下が副詞節で，このtheの意味は，ⓑ「どれだけ…であるかに応じて・比例して（…になる）」の方です．

She became **(the) more** cynical **the older** she grew.
　　　　　　　主節　　　　　　　　　　　副詞節

訳は，「彼女は，どれだけ年をとっているかに比例して，冷笑的になっていった」→「彼女は，年をとればとるほど冷笑的になった」のようになります．

なお，このパターンの使用頻度はあまり高くありません．She became more cynical **as she grew older**. の方が一般的です．

〔サンプル英文②〕のように，the ＋比較級から始まる節が3つあるケースもあります．

このケースでは，**and**の位置が重要です．3つある**the ＋比較級**…のうち，**等位接続詞and**が結んでいる2つの節が対等です．〔サンプル英文〕で

は，**The more efficiently** resources are combined という節と，**the more** effective production decisions are made という節とが**and**で結ばれています．つまり主節ではなく，副詞節**M2**の方が2つ，andで結ばれているわけです．主節は**the higher** the output per unit of input のみです．

副詞節　**The more** efficiently resources are combined **and**
　　　　the more effective production decisions are made,　　　並列

　　　　　　　　　　　　　　　　the higher the output per unit of input.
　　　　　　　　　　　　　　　　　　　　　　　　　　　　主節

　全体の訳は「資源の結合が効率的であればあるほど，さらに生産のためになされる効果的な意志決定が多ければ多いほど，投入量1単位あたりの生産物が多くなる」となります（この副詞節2つのtheの意味は@，すなわち「資源の結合がどれだけ効率的であるかによって，さらに生産のためになされる効果的な意志決定がどれだけ多いかによって，投入量1単位あたりの生産物がそれだけ分多くなる」という意味です）．

　当然ですが，主節「それだけ分…になる」の方が2つ，andで結ばれるケースもあります．

例文　It appears that **the more experience** farmers have, **the more likely** they are to claim that temperatures have increased **and the less likely** to claim there has been no change. [3]

> 「どうやら，農民は，経験豊富であればあるほど，気温が上がっていると主張する可能性が高く，変化などないと主張する可能性が低いようである」

　さらに，**the** +比較級…が4つのケースなども見かけます．

注意点④　more は何詞か

「比例比較級」の大切な点の4つ目は，リーディングというよりグラマー（文法）の方で重要な点になりますが，ここでもまた，**more** が Must 92で学んだ6通りのうちのどれなのかを意識する必要がある，ということです．

> **The more sugar** you eat, **the more** you want.
>
> 「糖分摂取量が増えれば増えるほど, もっと摂取したくなる」
>
> **The more** it costs, **the better** you will feel.
>
> 「それが値段が高ければ高いほど気分がよくなるんだよ」
>
> **The more** I swim, **the more energetic** I feel.
>
> 「泳げば泳ぐほど, 活力がみなぎってくるように感じる」

the more sugar you eat の more は, 決定詞 much の比較級です. よって **the more** you eat **sugar** のように the more と sugar とが離れることはありません. **the more** you want の more は, 代名詞 much の比較級で, more だけで more **sugar** を意味します.

the more it costs の more も代名詞 much の比較級ですが, 後ろには補うべき名詞はありません. more だけで「より大きな金額」です.

the more I swim の more は副詞 much の比較級です. **the more energetic** の more は, 比較語尾 -er の代わりになる副詞の more です. よって **the more** I feel **energetic** のように, more と energetic とが離れることはありません. less にも, 決定詞・代名詞・副詞があるので, 同様の注意が必要です.

注意点⑤ be 動詞の省略

もう1つ大切なことは主節においても副詞節においても, **be 動詞が省略**されることが多い, ということです. 次例の太字部分には be 動詞が脱落しています.

例文 The more directly the sun strikes walls and roof, **the greater its heat impact**. [4]

「壁と屋根にあたる日差しが直接的であればあるほど, 熱の影響は大きくなる」

例文 **The better the artist**, the more vulnerable he seems to be. [5]

「素晴らしい芸術家であればあるほど繊細であるようだ」

チャレンジ問題 **99**　※答えは章末にまとめて

the＋比較級に着目しながら訳してみよう.

1. The more friends a woman has, the less likely she is to develop physical problems as she ages and the better chance she has to lead a joyful life. ※6

2. The greater the level of calmness of our mind, the greater our peace of mind, the greater our ability to enjoy a happy and joyful life. ※7

3. Market structure depends on the uniqueness of the products and barrier to entry. Specifically, the more unique the product, and the higher the entry barrier, the greater the pricing power. ※8

4. The more skilled you are, the more practice you've put in, the more experience you have, the better you can compare yourself to others. As you strive to improve, you begin to better understand where you need work. ※9

【例文ソース】
※1　Michael I. Obadan, Basil Oshionebo, Edu O. Uga (2001) Improving Productivity in the Nigerian Economy Through Effective Planning and Research, p.5
※2　Patrick Madrid (2014) Why Be Catholic?: Ten Answers to a Very Important Question, p.90
※3　David Maddison (2007) The Perception of and Adaptation to Climate Change in Africa, p.24
※4　(1961) Mechanix Illustrated How-To-Do-It Encyclopedia, p.13
※5　Marjorie Perloff, David Jonathan Bayot (2019) Circling the Canon, Volume I: The Selected Book Reviews of Marjorie Perloff, 1969-1994, p.25
※6　Marci Shimoff (2008) Happy for No Reason: 7 Steps to Being Happy from the Inside Out の一部を削除して使用
※7　The Dalai Lama (2012) The Essence Of Happiness
※8　(2006) https://livingeconomics.org/browse.asp?subCat=Market+Structure&subID=18&subj=MI
※9　早稲田大. また David McRaney (2011) You Are Not So Smart: Why You Have Too Many Friends on Facebook, Why Your Memory Is Mostly Fiction, and 46 Other Ways You're Deluding Yourself

Must 100

最上級で注意すべきこと

自然な日本語に訳してみよう.

① In a context where **the least** criticism is inadmissible, citizens must be prepared to be hailed before military tribunals. ※1

② **The greatest** minds cannot liberate themselves from the specific opinions which rule their particular society. ※2

●──「1番」である範囲を限定する表現を伴う最上級

最上級は, ふつうは「最も…な(に)」という意味で, ある基準から見てあるモノ・コト・ヒトが1番上位 (あるいは下位)にあることを示すものです. その場合には, 次の **we face**「今我々が直面している (なかで)」・**in Asia**「アジアにおける」のように,「どの範囲で」1番なのかを示す語句が, 必須の要素となります.

例文 Climate change is **the most serious** environmental problem **we face**.※3
「気候変動は, 今我々が直面している(なかで)最も深刻な環境問題である」

例文 Deteriorating water quality is probably **the most serious** environmental problem **in Asia**. ※4
「水質の悪化はおそらく, アジアにおける最も深刻な環境問題である」

486

●──「何で1番」か限定されない最上級

さて，最上級には，「最大限であっても」「最小限であっても」というように，**even**「…であっても」「…でさえ」という意味が含まれていることがあります．

> There were 50 people there, **at most**.
> 　「そこには最大でも（せいぜい）50人しかいなかった」
>
> He paid **at least** ten dollars.　「彼は少なくとも10ドル支払った」

at most（**at the most · at the very most**）**· at least**（**at the least · at the very least**）には，そもそも **even**「…でさえ」という意味が含まれています．見かけに反して，**at most**は否定表現「最大でも（せいぜい）…しかない」であり，**at least**は肯定表現「少なくとも…である」です．

> ※ちなみに，at most 100は数学的表現としては「100以下」（＝not more than 100 = 100 or less）を，at least 100は「100以上」（＝not less than 100 = 100 or more）を示します．ついでにmore than 100は「100超」，less than 100は「100未満」です．

否定の強調表現である **not in the least**「最低レベルにおいても…ではない」→「ちっとも…ない」も同様で，このthe leastにはevenが含まれています．

例文 I'm **not in the least** interested in politics.
　「政治にはちっとも興味がないんだ」

〔サンプル英文〕における最上級も，このように**even**「…であっても」「…でさえ」を含むものとして理解すべきものです．

①では，**the least** criticism「最小限の批判」からは，肯定的な内容が予想されますが，その予想に反して，is **in**admissible「認められていない」が述部になっています．また②でも，**the greatest** minds「最も偉大な精神の持ち主」から予想されることに反して，**cannot**…「…できない」という否定的な内容が述部になっています．

いずれにおいても，❶主語と述部とが意味的にねじれた関係にあるわけです．またいずれにおいても，❷「どの範囲で」1番なのかを示す語句がありません．一般に，この2つが当てはまるとき，最上級にはevenが含まれている，とみなすことができます．

それぞれの訳文は次のようになります.

①「どんなにわずかな批判も認められていない状況では, 市民は軍事法廷の前に引き出されることを覚悟しておかなければならない」, ②「どれほど偉大な精神の持ち主であっても, 自らが属している特定の社会を支配している特有の意見から自らを解放することはできない」.

もちろん, 主語と述部とのあいだに, 意味的にねじれた関係がないときには, 通常の「最も…な(に)」という意味の, 通常の最上級になります.

例文 **The best thing to do** is to sell what you should.
「なすべき最善のことは, 売るべきものを売ることです」

チ ャ レ ン ジ 問 題 **100** ※答えは章末にまとめて

最上級のなかにevenが含まれているかどうか考えてみよう.

1. **The best use** you can make of the opening paragraph of an essay is to identify the problem. ※5

2. They show little discretion in the use of their increasing freedom from work. Often **the best use** the working man can make of his spare time is to spend his money in it. ※6

【例文ソース】
　※1　Jean-Marc Ela (2005) African Cry, p.69
　※2　Leo Strauss (1988) What is Political Philosophy? And Other Studies, p.227の一部を削除して使用
　※3　(1994) Transatlantic News, vol.9-11, p.10
　※4　Carter Brandon, Ramesh Ramankutty (1993) Toward an Environmental Strategy for Asia, 63-224, p.141
　※5　Martin Coyle, John Peck (1995) How to Study a Shakespeare Play, p.147
　※6　東京大

Must 91 比較級の2種類の意味

1.「あの歌手の**人気は**ますます**落ち目だ・人気がなくなってきている・人気が低下してきている**」
> ▶ less and less…は，マイナス方向への変化を示す比較級です．

2.「マルチメディアによって学習**効率が上昇した**」
> ▶ more efficient は，プラス方向への変化を示す比較級です．

3.「米国経済は**以前と同じく**健全である」→「米国経済は**変わらず**健全である」
> ▶ as…as ever における ever は at any time と言い換えることができる副詞で，as…as ever 全体として「以前と比べて健全さに変化なし（あるいは以前以上に健全）」という意味になります．

4.「大気汚染がますます**進行している**」
> ▶ more and more…はプラス方向への変化を示す比較級です．

5.「世界の相互関係が**深まりつづける**ならば，地理学，および世界の様々な領域や地域についての知識の**重要性は高まりつづける**」
> ▶ ever + 比較級は，プラス方向に変化しつづけていることを示す表現です．

Must 92 いろいろな品詞の more

1.「カナダでは靴よりシャツの方が多く作られている」
> ▶ more shirts の more は，**決定詞 many** の比較級です．数を意識しましょう．

2.「彼女のいない寂しさが最初の頃より募っている」
> ▶ I miss her で S V O なので，more は**副詞 much** の比較級です．程度を意識しましょう．

3.「彼らの家は我が家より広々している」
> ▶ spacious は形容詞なので，more は**副詞**であり，**-er** の代わりです．

4.「彼女の成功には勤勉さ以上のものがある→彼女の成功は勤勉さだけでもたらされたのではない」
> ▶ There is の直後にあるので，more は**代名詞**です．動詞が is なので，**代名詞 much** の比較級です．この **There is more to X than A** はよく使われる表現で，「X には A 以上のものがある」→「X が持つ側面は A だけではない」という意味になります．

5.「彼女が教会活動に割く時間がますます増えてきている」
> ▶ time を導く**決定詞 much** の比較級です．量を意識しましょう．

6.「中央図書館が1つしかない大学もあるが，そうした大学よりも，いくつかの異なった図書館を有している大学の方がはるかに多い」
> ▶ far more = far more **universities** であり，more は**代名詞 many** の比較級です．数を意識しましょう．なお，ここでの far は，many の比較級としての more を強める副詞で，訳は much と同様に「はるかに」でかまいませんが，many の比較級としての more の前では，much に置き換えることはできません．次の文なら，far は

much に置き換え可能です．Some of it is true, but **far more** is nonsense.「その一部は真実だが，はるかに多くの部分がナンセンスだ」

Must 93 比較文の２種類の構造

1.「音楽理論は，思っていたよりはるかに簡単だ」
- ▶ than は**接続詞**です．than 以下の元の姿は **I thought that it was ▉ difficult**「それは難しいと思っていた」です．I thought it was という残し方でもかまいません．なお，ここでは way は副詞で，「はるかに」の意味です（米語）．

2.「これらの原因は見た目ほど重要なものではない」
- ▶ than は**接続詞**です．than 以下は **they are ▉ important** が元の姿で，seem が示す「見かけ」と are が示す「実際」との対比です．「これらの原因は実際よりも重要であるようにみえる」という訳文では分かりにくいので，次の変換を行って処理します．→ These causes are **less** important **than** they seem. → These causes are **not as** important **as** they seem.

3.「真実を語ることより，嘘をつくことの方が易しい」
- ▶ than は**接続詞**です．than 以下は，**it is ▉ easy to tell the truth**「真実を語ることは易しい」が元の姿です．than の直後の it is は省いてもかまいません．

4.「患者は，最初にその悪い知らせを聞いたときよりも，半年後の方が気分がめいる，といったことがある」
- ▶ than は**接続詞**です．than 以下の元の姿は，**they are ▉ depressed when they first hear the bad news**「最初にその悪い知らせを聞いたときに気分がめいる」です．six months later と when they first hear the bad news という２つの副詞要素 **M2** どうしの対比です．than の直後に they are を残してもかまいません．

5.「もちろん，家族や親しい友人の方が，同僚たちよりも私のことをはるかに長いあいだ覚えていてくれるだろう」
- ▶ than は**接続詞**です．than 以下は，**my colleagues will remember me for a long time**「同僚たちは私のことを長いあいだ覚えていてくれるだろう」が元の姿です．than will my colleagues は，than my colleagues (will) が普通の姿です．

6.「長い目で見れば，米国とイラクとの戦争によって，結局のところ，解決される問題よりも生み出される問題の方が多くなるのか，生み出される問題よりも解決される問題の方が多くなるのか，いずれだと思いますか」
- ▶ ２つある than はともに**関係代名詞**です．solve・create が他動詞であり，後ろに目的語がないことに着目してください．

7.「オゾン層破壊は今後数十年のあいだ生活の現実であり続けると予想されるが，研究によりこの問題が早い時期に認識され，また問題解決のために様々な措置が講じられてきたことによって，オゾン層破壊の帰結は，そうしたことがなかった場合に比べ，はるかに軽減されている可能性がある」

▶ than は**接続詞**です．otherwise「そうでなければ」と thanks to…「…があったので」という 2 つの副詞要素 **M2** どうしの対比です．otherwise は，「研究によりこの問題が早い時期に認識され，問題解決のために様々な措置が講じられてこなかったとすれば」の意味です．なお，元の姿は **they would otherwise have been ▉ severe**「もしそうでなければ，深刻なものになっていたであろう」という仮定法過去完了の節です．than の後ろに仮定法 + otherwise があるときには，otherwise を訳すだけで十分です．

Must 94 than S'V'…as S'V'…（比較節）の割り込み

1.「私は，本書の多くの欠点を，誰よりもよく知っている」
▶ 比較節 **as anyone can be** が，**be conscious of**…「…を知っている・…に気づいている」の of の直前に割り込んだかたちです．of…という副詞句の方が，比較節よりも情報価値が高いと判断されたためです．as anybody can be における can be の後ろには，conscious が響いています．

2.「近隣の北部ケニアの多くの地域と同様に，South Omo も，外部からの影響をまったく受けていないアフリカにこの上なく近いところである」
▶ 主節は South Omo **is close to** an Africa…「South Omo は…なアフリカに近い」であり，比較節は one can **come close to** an Africa…「…なアフリカに近づくことができる」です．この 2 つの節を as…as で結合する際に，共通項である to an Africa untouched by outside influences を末尾に配置し，比較節 **as one can come** を to…より前に配置したのが課題文です．主節と比較節とは構造は異なりますが，動詞 + close to が共通項になっているため，「同じ構造を含む 2 文を 1 文に結合したもの」になっているわけです．

3.「（より）裕福な人よりも（より）裕福でない人の方が，その一時解雇によって家計がきわめて苦しくなったと述べる傾向がある」
▶ **are apt to** say…「…と言う傾向がある」の一部である to say…の方が，比較節 **than those who are better off** より情報価値が高い，と判断された結果，比較節が to say…の前に割り込んだものです．主語 **S'** である those who are better off が長く，apt と to とが大きく離れてしまうため，are apt to…というつながりを見失う可能性が高まります．

4.「国際的な金融危機についての終わりなき議論によって，環境問題がたえず周辺部に追いやられるおそれがあるのだが，そうした議論が行われたことで，環境保護の運命は，それを経済危機に取り組む戦略と結びつけることができるかどうかによって決まるのだということが，この上なく明確なものとなった」
▶ 主節は **S made it clear that S' V'**…「S は…だということを明らかにした」という **S V O C** です．it は形式目的語 **O** で，that **S' V'**…がその内容です．比較節 as it could…be は，**It could be clear that S' V'**…「…だということが明らかでありうる」だったものであり，It は形式主語 **S** で，同じ that **S' V'**…がその内容です．この 2

Answers

つの節を as…as で結合する際に，共通項の that **S' V'** …を末尾に，また，possibly を加えた比較節 **as it could possibly be** を that **S' V'** …より前に配置したのが課題文です．**as…as S'can possibly**…は，as…as S'can「可能なかぎり…」の強調表現で「いくら考えてもこれ以上はありえないくらい…」といった意味です．主節と比較節とは構造は異なるものの，**O** と **C** とのあいだには **S** is **C** の関係があるので，この文でも，「比較文は同じ構造を含む 2 文を 1 文に結合したもの」になっているわけです．

5. 「考古学者にできるのは，すでにそこに存在するもののうちできる限り多くのものを明らかにすることだけだ」

▶ much of what is already there「すでにそこにあるものの多く」の much の前に as がつき，much と of…とのあいだに比較節 as we can が割り込んだものです．「すでにそこにあるもののできるだけ多く」という意味になります．なお，all の直後には関係代名詞 that の省略があります．

Must **95 対比要素が no ＋名詞・never・nowhere である比較文**

1. 「国際関係論にとって重要である**という点で**，権力**に勝る**概念は**ない**し，とらえどころがない**という点で**，権力**に勝る**概念は**ない**」→「権力という概念ほど，国際関係論にとって重要な概念はないが，これほどとらえどころのない概念もない」

▶ 対比要素は no concept と power であり，none = no concept です．文末には than power の省略を補うことができます．残る is more central to international relations theory than「国際関係論にとって重要であるという点で…に勝る」，および is more elusive than「とらえどころがないという点で…に勝る」が比較基準です．

2. 「米国と欧州の政治的趨勢は，同時進行することが多い．このことが真実である**という点で**，現在に**勝るときはほとんどなかった**」→「米国と欧州の政治的趨勢は，同時進行することが多い．現在ほど，このことが真実であったことはほとんどなかった」

▶ 対比要素は rarely と currently「現在」です．rarely は almost never = hardly ever「ほとんど・めったに…するときはない」に相当します．this「このこと」は，and までの内容全体を指示しています．比較基準は「それが真実であるという点で…に勝る」です．

3. 「あらゆる種類の専門職が，最近 20 年のあいだ，様々な変化において大きな役割をはたしてきたが，このことが明らかだ**という点で**，医療の分野**に勝る分野は**これまで**ない**と言ってもよい」→「あらゆる種類の専門職が，最近 20 年のあいだ，様々な変化において大きな役割をはたしてきたが，医療の分野ほど，このことが明らかである分野はないと言ってよい」

▶ 対比要素は nowhere と in medical care「医療の分野で」です．this「このこと」は，コンマまでの内容全体を指示しています．比較基準は「これが明らかであったという点で…に勝る」です．

Must 96 no ＋比較級＋ than の役割

1.「若い女性の婚礼の衣装**ほど**美しい衣装**はない**」

▶ この no more beautiful costume than は，このセクションで説明したケースには当てはまらないものです．この文は, more beautiful という形容詞を後ろにずらして，There is **no costume more beautiful than** a young woman's bridal attire.
と書いても意味は変わりません．つまり **no** は比較規準 more beautiful とは無関係であり，よって副詞ではなく，costume という名詞を導いている**決定詞**です．対比要素の一方に付いている no です（ Must 95 参照）．There is 構文において no more が連続しているときには，no が決定詞か副詞かを，その都度判断する必要があります．

2.「私の空想が馬鹿げたものであることはわかっていたが，**同じくらい馬鹿げたことに,** 体外受精を試みる女性の 70％が妊娠しないという統計を見ることを私は拒んでいた」

▶ I knew my fantasy was absurd「私のこの空想は馬鹿げていることは分かっていた」とあることから，it was **no more** absurd than…の役割はケース B の役割です．it すなわち my fantasy という馬鹿げたことと同じ程度で馬鹿げたこととして，my refusal to…「…を拒んでいたということ」もある，というかたちで，新情報を 1 つ追加している場面です．

3.「私たちは皆，話したり書いたりしているのだから言語がどのように機能しているかを知っている，と思い込むことは間違っている．**それは**，私たちが食べ，飲んでいるという事実によって消化系の生理学に対する洞察が得られる，と**思い込むようなものだ**」

▶ **not**…**any more** than は，**no more**…than のもう 1 つの姿です．not…any = no だからです．けれども，not…で始まる方には，ケース B の意味はありません．not によって否定文になっているからです．なお，not…any を使うときには any more のかたまりが than の直前に移動することに注意してください．not と any とが連続しないようにするための移動です．

4.「親になってから生じる変化は，思春期のあいだに生じる変化**と同じ程度で**興味をかきたてるものであり，**同じ程度で**刺激的なものである」

▶ この引用の直前にあった文は，Everyone seems to try hard to understand the adolescent. Who tries to understand parents? The adolescent? Not likely. The public? Also unlikely.「誰もが懸命に思春期を理解しようとしているようである．(しかし) 誰が親を理解しようとしているというのか (誰もそんなことはしていない)．親たちなのか？ 若者たちなのか？ その可能性は低い．一般の人々か？ その可能性も低い」です．「親であること」を理解しようとしている人がいないことが指摘されています．一般に「親であること」は「challenging でも exciting でもない」と考えられている，という文脈です．読者の側にあるこのような誤解を否定するために，than 以下に，challenging かつ exciting であると一般に思われている「思春期」を置き，「それと同じ程度で」あることを示す **S1 is no less C than S2** という表現が使われています．このかたちは「**S1** は **S2** と同じ程度で…である」という，

Answers

肯定の意味で響きます．ケースＡの肯定バージョンです．

5.「そうだったんですね．そうした不幸な，恐ろしい事故にあなたの身体は見舞われたのですね．そのリハビリはきっと，同様に困難なものだったことでしょう」「**同じ程度で**困難**だったのが**，かつての生活に戻る道を見つけようと**することでした**」

> ▶ ケースＢの例文です．１人目の台詞において，「リハビリが困難なものだった」と確認されています．それゆえ，no more difficult than は「…と同じ程度で簡単だ」というケースＡの意味だと考えると，意味が通りません．

Must 97 not ＋比較級＋ than の役割

1.「これらの零細企業および小企業では，３年から 10 年の経験を持つ労働者がそれ以下の経験しかない労働者**よりも**生産性が**高い，ということはない**」

> ▶ この文から not を省いた「経験の年数に応じて労働者の生産性が上がる」が，筆者が否定したいと思っている読者の誤解です．筆者の主張は，これに not を足したもの，つまり，「これらの零細企業および小企業では，経験年数と生産性とは比例しない」です．

2.「学習障害をかかえた児童が，それ以外の児童よりも知能**という点で劣る，などということはない**」

> ▶ この文から not を省いた「学習障害のある児童はそうでない児童よりも知能が劣る」が，筆者が否定したいと思っている読者の誤解です．筆者の主張は，このような誤解を否定することにあります．なお，less…than A ＝ not as…as A「Ａほど…ではない」です．この文に続く一文は次の通りです．
>
> They simply process information differently or are experiencing developmental delays in certain areas.
>
> 「学習障害をかかえている児童は，たんに，情報の処理法が異なっている，あるいはある領域の発達が遅れているだけである」

Must 98 the ＋比較級＋理由・条件の副詞要素

1.「我々は過去の過ちから学ぶ．そして**それだけ分**（過去の過ちから学ぶ分だけ）**賢明**になってゆく」

> ▶ it は，主節の内容「過去の誤りから学ぶ」ということを受けています．理解のための読み方は，for it「過去の誤りから学ぶので」the「それだけ分」wiser「賢くなる」です．

2.「幼い男の子のことを忘れてはいません．幼い男の子は，何かをしないように言う**と，なおさらそれがしたくなる**ことがあまりにも多いのです」

> ▶ 理解のための読み方は，if you tell them not to do something「彼らに何かをしてはいけないと言えば」that much「それだけ分」more interesting「興味深いものとなる」です．このように，the の代わりに，同義表現である that much を使うこともよくあります．

3.「我々はこの現象について何時間も勉強してきたのに，**それだけ分**（何時間もかけた分だけ）**理解が増した**とはまだ言えない」

 ▶ 理解のための読み方は，for it（= for having spent many hours studying this phenomenon「この現象を何時間も勉強したので」that much the「それだけ分」wiser「知識が増える」です．このように，that much の後ろにさらに the がつくこともあります（ミスプリではありません）．

4.「気候変動の影響を受けやすい地域では，多くの場合，生存するためにも生計をたてるためにも，降雨に依存した農業，家畜類，林業，漁業に大きく依存している．**そのため**，気候変動，および極端な異常気象の突然の増加がもたらす帰結が人々の移動の引き金と**なる可能性がそれだけ高くなっている**」

 ▶ making…以下は，make **O C** になっています．**Must** 89 で学んだ，因果関係を示す文末分詞構文です．したがって making…の直前までの主節全体が原因です．また make の後ろの目的語 **O** が長いので，make **O C** に気づきにくいかもしれません（**Must** 63 参照）．all the more likely…以下が補語 **C** です．また be likely to **V'**…で「…する可能性が高い」です．

Must 99 the ＋比較級に始まる節が複数並ぶケース

1.「女性は，友人が**多ければ多いほど**，年齢を重ねても身体的な問題が発現する可能性が**低く**，**また**楽しい一生を送る可能性が**高まる**」

 ▶ 1つ目のコンマ〔,〕が，副詞節と主節との切れ目を示しています．2つ目のコンマ〔,〕の後ろには等位接続詞 and があるので，主節と主節とが並列されているパターンです．なお，この more は決定詞 many の比較級なので，数を意識してください．less likely はマイナスの比較級で，less は副詞であり，better は形容詞 good の比較級です．

2.「精神の静寂のレベルが**高ければ高いほど**，**すなわち**精神が平穏**であればあるほど**，幸福で喜びに満ちた一生を享受できる能力が**高まる**」

 ▶ the ＋比較級…の節が3つ，**コンマ**〔,〕**のみ**で並ぶケースもあります．どちらかのコンマ〔,〕が副詞節と主節の切れ目を示し，もう1つのコンマ〔,〕は**言い換え**の役割をはたしているケースです．この例では，1つ目が言い換えのコンマです．また，いずれの節においても **be 動詞が省略**されています．

3.「市場の構造は，製品の独自性，参入障壁によって決まる．具体的に言えば，製品が**独自のものであればあるほど**，**さらに**参入障壁が**高ければ高いほど**，価格決定力が**強まる**」

 ▶ このセクションで学んできた表現は，説明的文章においては，しばしば，よりダイナミックに・より具体的に・イメージが生き生きするように言い換えるために用いられます．質的な表現で主張を伝え，それを**量的に言い換える**わけです．このとき，しばしば **specifically**「より具体的に言えば」を伴います．なお，ここでの more は，比較語尾 -er の代わりになる副詞の more です．

4.「熟練度が**高ければ高いほど**，積んできた練習が**多ければ多いほど**，経験が豊かであれ

Answers

ばあるほど，自分と他人とをうまく比較することができる，自らを高める努力をしてゆくにつれて，自分がどこを鍛える必要があるのかが**よりよく分かってくる**」

▶ このように，the ＋比較級が４つ並んでいることもあります．３つあるコンマ〔,〕のすべてが同じ役割，ということはありえないので，どれか１つが，副詞節と主節との切れ目になります．この文では，３つ目のコンマ〔,〕がそれです．ということは，２つ目のコンマ〔,〕のところに and をプラスすることができる，ということです．

Must 100 最上級で注意すべきこと

いずれにおいても，the best use **S**'can make of A の部分は，the best use が主語 **S** で，その直後には関係代名詞 that が省略されています．つまり you can make of A・the working man can make of A は関係節であり，省略されている that が **O,'** you・the working man が **S,'** can make が **V'** です．お分かりの通り，make the best use of A「…を最も良いかたちで活用する」が元の姿で，the best use が先行詞として前に出て行き，残りが関係節の中に収まっているかたちです．

1.「あるエッセイの最初のパラグラフは，そのエッセイの問題の所在を明らかにするのが**一番良い使い方**である」

▶ この１においては，この the best use…という主語 **S** と補語 **C** である to identify the problem とのあいだには，プラス・マイナスの意味的なねじれはありません．よって普通の最上級です．

2.「人々は，ほとんど何の分別もなく，増えつつある余暇を使っている．多くの場合，就労者は自分の余暇を活かすにしても，**せいぜいのところ，**余暇にお金を使うことくらい**しかできていない**」

▶ こちらは，the best use…という主語 **S** と補語 **C** である to spend his money in it とのあいだには，プラス・マイナスの意味的なねじれがあります．余暇を使うときにほとんど何も考えていない，という１文目の内容をより具体的に言い換えたのが２文目であり，したがって to spend his money in it「余暇にお金を使う」は，何も考えていないことを表すもので，否定的に響いているからです．

最　後　に

　本書での学習を終えられた皆さん，英文リーディングの感覚に何らかのプラスの変化はあったでしょうか．精度が上がった，速度が上がった，文脈が取りやすくなった，などなどの変化があれば，本書にも少しは存在価値があった，ということになりますが，はたしていかがでしょうか．

　本書を読まれた後には，ぜひ上級のリーディング対策本に挑戦してください（近年，上質の上級リーディング対策本がいくつも出ています）．あるいは，資格試験のリーディング問題をどんどん解いてゆくのもよいと思います．気になっている分野があれば，その分野の入門レベルの原書に挑戦してみるのも，とても楽しいことだと思います．いずれにせよ，本書で学んだことを，試験問題や原書の中に発見できたとき，またそれを本書で学んだように理解できたとき，読みの精度が上がったことを感じていただけることと思います．

　新型コロナ流行による緊急事態宣言が発出される直前の春のある日，明日香出版社の藤田知子さんから「鬼100則」というシリーズの読解編を書いてみませんか，というおさそいのメールが届きました．あれ以来，ずいぶんいろいろなことがあり，また長い時間が経ってしまいましたが，藤田さんの励ましの言葉や，読者目線の貴重なコメント・アドバイスのおかげで，なんとかここまでたどり着くことができました．藤田さんには，お礼の言葉もございません．
　また，英文はもちろんのこと，日本語訳・解説部分まで入念にチェックしてくださった，元大阪大学教授Stephen Boyd先生に心より感謝申し上げます．本書をなんとか形にすることができたのは，先生からいただいた数々のご指摘・ご教授のおかげです．

2023年10月　富士 哲也

著者略歴

富士哲也 （ふじ・てつや）

吉祥寺英語教室 GRAPHIO 主宰.
一橋大学大学院中退.
1992 年より難関大学入試英語専門塾 吉祥寺英語教室 GRAPHIO を主宰.
1 クラス最大 9 名のきめ細やかな少人数指導を実践し, 東京大・京都大・一橋大・東京工業大・東京外国語大・東北大・大阪大など国立大学多数合格（医学部も含む）. 私立は早稲田大・慶應義塾大を中心に, 私立大医学部も多数.

リーディング・ライティング・グラマーのいずれも, すべてオリジナル教材にて指導しており, 著書に講義内容の一部を発信した『英文読解のグラマティカ』『東大入試 英文要約のグラマティカ』（いずれも論創社）等がある.

■難関大学受験　吉祥寺英語教室 GRAPHIO
http://www.graphio-english.sakura.ne.jp/

英語リーディングの鬼 100 則

2023 年 11 月 26 日 初版発行
2023 年 12 月 8 日 第 6 刷発行

著者	富士哲也
発行者	石野栄一
発行	ｱ 明日香出版社

〒 112-0005 東京都文京区水道 2-11-5
電話 03-5395-7650
https://www.asuka-g.co.jp

カバーデザイン	西垂水　敦・市川さつき（krran）
本文イラスト	末吉喜美
校正	Stephen Boyd
印刷・製本	シナノ印刷株式会社

大人気『英文法の鬼100則』、
読者の声に応えて
・英語例文の音声
・索引
を加えた新版が登場！

英語を学ぶ人が知っていると役立つ英文法の知識
を「**認知言語学**」を下敷きに100項まとめました。
「どうしてここは ing を使うのかな」
「ここは for かな、to だっけ」
「これは過去形で語るといい案件かな」
英文法のルールを丸暗記するだけの詰め込み勉強
だと、いつまで経っても英語が「使えません」。

「**どういう気持ちからこう話すのか**」が体感できる
と英語で実際に話し、書く力が飛躍的に伸びます。

この本では、「なぜ」そうなるのかを認知言語学的
に解説しているので、英語の気持ちと型が理解で
き、相手にしっかり伝わる英語を使えるようにな
ります。
著者のわかりやすい解説に加え、洗練されたカバー
や本文のデザイン、理解を助けるイラスト等も高
評価。

受験英語から脱皮して
「どう話すか」ではなく
「何を話すか」を身につけましょう！

ISBN978-4-7569-2289-2
A5 並製　444 ページ
2023 年 8 月発行
本体価格 2100 円 + 税